推广世行项目经验
保障国家木材安全

国家林业局世行中心（速丰办）编

中国林业出版社

图书在版编目（CIP）数据

推广世行项目经验　保障国家木材安全／国家林业局世行中心（速丰办）编 .－北京：中国林业出版社，2014.7

ISBN 978-7-5038-7324-9

Ⅰ.①推… Ⅱ.①国… Ⅲ.①木材保存－战略储备－生产基地建设研究－中国
Ⅳ.① F326.23

中国版本图书馆 CIP 数据核字（2013）第 304892 号

出　　版	中国林业出版社（100009　北京西城区刘海胡同 7 号）	
	http://lycb.forestry.gov.cn	
	E-mail:forestbook@163.com　电话：（010)83222880	
发　　行	中国林业出版社	
制　　版	北京捷艺轩彩印制版技术有限公司	
印　　刷	北京中科印刷有限公司	
版　　次	2014 年 7 月第 1 版	
印　　次	2014 年 7 月第 1 次	
开　　本	889mm×1194mm　1/16	
字　　数	656 千字	
印　　张	26.5	
印　　数	1 ～ 2300 册	
定　　价	90.00 元	

序　言

人类自诞生以来，就与木材相伴相生。从"构木为巢、钻木取火"的原始社会，到追求绿色、健康、环保的当代世界，木材利用历久弥新。

木材问题关系人民群众生产生活，关系国家发展战略全局，培育森林资源、维护木材安全是发展生态林业民生林业的重要任务。进入新世纪以来，全国木材消费年均增长 13.8%，2012 年总消费量达 4.95 亿立方米，其中木材及木制品进口折合木材 2.35 亿立方米，我国已成为全球第二大木材消耗国和第一大木材进口国。随着经济发展和居民消费升级，我国木材将长期保持刚性需求，供需矛盾会越来越突出。从国内来看，我国森林资源虽然持续增加，森林面积达 31.2 亿亩，森林蓄积量达 151.37 亿立方米，但是总量不足、质量不高的状况仍然没有得到根本改变，人均森林面积、森林蓄积分别只有世界人均水平的 1/4、1/7，每公顷森林蓄积量 89.79 立方米，仅为世界平均水平的 70%。特别是可采资源存在树种单一、品质不优、布局不合理等问题，可采蓄积量仅占 23%，生态效益和木材用途俱佳的乡土树种大径级用材林尤为短缺。从国际来看，我国原木、锯材进口量占全球的 1/3，木材进口对外依存度高达近 50%，超过国际安全警戒水平。近年来，世界各国纷纷开始限制原木出口，国际禁贸树种和贸易壁垒越来越多，通过进口木材特别是进口大径级木材满足国内需求的做法将难以为继。只有立足国内资源加强森林培育，才能长期维护国家木材安全。

党中央、国务院高度重视木材安全问题，相继作出了一系列重大部署。国家林业局将认真贯彻落实中央决策精神，科学研究并精心实施国家木材安全战略，按照"总量平衡、结构优化、进口适度、持续经营"的目标原则，努力构建"生产能力高效、经营规模适度、储备调节有序、生态环境良好"的木材安全格局，力争经过 10~20 年的奋斗，实现木材高效集约经营、永续利用。计划到 2020 年，在立地条件好、培育潜力大、目的树种明确的地区，集约建设 2.1 亿亩全国木材战略储备基地，每年新增木材 9500 万立方米以上。其中划定国家储备林 1500 万亩，实现年储备动用珍稀和大径级用材 1000 万立方米的能力。这是提高木材自给率、保障国家木材安全的治本之策和创新之举。

为加快森林资源培育，20 世纪 80 年代以来，我国连续实施了 7 期林业世行项目，利用世行贷款 10.18 亿美元，营造高标准集约人工林 5820 万亩，累计产出木材 3.9 亿立方米。世行项目的实施，不仅加快了我国造林绿化步伐，而且引进了许多先进理念和办法。世行项目采取造林地筛选、造林模型和树种多样化、保留原生植被、注重环保等措施；世行项目把系统工程、契约式管理、全面质量管理等理念和方法推广应用到林场、村组和农户，建立了"分工序分级检查验收"质量监督体系，"造林模型"核算成本管理体系，"先垫付、验收合格后再支付"的报账制办法，以及招投标制和竣工后评价制等办法和制度。这些先进的理念和办法，已经被广泛借鉴和应用于林业重点工程建设和造林绿化事业，为我国加强森林资源培育和保护发挥了重要作用。

　　为了全面介绍我国木材安全保障举措的相关背景、主要内容、试点情况，深入总结世行、欧投行、亚行等项目建设的历程、成效和经验，国家林业局世行中心（速丰办）组织编写了《推广世行项目经验 保障国家木材安全》。希望该书的出版，能起到促进各级林业部门更好地借鉴世行项目经验，加强森林资源培育，维护国家木材安全，提高生态林业民生林业发展水平，为建设生态文明和美丽中国作出新的更大贡献。

2014 年 7 月

国家林业局局长赵树丛调研云南省木材战略储备基地示范项目建设

全国政协人口资源环境委员会主任贾治邦带队参加木材基地建设调研

国家林业局副局长张建龙在江西调研时与林农亲切交谈

全国政协人口资源环境委员会副主任李成玉，全国政协常委、九三学社中央委员会副主席、全国妇联副主席、国家林业局副局长印红在广西考察全国木材战略储备基地建设

国家林业局副局长张永利与中国科学院院士唐守正为国家木材储备战略联盟揭牌

国家林业局副局长陈凤学率木材团队调研福建木材基地建设

国务院参事调研广西壮族自治区木材战略储备基地建设

中国科学院院士唐守正调研福建省国家储备林建设情况

国家林业局速丰办主任闫振与北京林业大学校长宋维明签署共同
发起组建国家木材储备战略联盟的合作协议

全国木材战略储备基地规划编制工作会议

全国特殊林木后备资源培育项目现场会

云南省德宏傣族景颇族自治州木材基地项目示范点

我国与欧投行签署专项贷款协议

亚行甘肃省项目启动仪式

湖南省攸县黄丰桥国有林场杉木大径级国家储备林
划定示范区

中国林业科学院热带林业试验中心柚木大径材定向培育示范林

云南省双江拉祜族佤族布朗族傣族自治县国有大浪坝林场
华山松大径级国家储备林

福建省顺昌县洋口林场国家级良种基地杉木第三代试验林

江西省崇义县石罗林场楮树等珍稀大径级国家储备林划定
作业现场

河南省商城县黄柏山林场黄山松人工林抚育间伐后现状

广西壮族自治区国有七坡林场桉树高产培育示范林

广东省西江林业局仙菊林场火力楠大径级培育示范林

福建省永安市毛竹人工林高效经营示范林

国家造林项目安徽省祁门县彭龙联合林场1992年营造的杉木林体现了项目林的多功能性

森林资源发展和保护项目辽宁省新民林场1997年营造的辽宁杨平均胸径28厘米，平均树高18米，每公顷225立方米

贫困地区林业发展项目安徽省项目区山地造林品字形块状整地

林业持续发展项目山西省管涔林管局落叶松造林地设置的
水土保持带和保留的原生植被

林业持续发展项目湖南省双牌县 2006 年实施改扩建后的中心
苗圃育苗基地

林业综合发展项目浙江省阔杉混交模式林木长势情况

欧投行贷款项目江西油茶示范基地瑞金市人工植苗一年后的景象

亚行贷款西北三省区林业生态发展项目甘肃省永靖县核桃林项目区

林业血防工程湖北省汉川市具有特色的"林水结合"模式

目　录

序　言

上篇　重要论述

中篇　经验做法

综　述

一、木材战略储备生产基地示范项目

二、世界银行贷款项目

三、亚洲开发、欧洲投资银行贷（赠）款项目

四、速丰林工程与特殊林木后备资源培育项目

下篇　典型示范

综　述

一、木材战略储备生产基地示范项目案例

二、世界银行贷款项目案例

三、亚行、欧投行贷（赠）款项目案例

四、速丰林与特殊林木项目案例

上篇

重要论述

深化对外开放　推进绿色增长
努力开创林业利用国际金融组织贷款工作新局面

——在全国国际金融组织贷款工作会议的讲话

国家林业局局长　赵树丛

2011 年 10 月 18 日

同志们：

这次会议是国家林业局决定召开的一次重要会议。会议的主要任务是，认真学习贯彻胡锦涛总书记在亚太经合组织林业部长级会议上的重要讲话精神，总结我国林业国际贷款工作的成效、经验，研究部署当前和今后一个时期的重点工作。

安徽省把世行贷款项目作为林业的重点工程，放到促进区域经济又好又快发展的大局中去谋划，放到林业转型发展中去把握，工作很有成效，保障了生态和木材安全，增加了森林资源储备，促进了减贫增收。这次会议在安徽召开，既是一次工作会，也是一次现场观摩会，请大家借鉴学习安徽的经验，进一步做好贷款项目的实施工作。

下面，我讲三点意见。

一、林业利用国际金融组织贷款工作成效显著

林业与国际金融组织合作是国家对外开放大局的重要组成部分。改革开放之初，为克服资金困难，加快林业建设和发展，1981 年我国开展了全民义务植树活动，1985 年国务院又批准设立中国绿化基金会，依靠社会力量和捐赠资金发展林业。但是，资金短缺仍然是制约发展的主要因素，引进国外资金成为历史的必然。1985 年，我国林业首次引进了世界银行贷款，合作至今走过了 26 个年头，大量优惠国际贷款为林业发展注入了活力，取得了显著成效。

总结 26 年来的发展与建设经验，林业国际贷款工作有以下几个特点：

（一）弥补了项目区资金不足。林业贷款项目设计之初，我们就把解决资金不足问题作为重要立足点，制定了不同发展阶段的受援领域，积极争取优惠贷款。在国家发改委、财政部等有关部委的支持下，我们严格按照国际金融组织通行规则办事，把世情和林情相结合，生态和产业相统筹，内资和外资相联动，形成利益共享、风险共担的统一体，确保连续性和生命力。湖北、湖南、山西、山东、河南等省在这些方面积累了许多有益的经验。截至 2010 年底，我国林业利用国际贷款 14.7 亿美元，带动国内配套 87 亿元，折算共计 194 亿元，为同期国内营林基本建设投资的 6.7 %。

（二）**引领了项目区创新示范。**引进是前提，消化吸收是手段，创新发展是归宿。在项目实施过程中，各地既学习他人之长，又发挥自身优势，在消化吸收国际先进理念和技术的同时，与国情相结合，引领了项目区林业创新发展。自20世纪80年代后期开始，世行项目在全国率先应用了"造林模型"的成本核算办法、"分工序分级检查验收"的质量管理办法和"先垫付，验收合格后再支付"的造林报账办法，贷款项目平均造林保存率94.8%，高出国家标准10多个百分点。江西、内蒙古、广西与世行、亚行、欧投行合作，率先开展了生物质能源和林业应对气候变化项目的试点示范。世界银行还把我国创新发展的成功经验推广到东南亚、非洲等发展中国家，深化了林业区域合作和成果共享。

（三）**促进了项目区农民脱贫。**减贫是林业贷款项目的主要目标之一。"授人以鱼，不如授人以渔"。通过改善当地生产生活条件、创造就业机会、加强生产技能培训、培植特色优势产业等综合措施，让许多农民摆脱了贫困，走上了致富的快车道。林业世行贷款项目涉及20个省（自治区、直辖市）600多个县，其中贫困县占1/3以上。贷款项目累计培训林农560万人次，为林农提供了150万个就业机会，劳务所得80亿元。

（四）**增加了项目区木材储备。**发挥林业的多功能、多效益是林业贷款项目坚持的一个重要方针。在国家实施天然林资源保护、大幅度调减天然林商品性采伐的大背景下，我国运用世界银行先进的经营管理理念，采用良种良法，实行集约经营，营造了一批高效人工用材林，项目区累计增加林木蓄积约5.5亿立方米，可提供木材3.3亿立方米，较大缓解了区域木材供需矛盾，项目区已成为我国重要的木材战略储备基地。辽宁省"林业持续发展项目"8年生杨树人工林，每公顷蓄积量达255立方米，是全国人工林平均水平的5.2倍。广西"国家造林项目"桉树平均生长量是一般商品林的1.5倍。

（五）**推动了项目区持续发展。**项目坚持人才为本、科技领先，采取了"请进来、走出去"的方式，聘请了18名国际专家来华咨询指导，选派了900多名管理和技术人员到国外学习，培养了一批熟悉贷款项目管理、精通专业技术的外向型人才，初步造就了一支业务精湛的项目管理队伍，为项目区林业持续发展奠定了人才基础。

综上所述，已竣工项目成效显著，成为我国林业重大工程建设的标杆，世行认为具有全球示范和推广价值，被评为"非常满意"和"满意"，得到了有关国际金融组织和国内主管部门的高度赞誉，赢得了良好的国际声誉，树立了良好的社会形象。

二、"十二五"时期林业利用国际贷款的形势

"十二五"是全面建设小康社会的关键期，也是推动绿色增长、促进林业科学发展的攻坚期。要完成《林业"十二五"发展规划》确定的各项任务，需要利用各种资源，调动各方面的积极性，除全面加大国内投入，引进社会和金融资本外，继续利用好优惠国际贷款仍是一个重要方向，这是"十二五"时期一个基本判断。

从国际上看，森林问题已成为国际政治外交关注的焦点之一。围绕生态建设和可持续发展，加强与国际金融组织的合作成为林业发展中的一个战略问题，我们不仅可以通过这一平台争取到优惠贷款和智力资源，又可以宣传我国发展理念，共享发展模式和发展经验，展示负责任大国形象。作为世界上最大的发展中国家，我国仍是国际贷款援助的重点之一。随着跃升为全球第二大经济体、世界银行第三大股东国，我国承担了更多的义务，赢得了更多的

话语权，与世行等机构开展合作的条件更加有利。应该看到，尽管一些开发援助机构调整了对华援助的策略，但其在生态建设、减贫增收、应对气候变化等领域的资金投入逐年加大，近几年，世行70%对华贷款都用于促进资源环境可持续发展领域，林业是可持续发展战略的重点之一，林业与国际金融组织的合作还有很大的空间，必将大有作为。

从国内来看，尽管我国综合国力明显增强，财政实力不断壮大，各地自筹资金的能力不断提高，但是，我们必须清醒地认识到，我国作为世界上最大的发展中国家的属性没有变，仍然处在社会主义初级阶段的性质没有变，人民日益增长的物质文化需要同落后的社会生产之间的主要矛盾没有变，经济社会发展中还存在区域不平衡、资源环境约束强化、贫困人口大量存在等深层次矛盾。按照联合国每人每天生活费不足1美元的贫困标准，我国还有1.5亿人口处于贫困线以下，3400万人口没有解决温饱问题，这些人口大部分在山区、林区。资金短缺、技术落后、人才匮乏是这些地区发展经济、改善生态必须跨过的三道坎。林业可以更多地发挥自身优势，在促进协调发展、扶贫减困、应对资源环境挑战等方面发挥重要作用，提升林业国际贷款资金占比的潜力还很大。

从林业行业看，林业在国民经济和社会发展战略全局中的地位和作用日益凸显，党中央、国务院赋予了林业特殊地位和重大使命，明确了"两大目标"。林业发展就是要把生态建设放在首位，紧紧围绕三个系统一个多样性，发展现代林业、建设生态文明、促进科学发展。按照这一要求，《林业"十二五"发展规划》明确了重点建设"十大生态屏障"，加快发展"十大主导产业"的任务，完成这些任务，需要在增加国内投入的同时，不断加大国外资金的引进，特别是要尽可能多地利用国际贷款。林业既有生态和产业的功能，还有扶贫增收和应对气候变化方面的作用，这与国际金融组织的援助理念、发展目标和资金投向是一致的，林业在利用国际贷款方面具有天然的优势，也符合林业建设的自身规律。林业完全可以争取到、也能够争取到更多的国际贷款。

针对以上形势，我们要善于把林业利用国际贷款工作放在现代林业建设的大局中去考虑，放在林业所承担的重大使命中去落实，放在林业科学发展的大趋势中去把握，不断适应新情况，解决新问题，更好地为林业改革开放事业做出新贡献。

今后国际贷款工作要实现以下四个转变：一是在方式上，从单纯资金引进向资金与智力引进并重转变。到2015年，争取贷款规模达到7亿美元，新增造林面积100万公顷，实施一批技术援助和人才交流项目。二是在内容上，从数量规模型向质量效益型转变。贷款项目不仅要"做大做强"更要"做精做优"，更好地发挥示范引领作用。三是在效益上，从注重直接经济效益回报向统筹发挥生态、社会和经济效益转变。重点争取森林可持续经营、生物多样性、珍稀树种保护与培育、应对气候变化、木本油料基地、生物质能源示范、土地退化等方面的项目。四是在管理上，从注重规范化、标准化向信息化、精细化和科学化转变。进一步优化流程、细化责任、量化考核，全面提高项目的整体效益。

按照上述转变，要把握好四个重点环节：一是抓住质量这个核心。质量决定效益，质量取决于管理，最终由管理决定。通过不断提高项目管理水平，在营造林模式、森林可持续经营、森林资源动态监测等方面出经验、出模式、出典型，更出效益，为林业转型发展探路子。二是抓住资金这条主线。资金合作是互助伙伴关系的直接体现。我国经济社会发展虽然取得了巨大成就，但人均GDP排名全球百名以外，减少区域差距、增收脱贫和创新发展的任务都很繁重，林业对优惠国际贷款的需求依然迫切。三是抓住创新这个根本。创新的目的在发展，发展的关键在高效。我国46亿亩林地，没有很好解决13亿人对生态产品和林产品需求，归根到底，在于林业综合生产效率低下。林业提高效率的潜力还很大，空间还很广，通过引进消化吸收，可为林业高效发展提供示范。同时，世行贷款合作取得的经验，可在推进市场性国际金融资本合作方面发挥积极作用。四是抓住科技这个关键。要强化项目的人才科技支撑，实现科技与生产的紧密结合，切实提高科技转化率和贡献率。

三、扎扎实实做好新时期林业国际贷款工作

"十二五"期间，林业国际贷款工作步入了创新发展的阶段，面临新的发展机遇，各地要紧扣林业大局，重点抓好以下几项工作：

（一）**建好备选项目库。**近期，局计财司牵头、世行中心负责日常工作，编制了《全国林业"十二五"利用国际金融组织贷款项目发展规划》，各地要按照规划的布局和要求，筛选一批重点项目，形成项目流，保证贷款项目的持续发展。

（二）**强化在建项目管理。**要严格履行项目贷款协定、项目协议、转贷协议等法律文件，这是我们诚信守约的基本要求；要执行全方位的质量管理，严格按照"事前培训，事中指导，事后检查验收"的项目建设程序实施；要积极配合发改、财政、审计等部门对项目进行监督检查，确保项目成效。

（三）**加强后续经营和绩效评价。**后续经营和绩效评价是项目建设的重要组成部分。要明确后续经营管理职责，切实抓好项目林的防火、防虫、防盗和抚育管护，逐步纳入国家森林保险范围。要制定和完善绩效评价管理办法、工作规范和指标体系，重点开展项目的相关性、效果、效率、影响和可持续性5个方面的评价。要定期向国家项目主管部门提交林业国际贷款项目年度工作报告。

（四）**加强沟通协调。**加强上下协作。国家林业局要充分发挥行业管理职能，重点在跨省、跨区域、跨流域以及新产业、新技术推广应用方面争取统一打捆申报新项目；有条件、有能力的省份，单独申报项目的，国家林业局要大力支持，做好指导和服务。加强横向配合。各级林业部门要加强与发改、财政、审计等部门的沟通配合，主动汇报，主动跟进，主动服务，争取他们的理解和支持，确保相关工作协调推进。加强对外联系。要畅通国际金融组织的联系渠道，及时了解掌握政策变化、资金投向、合作意愿，提高林业贷款的针对性、科学性和实效性。

（五）**加强能力建设。**当前，各级项目办工作任务十分繁重，除管好用好国际贷款资金外，还要配合各级计财部门承担《全国木材战略储备生产基地规划》《林业血防"十二五"实施规划》的编制和具体实施工作，承担"特殊林木后备资源培育项目"的实施和管理工作，这些都是今年新增加的工作职能。各地要根据新的情况，继续稳定和充实项目管理机构，理顺人员编制和经费来源，确保工作顺利开展。要加强项目管理人员业务培训，在项目设计和资金预算中，适当安排机构能力建设和人员培训的内容，切实提高项目管理人员专业技术水平。

（六）**重视专家咨询。**要充分发挥"全国林业利用国际金融组织贷款项目咨询专家库"的智力支持和技术支撑作用，根据贷款项目实际需要，组织专家开展专题调查研究，参与项目设计、立项、评估、检查和评价工作，为加强项目管理和科学决策提供支撑。

（七）**加大宣传力度。**宣传是展示成果、营造氛围的重要手段，要充分利用各种媒体，深入宣传项目实施的好经验、好方法、好机制，扩大认知面、增强影响力。发挥国际金融组织贷款项目示范与带动作用，促进知识成果和经验共享。

同志们，今年是"十二五"开局之年，林业国际贷款工作面临着新的形势和机遇，我们要围绕中心，服务大局，开拓进取，创新发展，努力开创林业国际贷款工作新局面，为实现绿色增长和经济社会可持续发展做出更大的贡献！

认真贯彻落实十七大精神
全力开创速丰林工程和国际金融组织贷款林业项目工作新局面

——在全国速丰林工程和国际金融组织贷款林业项目工作会议上的讲话

国家林业局副局长　张建龙

2008 年 1 月 6 日

同志们：

在全国上下认真学习贯彻落实党的十七大精神、林业行业全面推进现代林业建设之际，我们在北京召开全国速丰林工程和国际金融组织贷款林业项目工作会议。会议的主要任务是：认真学习贯彻落实党的十七大精神，以科学发展观为指导，全面总结一个时期以来的速丰林工程与世、亚行贷款林业项目工作，部署今后一个时期的重点工作。

局党组对速丰林工程和世行、亚行贷款林业项目工作高度重视。在去年 8 月召开的全国林业产业大会上，贾治邦局长强调，要充分挖掘林地生产潜力，加快发展以用材林资源培育为主的林业第一产业，建设一批丰产优质高效的工业原料林基地。对世行和亚行贷款新项目争取工作，贾局长也非常关心，多次询问进展情况，并做出重要批示。党组其他同志也都表示了极大关注。这既是对我们工作的鼓舞与鞭策，也对我们工作提出了新的更高要求。我们务必要继续发扬奋发有为、积极进取的精神，思发展，谋创新，求实效，不断开创速丰林工程和国际金融组织贷款林业项目工作的新局面。

下面，我讲两点意见，供大家参考。

一、速丰林工程和国际金融组织贷款林业项目工作取得的主要成效

党中央、国务院高度重视林业工作。进入新世纪以来，以胡锦涛同志为总书记的党中央确立了以生态建设为主的林业发展战略，提出了建设生态文明的战略任务。在党中央的正确领导下，林业行业认真贯彻落实科学发展观，紧紧围绕构建社会主义和谐社会和建设社会主义新农村，适时启动实施了六大林业重点工程，扎实开展集体林权制度改革，全面推进现代林业建设，努力构建完善的林业生态体系、发达的林业产业体系和繁荣的生态文化体系。经过全行业的不懈努力，林业发展与改革取得重大进展：人工林保存面积居世界第一，森林覆盖率由新中国成立初期的 8.6% 提高到目前的 18.21%，全国森林蓄积 124.56 亿立方米；林业产业规模不断扩大，经济实力进一步增强，2006 年林业产值突破 1 万亿元；集体林权制度改革稳步推进，林业地位明显提高，社会关注度显著增强，全民齐动员、全社会同参与的林业建设格局基本形成。作为六大林业重点工程之一的速丰林工程和林业利用国际金融组织贷

款项目，在国务院有关部门、国家林业局有关司局以及各级地方政府关心和支持下，在林业行业广大干部职工和林农的共同努力下，在开拓中前进、在壮大中发展、在巩固中创新，取得了显著成效，为我国经济社会发展做出了重要贡献。

（一）速丰林工程建设扎实推进，为缓解国内木材供需矛盾发挥了积极作用。据不完全统计，截至目前，累计完成速丰林基地造林 8790 万亩。工程建设共吸引造林企业 2206 家、造林大户 16145 家，造林总面积分别达 3000 多万亩和 2000 多万亩，合计总投资超过 300 亿元。工程建设外部政策环境进一步优化，资源管理、融资税费等扶持政策进一步倾斜，国家资金扶持补助工作进一步落实，适时启动实施了大径材建设项目，争取了部分国家补助资金。工程建设科技支撑不断加强，管理体制和经营机制进一步理顺，初步形成了多种经济成份共同参与、多种经营机制并存、多元化发展的工程建设新格局。经过 5 年来坚持不懈的努力，工程建设面积和森林蓄积实现了快速增长，各工程省区人工用材林后备资源持续增加，为立足国内缓解木材供需矛盾、满足经济社会发展对木材日益增长的需要奠定了坚实的物质基础。

（二）世行贷款项目稳步实施，在服务生态建设和减贫增收方面发挥了重要作用。"国家造林项目""森林资源发展和保护项目""贫困地区林业发展项目"和"林业持续发展项目"等 4 个世行贷款林业项目覆盖了我国 20 个省（自治区、直辖市）的 680 多个县（市、区），已竣工的前 3 个项目共营造高标准人工林 4600 多万亩。项目区森林覆盖率普遍增加 2~3 个百分点，生态环境明显改善，抵御各种自然灾害的能力进一步增强。2006 年顺利竣工的"贫困地区林业发展项目"受益贫困人口达 383.4 万，人均从项目增加收入 572.6 元，比项目实施前增加一倍。正在建设的"林业持续发展项目"进展顺利，人工林营造部分已完成任务的 95%。项目在增加森林资源、促进农民增收方面作用日渐显现。世界银行检查组对项目整体实施情况给予了高度评价。

（三）全球环境基金项目进展顺利，促进了项目区保护能力的提升。作为第四期世行贷款捆绑的赠款项目，全球环境基金（GEF）提供 1600 万美元，在我国 7 个省区的 13 个自然保护区开展项目建设。截至去年 11 月，项目已完成设计任务量的 80%，累计完成投资 1216 万美元，约占总投资的 70%。项目执行 6 年来，通过编制实施管理计划、开展参与式保护、培训与机构能力建设等活动内容，各保护区保护理念进一步转变，保护手段更加先进，基础设施渐趋完备，生物多样性保护能力和管理水平得到显著提高。

（四）争取国际金融组织贷款项目工作取得新进展，实现林业利用外资工作的新跨越。在近一年的时间内，局计资司、科技司、世行中心通力合作，基本争取到 3 个国际金融组织贷款新项目。一是贷款额度 1 亿美元的世行五期新项目——"林业综合发展项目"已获得国务院批复，列入国家发改委滚动计划，并取得世界银行贷款号，正式进入世行内部程序；二是争取到林业行业首个亚洲开发银行贷款"西北三省区林业生态发展项目"，贷款额度 1 亿美元。项目也已获得国务院批复，并列入国家发改委滚动计划。亚行已批准赠款 80 万美元开展技术援助，项目正式进入评估完善阶段；三是经国家发改委同意，组织申报了欧洲投资银行贷款林业项目，贷款规模 2500 万欧元，初步确定碳汇造林和生物质能源培育两个建设方向。在局世行中心的带动和指导下，近年来，各省区争取国际金融组织和外国政府贷款项目工作也实现了新突破。广西申请并上马了贷款额度 1 亿美元的碳汇造林世行项目，山东林业资源可持续发展世行贷款新项目获得国务院批准，河南、湖北、江西相继实施了日援贷款项目。上述新项目申请成功，不仅为林业利用外资工作注入了新鲜的"源头活水"，促进了国外筹资渠道日益广泛化、多元化，而且丰富了项目建设内涵，增强了林业外资项目后续发展能力，为林业建设做出了新贡献。

（五）争取优惠政策减轻世行贷款林业项目负担，实现服务基层、服务林农群众的新突破。经积极争取，2004年财政部对划入天保工程区的世行贷款林业项目债务给予政策支持，共减免债务2.3亿元，挂账12.7亿元，总额达15亿元。近期，局世行中心协同财政部国际司，经过两年多时间的反复调研和争取，财政部已同意再次减免有关世行贷款林业项目债务。一是降低"国家造林项目"转贷利率，减免到期利息；二是中央财政承担"国家造林项目"因1994年汇率并轨产生的汇率风险损失；三是中央财政对重点公益林区世行贷款"国家造林项目""森林资源发展和保护项目""贫困地区林业发展项目"未到期债务给予停息挂账，总额近12亿元。上述两项优惠政策合计减免和停息挂账27亿元。这充分体现了党中央、国务院对林业发展，对世行贷款林业项目的关心和支持。它大大减轻了基层项目单位与林农的还贷负担，受到基层林农群众的广泛拥护，必将对巩固项目建设成果、提高项目单位和林农用款积极性、争取新的外资项目发挥重要作用。

（六）培训工作取得积极成效，为工程项目顺利实施提供了人才保证和智力支持。世行贷款林业项目把科技推广与培训作为项目的重要组成部分，坚持同步规划、同步设计、同步实施，开展了多层次、多形式的技术推广与培训活动。"贫困地区林业发展项目"累计开展各级培训6万多期，培训技术、管理人员34万人日，培训农民329万人次。正在实施的"林业持续发展项目"截至2007年6月，人工林营造部分累计完成国内外培训136万人日，保护地区管理部分累计举办培训208期，培训技术、管理人员1600人次，社区农民5300多人次。速丰林工程利用中日林业生态培训中心项目资金，先后对11个重点省区的管理、技术人员进行了工程管理和造林技术培训。通过业务管理培训，既造就了一大批有文化、懂技术、会经营的新型农民，为新农村建设做出了贡献，又培养了一支具有宽广视野、熟悉外资项目运作规则的林业管理干部队伍，促进了人才与事业的同步发展。

速丰林工程和国际金融组织贷款林业项目取得的成绩，来之不易。每一步进展都凝聚了大家的汗水和心血，每一项突破都汇集了同志们的智慧和力量。在此，我代表国家林业局党组向同志们表示衷心感谢和亲切问候！

二、进一步明确思路，认真做好当前和今后一个时期速丰林工程与国际金融组织贷款林业项目工作

当前和今后一个时期，速丰林工程与国际金融组织贷款林业项目工作要认真贯彻党的十七大精神，深入落实科学发展观，以服务生态文明、全面建设小康社会为出发点，紧紧围绕建设现代林业的总体发展目标，统筹工程项目发展与人民群众致富、统筹政府部门领导与市场机制主导，统筹工程项目建设管理与成果转化推广，突出林业在维护国家生态安全、木材安全、能源安全和气候安全的地位和作用，紧密依托新项目，紧紧依靠林业企业和林农群众的力量，坚持国内资本与国际资本并重，坚持利益驱动与社会推动并举，坚持引进吸收与创新发展同步，深入推进人工林后备资源培育和林业外资项目建设，全面提升工程项目建设的

质量和效益，满足国民经济与社会可持续发展对林产品和生态产品的需求，促进生态、经济和社会协调发展。

速丰林工程建设要充分发挥在缓解国内用材供需矛盾、提升林业产业发展水平方面的重要作用，以加快发展为目标，以提高质量效益为核心，以完善政策为突破，以创新机制为动力，以科技服务为支撑，以企业和大户为主体，坚持兴林与富民相结合、资源培育与加工利用相结合，基地规模建设与分散经营相结合，全面提高我国森林资源储备和木材有效供给能力。

国际金融组织贷款林业项目要继续发挥在引进国际先进技术、管理方法和知识经验，提升林业管理水平、促进林业对外开放方面的示范和引领作用，以服务全面建设小康社会、构建社会主义和谐社会为中心，紧紧围绕以生态建设为主的林业发展战略，以森林资源可持续发展为目标，继续稳定并适度扩大贷款利用规模，不断拓宽贷款来源，不断丰富项目内容，不断创新管理体制机制，坚持利用贷款和寻求赠款并重，引进资金与创新管理并重，以开放促进引进，以引进推动合作，以合作引领发展，全面提升林业对外开放层次和水平。

（一）深化集体林权制度改革，增强速丰林工程发展活力。集体林权制度改革是继耕地实行家庭联产承包经营后农村经营体制的又一重大变革，极大地激发了广大林农参与林业建设的积极性，也为速丰林建设带来新机遇，注入了新活力。各重点省区要抓住深化林权制度改革的有利时机，加快速丰林发展。一是在不改变林地所有权和林地用途的前提下，按照"依法、自愿、有偿"的原则，促进林业生产要素的合理流动和森林资源的优化配置，合理推动林木所有权、林地承包经营权的流转，大力开展集约经营，提高林地产出率，加速工程基地产业化建设。二是建立健全扶持工程发展的融资机制。积极协调金融部门，逐步探索建立长周期、低利息、政府贴息扶持的信贷政策，稳步推进林权抵押贷款，制定和完善林权抵押贷款管理办法和操作规程，建立健全与森林资源资产抵押贷款相配套的林业保险、贷款贴息、森林资产评估等政策，营造支持速丰林发展的良好融资环境。三是不断完善森林资源采伐管理制度，进一步依法放活对速丰林的采伐管理，逐步落实经营者对速丰林的采伐自主权。尽快出台新的低产林改造技术标准，鼓励将政策允许、条件具备的残次林改造为速丰林。四是严格落实国家关于速丰林税费减免的优惠政策，重点是改革育林基金管理办法，合理制定育林基金征收标准，逐步将其返还给造林者。

（二）加快工程规划落实，确保工程建设任务如期完成。根据国家批复的《重点地区速生丰产用材林基地建设工程规划》，到2015年要建成2亿亩速生丰产用材林基地。但截至去年底，工程建设仅完成规划任务的44%。时间已过去近一半，但任务还未过半，后期建设任务十分繁重。各级工程管理部门负责同志要继续发扬努力工作、攻坚克难的顽强作风，明确责任分工，各司其职，协同配合，共同推进工程更好更快发展。局有关司局及速丰办要集中精力抓政策兑现，着力破解制约工程发展的政策壁垒，进一步营造宽松外部环境。要全面落实国家对工程建设的扶持补助资金。巩固已有资金补助成果，拓展国家补助来源，兑现落实种苗、森林防火、病虫害防治补助资金，建立制度化、长期化、鼓励性的速丰林政府补助机制。地方各级速丰林管理部门要集中精力抓本省区工程规划林地落实，着力解决困扰大部分省区工程范围不清、林地用途不明的老大难问题，使工程规划实实在在落到每一个"山头地块"。要结合国家林业局开展的三级林业区划工作，在做好本地区林业和林地功能区划的基础上，明确速丰林建设用地范围并保持长期稳定，切实把工程管理的着力点从注重林木转向注重林地，以林地区划功能确定林木属性类别，最大限度地防止或避免速丰林工程范围不清的问题。

（三）加强典型示范，促进工程健康持续发展。要把加强典型示范和引导作为促进工程健康持续发展的突破口，充分发挥政府部门的宏观调控职能，按照"扶大、扶优、扶强"的原则，筛选一批有实力、有市场潜力的企业，从政策、资金、资源等方面采取综合配套措施重点扶持，对于带动能力强、科技含量高的龙头企业，实行"四优先"：一是优先安排国家扶持补助资金；二是优先帮助融资，包括向国家开发银行推荐进行融资；三是优先保证资源供给，使自然资源、人力资源和技术资源更多向龙头企业流动；四是优先在资源管理上给予政策倾斜。各工程省区要进一步强化对大户的引导，加强工程建设与市场的对接，鼓励大户实行定向培育和定向供应，做到以需定产，以求定量，大力推进基地建设的产业化。要引导龙头企业努力成为科技进步与创新的主体。通过密切与科研院所、高等院校、技术推广部门的联系与协作关系，在良种繁育、林木栽培管理、病虫害防治等方面集中力量开展技术研究，不断推出新的科技成果，为工程建设提供源源不断的动力。鼓励龙头企业与农户在自愿、平等的前提下，通过"农户＋基地"等有效形式形成比较稳定的产品购销关系和农企合作利益共同体，建立"风险共担、利益共享"的新机制。龙头企业要通过服务、预分红等措施，使农民不仅从速丰林培育中得到良好的收益，而且能分享到加工、销售环节的利益，实现互惠互利，共同发展。

（四）深化社会公共服务，优化政务环境，提高工程服务水平。要进一步转变职能和作风，工作重点要从以前习惯的公共管理向公共服务转变，从命令干预向引导扶持转变，从跑项目、分资金向改进社会服务、改善政务环境、提高效能转变，着眼建设业主和林农群众的不同需求，主动提供服务，解业主和林农群众之所难，帮业主和林农群众之所困。要构建速丰林适用技术推广应用体系，引导科学研究和技术推广单位面向速丰林主战场开展技术研究和协作攻关，筛选组装一批先进适用的科学技术，建立一套涵盖产前、产中、产后全过程、门类齐全、完整配套的科技标准支撑体系。通过科技试验示范区、技术培训、科技下乡、网站咨询等形式，使科技成果和实用技术进家入户，为业主和广大林农群众在第一时间提供点对点服务，真正让科学技术成为速丰林工程建设的第一生产力。要构建速丰林信息服务平台，尽快建立起覆盖全部重点省区和重点企业与大户的速丰林工程管理信息系统。改变用材企业与速丰林造林企业和大户间信息不对称的状况，进一步沟通木材加工利用企业与生产企业或农户间的供需信息，建设速丰林产品快速通畅的销售渠道，避免或减少速丰林企业或林农群众生产上的风险。

（五）做好项目竣工准备，推进项目成果转化。"林业持续发展项目"和GEF赠款项目已实施5年，今年是项目结束前的关键性一年。要一如既往，善始善终，做到思想不放松、工作不松懈、要求不降低，严格按照承诺的"信贷协定""项目实施规定""赠款协定"保质保量完成各项任务。要把项目竣工验收准备工作列入重要议事日程，提早安排、全面部署，认真总结项目实施成效和经验，分析研究执行中的问题和原因，掌握项目管理的内在规律和特点，力争向世行交一份高质量的竣工报告。

（六）加大世、亚行和欧投新项目筹备力度，争取早日启动。世行第五期"林业综合发展项目"和亚行首期"西北三省区林业生态发展项目"前期准备工作要在已有基础上加大力度，稳步推进。局世行中心要继续加强调查研究，在局计资司等部门的支持下，加强与国家发改委、财政部等主管部门的沟通汇报，主动做好与世行、亚行方面的配合与协调，力争今年完成项目准备工作，2009年正式启动实施。世行新项目5省在已明确主要建设思路和内容的基础上，要做好数据收集和分省区可研报告编写工作。亚行贷款项目西北三省区要充分认识搞好国际金融组织贷款林业项目工作的重要性，从实际工作需要出发，本着精简、统一和高效的原则，尽快建立健全项目管理机构，落实人员和经费。要深入开展调查研究，做好基础工作，为亚行技援专家就位做好准备。欧洲投资银行贷款碳汇造林和生物质能源培育项目要积极争取及早落户林业部门。有关省区和局有关部门要密切配合，通力合作，抓紧确定试点县市，开展相关经济分析和关键技术研究，及早拿出项目可研报告，争取项目早日启动。

（七）**积极开拓创新，不断拓展对外合作领域。**国际金融组织贷款林业项目作为我国林业改革开放的前沿，在为林业建设带来资金的同时，项目引入的发展理念、管理模式、运行机制将对我国林业改革和发展产生持久而深刻的影响。做好国际金融组织贷款林业项目工作意义重大。近年来，国际金融组织调整了对华援助战略，强调要与中方逐步由借贷关系转变为"互利、共赢"的新型合作关系，在贷款政策、融资方式、项目管理上都发生了新变化。林业贷款项目工作要适应新变化，不断开拓创新。一是要拓宽项目资金来源。除世、亚行贷款之外，其他多边国际组织、政府贷款以及其他优惠信贷项目都可纳入争取范围。二是拓展项目内容。以往贷款项目主要集中在营造林方面，内容相对单一，难以适应经济社会对林业的多种需求。项目内容构思上要充分挖掘林业的多种功能，发挥林业的多种效益。不论是进行生态建设、满足全社会对生态产品的迫切需求，还是加强林业产业建设、满足社会经济发展对多样化林产品需要，林业外资项目都有很大空间，大有可为。三是有条件的省区，要以省为单位，积极争取国际金融组织贷款或外国政府贷款项目，这既符合国家外资利用工作的总体发展方向，又可满足本省区林业建设对外资的实际需求。对于各省区争取新项目，局世行中心要大力支持，积极给予指导和帮助。

（八）**强化管理技术培训，保障工程项目顺利实施。**速丰林工程和国际金融组织贷款林业项目质量要求高、科技含量高，项目单位和基层林农群众科技需求强烈。要高度重视工程项目管理与技术培训工作。一是建立分级培训制度。要从工程项目建设与管理实际需要出发，建立健全自上而下的培训体系，合理确定培训重点与内容，加大培训力度，着力提升各级工程项目管理人员的业务素质和水平，着力提高运用理论解决实际问题的能力。二是要创新培训形式，加强对重点工作和关键环节的指导。通过以会代训、交流经验、印发资料、开展专题讲座等形式，对工程项目建设的重点和难点给予及时指导。营造林季节，要及时组织技术人员深入田间地头进行巡回指导，示范和普及关键技术，做给农民看、带领农民干。三是要解决好科技成果转化问题，抓好林业先进实用技术，特别是新品种、新模式和新技术的推广应用，采取试点、示范方式进行推广，提高林业科技进步在工程项目建设中的贡献率。

同志们，在建设生态文明、全面推进现代林业建设的新的历史时期，努力做好速丰林工程和国际金融组织贷款林业项目工作，使命光荣、任务艰巨。让我们紧密团结在以胡锦涛同志为总书记的党中央周围，深入贯彻党的十七大精神，统一思想，锐意进取，开拓创新，全面推进速丰林工程和国际金融组织贷款林业项目工作再上新台阶，为新时期林业又好又快发展做出更大的贡献！

总结经验 提高认识
深入推进全国木材战略储备基地建设

——在全国木材战略储备基地暨国际贷款项目建设现场会上的讲话

国家林业局副局长   张永利

2013 年 12 月 27 日

同志们：

这次会议的主要任务是：以党的十八大和十八届三中全会精神为指针，认真总结全国木材战略储备基地建设成效和经验，深刻认识推进全国木材战略储备基地建设的重大意义，全面部署当前和今后一个时期的工作任务，把全国木材战略储备基地建设推向新阶段。

会议在这里召开，是有考虑的。2011 年底，赵树丛局长在考察福建时，要求把洋口林场建成林木良种繁育基地、森林经营示范基地、文化培训基地、生态骨干基地，打造区域种苗服务中心，为全国木材战略储备基地建设提供保障。该林场自 1956 年创建以来，长期与南京林业大学等院校合作，50 多年如一日，持之以恒开展系统的杉木遗传育种研究，推进种苗繁育产业化，培育了丰富多样的森林资源，是国家林业局首批"国家重点杉木良种基地"、"国家杉木种质资源库"和"国家储备林示范林场"。林场的珍稀和大径级材培育，总结了良种增益、定株经营、混交改培、持续发展的成功做法，成为全国木材战略储备基地建设的一个典范、一面旗帜。洋口的经验值得重视和借鉴。

昨天，我们参观了欧洲投资银行贷款无患子基地、顺昌县国有林场中幼林抚育和大径级材改培现场。通过参观，相信大家得到不少启示。刚才，福建、广西、湖南、江西 4 省份做了典型发言，唐守正院士做了精彩报告，让我们深受教育，很受启发。由国家林业局速丰办、北京林业大学共同组建的国家木材储备战略联盟，今天也正式成立，开辟了政、产、学、研、用"五位一体"协同创新与成果共享的新平台，可喜可贺。下面，我讲几点意见，供大家参考。

一、创新理念，稳步推进，全国木材战略储备
示范基地建设取得积极成效

两年来，国家林业局深入贯彻落实党中央、国务院重要部署和中央一号文件精神，把建设木材战略储备基地，建立国家储备林制度，作为深化林业改革，促进生态文明建设的创新举措。各示范省区把国家长远战略与地方现实需求紧密结合，积极发挥主动性、创造性，取得了积极成效，为建设"两个林业"，构建国家木材安全保障体系，做出了积极贡献。

（一）**高位推动，扎实起步，木材战略储备基地建设成为各示范省区林业发展的新亮点。**木材战略储备基地建设既不同于以往的林业生态工程，也不同于速生丰产林工程，是一项创新工程，建设伊始就得到地方领导的高度关注。广西壮族自治区党委第十次党代会，明确要求把广西打造成为全国木材战略核心储备基地，努力当好全国林业"双增"的排头兵，为保障国家木材安全做出更大贡献。福建省将木材战略储备基地建设项目，作为培育资源、促进农民增收的一项重要工程推进实施，苏树林省长指示，要利用好现有森林资源，建设木材战略储备基地，争取并用好国家政策。湖南省将优材更替和无节良材培育与木材战略储备基地建设相结合，全面提升森林质量，省委副书记、副省长徐明华强调，"要大力培育乡土珍贵树种优质木材，增强木材供给能力和资源战略储备"。江西省把建设木材战略储备基地作为一项战略措施，写入振兴原中央苏区发展规划。截至11月底，7个示范省区共建成基地530万亩，完成投资20亿元，其中中央资金7.28亿元。

（二）**探索创新，上下联动，试点划定国家储备林取得新成果。**7省区结合本地实际，按照我局印发的《2013年国家储备林建设试点方案》《国家储备林树种目录》和划定通知的要求，制定实施细则，严格技术规范，积极稳妥推进国家储备林划定试点工作。福建省针对现有林改培制定了13种措施类型，并组织技术人员深入山头地块，进行现场指导把关。广西区制定了《国家储备林划定提纲》，召开技术培训会，指导承储林场开展外业调查，严格按照林种、林龄、面积、立地指数、净增量和图表等技术要求进行划定。湖南省坚持统一培训、统一队伍、统一标准，"一把尺子量到底"，确保划定工作质量。江西省按照小班地类、树种、林种进行筛选，将交通便利、林分质量好的近熟林列为重点划定对象。今年以来，30个承储试点林场首批划定国家储备林87.5万亩，迈出了构建长效稳定的国家立木储备制度的第一步。

（三）**内外结合，协同推进，欧投行项目为全国木材战略储备基地建设注入新动力。**我国林业连续实施了7期世界银行贷款项目，积累了人工林高效集约经营的成熟经验。国家林业局经过多方协调争取，中央分两期新增欧投行林业贷款4亿欧元，开辟了我国林业利用国际贷款的新领域。根据我局统一部署和要求，各地积极推动内外资项目融合发展，协同推进木材基地建设。湖南省充分利用本省贷款项目多的优势，突出木材储备基地现有林改培任务安排，全省57个基地县中，有75%的县列入了林业国际贷款项目建设范围。广西区利用欧投行项目贷款资金，重点培育珍稀和大径级用材林，木材基地规划县有95%纳入了欧投行贷款项目范围。江西省以验收报账制、林权质押、储备年限为节点，设计出11个环节的契约式管理链。

（四）**总结经验，把握规律，大力推广木材战略储备基地建设新模式。**各地积极推广速丰林和特殊林木培育的成功做法，借鉴世行贷款项目有益经验，探索木材战略储备基地建设的模式和规律。福建省设计了33个森林培育类型表，提出了相应的经营措施。广西区应用了"金丝楠＋香椿"等8种混交模式。湖南省示范推广了20多个针阔、阔阔混交造林和现有林改培技术模式。中国林科院热林中心研究出长短周期结合、阴阳树种搭配、公益林内套种珍稀树种等30多个模式。在总结各省区模式经验的基础上，我局速丰办编制了《全国木材战略储备生产基地建设模式及典型案例》，总结出43种模式57个案例。这些模式经验将成为全国木材战略储备基地建设的重要技术参考。

（五）**共建联盟，服务基层，构建服务国家储备林运行管理新平台。**我局速丰办联合北京林业大学，共同发起成立了国家木材储备战略联盟，发挥行业管理与人才优势，沟通和联合"政、产、学、研、用"各个方面，促进交流、培训和协同创新。组建联盟，构建起服务国家储备林运行管理的新平台，有利于沟通企业市场需求和提供咨询服务，研究解决技术难题，开展培训交流、信息分析监测和预警预报；有利于集聚创新资源，解决国家储备林建设中的关键性问题；有利于汇集创新人才、技术和成果，服务基层建设、经营和管理需求。联盟明确了组织机构，成立了专家咨询委员会，研究制定了决策执行机制、协作促进机制、利益分享和共管机制等。

二、立足大局，着眼长远，深刻理解全国木材
战略储备基地建设的重大意义

党中央、国务院高度重视木材战略储备基地建设。2011年，国务院领导对发改委、财政部和国家林业局联合上报的《关于构建我国木材安全保障体系的报告》作出重要批示。去年，国务院参事室先后赴福建、广西等省份开展木材战略储备基地专题调研，向国务院提交了《高度重视林业生产能力 尽快实现我国木材基本自给》的报告，时任国务院副总理李克强同志、国务委员兼国务院秘书长马凯同志作出批示。今年中央一号文件首次提出"加强全国木材战略储备基地建设"，标志着木材战略储备基地建设已上升为国家的重要决策，成为建设生态文明和美丽中国的重要内容。汪洋副总理最近在视察中国林业科学研究院时，专门对木材安全问题做出指示。全国人大代表和全国政协委员长期关注木材战略储备基地建设，今年4月和9月，贾治邦主任带队专题调研木材战略储备基地，提出了"加大财政投入，加快木材战略储备基地建设"的建议。近期，唐守正等8位院士上书国务院，建议国家深入推进木材战略储备基地建设。

国家林业局对木材战略储备基地建设高度重视。赵树丛局长多次听取汇报，做出重要指示，要求"全国木材战略储备生产基地这件事要加快，争取办成一个大工程"，"要扎扎实实开展起来"。主管这项工作的张建龙副局长，多次带队深入基层调研，研究部署相关工作，协调落实相关政策。根据国家林业局建立全国木材安全储备体系的部署和要求，我们组织编制了《全国木材战略储备生产基地建设规划（2013～2020年）》和《2013年国家储备林建设试点方案》，明确提出到2020年，在25个省区6大区域18片基地，建设木材战略储备基地2.1亿亩，先期划定国家储备林1500万亩。基地建成后，每年可新增木材生产能力9500万立方米，初步缓解我国木材短缺问题。

木材战略储备基地建设是一项长期的、艰巨的、复杂的任务，不可能一蹴而就。建设木材战略储备基地，是林业转型发展的时代要求，是生态文明建设的现实选择，意义重大，影响深远。

（一）**加强木材战略储备基地建设是发展生态林业、民生林业的具体实践。**我国林业正处于向生态文明建设加速转型期。生态产品短缺，生态差距巨大，是生态文明建设的最大短板之一。我们可以进口木材，但森林生态效益无法进口。木材储备基地建设，是森林资源培育的重要组成部分，通过木材储备基地建设，在培育以优质木材为主的林业有形产品的同时，还有效增加了生态产品的生产和供给，能够拉动社会就业、增加经营收入。木材储备基

地建设体现了生态效益、经济效益和社会效益的良好结合，是建设生态林业和民生林业的重要载体。此外，抓好木材战略储备基地建设，还可以减轻生态建设压力，增强生态建设实力，既有利于森林资源保护，又有利于森林资源培育。

（二）加强木材战略储备基地建设是激发市场活力、更好发挥政府作用的现实要求。党的十八届三中全会作出了《关于全面深化改革若干重大问题的决定》，提出了市场在资源配置中起决定性作用的重大理论观点，这也是我们深化林业改革的基本方针。紧紧围绕建设生态文明和美丽中国，创新林业体制机制，加快木材战略储备基地建设，必须处理好政府与市场的关系。经过多年努力，效益好、见效快的短周期用材林建设，主要依靠市场配置资源，激发多种主体活力，取得了显著成就。现在，我国人工林年采伐量1.23亿立方米，木材利用正在加速向以人工林为主转变。由于珍稀和大径级用材林培育投资大、周期长、风险高、收益慢，进口受限增多，难度加大，存在市场失灵和供给断货风险。这就要求我们更好地发挥政府宏观调控作用，通过加大资金投入，强化科技支撑，立足现有资源，用20～50年的时间，储备培育一批珍稀和大径级林木资源，满足中长期国家急需和市场需要。

（三）加强木材战略储备基地建设是缓解木材供需矛盾、满足社会需求的根本措施。随着经济社会快速发展和人民生活水平提高，我国已成为仅次于美国的第二大木材消耗国和第一大木材进口国。近十年来，建筑、家具、装饰装修以及特种用材等行业，对优质木材的原料需求急剧增长。2002年全国木材消费总量1.83亿立方米，2011年猛增到4.99亿立方米，十年增长了173%，近一半靠进口解决。第七次全国森林资源清查结果表明，我国人工林每亩年均生长量0.26立方米，为世界平均水平的1/2；能利用的成过熟林资源仅占森林资源的5%，大径级木材严重短缺。通过增加进口解决国内木材结构性短缺问题的难度越来越大，迫切需要立足国内，加快建设木材战略储备基地，加强森林资源培育，优化品种结构，提高林地生产力，切实增强我国木材自给能力。

（四）加强木材战略储备基地建设是转变林业发展方式、提高森林经营水平的必然选择。我国用材林面积9.6亿亩，乔木林每公顷蓄积85.88立方米，与德国1948年水平相当。德国通过制定人工林培育计划，提高培育水平，每公顷蓄积已达360立方米，是我国的4倍多。昨天，我们看到洋口林场利用杉木三代种子园选育优良无性系组培苗营造的示范林，3年9个月平均树高达7.3米，平均胸径达8.7厘米，与普通杉木林分相比，材积遗传增益高达126%以上。我国实施林业世行贷款项目近30年来，积累了人工林高效集约经营、森林资源储备和科技推广应用的成熟经验。有关专家论证认为，建设木材战略储备基地，只要措施得力，完全可能把木材基地生产潜力提高50%以上，实现森林经营水平的大幅度提高。通过木材战略储备基地建设带动，可以推进林业发展方式从数量、规模型向质量、效益型转变，从粗放经营型向集约经营型转变。

（五）加强木材战略储备基地建设是调整木材供应结构、缓解国际压力的战略举措。2012年，我国大径级木材进口量已超过全球原木贸易量的1/3，《濒危野生动植物种国际贸易公约》限制贸易的树种已达220多个，有86个国家和地区限制和禁止原木出口。随着世界各国森林资源保护力度的加强，原木和珍稀材出口限制越来越多，珍稀材和大径级原木长期依靠进口将难以为继。当前，一些国家和组织对我国进口原木的指责日益增多，在国际谈判和外交事务中将木材贸易问题政治化。立足南方地区，构建以契约管理、代储代管、轮换动用和动态监测为重点的国家储备林制度，对树立负责任大国形象，赢得更大发展空间具有重要意义。

三、明确任务，真抓实干，稳步推进全国木材 战略储备基地建设的各项工作

木材战略储备基地建设是一项全新的工作，需要通过优化配置生产要素和转变生产方式，从"量"和"质"两个方面统筹"当前"和"长远"的木材供需问题。这项工作，既有开创性又具探索性，既要做好顶层设计，大胆创新，也要摸着石头过河，稳步推进。

（一）稳步推进木材战略储备基地建设。各地要按照国家林业局批准的全国木材战略储备生产基地建设《规划》，结合本地实际调整完善省级规划，合理安排 2014 年木材战略储备基地建设任务，并分解落实到建设主体和山头地块，同时及时编制《2014 年木材战略储备基地项目实施方案》，于 2014 年 4 月 15 日前报国家林业局。要多渠道筹措资金，中央和地方安排的各项重点工程造林投资、造林财政补贴资金、中幼林抚育资金、财政贴息资金等，统筹向木材战略储备基地倾斜，并足额落实省级配套资金。要重视制度建设，近期我局出台了《全国木材战略储备生产基地现有林改培技术规程》等一系列规程办法，请各地据此制定本省实施细则和具体办法。要进一步充实和健全管理机构，切实加强项目管理。

（二）全力抓好国家储备林划定工作。在今年国家储备林试点划定的基础上，我局确定 2014 年在南方地区划定 1500 万亩国家储备林。各地要按照会前衔接的国家储备林划定任务，以最新的森林资源数据为依据，选择符合"国家储备林划定要求"和《国家储备林树种目录》，具有地方特色的优质中、近熟林分划定为国家储备林。要根据本次会议精神，制定省级工作方案和划定技术要求，严格划定标准，切实将国家储备林分解划定到承储林场，分解落实到林种、树种和山头地块。请有关省区于 2014 年 5 月 1 日前，将"省级国家储备林划定方案"上报国家林业局。我局将与承储省区签订《国家储备林责任书》，省级林业主管部门与承储林场签订《国家储备林建设合同》。

（三）尽早启动欧投行新项目。各地要继续推进欧投行贷款项目与全国木材战略储备基地建设的融合发展，力争到 2020 年，用于木材储备基地的欧投行贷款规模达到 30 亿元。"欧投行林业框架项目"已评估的湖南省、辽宁省、浙江省和重庆市，要做好项目国内外审批程序的衔接，根据专家组意见修改项目文件，报送主管部门审批，力争 2014 年 6 月份前签署项目法律文件。尚未评估的河南、广西、海南和福建 4 省区，要进一步完善相关前期准备工作，力争 2014 年 2 月底前完成评估。"欧投行气候变化二期项目"，世行中心要发挥项目的组织协调、技术指导和服务督导作用，指导相关省区做好项目方案的编写和准备工作。全球环境基金 800 万美元赠款项目，要围绕国家储备林的政策保障、运行管理、技术服务等做好研究。

（四）强化对国家储备林的监测和管理。围绕国家储备林可查、可调和可控的工作目标，我局正在建设国家储备林信息管理系统，重点开展国家储备林面积、蓄积、林地状况等动态监测，定期向社会公布国家储备林信息。各地要做好作业设计和检查验收信息化管理工作，及时将相关信息更新到全国林地"一张图"和国家储备林信息管理系统，逐步构建动态平衡、调度有序、保障有力的国家储备林信息化监测和管理体系。

（五）**加强木材战略储备基地建设科技支撑**。各地要在木材战略储备基地建设中，大力推广世行项目的系统工程管理、契约式管理、全面质量管理、社区参与等先进经验，逐步建立"分工序分级检查验收"的质量监督体系和按"造林模型"核算的成本管理体系。要把科技支撑贯穿到基地建设的全过程，依托林科院、林业高等院校和科研机构，配套组装先进适用的育苗、经营和林木培育等关键性技术；加强珍稀树种和大径级材栽培技术、培育模式研究。

（六）**充分发挥联盟的协作服务纽带作用**。刚才，我们一起见证了国家林业局速丰办与北京林业大学的合作协议签订仪式，双方共建国家木材储备战略联盟。祝贺各承储林场和相关企业，成为首批联盟会员单位。联盟要充分发挥北京林业大学的科技、人才、技术优势，履行好联盟义务，协助业务主管部门，做好对国家储备林消长情况的监测、预警和预报；组织行业技术交流，开展业务培训、政策咨询服务。

同志们，全国木材战略储备基地建设事关国家生态安全和木材安全，事关13亿人对美好生活的追求，是生态林业和民生林业的最佳结合点。让我们坚定信心，创新理念，真抓实干，稳步推进全国木材战略储备基地建设，用实际行动贯彻落实好党的十八大和十八届三中全会精神，为建设生态文明，推动绿色发展作出新的更大贡献！

高度重视林业生产能力建设
尽快实现我国木材基本自给

国务院参事　刘　坚　刘志仁　唐守正
国务院参事室特约研究员　徐晓东　雷武科

2012 年 7 月 6 日

近 20 年来，我国林业发展取得了举世瞩目的成就。在世界森林面积减少近 2.9 亿公顷的情况下，我国森林面积增加了近 6000 万公顷，森林覆盖率达到 22%，人工林面积居世界第一位。然而，我国林业生产上还存在两个突出问题：一是森林生产能力低下，人工林单位面积蓄积量还不到世界平均水平的一半，仅为林业发达国家的 1/4 ~ 1/3；二是木材需求的对外依存度持续增高，达到 43.6%，2011 年进口木材 1.83 亿立方米，其中原木和锯材进口为 6389 万立方米，比 2010 年增加了 30.1%。这不仅不利于我国木材供给安全，而且有损我国的国际形象。为此，我们走访了国家林业局，并赴内蒙古、辽宁、福建和广西等省份进行了调研，听取了有关部门和林农、林业站同志、林场职工，以及林农合作社和林业企业负责人的意见和建议。现将有关情况报告如下：

一、解决我国木材基本自给问题意义重大，且经过努力可以实现

木材是四大建材中唯一的可再生资源。用可再生资源代替不可再生资源是世界发展的趋势。提高木材生产能力，实现基本自给，是落实"双增"目标、应对气候变化的重要举措，是满足经济社会发展对林产品多样化需求的有效途径，对保障我国的生态安全和必要的战略储备，推动相关产业持续发展，以及促进农民就业增收具有重大战略意义。

我们认为，解决木材基本自给与保护生态环境，不是对立的，而是相辅相成的，只有提高林业生产能力，实现木材基本自给，才能保护已有工业，才能增加林农收入，才能调动更多的力量参与林业建设，形成林业产业发展的良性循环。只要思路正确，加上强有力的政策支持和措施推动，经过各方面的共同努力，实现我国木材基本自给是完全可能的。

通过调研测算，我国森林生产潜力，北方可达 7 立方米/公顷，南方可达 15 ~ 20 立方米/公顷，如果用 15 年时间逐步普及先进经营技术，提高到每年 6.7 立方米/公顷，这样现有林每年可提供 10 亿立方米生长量，加上新增的 2000 万公顷林地每年提供 2 亿立方米生长量，总计 12 亿，其中采伐 6 亿、出材 4.5 亿基本保证木材自给，保留 6 亿提高森林质量和生态效益。生态保护和木材供应可以实现双赢。

二、解决我国木材基本自给问题，要明确一个思路，处理好四个关系

提高林业生产能力，实现我国木材基本自给，必须明确一个思路，就是：在深化和完善林权制度改革的基础上，努力提高林农组织化程度，实行集约经营；在稳定林地面积的基础上，依靠科技，提高单位面积产量；在继续加大政府投入的基础上，强化财政、金融和保险等政策支持，引导社会各方面力量参与林业建设。为此，要处理好以下四个关系。

（一）**合理利用与科学保护的关系**。林业不仅具有公益性，也是一个关乎林农生产生活的大产业。必须正确认识保护的内涵，科学营林才是最有效的保护，要改变当前"护而不营"的状况。瑞典、美国、芬兰等国的经验表明，利用与保护本质上并不矛盾，只要处理好两者关系，就能做到森林资源越采越多，越采越好。另据林业部门调研，每年我国约有一亿立方米的树木自行枯死，这与我们每年进口的木材数量大体相当。

（二）**扩大面积与提高单产的关系**。我国的基本国情是人多地少，扩大森林面积十分有限，根本出路还是依靠科技，集约经营，努力提高单位面积的生产量。

（三）**发展速生丰产林与发展珍贵树种（大径材）的关系**。林业产业的特殊性就是周期长、生态效益明显，特别是一些珍贵树种时间更长。基层的同志为了解决这个问题，采取了科学规划，长、中、短相结合，以及发展林下经济的办法。如广西壮族自治区一手抓速生桉树生产，一手抓珍贵树种营造；辽宁省大力发展林下经济，本溪市农民人均纯收入的60%来自林下经济。

（四）**政府投入与社会力量参与的关系**。林业的公益性决定了政府必须发挥主导作用，要在政策上鼓励，投入上倾斜，同时要大力发挥社会力量的积极性，这方面潜力也是很大的。如辽宁省2008年以来，林业投入600亿元，其中社会资金达到了41%。如果采取更加有力的政策，会有更多的社会资金投入林业。

三、当前提高林业生产能力，实现我国木材基本自给的六点建议

提高林业生产能力，尽快实现我国木材基本自给，当前的重点是，加快构建"四大体系"，即：以良种培育和推广为主的科技支撑体系、以林区道路建设为主的基础保障体系、以木材生产重点省（县或场）为主的木材战略储备体系，以政府为主导的多元化政策支持体系。为此，提出以下六点建议：

（一）**加大林木良种培育与推广力度，依靠科技挖掘增产潜力**。目前，我国林业科技贡献率仅为43%，林木良种使用率仅为45%，与林业发达国家相比有很大差距。林业发达国家的良种使用率超过了80%，其中美国为86%，德国为100%，均做到了颗粒精选。福建顺昌县洋林生物试验中心繁育的优良杉木，平均年生长2.5米，而一般杉木一年生长不足1米。广西桉树良种繁育基地培育的短期速丰桉可4年成材，每公顷木材蓄积量可达120立方米，而一般的需7～8年，蓄积量仅为49立方米。福建洋口国有林场和广西东门林场，通过应用林木良种，单位面积的产量可在现有基础上提高3%～50%。为此建议：一是国家要切实加大对林业科技研发和成果推广的投入，建立健全林业技术推广体系，大力推进先进适用技术普及。二是加强优良种苗、珍贵树种等优良种源的选育推广。进一步加强林木良种、母树林、采种基地建设，提高种苗生产供应能力。三是加强林业机械的研究和推广，建立林业

机械应用财政补贴制度，大力推进林业机械化，提高林业生产率。四是要强化病虫害防治体系建设，提高林木质量。

（二）**加强林区基础设施建设，切实解决"最后一公里"问题**。林道网密度是反映一个国家森林经营水平的重要标志。目前，我国林区林道密度平均每公顷 1.8 米，即使在发展较好的福建和广西两省（自治区），林道密度也仅为 2.7 米和 3.2 米，与新西兰（40 米）、美国（15米）、加拿大（12 米）等国家相比存在很大差距，严重影响了我国林业生产能力的提高，必须加快解决森林经营中"最后一公里"问题。据专家测算，要完全发挥潜能，道路密度平均应不低于 8 米/公顷。为此建议，一是国家要加大林区道路等基础设施建设的投入力度，将林场水、电、路等基础设施建设纳入国家相关规划。二是将林区村级公路建设纳入国家和地方的道路建设规划。三是加强基层林业站（点）基础设施建设，确保林业职工的基本办公和生活条件。四是要继续推进防火带工程建设，提高森林火灾预防能力。

（三）**着力提高林农的组织化程度，大力推进集约化经营**。林业现代化的核心是提高林农组织化程度，实行集约化经营。奥地利每亩木材蓄积量达到了 211 立方米，约是我国人工林的 7 倍，主要原因就是实行集约经营。林农、国有林场同志和专家都认为，通过提高林业组织化、集约化程度，林业生产还有很大潜力。如福建顺昌县国有林场经营水平较高，每亩人工林木材蓄积量达到了 10.6 立方米，是全省平均水平的近 2 倍，是全国平均水平的 3 倍多。以全国 9.9 亿亩人工林粗略测算，如果总体上能达到国有林场经营水平，那么每年可增加木材近 10 亿立方米。因此，要认真总结现有模式经验，在继续深化林权制度改革的基础上，积极探索适合林业发展的组织形式。研究出台提高林农组织化、集约化程度的政策措施，大力提高林农的组织化、集约化程度。

（四）**建立木材战略储备基地，确保国家木材安全**。建立木材战略储备基地，是确保我国木材安全的重要手段。解决木材安全问题，必须立足国内，建设一批全国木材战略储备基地，重点是要优化品种结构，提高营林水平，增加单位面积产量。为此建议，制定出台《全国木材战略储备基地建设规划》，建立专项资金，提高造林投资标准。同时，要对现有生态公益林进行改造、改良，增加生态公益林蓄积量。从长远看，公益林也是木材供给的重要来源。

（五）**建立和完善金融保险政策体系，加大对林业发展的政策支持**。基层同志反映，目前国家对林业的政策支持力度不够，补助资金覆盖面窄、标准低、银行贷款难度大、额度小、时间短（最长也仅有 5 年），与林木生长周期长、投入大的特点不相适应。此外，林业生产受自然灾害和病虫害等影响大，一次灾害往往就是毁灭性的，亟需发展林业保险。为此建议：一是国家要在保持现有支持政策稳定的基础上，继续扩大政策支持范围，提高中央财政对中长期珍稀树种培育造林补贴，按改培和中幼林抚育等不同培育方式给予补助。二是设计适合林业生产特点的长期、低息的金融产品。三是制定适合林木生产特点的保险政策。四是研究制定地上物（活立木）流转制度，建立林业资产评估机构，为林地流转和抵押创造条件，引导更多社会资本参与林业建设。

（六）**设定林地红线，确保林地不受侵占**。调研中，一些同志反映，目前不少地方出现了侵占林地和侵犯林农权益的现象，林地保护管理压力越来越大，希望将严格林地保护列入与严格保护耕地同等的地位。为此建议：划定基本林地制度，设定严格林地红线，严惩侵占林地的行为，切实保障林农合法权益，并切实推进被侵占林地的恢复工作。

立足国内　统筹规划
全面推进全国木材战略储备基地建设

全国政协人口资源环境委员会调研组

2013 年 9 月

　　为落实中央"加强全国木材战略储备基地建设"要求，我们就全国木材战略储备基地建设情况赴云南、黑龙江、内蒙古重点国有林区(场)开展了调研。期间，听取了国家林业局和有关省区党委政府及相关部门的意见，深入国有林区(场)一线与基层干部职工进行了交流，实地考察了相关企业，并对收集的情况研究分析。经过调查研究，我们认为：木材战略储备基地建设事关重大，中央应立足国内，统筹规划，加大投入，加快全国木材战略储备基地建设，积极建立国家储备林制度，切实维护木材安全。

一、木材战略储备基地建设意义重大

　　木材是森林经营的主要最终产品。我国森林资源总量不足，结构失调，尤其是珍稀树种和大径材结构性短缺，对外依存度不断增高。立足国内林地资源，选择适宜的天然次生林、中近熟人工林，通过集约化定向改培，建成一批优质丰产基地，实现珍稀树种和大径级用材林战略储备，对国计民生意义重大。

　　(一)有利于满足人民需求改善生活质量。随着经济社会快速发展和人民生活水平提高，我国已成为仅次于美国的第二大木材消耗国。建筑、家具、装饰装修等以及特种用材产业，对优质木材的原料需求急剧增长。2002 年全国木材消费总量 1.83 亿立方米，2011 年猛增到 4.99 亿立方米，其中进口木材及其产品折合木材达 44.8%。原木和锯材进口达 6393 万立方米、139.9 亿美元，分别是 2002 年的 2 倍和 4 倍，原木进口量超过全球贸易量的 1/3。

　　(二)有利于改善生态增加生态产品供给。我国林业处于向生态文明建设加速转型期。生态产品短缺，生态差距巨大，是建设生态文明的短板。我们可以进口木材，但森林生态效益、林副产品无法进口。十八大提出加快实施主体功能区战略，增加生态产品生产能力的要求。国家林业局《推进生态文明建设规划纲要(2013~2020 年)》，明确了生态安全、生态经济等指标体系。按照《全国林地保护利用规划纲要(2010~2020 年)》，到 2020 年，确保 1.2 亿公顷天然林地面积不减，同时，以提供生态产品为主的公益林地从第七次清查的 36.2%，调增到 56%；以木材生产为主的商品林地调减到 44%。基地化、集约化、规模化发展木材生产，成为一项战略选择。珍稀树种和大径材培育周期长，能稳定地提供森林生态效益和林下经济效益。

（三）**有利于改善民生发展绿色循环经济**。木材是可再生、可循环利用的绿色材料，在现代社会四大基础性材料中，是唯一可再生的绿色材料，以可再生资源代替不可再生资源是第三次工业革命的大趋势。打造中国经济升级版，发展绿色循环经济，木材是重要的低碳原料。2012 年，全国林业总产值为 3.95 万亿元，其中木竹采运、加工业产值 1.72 万亿元，占林业产业总产值的 43.5％。但我国森林可持续利用生态经济分析表明，我国森林资源承载能力亟待提高，加强以南方地区为重点的木材战略储备基地建设，不仅可以尽快提升森林资源支撑经济发展的能力和潜力，还可以大大调动林改后农民培育木材的积极性，有效解决山区特别是集中连片贫困区农民增收问题。

（四）**有利于调整结构缓解国际压力**。全球 CITES 公约限制贸易的树种已达 220 多个，有86 个国家和地区限制和禁止原木出口随着世界各国加强森林资源的保护和对木材出口的限制，大径级原木长期依靠进口难以为继，面临断供风险。当前，一些非政府组织对我国进口木材的指责日益增多，一些国家和组织将木材贸易与全球气候变化、环境保护挂钩，使木材贸易问题政治化、复杂化，在国际谈判和外交事务中对我国施加政治影响。建设全国木材战略储备基地，加快培育大径级材和珍稀树种资源，具有特殊的重要意义。

二、木材战略储备基地建设的有利条件

通过调研，我们看到全国木材战略储备基地建设时机基本成熟。

（一）**中央重视积极推进**。党中央、国务院高度重视木材安全问题。2011 年，国家发改委、国家林业局会同财政部向国务院上报了《关于构建我国木材安全保障体系的报告》，时任国务院总理温家宝同志、国务院副总理回良玉同志，分别做出重要批示，同意编制木材战略储备基地规划，要求把木材安全保障体系建设与植树造林、改善生态环境及农民增收结合起来。去年，国务院参事室先后赴福建、广西、辽宁等地开展木材战略储备基地专题调研，向国务院提交了《高度重视林业生产能力 尽快实现我国木材基本自给》的报告，温家宝同志、李克强同志、回良玉同志圈阅。近年来，全国人大代表也多次深入木材战略储备基地建设省区开展调研。

今年中央一号文件提出"加强全国木材战略储备基地建设"的要求，这是中央调整木材生产方式的重大举措。进入新世纪以来，以《中共中央　国务院关于加快林业发展的决定》为标志，我国从长期利用天然林大径材为主，开始向集约人工林培育方面转变。我们也了解到，国家林业局按照中央领导有关指示要求，把木材战略储备基地建设作为生态林业民生林业的重要载体，纳入了建设生态文明十大行动，制定出台了《全国木材战略储备基地建设规划》。

（二）**地方关注先行先试**。为积极推进南方木材战略储备基地建设，2012～2013 年国家在水光热条件好的福建、广西、广东、云南、湖南、河南、江西等 7 个南方省份 115 个国有林场，实施了木材战略储备基地建设试点。各地积极转变经营方式，调整林种树种结构中，把集约培育大径材和珍稀树种资源，作为提升森林质量，促进产业升级的重要抓手。福建省把培育大径材和珍稀树种作为提升全省森林质量的一项重要工作，坚持良种化、科学化、生态化，突出树种特色和培育模式，出台了大径材培育技术规程和管理办法；广西壮族自治区党委、政府提出将广西打造成为全国木材战略储备核心基地；湖南自 2009 年起实施了优材更替和培育珍稀用材树种，创新大径材培育模式；云南重点发展红木类珍稀用材树种，形成红木培育、加工、销售产业链，带动当地产业发展。这些为全面开展木材战略储备基地建设

探索了路子，积累了经验。

（三）技术成熟潜力巨大。提高现有林单位面积蓄积，是解决我国木材生产能力的根本途径。我国用材林面积9.6亿亩，人工林年均生长量只有世界平均水平的一半；乔木林每公顷蓄积85.88立方米，与德国1948年水平相当。德国通过制定人工林培育计划，目前每公顷蓄积已达到360立方米，是我国的4倍多。我国林业世行项目实施五期，积累了人工林高效集约经营、森林资源储备和科技推广应用的成熟经验，得到世行集团的最高评价。有关专家论证认为，逐步推广林业世行项目集约人工林培育经验和技术，完全有可能用15～20年时间，把我国现有林年生产量提高50%以上，每公顷年生长量由现在的3.85立方米提高到5.8立方米，实现生态保护和木材供应双赢。

全国木材战略储备基地建设，是一项具有战略高度、储备属性的全新工作，承担着提升森林资源数量、质量和增量多重任务，投入大、周期长、风险高、程序多，很多机制有待创新，还存在着诸多难点。一是建设任务难以满足需要。2012～2013年两年试点仅安排任务520万亩，不到《规划》任务的2.5%，距离实际需要差距很大。二是扶持政策难以到位。中央财政没有安排专项资金渠道，国内银行贷款周期太短。三是森林资源储备政策机制还要深入研究。森林资源储备的规模、品种、数量、周期、动用、轮换等机制模式，需要在实践中研究探索。

三、几点建议

我们认为，全国木材战略储备基地建设，事关生态文明建设大局、林业转型发展全局，应当高度重视，统筹当前和长远，稳步推进。我们建议：

（一）全面实施《规划》，着力抓好森林资源的培育和储备

全面启动南方地区木材战略储备基地建设工程，重点培育大径级材和珍稀树种。立足当前，充分发挥南方省区水光热条件较好的优势，加强现有林改培和森林抚育，在较短一个时期内，提高木材生产能力，把南方16个省区建成全国重要的木材战略储备基地，缓解大径材进口压力，应对断供风险。

北方重点国有林区深入推进天保工程，保护和培育森林资源。着眼长远，力争用30～50年，把北方重点国有林区建成国家木材长期战略后备资源基地；深化国有林区改革，可先在条件较为艰苦、森林资源恢复潜力大的龙江森工、黑龙江大兴安岭和吉林延边森工，停止木材商品性采伐，统筹安排林区两级管理费、森林抚育费、公益林管理费等。

（二）落实扶持政策

建议财政部2014年新增财政专项资金20亿元，用于全国木材战略储备基地建设；提高珍稀树种、大径材现有林改培和新造补助标准到1000元/亩左右；比照世界银行林业贷款项目，安排15～20年以上的银行低息贴息贷款；试点发行全国木材战略储备基地建设债券。

（三）建立国家储备林制度

借鉴国家粮食、石油储备的模式，第一期先划定1500万亩国家储备林，建立总量稳定、调度有序、保障有力的国家储备林制度。国家储备林以国家投资和管理为主，以合同契约形式，委托国有林场代储代管。

全国政协赴云南、东北、内蒙古全国木材战略储备基地调研组成员

贾治邦　全国政协常委、人口资源环境委员会主任
吴双战　全国政协常委、人口资源环境委员会副主任
王国发　全国政协人口资源环境委员会副主任
庄国荣　全国政协人口资源环境委员会副主任
王兆海　全国政协人口资源环境委员会委员
闫克庆　全国政协人口资源环境委员会委员
李少军　全国政协人口资源环境委员会委员
黄国驻　全国政协人口资源环境委员会委员
张建龙　国家林业局党组副书记、副局长
陈凤学　国家林业局党组成员、副局长

加快全国木材战略储备基地建设的建议

全国政协人口资源环境委员会"全国木材战略储备基地建设"调研组

2014 年 3 月 8 日

全国政协入口资源环境委员会副主任李成玉率"全国木材战略储备基地建设情况"调研组赴广西考察后认为，近年来，我国木材消费需求呈刚性增长，成熟森林资源过度消费，供求矛盾十分突出，每年有 40% 以上的木材需从国外进口，且以每年 15% 左右的速度递增。面对日益严峻的形势，加快全国木材战略储备基地建设，提高木材自给能力已刻不容缓。为此建议：

一、制定实施国家《木材战略储备生产基地建设规划》

设立木材战略储备基地建设专项资金，确保有稳定的财政投入支撑。采取直补方式，对不同培育周期的人工林栽培、现有林改培、中幼林抚育给予不同标准补助，并随经济发展同步增长。对培育大径材的减免育林金。基地建设向南方省区重点倾斜。

二、建立国家储备林制度

将一般用材树种大径级立木资源和高价值珍稀树种大径级立木资源纳入国家储备。选定国内急需、地方特色鲜明、林地条件优越、科技支撑优良、交通条件便利、林龄阶梯合理的中、近熟林分划定为国家储备林，由国家统一收储、管理和动用，实行契约式管理、代储代管、动用轮换和动态监测。支持广西、福建等水光热条件优越的南方省份划定 1500 万亩国家储备林，重点培育乡土珍稀大径级材，探索建立总量稳定、调度有序、保障有力的国家储备林体系。

三、加强对良种壮苗生产的科技支撑

加强育种基础设施建设，提高种苗生产供应能力。加强林木良种基地、母树林、采种基地建设，确保良种供应。加快松、杉优良种苗培育和桉树优良无性系、珍贵树种优良种源的选育推广工作。

四、完善木材战略储备基地建设金融保险政策

针对林木生产后期管护资金需求大的情况，分类制定低息（无息）贷款、小额贷款政策。将木材战略储备基地纳入国家森林保险范畴。

五、加大林区基础设施建设力度

将国有林场水、电、路等基础设施建设纳入国家相关规划；将林区村级公路建设纳入国家和地方的道路建设规划；对木材战略储备基地范围内的林区道路建设给予补助。

六、放宽木材战略储备基地建设资金补助的对象和范围

将集体和个人所有商品林纳入森林抚育补贴、新造林及改培的补助范围，放宽储备林建设的划定林分年龄条件、面积范围，允许在集体林内的商品林划定储备林，将规划基地县以外的国有林场纳入储备林建设范围。

全国政协赴广西全国木材战略储备基地调研组成员

李成玉　全国政协常委、人口资源环境委员会副主任

印　红　全国政协常委、九三学社中央委员会副主席、全国妇联副主席、国家林业局副局长

唐守正等 8 位院士致李克强总理的信

尊敬的克强总理：

现呈上我们 8 位院士关于"建立国家储备林制度"的建议，请指正。

去年以来，我们多次调研全国木材战略储备生产基地建设情况，并对建立国家储备林制度深入研究，几次到福建、广西等南方省区国有林场现地踏查。我还参加了国务院参事室全国木材战略储备生产基地专题调研，提交了《高度重视林业生产能力建设　尽快实现我国木材基本自给》调研报告，并报您圈阅。

我们认为，经济越发展，木材安全问题就越重要，国家应高度重视木材安全问题，尤其是要解决树种单一和林木低龄化问题，着力储备培育一批珍稀大径级森林资源。这是事关生态保护和产业发展的长远工程，还是深化国有林场改革的重要抓手。这项工作确实十分迫切，希望得到您的关心和指导。

此致

唐守正

2014. 3. 11

关于建立国家储备林制度的建议

中国科学院院士　　唐守正

中国工程院院士　李文华　沈国舫　张齐生　孙久林　尹伟伦　马建章　李坚

2014 年 3 月 11 日

　　为贯彻落实十八届三中全会精神，推进生态文明建设，近期，我们到南方省区就"加强全国木材战略储备基地建设"做了调研，现就一些考虑和建议做简要汇报：

　　木材是生态型传统材料，是现代四大基础材料中唯一可再生、可降解、可循环的绿色材料。欧美林业发达国家基本实现"越采越多、越采越好、自给自足、良性循环"。我国森林资源家底薄，前几十年重采伐、轻培育，透支严重、欠账很多。进入新世纪，国家实施以生态建设为主的林业发展战略，森林质量有所提高，但距离满足经济发展和百姓生活改善对优质木材的刚性需求还有很大差距。

　　一是森林可持续经营潜力巨大，生态短缺和木材短缺长期并存。由于缺乏经营手段和资金，我国人工林每亩年均生长量 0.26 立方米、不及世界平均水平一半，人均森林蓄积量仅 10 立方米、是世界人均水平的 1/7。根据国际国内经验，用政策引导科学经营，我国现有林地林木生产率完全可以提高 50%。

　　二是大径级材国内资源严重匮乏，国外进口面临断供风险。我国成过熟森林资源只占资源总量的 5%，原木和锯材年进口量折合 7000 万立方米，占国际贸易量的 1/3 以上。国外一些组织和个人抛出"木材威胁论""最大非法木材消费国"等观点，对我国诋毁丑化。《濒危野生动植物种国际贸易公约》严格限制交易的树种新增到 220 多个，有 86 个国家和地区限制或禁止珍稀和大径级原木出口。因此，自主的木材储备十分重要。

　　三是木材消耗快速增长，已成为全球最大的木材进口国。近 10 年来，我国木材消耗量年均增长 13.8%，已由 2001 年的 1.19 亿立方米增长到 2012 年的 4.99 亿立方米，2012 年进口木材 2.35 亿立方米，占全国木材消耗总量的 47%。我们认为，尽管木材可以进口，但生态必须靠自己建设。生态文明建设与提高森林质量增加木材生产息息相关。建立符合中国国情的木材储备基地，培育珍稀和大径级森林资源，是提升我国森林生态功能，增加生物多样性的创新性举措，是生态林业民生林业的最佳结合点。令我们高兴的是，党中央、国务院对此高度重视，2013 年中央一号文件明确提出"加强全国木材战略储备基地建设"。国家林业局印发了《全国木材战略储备生产基地建设规划（2013～2020 年）》，在南方 7 省份开展了试点，已建成基地 500 多万亩并初步划定了 80 万亩国家储备林。这些举措非常正确、特别及时，是林业建设生态文明，打造了中国林业经济升级版的战略选择，也是保护我国特有种质资源，增加生态产品供给的战略举措。

两点建议：

一是建议建立国家储备林制度。在《规划》范围内水光热、交通条件较好的南方 15 个省份，第一期划定 1500 万亩国家储备林基地，储备培育大径级活立木资源。将国内成功做法和国外有益经验结合，探索建立契约管理、代储代管、轮换动用和动态监测的国家储备林制度，纳入中央财政物资储备支持体系。

二是建议建设全国木材战略储备生产基地。木材战略储备生产基地采取短、中、长期树种相结合的方式进行。初步测算，建成基地 2.1 亿亩，每年可增加木材供应能力 1 亿立方米。建议从 2014 年开始，中央财政每年安排专项资金 20 亿元，主要用于木材战略储备生产基地设施建设，例如林区道路、灌溉、通电等。

2013.12

转变观念　推动创新
开创与国际金融组织合作新局面

——在深化与国际金融组织合作部分省份专题座谈会上的讲话

财政部副部长　史耀斌

2014 年 2 月 11 日

本次会议的主题是全面贯彻党的十八届三中全会和全国财政工作会议精神，以统筹内外的大国财政理念为指导，探索在新的历史条件下，深入推进与国际金融组织合作的有效途径，服务国家整体改革、开放与发展目标。下面，我讲三个问题。

一、2013 年与国际金融组织合作有了新拓展

（一）根据形势变化主动调整与国际金融组织合作战略，为双方合作的战略转型提供指导

2013 年，根据国内外形势的发展变化，经报国务院同意，我们主动调整了与国际金融组织的合作战略。这次调整是一项战略性、基础性、前瞻性的工作。新战略的提出经过了财政部和其他有关部门的反复研究和论证，为今后一段时期全面深化与国际金融组织合作指明了方向。

按照新的战略，我们将以双向资金合作为基础，系统发挥我国作为股东国、借款国、捐款国、发展经验来源国和新型发展伙伴多重角色的作用，更好地利用国际金融组织资源维护和增进国家利益。具体来说，我们要进一步加强对国际金融组织的政策引导和机构治理参与，做好新型管理者；要继续保持贷款合作相对稳定，利用国际资源服务国内改革与发展；要适当扩大捐款规模，为增强我对国际金融组织的影响力、开展全方位合作奠定物质基础；要通过发展理念双向交流提升软实力，实现以知识交流推动贸易、投资和技术等经济合作；要充分利用国际金融组织资源和平台"借船出海"，建设更高层次的开放经济。

新的合作战略已有力地指导了 2013 年的工作。在稳定贷款规模的同时，我们在 2013 年着力推进了与国际金融组织的知识合作、区域合作、三方合作等工作，并加强了对国际金融组织的政策引导。特别是积极参与了世行国际开发协会第 17 期增资，大幅增加了对世行的捐款，达到了 3 亿美元，体现了我对低收入国家和世行的支持，对世行成功完成此次增资起到了引领作用，赢得了国际社会和世行内部的广泛赞誉。

（二）推动组建由我主导的多边开发机构，拓展我改革发展的外部空间

2013 年，在稳步推进与现有国际金融组织合作的同时，我们坚持两条腿走路，以我为

主推动组建和完善新的多边机构，向着建设性参与国际经济治理迈出了新步伐。

新机构概括起来是"三行两院"。"三行"包括亚洲基础设施投资银行（亚投行）、金砖开发银行（金砖银行）和上合组织融资机制（包括成立上合组织开发银行和加入并改造现有欧亚开发银行两种方式）。"两院"，一是中亚区域经济合作（CAREC）机制下的中亚学院，目前，该学院已落户新疆乌鲁木齐；二是亚太经合组织（APEC）机制下的亚太财经与发展中心（AFDC）升级为亚太财经与发展学院（AFDI）。

成立这些机构是党中央、国务院和财政部党组的重大战略部署，是顺应国际形势发展，为进一步拓展外部发展空间而下的一步大棋。目前各项筹建工作正在紧锣密鼓地进行。新机构建成后，将成为下一步开展国际财经合作的重要战略依托。

（三）加大向国际金融组织输送人才的力度，人事合作取得新突破

推进与国际金融组织合作关键在人。加强人才的培养和输出，在国际金融组织中形成人才梯队，不仅能提升对国际机构的影响力和控制力，而且也有利于在国内形成一支高水平的国际财经工作队伍。2013 年，我们继续按照"内外统筹、双向流动"的工作思路，以高级管理职位为主攻点，以系统培养和输出为工作方向，进一步加大了与国际金融组织人事合作力度，在点和面两方面都取得了历史性突破。

在点上，成功拿下两个国际机构高级管理职位。李勇副部长当选联合国工发组织总干事，是我内地中国人首次担任联合国专门机构主要负责人，具有里程碑式的意义。财政部外经办主任张文才就任亚行副行长，实现了自 2003 年以来中方连续 3 次担任这一职位，为下一步推动亚行治理改革奠定了良好基础。

在面上，我们对如何加快国际财经人才培养以及如何向国际金融组织系统地输出人才作了深入研究，首次尝试实施由我出资向国际金融组织输送实习工作人员的人才借调计划，初步落实了资金保障、选拔标准、派出人员待遇等问题。全年共派出 5 名干部到世行、亚行、OECD 等机构借调工作。此外，我们还在研究将国际金融组织人员借调到财政部工作的可能性，探索人才的双向流动。

总体来看，点的突破为我积累了宝贵经验，在面上已初步形成机制和方案，为我系统推进国际财经人才培养和国际组织人才输出奠定了坚实基础。

二、十八届三中全会对我们的工作提出了新要求

党的十八届三中全会，是对全面深化改革的总动员总部署，具有历史意义。会议提出了许多新思想、新论断、新举措，特别是有两个理论和政策突破：一是在全面深化改革的总目标中，提出推进国家治理体系和治理能力现代化；二是强调经济体制改革的核心是处理好政府和市场的关系，使市场在资源配置中起决定性作用。

十八届三中全会提出构建开放型经济新体制，强调对内对外开放相互促进、引进来和走出去更好结合，以开放促改革。全会还强调扩大沿边开放，建立开发性金融机构，加快同周边国家和区域基础设施互联互通建设，推进丝绸之路经济带、海上丝绸之路建设，形成全方位开放新格局。

十八届三中全会把财税体制改革提升到一个前所未有的新高度，明确提出财政是国家治理的基础和重要支柱，科学的财税体制是优化资源配置、维护市场统一、促进社会公平、实

现国家长治久安的制度保障。习近平总书记特别指出，财税体制改革是全面深化改革的重点之一。可以说，财政部门是全面深化改革的排头兵。

在党的十八大和十八届三中全会精神指导下，新一届部党组和楼部长提出要树立大国财政理念，国际财经合作的重要性进一步提升。大国财政理念就是统筹国内发展和对外开放，用好国内国外两种资源，积极参与国际事务和全球公共产品提供，深入参与国际规则制定，维护和发展我国家利益。全国财政工作会议按照大国财政理念，要求我们全国财政外经系统打主动仗、下先手棋，推动与国际金融组织合作开创新局面。

今后，全国财政外经系统要按照十八届三中全会和全国财政工作会议的要求，主动谋划，勇于探索，更好地统筹用好国际金融组织资源，更好地服务国内改革和发展，维护和增进国家利益。具体来说：

一是要积极借鉴国外有益经验，推进国内改革创新。过去几十年，我们通过开展与国际金融组织合作，推动了不少改革与创新，比如竞争性招标、绿色信贷、卫生领域的政府购买服务等。再比如我们与世行开展的《2030年的中国》合作调研，是我们开展改革的顶层设计时引入国际视角的一次重要尝试。可以说，国际金融组织合作是推进改革的试验田。下一步还要继续深挖贷款项目的创新点和附加值，提升知识合作的层次，系统性地引进国际经验，为解决我深化改革的重点难点问题提供借鉴。通过贷款项目，形成可复制的经验，实现由下而上的基层创新；通过深化知识合作，就某一领域或某一地方重点的改革议题形成自上而下的制度顶层设计。在这个过程中，地方财政要更加积极地参与进来，要更加主动地思考和研究地方的实际问题，借助国际金融组织资源推进当地改革和创新，必要时要主动请客，花钱买机制，当好改革的排头兵。

二是要通过国际金融组织项目探索新型城镇化和基础设施融资模式。十八届三中全会提出，要大幅度减少政府对资源的直接配置，允许社会资本通过特许经营等方式参与城市基础设施投资和运营。大家都知道，当前财政收支矛盾十分突出，特别是在推进城镇化方面存在超过十万亿的融资需求，光靠财政肯定不行。以往政府大包大揽的方式带来了地方政府负债过高、公共投资效率低下、私人部门没有投资机会等严重问题，这种方式不可持续。因此，新一届部党组正在着力推动PPP工作，整合政府、社会和企业资金共同推进新型城镇化和基础设施建设。按照楼部长讲的，推广使用PPP模式，不仅是一次微观层面的"操作方式升级"，更是一次宏观层面的"体制机制变革"。世行、亚行、国际金融公司多年来一直倡导PPP模式。过去几年，一些地方已经开始以国际金融组织资金为试点，探索PPP的有效模式，形成了一些有价值的案例。目前，亚行正在哈尔滨、洛阳等城市开展PPP试点工作。我们还在探讨在一些地方财政部门建立PPP中心的可行性，一些省市已经表示了强烈兴趣。下一步，要扩大国际金融组织资金与财政资金、金融资本、社会资金的结合使用，为新型城镇化和基础设施融资发挥示范作用。

三是要用好多边机构和机制，建好亚投行，促进周边互联互通，深耕亚太，经略周边。东盟与中日韩（10＋3）、亚太经合组织（APEC）、中亚区域经济合作（CRAEC）、大湄公河次区域（GMS）经济合作以及亚行、10＋3宏观经济研究办公室（AMRO）和筹建中的亚投行都是我们需要善加利用的机制和平台，中央将统筹推进各项合作进程，沿海、沿边以及内陆地区都要善于利用自身的区位优势、比较优势，并且有意识地加强分工和协作，推动国际金融组织贷款项目与区域合作项目相结合，打造带动区域发展的开放高地。要坚持专业水准，按照国际通行规则建立亚投行。机构建好后，管好和用好机构将是一项长期的任务，中央和地方都要积极参与，特别是地方要紧密围绕新机构的定位，预做谋划，找准抓手，使筹建新机构争取到的利益能够实实在在地落地生根，开花结果。

四是积极推动发展经验的双向交流，为经济合作做好"软广告"。我们改革开放的成功经验受到国际社会的重视。我们应利用这种有利条件，进一步推动中国经验的国际化。发展理念传播的广告效应将为我国创造直接的经济效益和政治效益，为我国资金、技术、人才、标准等走出去创造更加有利的环境。各地财政部门要充分认识到，通过开展国际财经合作，改善当地投资环境，提升本地区、主要城市和骨干企业的国际知名度和影响力，将有力推动地方的引进来和走出去，这是服务地方改革开放大局的重要抓手。

五是加大三方合作，利用国际金融组织平台优势，实现"借船出海"。三方合作是中国与国际金融组织在第三方发展中国家开展的以项目联合融资和平行融资为主要方式的合作，既帮助第三方发展中国家加快发展，又促进中国扩大海外投资、产业升级和经济结构调整，实现互利共赢。在这个过程中，国际金融组织的介入能有效整合国内和国际金融组织本身的资金和智力资源，淡化西方国家对我海外投资的疑虑，降低我投资的管理成本和风险，为企业走出去创造更加有利的条件。与国际金融组织开展三方合作不仅对东部沿海地区意义重大，随着中国经济与世界经济的进一步融合，中西部地区的不少企业都在走出去，都有这方面的需求。各地方要转变观念，开动脑筋，结合当地产业优势，利用国际金融组织推动企业走出去。

三、不断提升与国际金融组织合作水平

（一）要进一步深化对国际金融组织合作工作的认识

借此机会，我想谈谈对国际金融组织合作工作的认识问题。目前，一些地方、一些同志对国际金融组织合作在认识上存在一些误区：有的认为国际金融组织合作远离财政主流业务；有的认为与国际金融组织合作仅仅是贷款合作，其他合作都是空的；有的还认为与国际金融组织合作的前景逐步暗淡等等。

这些认识在很大程度上带有一定的片面性。首先，国际金融组织合作工作处在改革开放的前沿，在过去曾经为全国和各地方的发展与改革做出过贡献，随着中国经济与世界经济的深度融合，中国越来越多的利益要通过国际体系来实现，加强与国际金融组织的合作更加重要，已经上升为国家战略。新一届部党组把国际财经合作作为财政部 5 项重点工作之一。可以说，我们的工作既是财政工作的主流，更是财政工作的前沿。

其次，要开展好与国际金融组织合作，需要中央开展顶层设计、统筹推进，但更离不开各地方的积极主动参与。贷款资金用于地方发展，项目案例来自地方，区域合作的重任更是落在沿边几个省区。只有调动了中央和地方两个积极性，我们与国际金融组织的合作才能更实，更有成效。

再有，开展贷款项目合作是我们的传统业务，我们坚持稳定贷款规模很有必要。现在看来，世行和亚行都无意在近期内让我们毕业，稳定贷款规模还有一定空间。同时，财政是国家治理的基础，肩负着推进改革、配置资源、促进社会公平的重任，我们的眼界要高，视野

要宽，要看到对外开展知识合作、南南合作的重要意义不亚于贷款项目，甚至超过单纯的贷款项目。

此外，周边外交工作座谈会对深化同周边国家互利合作、十八届三中全会对构建开放型经济新体制都提出了新要求，以我国主导的亚投行等新的多边开发机构的组建等，这些都表明我们国际财经合作仍大有可为。我们要抓住机遇，提高认识，顺势而为。

（二）要提高战略意识、大局意识，增强工作的主动性

2006年发布的财政部38号令要求财政部门深入参与国际金融组织贷款项目的全过程管理。但在实际操作中，一些地方财政部门经常反映，财政在项目的前期管理中参与不足，财政部门的作用没有得到充分发挥。我觉得这些问题要更多地从自己身上找原因。从态度上讲，是不是还有一些衙门作风，缺少主动服务的意识？我们一再强调要面向基层、面向企业、面向行业部门，了解他们在发展中面临的实际需求，借助与国际金融组织合作为其提供解决方案。我们的工作作风是否真的转变到位，需要我们认真思考。从能力上讲，有没有主动学习和深入研究，能不能对项目设计、执行等问题说到点子上？财政部门不能光会算账，我们要深刻认识国家和本地区改革与发展面临的挑战，加强对其他部门业务的学习和研究，站在更高的层次上，紧密结合当地改革发展实际，主动加强与其他部门的沟通和协调，形成一些具体的项目概念，推动设计出一批好的项目来。三中全会已经把财税改革提到国家整体改革的高度，财政部门应该成为推进改革的重要力量，我们要勇于担当。在这方面，有些省市走在了前面，大家可以利用这次会议交流经验。因此，我希望地方财政部门要切实转变观念，有所为有所不为，深入参与项目前期工作。

（三）建立经常性监督管理机制，有效防控债务风险

要注重开展科学规范的全过程管理，特别是要以资金、财务、债务管理为核心，规范和落实项目执行和债务偿还过程中的行政审批工作，充分利用好国际金融组织和财政部国际司的信息管理系统。国际司与监督检查局要密切合作，建立贷赠款项目的经常性监督机制，密切跟踪和掌握项目实施情况，完善内控机制，及时发现和解决问题，确保资金安全、规范、高效使用和项目顺利实施。

要强化绩效评价。政府支出绩效越来越受到社会公众的关注。绩效评价是加强政府支出管理的重要手段，我们没有理由不重视。要在现有工作基础上进一步完善绩效评价工作机制，不仅要强化贷款完工项目的后评价，还要强化在建项目和立项阶段的评价，将绩效评价覆盖项目的全过程。要探索对知识合作产品的绩效评价机制。要确保每个项目完成后，项目的经济、社会、环境等方面的效益得到客观、全面、平衡的衡量，推动精品项目形成案例和经验。绩效评价关键在于成果运用。财政部将加强绩效评价结果的应用，将绩效评价结果向前反馈，与立项挂钩。此外，各地方还要固定专人负责绩效评价工作，每个省市的财政外经处室都要有绩效评价能手。

加强地方政府债务管理，有效防控债务风险是财政部门的重点工作。多年来，我们在政府外债风险管理和建立预警系统方面做了不少工作，取得了一些成绩，国际金融组织贷款形成的地方债务风险可控。随着以政府债券为主体的地方政府举债融资机制的建立，国际金融组织贷款作为补充性融资，可以发挥利率低、期限长、管理规范的特点，与地方政府债券融资配合使用，会大有作为。

（四）培养一支高水平的国际工作队伍

无论是筹建新机构还是管理老机构，都需要大量的人才。而目前我们的主要制约因素就是人力资本积累不足，机遇来了抓不住。从国家层面讲，我们将加大与国际金融组织人事合作力度，通过竞聘、借调、交流、实习等方式，有目的、有组织、有计划地支持和安排更多优秀人才到国际金融组织任职，为大家创造机会。从个人层面讲，每个人都应该对自己的发展有个清晰的定位，利用身处与国际金融组织合作工作第一线的优势，增强宏观视野，主动学习和提高，成功地抓住机会，不仅使个人的发展上台阶，也能为在国际机构平台上更好地维护和增进国家利益做出贡献。

同志们，一年之计在于春，在马年春天来临之际，我希望我们的思想观念马上转变，创新意识马上增强，开展与国际金融组织合作的能力马上提高，推动我们与国际金融组织的合作马上取得新成绩。

深化认识　狠抓落实
不断提高与国际金融组织合作水平
——在深化与国际金融组织合作部分省份专题座谈会上的讲话

财政部国际司司长　邹加怡

2014 年 2 月 11 日

史耀斌副部长刚才作了重要讲话，简要回顾了 2013 年我与国际金融组织合作的工作亮点，提出了今后一个时期我国与国际金融组织合作的新思路和新要求，对于进一步开拓创新今后的工作具有重要的指导意义。下面，我结合贯彻落实史副部长的讲话精神，讲一讲与国际金融组织合作工作应把握的几项原则，对 2014 年的重点工作做出布置，并提出几点希望和要求。

一、今后一个时期与国际金融组织合作工作应把握的几项原则

史副部长在讲话中明确提出了贯彻十八届三中全会和全国财政工作会议精神，以统筹内外的大国理念为指导，深入推进与国际金融组织合作，更好地服务国家整体改革大局。结合史副部长的讲话精神，我想今后一个时期与国际金融组织合作工作应注意把握以下几项原则：

（一）坚持以服务于全面深化改革为统领，打造改革创新的"试验田"

在新的历史起点上全面深化改革，是全党全国今后一个时期的中心任务。与国际金融组织合作要紧紧围绕这个中心任务，按照"把握一条主线、坚持两个导向、搞好三项对接"的思路，将与国际金融组织合作打造成为支持全面深化改革的"试验田"。

"把握一条主线"，就是要把改革创新始终作为一条主线，贯穿于与国际金融组织合作工作的全过程。不论是用贷款还是搞技援，不论是选项目还是管项目，我们都要认真思考，我们各个环节的工作是否有利于推动体制机制创新，是否有利于制度体系的建立和完善，是否有利于促进当地的改革与发展。要以改革创新理念和精神推进各项工作，提升国际金融组织合作工作的境界、层次和水平。

"坚持两个导向"，一是要坚持市场导向，在与国际金融组织合作工作中协调好市场与政府的关系，以提供公共产品和"准公共"产品为重点，特别是要在促进经济结构调整、建设生态文明、创新社会管理、深化财税体制改革等重点领域先行先试、有所作为。二是要坚持问题导向，把解决改革过程中的问题作为与国际金融组织合作的切入点，并要在找准抓住问题的基础上，更好地利用国际金融组织资源，在探索解决改革热点难点问题上下功夫。

"搞好三项对接"，一是实现国际与国内的有效对接，把当前国际金融组织机构、业务改革与我全面深化改革联系起来；二是实现中央与地方的有效对接，把中央提出的改革要求与地方实际情况联系起来；三是实现资源与需求的有效对接，把国际金融组织资源与国内各行业部门的改革创新需求联系起来。中央和地方都要增强服务意识，主动走出去，深入行业部门、深入基层群众，察实情、接地气，了解和掌握改革创新的重点和需求，并要以"花钱买机制、贷款换创新"的工作思路，激发和带动各行业部门改革创新的活力，进一步提高国际金融组织合作工作的针对性、科学性和有效性。

（二）坚持以维护和增进国家利益为核心，提高统筹内外的能力和水平

史副部长在刚才的讲话中对践行"大国财政、统筹内外"的理念做出了重要指示，我们要认真学习，深刻领会，并要在实际工作中抓好贯彻落实。

一是积极推进新机构的筹建进程，开辟新的业务空间。史副部长刚才讲到了新机构的筹建情况，并指出这些新机构将成为开展国际财经合作的重要战略依托。根据目前的工作进度，在"三行两院"中，亚投行、金砖开发银行预计今年都会取得阶段性成果。我们将根据这些新机构的战略定位、业务方向和机构特点，与各地共同开展调研工作，提早研究与这些新机构开展合作的有效途径，为做好与这些新机构的合作预做准备。

二是提升区域经济合作的战略地位，落实"深耕亚太、经略周边"的部署。党中央去年召开了周边外交工作座谈会，把周边工作放在了更加重要的位置。近年来，广西、云南、内蒙古、新疆等沿边省份充分发挥自身的区位优势，积极参与大湄公河次区域及中亚区域经济合作，取得了一定成效。下一步，相关沿边省区要把参与区域经济合作提升到国家战略的高度，将本地区的改革发展与区域经济发展相联系，从提供区域公共产品的角度来谋划与国际金融组织的合作，充分调动国际金融组织资源，建设互联互通网络，打造区域产业高地，搭建知识共享平台，完善区域治理架构，推动区域合作取得新的进展和突破。

三是积极利用国际财经合作资源，提高地方对外开放水平。国际司负责的国际财经合作，既包括二十国集团、金砖国家等全球性政策对话与协调机制，也包括亚太经合组织（APEC）、东盟与中日韩（10＋3）等区域财金合作机制。这些机制是国际司业务的重要组成部分，但这些业务怎样让地方有效参与，是值得我们研究和探讨的问题，需要中央与地方同心协力加以解决。一方面，国际司将加大赴地方和基层调研力度，深入地方经济社会发展的第一线，了解地方政府和企业的需求，着力解决国际财经合作"不接地气"的问题。另一方面，希望各地增强参与国际财经合作的积极性，并利用承办国际会议、接待高访团组等机会，组织开展研讨推介活动，为引进外资和智力资源、推动企业"走出去"等牵线搭桥，促进地方对外开放水平的提升。

四是将"引进来"与"走出去"相结合，推动发展经验的双向交流。一方面，要继续以国际金融组织为中介和桥梁，引进国际上好的经验、好的做法，并充分发挥它们带来的"鲶鱼效应"，形成正向激励机制，推动制度体系的创新和完善。另一方面，要继续通过与国际金融组织合作，打造精品项目，总结典型案例，提炼发展经验，充分利用国际金融组织平台在全球加以宣传和推广，赢得国际社会对我国改革发展事业的理解、认同和支持。

五是统筹国内对外援助与国际发展援助，逐步将三方合作做成新的业务增长点。在各方的共同努力下，去年三方合作在中央层面取得了实质性进展。在此基础上，我们要继续做大三方合作的规模，推动三方合作实现机制化运作，并逐步向地方转移。各地要主动加强与当地国开行、进出口银行等机构的联系与沟通，认真研究在地方层面开展三方合作的可行性和有效途径，有条件的地区要率先示范，结合自身优势产业，提出潜在的合作项目。

（三）坚持以落实与国际金融组织合作转型战略为根本，构建全方位、多层次、宽领域的合作关系

史副部长在讲话中详细阐述了与国际金融组织合作新战略的目标任务、主要内容以及落实新战略的具体要求。我们要认真领会，改进工作，把新战略的各项要求落到实处。

一是着力提高项目的创新性和示范性。新战略提出，在今后一个时期，世、亚行贷赠款的规模将继续稳定在 10 亿～15 亿美元之间。随着绿色气候基金筹资进程的加速以及主导多边开发机构的建立，新的融资渠道将陆续产生并发挥作用。现在的关键是要进一步提高贷款的创新性和示范性，在更高的要求和更严的标准下，维护好我国优质借款国的地位。这需要充分发挥中央和地方两个积极性，群策群力，共同推动创新能力和水平的提升。

中央要从我国经济社会发展的大局出发，在大气污染治理、保障国家粮食安全等重点领域提出一批跨区域的公益性项目，各地要献计献策、积极参与。东部地区要发挥率先发展的优势，在项目设计上要体现全球视野和国际水准，项目的实施要在区域乃至全球产生示范效应。中西部地区要结合当地发展阶段，在传统项目中加入创新元素，充分挖掘项目的附加值。沿边省份要从参与区域合作的角度，设计和储备一批兼顾当地和区域发展的贷款项目。此外，在非主权业务领域，要继续以研究和推广公私合作伙伴关系（PPP）模式为重点，促进地方城镇化投融资机制创新，积极探索新的外经业务模式。

二是着力提高知识合作的深度和广度。各地都要切实提高思想认识，加大对知识合作的重视程度，要舍得投入精力和资源，把知识合作做大做实做深。在重大课题研究方面，要争取把与世行开展联合研究的这种合作形式固定下来、坚持下去，系统性地对我经济社会发展重点领域开展研究，充分利用世行在全球领先的智力资源，为我改革发展提供全球视野和国际经验借鉴。在技援管理方面，要继续加大技援资源向地方倾斜的力度，各地要结合本地深化改革重点领域以及"十三五"规划的前期研究，紧紧围绕党委政府的中心工作，以技援项目为依托，充分调动国际国内智力资源，积极参与地方全面深化改革的顶层设计，服务于地方经济社会发展大局。在南南知识合作方面，要从战略层面提升对南南知识合作的重视程度，积极争取专项经费的支持，拓展南南知识合作的功能，探索把现有的合作平台打造成南南贸易、投资及技术合作的桥梁和纽带。

三是着力提高全过程管理的系统性和整体性。全面提升项目科学管理水平，关键是要以提高地方财政部门的参与度为抓手，管好事前、事中、事后的三个环节。首先，在立项阶段，各地财政部门要将项目管理的关口前移，主动参与到项目设计中去，与各行业部门共同研究提出项目建议，并把重点放在把握资金投入方向、制定绩效目标、改进融资和财务管理以及防范债务风险等财政专长领域。其次，在实施阶段，要围绕"强化监督检查"这一命题，加强在建项目的管理。要充分发挥财政监督检查职能，探索建立经常性的监督检查机制，做好在建项目绩效评价工作，及时发现和解决项目实施中遇到的困难和问题，确保项目的执行效率和质量。要注意与国际金融组织的常规检查、年度审计等督查活动的配合衔接，形成监督检查的工作合力。第三，在完工及建后运行阶段，要继续加强和完善绩效评价工作，认真

总结项目的经验和教训，对于典型项目，要及时形成案例并加以宣传推广。要注重监督检查和绩效评价结果的应用，积极探索监督检查和绩效评价结果与立项相挂钩的工作机制。

四是着力提高外经系统干部队伍的素质和能力。继续积极为外经干部的成长创造条件，加大国内业务培训力度，提供赴外学习培训和工作的机会。各地财政外经部门也要把队伍建设摆在更加重要的位置，并要保持外经干部队伍的相对稳定。要培养和造就一支熟悉国际规则、专业精通、外语娴熟、具备较强政策水平和创新能力的干部队伍，为财政外经事业的健康发展夯实人力资源基础。

二、2014 年与国际金融组织合作地方财政应抓好的几项工作

2014 年是贯彻落实党的十八届三中全会精神、全面深化改革的第一年，改革任务重大而艰巨。楼部长在全国财政工作会议上提出了今年国际财经工作的重点，史副部长今天也对与国际金融组织合作提出了明确要求和希望。面对新形势、新挑战，我们要继续保持昂扬斗志，抓住机遇、迎接挑战、深化认识、狠抓落实，推动与国际金融组织合作再上新台阶。

（一）做好已列入规划项目的前期准备工作。列入 2014 年规划的世行、亚行和国际农发基金贷款项目共有 29 个，金额约 37.4 亿美元，全球环境基金理事会新批准 12 个中国项目，涉及赠款资金 4000 万美元。做好这些项目的准备工作是今年工作的重点任务之一。地方财政部门要加强与发改、环保、国土和行业部门及项目执行单位的紧密协作，按照全过程管理的要求，全面参与项目方案设计、可行性研究、配套条件、风险评估等方面的审查，尤其要在项目内容、资金安排及还贷责任等重大问题上把好关，尽快完成谈判所需各项工作，确保已列入 2014 年规划的项目如期完成谈判程序。另外，我们也正在积极推动欧投行增加对华贷款额度，如果双方顺利达成一致意见，相关的项目规划和前期准备工作也要加紧推进。

（二）继续推动公共与私营部门合作。一是要进一步挖掘与国际金融公司、多边投资担保机构、亚行私营部门业务局的合作潜力，积极引导非主权业务的发展方向，力争实施一批具有新亮点的创新项目，促进民营经济健康发展。二是继续加大对 PPP 模式的研究和推广力度，充分利用国际金融组织资源开展 PPP 项目合作并提供相关培训，特别是要重点抓好亚行贷款哈尔滨和洛阳城建这两个 PPP 试点项目，同时鼓励各地结合当地实际情况，探索开展公共与私营部门合作的有效方式。三是积极借鉴 APEC 经济体的经验，探索推进在地方设立"PPP 试点中心"，促进地方政府融资机制的创新。希望有条件的地区积极参与这项工作，争取形成具体成果提交今年的 APEC 财长会，丰富我们主办今年 APEC 会议的成果。

（三）继续提升技援合作水平。在与世行技援合作方面，重点做好 TCC6 项目的谈判、执行启动以及第一批子项目的筛选、审批与实施管理工作，各地要围绕我前面提到的技援项目立项和管理要求，积极做好项目申报工作；各地也要做好现有 TCC5 项目绩效评价工作，强化技援项目结果导向管理，促进项目成果的推广应用。今年亚行技援规划中，包括备选项目在内，涉及地方的项目有 11 个，各地要做好这些项目的前期准备，抓好项目的执行，确保已列入规划的技援项目顺利获批，使得项目早实施、早见效，产生应有的政策效应。

（四）继续深化知识合作。一是要积极推进与世行关于教育和医疗改革的联合研究工作。这项研究是继 2030 年的中国、城镇化研究之后的双方又一旗舰研究项目。我们计划吸收典型省份参与研究，并以此为抓手推动地方与世行开展本省相关方面的合作。希望各地认真结

合自身实际情况，积极申报加入这项研究。二是要继续以"世行—中国发展实践知识中心"和"亚行—中国区域知识共享中心"以及3个现有国际金融组织南南知识合作平台为依托，加强与广大发展中国家在重点发展领域的经验交流和知识共享，继续提升南南知识合作水平。

（五）继续推进区域合作取得务实进展。一是继续推动大湄公河次区域（GMS）经济合作朝务实共赢的方向发展。积极配合外交部筹备召开GMS第五次领导人会议，做好区域电力协调中心落户昆明，GMS铁路联盟设立等工作。希望云南、广西两省（自治区）在区域合作中充分发挥自身优势，找准深化同周边国家互利合作的契合点，加快推进基础设施互联互通项目，加大与周边国家的经贸和人员往来，不断探索新型的合作模式。今年我们将会同发改委、亚行赴云南、广西等沿边开放省份开展项目联合调研，力争推出一批区域合作示范效应鲜明的项目，并与亚行联合对参与区域合作省份的机构及人员开展培训，加强其能力建设，以更好地推动区域合作。二是继续做实中亚区域经济（CAREC）合作。要加快CAREC实体学院的筹建工作，指导新疆做好学院过渡期运行保障工作，尽快完成学院选址并启动配套基础设施建设工作。新疆方面要积极做好配合工作，落实好土地及相关配套资金等保障措施。此外，要结合新疆、内蒙古的发展需要，协助其有效利用亚行等发展伙伴的资金和技术援助，积极研提与我利益紧密结合的重点合作项目，深化同中亚邻国的互利合作。

（六）继续推进绩效评价工作。一是继去年制定下发《国际金融组织贷赠款绩效评价管理办法》之后，我们今年将试行修订后的《国际金融组织贷款项目绩效评价操作指南》，以及农业、城建和环保项目绩效评价指标体系，希望各地认真研究并参照该《指南》和指标体系开展绩效评价工作，着力提升项目评价质量，并注意发现和总结问题和不足，及时向我们反馈。二是各地财政部门要统筹安排好今年的绩效评价工作，于今年3月底之前报送本年度工作计划及上年度绩效评价报告。三是要加强对新上项目绩效目标的审核，确保在新项目正式谈判前，及时报送有关项目绩效目标的审核意见，同时将绩效目标作为评价项目绩效的重要依据。四是要切实推动绩效评价结果的运用，防止评价结果与项目管理"两张皮"，规范和加强评价结果反馈与通报制度，切实将评价结果作为提升项目效益、完善项目管理、优化项目决策的重要依据。

（七）继续加强贷赠款科学管理。要重点从以下几个方面，推进贷赠款管理再上新台阶：一是探索建立经常性监督检查机制。从今年起，国际司将联合监督检查局，每年针对项目实施或评价过程中发现的突出问题，开展专项检查，研究提出改进措施，以有效防止类似问题的重复发生。各地财政部门要加强对项目执行的日常督查，规范对项目资金使用计划、采购计划、出国计划等事项的审核，严格把好资金关。二是各地财政部门要积极采取措施加快资金支付进度，规范账户管理，及时偿还到期债务，防范债务风险，确保资金安全、合规、有效使用。三是推进债务管理信息化建设。各地财政部门要重视贷款债务统计监测预警信息系统的管理和使用，指定专人负责系统维护和数据更新，确保系统正常运行和充分发挥作用。我们将把省级财政对该系统的使用维护情况纳入国际金融组织贷款债务统计工作评分，并将其作为世、亚行利费减免奖励的核算要素之一。

（八）继续支持地方财政外经干部队伍建设。围绕贷款与支付政策、项目管理、采购管理、绩效评价、公私合作伙伴关系等开展培训活动，提高地方外经干部的业务能力和水平。继续利用现有资源，积极为地方干部赴境外学习进修、临时工作创造机会和条件，继续推荐符合条件的地方干部到国际金融组织任职。

三、几点希望和要求

第一，要增强做好与国际金融组织合作工作的信心和决心。当前与国际金融组织合作工作既面临难得的机遇，包括主导成立新的多边开发机构，对世行等国际金融组织的捐款额大幅提高等；同时也面临许多挑战，主要是仍受到贷款毕业的硬约束、业务模式有待创新等。但从整体上看，我认为，我们的机遇大于挑战，而且有的挑战能够通过做工作来妥善应对。比如，在去年的贵阳全国会上，我曾经讲过硬贷款毕业的问题。我当时认为，毕业问题可以通过推动毕业政策的改革、开拓新的融资渠道等方式解决。经过一年的努力，现在世、亚行等国际金融组织已经认识到，保持我国的借款国地位，对于推进全球减贫事业、提高国际发展合作水平、丰富国际发展理念都具有十分重要的意义，这为我们应对毕业问题提供了更大的操作空间和回旋余地。因此，我们要统一思想，深化认识，增强做好工作的信心和决心，以建设性的姿态来化解各方面的风险和挑战，破解发展中的难题。

第二，要解放思想、实事求是，转变观念、开拓创新。这次座谈会的目的就是要解放思想，转变观念，积极探讨与国际金融组织合作工作的新思路、新领域、新模式。希望大家能紧紧围绕会前确定的讨论专题，积极开动脑筋，在落实全面深化改革任务、支持经济发展方式转变、提升对外开放水平、加强项目全过程管理等方面多提创新思路，多提切实可行的办法和措施。

第三，要从大局出发考虑问题。不谋全局者，不足谋一域。要坚持从全局看问题，认真思考提出的工作举措是否符合全局的需要，是否顺应改革发展的大势，是否有利于维护和增进国家利益，是否有利于支持财政中心工作。希望大家做到向前展望，超前思维，提前谋局。

在我结束讲话前，我想代表财政部国际司对湖南省财政厅表示特别感谢，感谢他们严格按照中央"八项规定"的要求，精心筹备了本次会议。

创新发展模式　保障木材安全
建设具有中国特色的木材战略储备基地

闫　振

木材安全问题是林业建设的根本性问题。国家林业局党组认真贯彻落实中央部署和国务院领导批示精神，稳步推进全国木材战略储备生产基地建设，把这项工作作为生态林业民生林业的重要抓手，作为提高林业治理能力现代化水平的重点工作之一抓紧抓实。应该看到，我国林业正处于恢复增长、不进则退的关键时期。特别是随着经济总量的快速攀升，木材供需矛盾愈加凸显，木材安全形势十分严峻。当前，必须未雨绸缪，立足长远，提前做好综合研判和战略谋划，妥善解决我国当前和长远的木材安全问题。

一、全国木材战略储备基地建设开局良好

全国木材战略储备基地试点建设启动之初，国家林业局高位推动、重点扶持、创新发展，实现了规划方案、试点示范和制度设计的同步推进，取得了积极成效。

（一）高位推动

2011年，国家发展改革委联合国家林业局会签财政部上报了《关于构建我国木材安全保障体系的报告》。2013年中央一号文件首次提出加强国家木材战略储备基地建设。期间，国务院参事赴福建、广西专题调研，向国务院提交了《高度重视林业生产能力，尽快实现我国木材基本自给》的报告。全国人大代表和全国政协委员多次调研，提出了《加快木材战略储备基地建设，加大财政支持力度》等建议提案，这些报告建议先后得到了李克强总理、汪洋副总理等国务院领导同志的批示。国家林业局党组把保障木材安全作为建设生态文明、推进"两个林业"建设的重点工作。2013年编制发布了《全国木材战略储备生产基地建设规划（2013～2020年）》，把木材储备作为《推进生态文明建设规划纲要（2013～2020年）》重大行动之一。

两年来，福建、广西、广东、湖南、云南、河南、江西7个示范省区共建成基地530万亩，试点划定国家储备林87.5万亩，完成投资20亿元，其中中央资金7.28亿元。中国林科院组织开展了"用材林林地区域布局"等4个专题研究，制定了档案信息管理、种苗管理、作业设计、检查验收、现有林改培等管理办法和技术规程，确保示范项目取得积极的成果。广西壮族自治区第十次党代会提出了打造全国木材战略核心储备基地的目标，其已跃升为全国最大的木材产区，木材产量占全国的30%。福建省木材储备林场——洋口林场大力推广应用"三代半"杉木良种苗，杉木生产量达到2立方米/亩·年。

（二）借鉴创新

世界许多国家都把木材资源作为基础战略物资储备。美国 1891 年通过的《森林资源储备法案》，规定由国会提供资金，建立永久性立木储备机制。澳大利亚 1984 年《土地保护和管理法案》规定某些公有林可宣布为"木材储备林"。日本政府 1996 年制定《确保木材稳定供应特别措施法》，2003 年修订《林业和木材产业资金改善补助法》，以保持木材储备和木材利用平衡，促进木材可持续供应和利用。

借鉴国际有益经验和物资储备通行作法，国家林业局制定了《2013 年国家储备林建设试点方案》《国家储备林树种目录》《国家储备林划定办法》等规范性文件。以南方地区为重点，优选具有大径级木材培育潜力的中近熟林分，实行契约管理、代储代管、动用轮换和动态监测制度，采取目标树经营和定向培育方法，集中中央财政补助、基础设施投入、国际国内优惠贷款，重点储备一批大径级木材资源。

（三）深化合作

培育安全、可靠、稳定的境外木材资源和市场，仍是我国木材安全战略的重要组成部分，也是扩大来源和供给的重要渠道。今后一个时期，继续扩大与大洋洲、北美、非洲等地区的贸易合作，实行贸易多元化战略。鼓励中国企业走出去，创新合作形式，通过直接投资、购置产权、海外并购和森林经营权受让等多种方式，合法合规获取境外木材资源。当前，新西兰已取代俄罗斯，成为我国第一大原木进口国，这是我国原木进口向增加利用人工林资源的重大变化。同时，按照国际规则引导应对各种"制裁"和争端，保障我国木材进出口企业的合法权益。

二、全国木材战略储备基地建设形势分析

我国仍是一个人多地少、缺林少绿、生态脆弱的发展中大国，生态产品短缺，木材等林产品有效供给长期不足，木材安全问题越发突出，成为林业治理体系和治理能力现代化要解决的主要问题。

（一）我国木材生产大致经历了四个阶段

一是木材生产为主阶段。新中国成立后的 30 年间，林业在打破经济封锁、保障和支援国家经济建设方面发挥了重要作用。林业是国民经济主要生产部门，以需定产、重采轻育是主要特点。这一阶段，累计为国家提供木材 60 亿立方米。

二是生态恢复过渡阶段。为改善生态环境，以 1978 启动"三北"工程为标志，林业发展进入重视生态营林阶段，木材生产的重要性有所下降。1984 年，为保障木材供给，国家实施了一亿亩速生丰产林基地建设，实施了 7 期世界银行贷款"国家造林项目"。这一时期，重点国有林区过度采伐天然林资源出现了生态危机、经济危困的"两危"局面。这时期段，木材产量下降到 2000 万立方米/年。

三是生态建设为主发展阶段。以 1998 年启动天然保护工程、退耕还林还草工程为标志，首次召开了中央林业工作会议，确立了以生态建设为主的林业发展战略。这一时期，木材产量大幅缩减，木材总量不足和大径材结构性短缺问题开始显现。

四是木材战略储备阶段。以启动全国木材战略储备基地为标志，国家林业局积极推进生态林业民生林业建设，在确保生态安全的前提下，把木材安全提升到战略高度，统筹利用

"两种资源、两个市场"。这一时期，国内木材需求快速增长，木材供需矛盾更加突出，国际限制日趋严格，木材对外依存度接近 50%，木材存在结构性断供风险，急需建立符合中国国情的国家活立木储备机制。

（二）形势分析

我国木材供需形势复杂多变，总体呈现"总量不足，南增北减，结构失衡，进口受限"的态势。主要表现在三个方面：

一是经济社会快速发展，木材供需矛盾日益凸显。木材是现代社会四大基础性材料之一，是可再生的绿色资源。用可再生资源替代不可再生资源，是当今世界经济发展的潮流和趋势。进入新世纪以来，我国木材消耗量年均增长 13.8%，2012 年达 4.95 亿立方米，增长了 170%。2013 年，我国人均年木材消耗量为 0.38 立方米，不到世界平均水平的 60%。据联合国人口司预测，中国在 2020 年全国人口预计为 14.2 亿，按世界人均木材消耗水平的 80% 计算，木材需求将超过 7 亿立方米。

随着新型城镇化加速推进，到 2020 年，全国城镇化率接近 60% 左右。据测算，一个农村居民从农村来到城市，人均木材消耗比农村高出 0.2 立方米，统筹考虑建筑、装饰业、家具等方面的需求，仅 1 亿农民进城就要增加 2 亿立方米木材，接近 2013 年全国的木材总产量的 80%。随着经济社会发展和人民生活改善对优质木材的需求的持续增长，我国木材供需总量不足和结构性短缺的矛盾将长期存在。

二是开放性经济不断壮大，木材结构性短缺日趋严重。我国已成为全球林产品生产、投资和贸易大国，2013 年全国林产品进出口贸易额 1250 亿美元，进口木材 2.35 亿立方米，相当于在国外使用了 6.35 亿亩的林地，占到我国人工林面积的 61%。木家具、地板、人造板、纸和纸制品等主要林产品出口折合木材量 8559 万立方米。随着林业产业全球分工的深入发展，满足"两个市场"木材及制成品快速增长的需求，多元化配置木材资源成为常态。

我国原木、锯材进口量占全球原木、锯材贸易量的三分之一以上，近 10 年年均增长 9.5%。近年来，国际社会对原木贸易限制越来越多，我国遭受指责的原木贸易主要来自中非、南美和东南亚。2013 年。《濒危野生动植物种国际贸易公约》严格限制交易的树种新增到 220 多个，全球先后有 86 个国家出台政策限制和禁止珍稀和大径级原木出口。欧美发达国家加大打击木材非法贸易，出台了《雷斯法案》《欧盟木材法规》等法规，通过采取绿色壁垒等贸易保护主义措施或反倾销诉讼，进一步加大我国木材和木质制成品进出口限制。一些国家或非政府组织横加指责，把中国"歪曲"成非法采伐木材的最大贸易国，把木材贸易由一般的经济问题演变为政治问题。

三是转型期资源总量增长，质量结构亟待优化。我国木材生产正加快向集约利用人工林转型。自 1985 年起至今，我国连续实施了 7 期世界银行林业贷款项目，主要在南方省区营造杉木、马尾松等高标准集约人工林 5820 万亩，累计产出木材 3.6 亿立方米。2002 年，启动实施了"重点地区速生丰产用材林基地建设工程"，大力培育短周期工业原料林。通过深化集体林权制度改革，全国 27 亿亩集体林地确权到户，发展了一批林农大户、专业合作组织等新型主体。经过 30 多年的努力，我国人工林保存面积达到 10.3 亿亩，居世界第一位。2013 年，全国人工林木材产量 1.55 亿立方米，占木材总产量的 60%，有力配合了天然林资源保护工程实施。

我国商品材生产呈"南增北减"态势。2012 年，南方 15 个省区商品材产量占全国总量的 84%，较 2002 年增长了近 20 个百分点；同期北方天然林区商品材产量下降 34 个百分点，仅占全国总量的 12%。用材林树种结构单一，质量不高，布局不合理等问题比较突出。第八次森林资源清查显示，中小径阶采伐消耗量高达 75%，大、特径级材占比不到 3%。4 大人工林树种（杉木、杨树、桉树、松树）占到人工林总面积、总蓄积的 63% 和 69%。生态效益和木材用途俱佳的乡土树种大径级用材，由于培育周期长、成本高、风险大，出现结构性短缺，几乎全部依靠国外资源。

总体看，我国林业正处在转型发展的关键时期，木材安全形势不容乐观，迫切需要走改革、创新、挖潜新型发展道路，建设全国木材战略储备基地，保障木材供需基本平衡，满足生态保护、发展经济和扩大就业的需要，为生态林业民生林业做出积极贡献。

三、建设全国木材战略储备基地的现实途径

保障我国木材安全最根本的措施，就是要按照习总书记的要求"充分调动各方面造林、育林、护林的积极性，稳步扩大森林面积、提升森林质量"。实施"总量平衡、结构优化、进口适度、持续经营"的国家木材安全战略，努力构建"生产能力高效、经营规模适度、储备调节有序、生态环境良好"的木材安全格局，经过 10 ~ 20 年的奋斗，实现木材高效集约经营、永续利用。

（一）挖掘潜力，增强能力，建设高产高效全国木材战略储备基地

我国是第一大木材进口国、第二大木材消费国，年木材消费量超过世界木材贸易量，增加国内木材生产能力十分迫切。借鉴农业粮食"高产创建"的经验，计划利用 10 年左右的时间，主要在立地条件好、培育潜力大、目的树种明确的长江以南地区，采取综合抚育措施，集约经营培育 2 亿亩木材储备基地，争取年均蓄积生产量达到 1 立方米/亩以上，每年新增木材 9500 万立方米以上。这样到 2025 年，全国木材消费总量 5.77 亿立方米，就可以使我国木材自给率达到 60%，进口依存度维持在 40% 的水平。再用 10 年左右的时间，到 2030 年将木材基地稳定在 3 亿亩，预计 2050 年可以增加年 2 亿立方米可持续的木材供给能力，成为木材生产强国，进口依存度控制在 30% 以下。

（二）创新思路，优化结构，建立国家储备林制度

我国原木和锯材进口量占全球贸易量的 1/3，需要建立国家储备林制度，培育大径级活立木资源，弥补市场在这方面的失灵。借鉴世界许多国家活立木储备的经验做法，参照联合国粮农组织提出的粮食储备率 17% ~ 18% 指标，计划以南方省区为重点，选择划定 1500 万亩符合条件的中近熟林资源，作为国家储备林，实行契约管理、代储代管、动用轮换和动态监测制度，经过 10 年的改造培育，到 2025 年，实现年动用 1000 万立方米大径级木材的储备能力，原木储备率达到 15% 左右，到 2050 年，实现年动用 2000 万~ 3000 万立方米大径级木材的储备能力，原木储备率达到 40% 以上。

（三）创新模式，融合发展，大力推广世行造林经验

我国林业连续实施了 7 期世界银行贷款项目，积累了人工林高效集约经营的成熟经验。在推进全国木材战略储备基地建设中，要有效借鉴和推广世行造林经验，在规划布局、实施主体、建设模式、技术管理、资金使用等方面，结合各地实际创新性地吸收借鉴。要实现内

外资融合发展，到 2020 年，欧投行、世行、亚行等国际贷款项目中，建设木材基地的资金达到 30 亿元以上，建设基地 297 万亩，其中长周期珍稀树种用材林 63 万亩。全球环境基金安排 800 万亩美元赠款项目，重点开展国家储备林政策保障、运行管理、机制体制等相关理论研究，推进全国木材战略储备基地建设再上新台阶。

（四）协同创新，服务引领，组建国家木材储备战略联盟

组建国家木材储备战略联盟，发挥行业管理与人才优势，沟通和联合"政、产、学、研、用"各个方面，促进交流、培训和协同创新。联盟明确了组织机构，成立了专家咨询委员会，研究制定了决策执行机制、协作促进机制、利益分享和共管机制等。进一步发挥木材储备战略联盟作为第三方，服务木材贸易和保障进出口企业合法权益的作用，引导企业应对"双反"调查，开展森林认证和国际互认合作等。

中篇

经验做法

综　述

　　木材储备是继粮食、石油之后的第三个战略资源储备，是国家面对森林资源结构性严重短缺、应对气候变化、保护生态和保障民生作出的重大战略选择。党中央、国务院高度重视木材安全问题，国务院有关领导作出了一系列重要批示，2013 年中央一号文件要求"加强全国木材战略储备基地建设"。国家发展改革委、财政部等有关部委积极推动、大力支持。国家林业局于 2012 年率先在南方七省（自治区）启动实施了木材战略储备基地示范项目，2013 年 1 月正式印发《全国木材战略储备生产基地建设规划（2013~2020 年）》，继续在南方七省（区）实施木材战略储备基地示范项目，并选择基础条件好、森林资源丰富和技术力量强的国有林场开展国家储备林建设试点。各省（自治区）领导也高度重视木材战略储备生产基地建设，福建省省长苏树林批示要求"用好国家政策，落实配套资金"，广西壮族自治区党委第十次党代会，明确提出把广西打造成全国木材战略核心储备基地，湖南省委副书记、副省长徐明华强调"要大力培育乡土珍贵树种优质木材，增强木材供给能力和资源战略储备"。一些未参与首批木材战略储备基地示范项目的省（自治区）领导还亲自到国家林业局进行专题汇报，要求列入示范项目省。

　　木材战略储备基地示范项目实施 2 年来，取得了预期效果，在社会上引起了广泛认同，尤其是基层林业部门、林场和林业合作组织对此高度赞誉，认为项目站位高、起点高、标准高、质量要求高，真正解决了长远收益与短期投资短缺的矛盾，解决了他们想做而做不了的问题。全国各地基层林业部门和林农的热切盼望，与国家林业局党组提出的将全国木材战略储备生产基地办成一个大工程思路的无缝对接，使得具备生态与民生双重功能的木材战略储备基地成为新一轮林业改革发展的排头兵，起步扎实，开局良好，前景广阔。

　　为实现到 2020 年全国建成 2.1 亿亩立木储备基地、构建规模合理、结构优化和质量上等的国家储备林体系的规划目标，必须建立起一整套科学化的栽培技术和管理办法。由于木材战略储备基地建设在国内尚属首次，国际上也没有先例，没有现成的经验可循，因此，必须大胆探索，勇于创新，既要从国家层面进行顶层制度设计和机制体制创新，又要广泛吸纳基层从实践中总结的经验做法；既要总结推广木材战略储备基地示范项目的好典型，又要大力推广速生丰产林基地建设、国际金融组织（世行、亚行、欧投行）贷款、林业血防工程等已经实施的大型项目的成功经验。

　　木材战略储备基地示范项目在福建、广西、广东、湖南、云南、河南、江西等 7 省（自治区）开展，各项目省（自治区）、经营主体结合自身的资源特点和社会经济条件，在培育特色上下工夫，在政策配套上下工夫，在培育技术组装配套上下工夫，总结的做法经验科学实用，评价的建设成效客观实际，剖析问题较到位，提出的思路对策具体可行，对于全面启动实施木材战略储备基地建设具有借鉴意义。

　　世界银行、亚洲开发银行、欧洲投资银行等国际金融组织贷款项目在加快我国速生丰产林建设步伐、推进林业现代化等方面发挥了重要作用。世行贷款"国家造林项目（NAP）"开创了我国人工造林落实环保规程的先河，"贫困地区林业发展项目（FDPA）"率先引入社区参与式管理模式，"林业持续发展项目（SFDP）"首次将中幼林抚育间伐活动纳入项目建设内容，"林业综合发展项目（IFDP）"建设内容拓展到生态林；亚行项目重点在农业综合开发、湿地保护等方面；欧投行项目重点在生物质能源林、碳汇林等方面。各地在组织实施国际金融组织贷款项目过程中，不仅吸纳了国外的先进理念和技术管理经验，还进行了技术集成和管理创新，至今乃至将来都具有普遍的指导意义。

20世纪80年代起，速生丰产用材林基地建设在全国全面铺开，并陆续制定了一系列速生丰产林标准和管理办法，在树种选择上，各地不再局限于杉木、马尾松等少数几个常见的树种，更重视挖掘优良乡土树种，一些珍贵树种的培育技术和管理方法也日趋成熟，这些都为木材战略储备基地建设奠定了技术和管理基础。

2006年开始，国家启动实施林业血防工程，虽然时间不长，但在林业血防工程建设中创造的多部门合作、多力量参与、多渠道投入等机制，以及在短期内摸索出林—粮、林—菜、林—药、林—鱼等生物工程技术体系等方面，都值得各地在实施木材战略储备生产基地建设项目过程中加以大力借鉴。

〔撰稿：国家林业局世行中心（速丰办）李海涵、马藜、韩璐，
福建省林业厅世行办（速丰办）钱国钦〕

全国木材战略储备基地建设概述

党的十八大提出，大力推进生态文明建设，要求增强生态产品生产能力，扩大森林面积，保护生物多样性。发展林业作为建设生态文明的首要任务，要切实承担起保护自然生态系统、促进绿色发展的重大职责，在改善生态、改善民生中发挥更大的作用。木材战略储备生产基地建设，作为现代林业建设的一项重要内容，是生态林业与民生林业最佳的结合点，是建设现代林业，促进绿色增长和实现科学发展的重要举措。通过培育珍稀、乡土树种，维护生物多样性、增强生态系统的协调性和稳定性，是对自然生态系统的最好保护。同时，木材战略储备生产基地建设，既能增加以木材为主的有形生态产品供给，又能提供吸收二氧化碳、制造氧气等无形生态产品供给，满足人民群众对生态产品日益增长的需求，促进绿色发展和增收致富，是改善生态改善民生的具体实践。

一、木材战略储备基地建设意义重大

（一）基地建设是缓解木材供需矛盾、维护木材安全的根本措施

木材同石油、铁矿石一样，是国民经济发展和人民生活不可或缺的重要生产资料，是国家重要的战略资源。第七次森林资源清查结果表明，我国用材林资源品种结构单一、木材生产能力落后与人民群众对木材消费需求快速增长的矛盾十分突出。2011年我国木材消费总量为4.99亿立方米，其中进口量达2.24亿立方米，对外依存度高，成为继石油、铁矿石之后，对外依存度增高的自然资源之一。随着世界各国对森林资源保护的加强和原木出口的限制，我国原木进口的难度越来越大。因此，解决我国木材供需矛盾，迫切需要立足国内，加快建设木材战略储备基地，着眼于国内优势林地资源，加强森林资源培育，开展集约经营，优化品种结构，提高重点地区的林地生产力，切实增强我国木材自给能力。

（二）基地建设是生态林业、民生林业的具体实践

党的十八大要求，大力推进生态文明建设。这对转型发展中的林业提出了新的更高的要求。建设生态文明，实现人与自然和谐发展，迫切要求林业在改善生态、改善民生中发挥更大的作用，切实承担起保护自然生态系统、促进绿色发展等重大职责。木材储备基地建设，是森林资源培育的重要组成部分，通过培育更多的珍稀、乡土树种，既具有较高的用材价值，又增加了生物多样性，维持自然生态系统稳定性、协调性；同时，通过基地建设，在增加收入、保证健康的基础上，更多地提供以木材为主的有形生态产品和涵养水源、保持水土、净化空气等无形生态产品的供给，满足人民群众对生态产品日益增长的需求。基地建设体现了生态效益、经济效益和社会效益的良好结合，是改善生态、改善民生的具体实践。

（三）基地建设是实现"双增"目标、应对气候变化的重要内容

木材是重要的基础材料，与钢材、水泥相比，可再生、可降解、易开发、可循环利用，

具有固碳增汇的独特优势。科学研究表明，林木每生长 1 立方米的蓄积量，平均吸收 1.83 吨二氧化碳，释放 1.62 吨氧气。木材战略储备基地建设通过扩大营造林面积，提高营造林质量，增加木材产出。据专家测算，基地建设集约高效经营 2.1 亿亩人工林，到 2020 年可年新增蓄积 1.42 亿立方米，年吸收二氧化碳 2.6 亿吨、释放氧气 2.3 亿吨，对实现"双增"目标和应对气候变化具有重要意义。

（四）基地建设是转变发展方式、发展现代林业的战略选择

虽然我国人工林增长较快，但人工乔木林每公顷蓄积仅 49 立方米，只有世界平均水平的 45%。加快木材战略储备基地建设，开展集约经营，推广使用林业机械，可以提高森林蓄积量和单位面积木材产量，以最少的林地资源消耗、最小的生态环境代价，尽可能提升木材生产能力，推进林业发展方式从数量、规模型向质量、效益型转变，从粗放经营型向集约经营型转变。

（五）基地建设是释放林改潜力、增加农民收入的有效途径

集体林地占全国林地面积 60%，是我国重要的木材及林产品生产基地，在我国森林资源培育、木材生产和林产品供给中占重要地位。通过集体林权制度改革，极大地调动了农民参与用材林培育的积极性，基地建设通过"林场 + 合作社 + 农户"等多种模式，规模化、集约化经营，可以化解林改后林地细碎化和农户独立经营困难；良种壮苗、科技支撑、基础设施和抚育经营投入，增加就业机会，促进农民增收。

二、基地建设的有利条件

（一）建设生态文明要求林业承担更多的职责

党中央、国务院高度重视林业发展，始终坚持以最新理论指导林业实践，确立了以生态建设为主的林业发展战略，先后颁布了《关于加快林业发展的决定》《关于全面推进集体林权制度改革的意见》，召开了全国林业工作和中央林业工作会议，确定了森林面积、蓄积量的"双增"目标；赋予了林业"四个地位""四大使命"和"五大功能"。党的十八大进一步提出，大力推进生态文明建设，强调实施重大生态修复工程，增强生态产品生产能力，扩大森林面积，保护生物多样性，林业将在努力建设美丽中国，推动我国走向社会主义生态文明新时代的进程中，发挥重要的基础保障作用。全国木材战略储备基地建设，是"十二五"林业转变发展方式、再上新台阶的生态工程，是发展十大主导产业的民生工程，是建设生态文明的战略工程。

（二）各地实施集约高效经营调结构转方式促升级

针对国内对大径级材和珍稀树种材旺盛的消费需求，各地纷纷把转变经营方式、调整种植结构、集约培育高价值树种林种，作为促进产业升级的重要抓手。广东全省珍稀树种造林已达 61.7 万公顷，2015 年将发展到 66.7 万公顷以上。广西壮族自治区党委、政府提出将广西打造成为全国木材战略储备核心基地，计划"十二五"实施基地营造林 333.3 万公顷，年提供木材 5000 万立方米以上，用 1/4 的全国基地规模，生产超过 1/2 的全国基地木材产量。湖南省 2009 年起实施的优材更替和培育无节良材、珍稀用材树种和优质家居装饰树种造林，也取得了积极进展。各地实践为开展全国木材战略储备基地建设积累了经验。

（三）具有组织实施森林资源培育综合项目的能力

自 1985 年开始，我国连续成功组织实施了七个大型世界银行贷款林业资源培育项目，已竣工的六个世行贷款林业项目均获得世行和国际社会的高度赞誉，通过实施世行项目，积累了开展跨行政区域项目布局、多层次协调管理机制、引导多种主体参与造林的经验，学习掌握了国际先进的林业管理理念、制度和方法，推广"造林模型"核算的成本管理体系、报账支付办法，以及招投标制、竣工后评价制等方法和制度。这些先进理念和成功经验，对高标准、高质量建设木材战略储备基地具有借鉴、引领和指导作用。

（四）充分学习和借鉴世界林业发达国家用材林发展经验

加大用材林培育提高木材生产能力是多数国家的普遍趋势。一些林业资源丰富的国家，通过对用材林培育政策调整、集约经营和加大科技投入，实现了森林资源的增长和木材产量的提高。如巴西为扶持人工林，通过林木改良、合理施肥等科学措施，桉树每公顷生长量由 1966 年以前的 12.5 立方米，提高到现在的 60 立方米。芬兰十分重视森林培育，通过科学经营管理和开发利用，实现了森林可持续发展，林产品出口已成为芬兰第三大支柱产业。德国采用"近自然林业"经营模式，把森林的生态效益、木材生产效益和经济效益结合起来，实施"目标树定向培育"等作业法，成为全球第四大工业原木出口国。

借鉴国外先进林业国家的做法，集中人力、物力、财力和技术，拿出一定比例条件合适的林地资源发展用材林，完全可以大幅度提高木材生产能力，逐步实现我国木材基本自给。

三、开展的主要工作

为贯彻落实中央一号文件和国务院领导批示精神，我局把木材战略储备基地建设作为"两个林业"重要载体，列入林业生态文明建设六大体系，写入《国家林业局推进生态文明建设规划纲要》，作为推进生态文明建设的重大行动和十大支柱产业。目前，主要开展了以下工作。

（一）编制了《全国木材战略储备生产基地建设规划（2013~2020 年）》

为更好地指导各地开展木材战略储备生产基地建设工作，经过两年的努力，今年 2 月 5 日，我局印发了《全国木材战略储备生产基地建设规划（2013~2020 年）》（以下简称《规划》）。

《规划》以建设生态文明为总目标，以改善生态改善民生为总任务，通过增加活立木储备，加快建设一批集约化、基地化、规模化、标准化的全国木材战略储备基地，为推进生态文明建设提供更多的生态产品，增强木材供给能力，逐步构建起稳定、可持续的木材安全保障体系。

《规划》坚持优化结构，合理布局，以 800 毫米等雨线以上区域为重点，采取现有林改培、集约人工林栽培和中幼林抚育相结合；实施良地良种良法，开展集约经营；通过多种经营，发挥市场调节作用，总体推进基地建设。

《规划》到 2020 年，完成 2.1 亿亩基地建设任务。基地建成后，每年可增加蓄积量 1.4 亿立方米，可净增木材生产能力 9500 万立方米。《规划》涉及 25 个省（自治区、直辖市）和东北内蒙古四大森工集团的 698 个县（市、区）和国有林场（局），划分为 6 大区域 18 个基地，明确各区域的发展方向和重点。

在规划编制过程中，充分借鉴了世界主要林业发达国家发展集约人工林提高木材自给水平、用可再生资源替代不可再生资源的通用做法；吸收了世界银行贷款项目和速丰林工程的建设经验，将林业国际贷款项目与木材基地建设相融合。主要特点：一是在建设布局上，体现了与《全国主体功能区规划》《林业发展"十二五"规划》相衔接；二是在培育类型上，体现了长周期珍稀大径级用材与短周期速丰林相衔接；三是在建设内容上，体现了营造林和保障体系相衔接；四是在扶持政策上，体现了政府投入和市场调节相衔接。

（二）启动了全国木材战略储备基地试点示范

为积极推进木材储备基地建设，2012 年我局"调结构，转方式"，安排中央资金 2.28 亿元（其中：中央基建 1.08 亿元，中央财政 1.2 亿元），在福建、广西、广东、云南、湖南、河南、江西等 7 个省（自治区），实施了木材战略储备基地建设示范项目，通过采取现有林改培、集约人工林栽培和中幼林抚育等措施，坚持集约经营和科技进步，突出储备特色，为全国木材战略储备生产基地蓄积增量提升探路子、大径材储备出经验。2012 年，7 个示范省（自治区）完成木材储备基地建设 150 万亩，落实资金近 3 亿元。2013 年示范建设继续推进，预计将完成 400 万亩。

在示范项目的基础上，为探索国家储备林建设"可查、可控、可调"和契约式管理的模式与机制，应对市场预期和珍稀大径材断供风险，2013 年在 7 个示范省（自治区）划定国家储备林 80 万亩，实行责任书与合同契约管理，探索国家储备林制度。

通过实施试点示范项目，各示范省（自治区）围绕增量提质增效这一主线，开展高位推动、高效经营、契约管理和精品示范，成为各地发展方式战略调整的切入点，生态林业、民生林业的契合点，改善生态改善民生的着力点。示范项目省（自治区）对我国木材进口平衡的长期性，构建国家储备林体系的战略性、紧迫性和重要性，有了更深刻全面的认识，加快基地建设，建设国家储备林，成为各地新期待新要求。

（三）广泛开展调研并制定相关办法

围绕我国木材生产利用现状、发展趋势、生产潜力和存在问题等方面，我局先后组织调研组，赴广西、江西、山东、河南、福建、安徽、湖北、湖南等省（自治区）开展调研；深入基层与林场、合作社、林农座谈，听取各方对基地建设的意见和建议；依托中国林业科学研究院、北京林业大学、局规划院支撑单位，开展了《用材林林地区域布局研究》《全国木材战略储备生产基地木材生产能力研究》等专题研究；制定了《木材战略储备基地档案信息管理办法》《种苗管理办法》《作业设计管理办法》《检查验收管理办法》《主要树种的技术规程》《全国木材战略储备基地现有林改培技术规程》等管理办法及技术支撑体系。

可以说，实施国家木材战略储备生产基地建设，就是要加快转变林业发展方式，通过营造高效人工林、集约改培现有林，合理配置短中长比例，提高林分质量和林地生产力，从"量"和"质"两个方面统筹"当前"和"长远"的问题，在保持一定进口规模基础上，建设一批高效立木储备基地，初步缓解我国木材供给紧张局面和满足市场结构性需求。

［撰稿：国家林业局世行中心（速丰办）石敏、崔海鸥、林章楠、徐建雄］

全国林业世界银行贷款项目
管理模式、建设成效与经验

近30年来，我国林业世行贷款项目紧紧围绕经济社会发展规划和林业发展战略，紧扣世行国别发展战略，服务各时期林业建设中心任务，科学确定项目目标，精心谋划项目内容，认真组织项目实施，项目建设取得了显著成效，积累了丰富的经验，成为林业示范工程。全面总结其管理模式、成效和经验，可以为我国林业树立正确的管理理念，创新管理机制，促进林业从数量粗放型向效益集约型转变，推进绿色增长，为全面提升生态林业和民生林业发展水平作出贡献。

一、林业世行贷款项目的创新发展

从1985年起，国家林业局（原林业部）先后组织实施了世行贷款"林业发展项目（FDP）"、"大兴安岭森林防火及恢复项目（DFFRP）"、"国家造林项目（NAP）"、"森林资源发展和保护项目（FRDPP）"、"贫困地区林业发展项目（FDPA）"、"林业持续发展项目（SFDP）"和"林业综合发展项目（IFDP）"7个项目。前六个项目已圆满竣工，第一个实施的"林业发展项目"和最大的"国家造林项目"被世行认定为"非常满意（HS）"，其他4个项目均被认定为"满意（S）"。"林业综合发展项目"正在实施。世界银行在对我国林业积极投资的同时，还为林业建设广泛利用其他资金架起了桥梁，7个项目中，还包含了2个全球环境基金赠款子项目和1个欧盟赠款子项目。

世行投资经历了我国从计划经济向市场经济的根本转型，经历了我国林业从以木材生产为主向以生态建设为主的历史性转变。随着我国经济社会发展总体形势和林业功能地位发生的变化，与世行的合作也不断发展、深化，合作内容不断创新，合作领域不断拓宽，已涵盖林业建设的很多方面。实现了"四个转变"：项目从最初的单一造林目标向多目标转变，先后增加了减贫、社区参与、生物多样性、改善生态脆弱和保护环境等目标；从单纯营造林内容向自然保护区管理、乡镇企业建设、天然林保护、中幼林抚育、促进集体林权制度改革等多领域转变；从单一营造用材林林种向营造用材林、经济林、竹林、多功能防护林、生态林等多个林种转变；从营造纯林向营造混交林、修复现有纯林转变。

林业世行贷款项目作为林业改革开放的前沿和窗口，取得了明显的生态、经济和社会效益，得到了社会各界的广泛赞誉，为我国现代林业建设发挥了举足轻重的示范和推动作用，为我国生态建设、转变林业发展方式发挥了"辐射"作用，为我国森林生态系统建设、生物多样性保护提供了有益的借鉴。通过双方密切合作，每一个项目都体现了探索和创新，实现了"六个促进"：促进了林业发展方式的转变，促进了生态环境的改善，促进了木材资源的供给，促进了科技兴林的进程，促进了林业的对外开放，更主要的是促进了林业管理水平的总体提高。

二、林业世行贷款项目的管理模式

项目紧紧围绕"质量、成本、效益"这个中心，探索出具有我国特色的人工营造林项目管理模式，建立了"组织、计划、采购、质量、资金、科技推广与培训、环境保护、评估监测与评价"八大项目管理体系，及与之相配套的比较科学严谨的技术规程、标准和管理办法，各体系相互作用、相互促进，各自发挥相应职能，有效地规避了林业项目投资风险，保证了项目目标的如期实现。

（一）健全、高效的组织管理体系

每个项目都是一个内容丰富、覆盖省份多、涉及千家万户的大型造林工程。在各级政府的高度重视下，项目建立了自上到下完整、健全、稳定、高效的项目领导小组和管理机构，多个部门协调运转、密切配合，这是保证项目顺利实施和有效控制投资风险的根本。在项目实施过程中，尤其得到了各级财政部门的大力支持，由各级财政部门负责资金安全、各级林业部门负责技术指导，共创了财林两家协调共管的典范，为项目成功实施提供了强有力的组织、资金和技术保障，形成了推动项目建设的强大合力。

（二）科学、可行的计划管理体系

项目形成了全国一盘棋的严格的计划管理，即对项目造林任务、科技推广与培训、物资采购、资金使用等进行全面的计划管理。为保证项目实施计划的科学、可靠和可行，项目各种计划的制订和修改均有严格的程序。年度计划更是突出严肃性、严密性和实事求是的原则，实行"两上两下、上下结合"的计划管理，充分尊重造林准备的实际情况，自下而上产生。即每年年初，按照项目造林目标，制定和下达预计划，各级项目办根据预计划准备好配套资金、种苗、造林用地和劳动力等；然后，根据实际准备情况，对预计划提出调整意见，最后下达正式项目造林计划。正式计划下达后，各地必须认真组织实施，不可随意变动。

（三）经济、透明的采购管理体系

项目采购是指土建、货物和服务的获得及整个获得方式和过程。采购的基本原则是经济性、效率性、透明性、竞争机会均等。在项目评估阶段，就对采购计划和采购方式达成协议。项目采购方式主要有招标方式（有限国际招标和国内竞争性招标）和非招标方式（询价、直采、自营、社区参与等）。采购内容主要包括车辆、办公设备、苗圃设备等物资采购；造林、管护棚、灌溉等土建采购；聘请咨询公司或单个咨询专家等咨询服务采购。与项目采购管理密不可分的是合同管理，任何一个采购任务都必须签订合同，明确参与各方的责、权、利。

（四）全面、严格的质量管理体系

质量是效益的前提，更是项目成败的关键。每个项目的营造林活动都实行了全面的质量管理。从项目最初的设计到最终的检查验收，每个环节都按照"质量第一"的原则，实行集约经营，科学管理，保证造一片成一片，片片都达到预期的质量和效益指标。在施工设计上，按照可行性研究报告的要求，搞好县级造林总体设计，按照批准的总体设计进行造林施工设计，按照造林施工设计组织施工。在立地控制上，按照《项目环境保护规程》的要求，结合造林活动实际，采取科学的审查程序，严把选地关。在种苗供应上，按照《种植材料开发计划》

的要求，做好项目种苗的开发和培育，保证项目造林全部使用一级苗木。在造林技术上，严格执行项目造林技术模型，合理选择树种，遵守"施工前培训，施工中指导，施工后检查验收"的全方位技术管理。在质量监督上，采取"分工序检查验收和分级检查验收"相结合的办法，强化检查指导，并作为报账的依据。

（五）严谨、规范的资金管理体系

在"借得来，用得好，还得起"思想的指导下，每个项目的资金管理都牢固树立责任意识、效益意识、风险意识和还贷意识，紧紧围绕资金的使用、管理和回收等环节，以"资金、财务、债务"为主线，实行了提款报账、内外监管和还贷准备等一系列资金管理制度，形成"借、用、还"于一体的资金管理体系。提款报账制度作为资金管理的核心和有效经济杠杆，将项目的资金管理与计划管理、采购管理、质量管理有机结合，将项目的世行贷款资金与国内配套资金有机结合，将投资与效益、权利与责任有机结合。提款报账的过程是一个严格的程序审批、质量检验、资金把关的过程，以合同为前提，以凭证为基础，以验收结果为依据，克服了投资与效益脱节的弊端。充分发挥各级审计部门的外部监督作用，保证了项目资金有序、正确地使用。在明确债权债务的基础上，各项目省积极建立适合本地区的还贷准备机制。

（六）完善、实用的科技推广与培训管理体系

每个项目都把科技支撑作为建设项目的子系统与项目工程同步设计、同步实施、同步监测与评价，使科技支撑与生产的关系，从过去的"体外循环"变为"体内循环"，形成了独具特色的科技推广与培训管理体系。每个项目都制订了独立的科技推广与培训计划、明确了科技推广与培训任务、预算了科技推广与培训经费，通过建立完善的中央、省、县三级科技推广与培训组织机构、采取有效的科技支撑方式，开展与项目建设紧密结合的科技推广与培训活动，为科技成果迅速转化为现实生产力开辟了便捷、高效的通道，显著提高了项目建设的科技含量。项目已推广应用了334项林业科技成果，试验、研究、取得了82项林业实用技术成果，营建试验林、中试林、示范林和综合科技示范区5万公顷。"九五"初期竣工的世行贷款"国家造林项目"，科技进步对增加项目效益的贡献率达到50%以上，是我国人工林集约培育水平的重要标志。

（七）系统、翔实的环境保护管理体系

每个项目都始终把保护自然环境、维护生物多样性、防止水土流失和土地退化，最大限度地减轻对环境的不良影响，作为项目设计、施工和经营活动的出发点和落脚点。根据各个项目的不同特点，分别制定了一系列翔实、周密的环境保护管理规定，建立环境保护监测点，监测不同的环境影响因素，发现问题及时解决。在造林生产中，严禁割灌、火烧山、全垦等传统的营林生产手段，推行"山顶戴帽""山腰扎带""山脚穿靴"的原生植被保留措施和沿等高线作业，实行带状、穴状、块状整地，"品字形"排列的挖穴措施，营造多树种混交林，以保持生物的多样性。在病虫害防治中，尽量多采用生物防治手段，在必须采用化学防治的情况下，必须使用高效、低毒和低残留的农药品种，即国际卫生组织的Ⅲ类农药。仅"国家造林项目"就在16个省58个县设置了114个环境影响监测样点，连续6年对水土流失、土壤肥力和病虫害等进行了监测。分析结果表明，项目所采用的造林方式和经营措施不会导致大范围的水土流失，对土壤肥力具有一定的保持和提高作用，人工林的病虫害发生种

类和数量较少且危害程度较轻。这些全新的理念和切实的做法，开创了林业项目环境保护的先河，对我国林业建设产生了积极深远的影响。

(八)严密、深入的评估监测与评价管理体系

每个项目均建立了"项目前评估、项目中监测和项目后评价"的科学而严格的全方位评估监测评价管理体系，加大了对项目自然、经济和社会风险的防范，使项目可能存在的各类风险降到最低。项目准备期间，就对技术、财务、经济、组织机构、社会影响、环境风险等进行全面深入评估，比较项目活动方案，识别防范项目潜在风险，优化项目设计方案，确保项目决策建立在科学分析和充分论证的基础上，最大限度地减少决策失误；项目执行期间，通过报账支付、实地检查、随机抽查、进展报告等方式，对项目进行严密地监督检查、跟踪和评价，及时发现、指出和纠正项目执行中出现的困难、问题和风险，对项目的设计进行必要的修正，保证项目的顺利执行；项目竣工期间，对项目是否实现了预期目标、达到的实际效果、取得的经验和教训进行总结，进而为开发新的项目提供参考。

三、林业世行贷款项目取得的显著成效

引进和实施林业世行贷款项目，改善了项目区的生态环境，增加了项目区的森林资源，推动了项目区经济社会发展和当地群众增收致富，堪称体现"生态和民生"林业项目的典范，为传统林业向现代林业的转变，为发展现代林业、建设生态文明、实现科学发展发挥了引领和示范作用。

(一)引进优惠贷款，弥补资金不足

项目贷款期限长，综合年利率低，有 6～10 年宽限期，符合我国林业建设的实际需要。7 个项目累计总投资将达到 136 亿元人民币，其中利用世行贷款约 10.19 亿美元、带动国内配套资金 61.8 亿元人民币。各项目利用贷款资金和总投资情况详见图 1 和图 2。"国家造林项目"利用世行贷款 3.28 亿美元，是当时世行在全球资助的最大一笔林业投资，项目总投资 37.6 亿元人民币，年均投入 5 亿元人民币，与同期国内年营林基本建设投资相当。多年来，特别是在改革开放初期，世行贷款有效弥补了我国林业建设资金的不足。

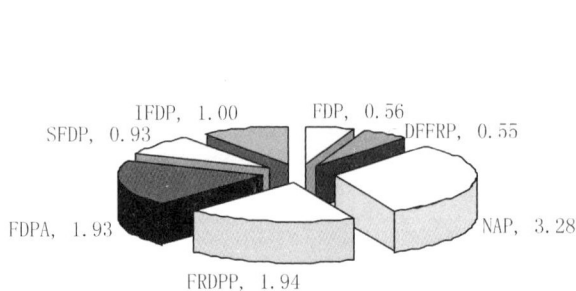

图1　中国林业世行贷款利用贷款资金情况(万美元)

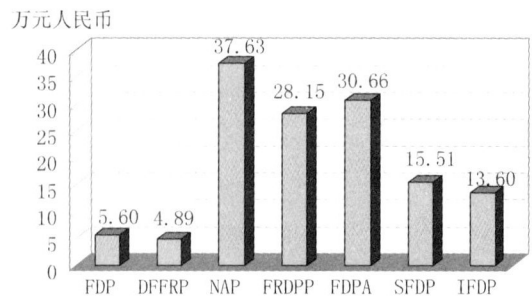

图2　中国林业世行贷款项目总投资情况

(二)提高造林质量，增加木材储备

项目严格按照行业规程、标准和模型组织施工。6 个竣工项目共完成高标准、高质量人工林和中幼林抚育约 388 万公顷，可提供优质木材 3.91 亿立方米。截至 2012 年 12 月 31 日，在建的"林业综合发展项目"已完成多功能人工林营造和现有林修复 7.29 万公顷。各项目造

林完成情况详见图3。对比分析表明，世行贷款项目林的造林质量、生长量和林相均好于一般人工林。例如："国家造林项目"的广西桉树项目林和江西杉木项目林平均生长量分别达到部颁标准的180%和121%。"贫困地区林业发展项目"的用材林、竹林、经济林，一类林分别占77%、83%、75%，其中近38万公顷用材林可增加林分蓄积6492万立方米，平均单位面积蓄积量达170立方米。

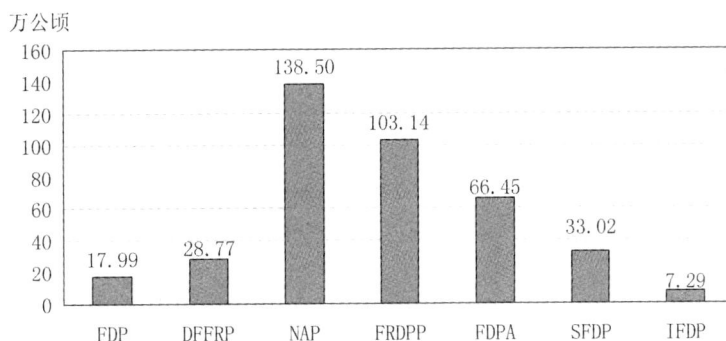

万公顷

图3 中国林业世行贷款项目完成造林面积情况

（三）增加碳汇储备，改善生态环境

项目严格执行世行的环境保护规程，采取造林地筛选程序、造林模型和树种多样化、保留原生植被、减少化学农药使用等措施，将营造林活动中碳泄漏和对环境的不良影响降至最低，充分发挥了保持水土、涵养水源、保护生物多样性、应对局部气候变化等综合效益，改善了林种、树种结构，提高了森林生态系统稳定性。每个竣工项目可增加项目区森林覆盖率2~3个百分点。"林业持续发展项目"营造的24万多公顷项目林，每年可减少水土流失量73万吨，年形成碳汇量的峰值可固碳920万吨，相当于1262万吨标准煤燃烧后排放的碳量。

（四）促进农民增收，实现持续发展

项目以减少贫困和促进发展为核心任务。在项目覆盖的全国20个省（自治区、直辖市）的600多个县中，国家级、省级贫困县占1/3以上。项目建立的科技推广和培训体系，使农民得到更多的培训和就业机会，NAP、FRDPP、IFDP和SFDP共培训各级技术人员和林农675.04万人日。通过培训和参与项目，林农学到了实用、有效、先进的科技成果，提高了技术素质和持续发展能力。例如，"贫困地区林业发展项目"贫困县比重占80%，89万农户参与项目建设，个体农户和农户组造林占造林总面积的71%。对该项目12省（自治区）的19个村抽样调查显示，从事项目活动的农民人均年增收572元，比项目实施前增加85%。

四、林业世行贷款项目积累的宝贵经验

长期以来，我国林业与世界银行对话协商、互利互惠、平等合作，积累了宝贵的发展经验。

（一）中央政府高度重视，发挥世行贷款的引领作用

利用国外优惠资金加快林业发展是党中央、国务院的重大举措。多年来，财政部和发改委一直大力支持利用世行贷款发展林业，促进先进经验的交流与推广，实现林业可持续发展。财政部还结合"天然林资源保护工程"和自然灾害等实际情况，减免了林业部门债务、降

低了转贷利率、延长了还贷期限，切实发挥了林业项目的惠民作用。国家林业局高度重视世行贷款项目建设，紧紧围绕各个时期林业发展长远规划，超前谋划，发挥项目在林业建设中的试点、示范和带动作用。在我国林业转型发展的关键时期，林业世行贷款项目还将在木材储备、减贫增收、管理创新和科技示范等方面继续发挥引领作用。

（二）引进先进管理理念，提升了林业管理水平

创新管理模式是林业世行贷款项目的核心理念。项目引进国际上先进的项目管理理念、管理技术和管理方法，探索出与我国国情、林情和发展需求相适应的项目管理机制，形成了系统化、标准化、制度化的具有我国特色的人工营造林项目管理模式，培养了一批业务精湛的项目管理人才，为林业可持续发展提供了人才和智力支持。这些都已渗透到我国林业建设的方方面面，已被越来越多的地方和大型林业工程效仿和采用，提升了林业行业管理水平。

（三）采用社区参与模式，推动兴林与富民的和谐发展

保障项目受益人的参与权和利益最大化，是项目建设的立足点，是项目发展的原动力。在项目设计中，注重维护农民的土地使用权，根据农民意愿和市场前景确定项目建设内容，充分发挥人民群众的智慧，尊重农民参与项目的主体地位。在项目实施中，按农民对技术的需求组织培训，协商签订营造林合同，保障和实现了农民收益权。社区参与模式提高了广大农民参与项目的积极性，推动了兴林与富民的和谐发展。

（四）融合内外两种资源，实现生态与民生的共同发展

每个项目的投资都是由世行贷款资金和各级国内配套资金组成，国内外资金统筹配套，不但可以发挥国外资金的杠杆效应，加速社会资金、技术、劳动等生产要素向林业项目聚集，推动生产资源合理流动和有效配置，更重要的是它将项目区各级政府、实施主体与世界银行统一融入项目当中，成功地将项目参与各方联结成利益统一体。世行贷款项目作为全国木材战略储备基地的重要组成部分，一直将项目产生的经济效益、生态效益和社会效益放在同等重要的地位，将各项环护措施和确保林农利益的措施落到实处，实现了生态与民生的共同发展。

总之，林业世行贷款项目已成功探索出适合我国国情和林情的项目管理模式，所取得的建设成效和经验有目共睹。本文旨在让林业政策的制定者和决策者们、各大林业重点工程管理人员更多地了解林业世行贷款项目的管理理念、具体做法，供参考借鉴。这是实现林业"双增"目标、实现生态林业和民生林业融合发展的捷径，更是转变发展方式、全面提升整个林业行业管理水平的捷径。

［撰稿：国家林业局世行中心（速丰办）王周绪、董晖、符佳、刘玉英、施美］

亚洲开发银行、欧洲投资银行贷款项目概述

一、项目合作概况

我国政府高度重视林业建设，把发展林业作为实现科学发展的重大举措、建设生态文明的首要任务、应对气候变化的战略选择。我国是世界林业大国，在全球林业建设中具有重要地位，林业的快速发展为绿色增长作出了重大贡献，同时也蕴藏着巨大的发展潜力。加快林业改革开放，推动林业对外合作，促进现代林业建设，不仅为我国实现绿色增长和科学发展发挥不可替代的重要作用，而且可以为世界经济社会可持续发展作出更大贡献。亚洲开发银行和欧洲投资银行作为具有一定国际影响的非营利性区域多边金融机构，长期致力于推动发挥森林多功能和多效益，促进森林可持续发展。全面加强和深化包括亚洲开发银行和欧洲投资银行在内的国际金融组织林业合作，不但是我国建设现代林业、实现绿色增长的长期任务，而且也是展示我国林业国际形象，加强林业区域合作，携手共同应对全球重大挑战的必然要求。

自2006年开始，我国林业利用亚洲开发银行贷款相继启动实施了"豫西农业综合开发林果业项目""黑龙江省三江平原湿地保护项目""江西省森林生态系统可持续发展项目"和"西北三省（自治区）林业生态发展项目"。累计利用亚洲开发银行贷款1.62亿美元，赠款约2000万美元；2009年，我国首度与欧洲投资银行开展林业项目合作。利用欧洲投资银行贷款5000万欧元，先后启动实施了"江西生物质能源林示范项目"和"内蒙古碳汇林示范项目"。2011年9月，国务院又批准了利用欧洲投资银行中国林业专项框架贷款规划，贷款金额2.5亿欧元，用于辽宁、浙江、福建、湖南和重庆等8省6个项目。欧投行林业专项框架贷款是国际金融组织设立的首个林业专项贷款，专门用以支持我国发展林业，增加林业碳汇，发挥我国林业应对全球气候变化的作用。各项目的基本情况见表1。

二、在建项目情况

（一）欧投行贷款江西省生物质能源林示范项目

该项目是我国利用欧投行贷款应对气候变化框架20个子项目之一。江西省项目以国家能源发展战略为契机，利用我省优越的自然地理条件和丰富的林地资源，建设生物质能源林示范基地。发挥了林业在落实我国节能减排责任，应对全球气候变化中不可替代的重要作用。

项目于2009年正式启动实施。项目规划从2009~2013年5年内，在瑞金、石城、广昌等21个县（市、区、市直林场）建立生物质能源林示范基地28.05万亩。其中：油茶基地

26.30 万亩，光皮树基地 1.75 万亩。项目总投资 37857.16 万元，折合 3571.43 万欧元。其中：欧投行贷款 2500 万欧元，折合人民币 26500 万元，占项目总投资的 70%；地方配套资金 1071.43 万欧元，折合人民币 11357.15 万元，占项目总投资的 30%。经测算，项目顺利实施进入稳产期后，年均可生产生物柴油 3410.00 吨，年均可生产食用茶油 1.71 万吨，年产值约 5.71 亿元人民币。

截至目前，项目已全部完部营造林任务，修建林道 2735 千米，修建管护棚共 3630 平方米，采购防火专用车 12 辆，培训人员 2 万多人次。现已为项目区提供 400 万个工日的劳务，为农民增收 2.8 亿元；今后每年还将提供约 150 万个工日劳务，为农民年增收 1.05 亿元。2013 年 6 月，在对今年春季项目营造林检查验收后，项目将如期顺和利竣工。

（二）欧投行贷款内蒙古碳汇造林项目

欧洲投资银行内蒙古碳汇造林项目是欧洲投资银行支持中国气候变化框架项目之一。通过在内蒙古地区营造人工林减轻该地区荒漠化程度，有效吸收和固定二氧化碳，减少大气中二氧化碳含量，发挥森林在调节气候变化中的重要作用，为中国开展碳汇造林和探索国际碳汇造林新模式起到示范作用。

项目 2011 年正式启动。计划完成人工造林 31805.7 公顷，其中：呼和浩特市 2234.5 公顷，包头市 15941.0 公顷，通辽市 9861.2 公顷，巴彦淖尔市 3769.0 公顷。项目总投资为 37857 万元人民币，其中欧投贷款 2500 万欧元，折合人民币 26500 万元（欧元汇率按 2008 年 1 月 20 日折算价 1∶10.6 计算，下同）。项目总投资中，造林工程费 29032 万元，占总投资的 76.7%；设备采购 1008 万元，占总投资的 2.7%；碳汇监测 871 万元，占总投资 2.3%；工程监测和培训费用 2348 万元，占总投资的 6.2%；其他 4598 万元，占总投资的 12.1%。

截至 2012 年底，项目共完成造林 18896.2 公顷，占计划的 59%；完成作业道建设 192 千米，占计划的 93%；完成网围栏建设 15.9 千米，占计划的 85%。完成建设投资 23345 万元人民币，提款报账 800 万美元，折合 5267.6 万元人民币，占贷款额的 19.9%。

（三）亚行贷款西北三省区林业生态发展项目

亚行贷款"西北三省区林业生态发展项目"是我国利用亚洲开发银行的第一个大型打捆林业项目。它对于治理项目区土地荒漠化和生态环境，提高土地产生效率，改善项目区生产生活条件具有重要影响，对调整和优化项目区农村产业结构，促进林农增收和林业增效，繁荣区域经济将发挥重大作用。项目总投资约 1.77 亿美元，其中，利用亚行贷款 1 亿美元，全球环境基金赠款 510 万美元。建设内容包括经济林建设、生态林建设和项目管理支持三部分。建设期从 2011 年至 2016 年。建设范围安排在陕西、甘肃和新疆 3 省（自治区）16 个地州市的 55 个县（市、区）。

截至 2012 年年底，三项目省（自治区）共完成项目造林 21670.9 公顷，占总任务的 50.22%。其中：陕西完成经济林造林 8756.3 公顷，占该省总任务的 58.19%；甘肃完成经济林造林 10533.3 公顷，占总计划面积的 58.59%、完成生态林造林 998.3 公顷，占总计划面积的 27.13%；新疆完成造林 1383 公顷，占总计划面积的 21.44%。项目工程及物资设备采购陆续展开。森林公园旅游基础设施、果品冷藏库、道路建设的国内竞争招标文件及自营工程合同经亚行审查批准开始实施。办公及监测设备询价采购已部分完成。目前三省区累计申请项目报账金额 14800 万元，占贷款总金额的 23%；实际提款 2874 万元，占贷款总金额的 4%。

三、欧投行和亚行项目对于林业国际贷款事业的意义

（1）实施欧亚行项目拓展了林业国际贷款的新领域。从贷款来源看，引进和实施欧亚行项目，进一步丰富了我国林业国际贷款项目种类，基本形成了林业国际贷款世行、亚行和欧投行"三分天下"的格局；从项目布局看，实施欧亚行新项目，进一步拓展了林业国际贷款项目区域范围，项目从由东部沿海经济发达省份逐步向中西部生态环境较为脆弱地区转移。除传统的中东部和西南地区外，项目贷款资源更多向西北、东北地区倾斜，新疆、内蒙古成为林业国际贷款项目的新成员，项目的代表性和影响力更加广泛。

（2）实施欧亚行项目创新了利用"两种资源"的载体。自 20 世纪 80 年代中期以来，世界银行一直我国林业利用国际金融组织贷款的唯一来源。迄今为止，我国林业世行项目累计完成总投资 16.7 亿美元，其中利用世界银行贷款约 9.1 亿美元，国内配套资金 7.6 亿美元。随着国际社会对森林问题的日益关注和我国政府对生态问题的高度重视，我国政府尝试与亚洲开发银行、欧洲投资银行开展林业贷款项目合作。林业国际金融组织贷款从单一的世行贷款向着多元化方向发展。"十一五"期间，林业利用国际金融组织贷款 5.7 亿美元。其中：世行贷款 2.6 亿美元，亚行贷款 2.4 亿美元，欧投行贷款 5000 万欧元。欧亚行新项目贷款规模从空白跃升至近 3 亿美元，占林业国际贷款的 52%，欧亚行项目在利用国际国内两种资源，发展现代林业进程中发挥了重要的引导和支撑作用。

（3）实施欧亚行项目深化了我国林业与国际社会的项目合作。随着欧亚行项目的引进，我国与国际金融组织的林业项目合作逐步向纵深推进，林业国际项目合作领域不断拓宽。项目建设内容从初创期以用材林建设为主，逐步增加了林业生物质能源、森林碳汇、自然保护区建设、木本油料、经济林建设以及林产品贮藏、加工等内容，建设领域更趋广泛，内容更加丰富。项目目标由单纯造林向森林可持续经营方面转变，由注重生态效益向注重生态效益兼顾经济、社会效益转变。不断发展和深化的林业国际贷款项目合作，较好地顺应了我国社会外部宏观环境变化和林业发展战略的调整，充分体现了国家和区域经济社会发展对林业建设的新要求。

四、实施欧投行和亚行项目的重要启示与基本经验

（一）坚持突出中心和主题，统筹兼顾、科学谋划、协同合作是项目成功的基础

国际金融组织贷款项目要随着我国经济社会发展总体形势和林业功能地位的变化而变化，从酝酿构思、谋划筹备到建设实施，都要坚持围绕我国经济社会发展战略和林业发展长远规划，以各个历史时期林业中心任务为导向，服从和服务于林业工作大局。根据不同时期林业的发展重点，确定不同的项目建设方向和目标，通过发挥国际金融组织贷（赠）款项目的资金优势、技术优势，在服务林业建设大局的同时，也满足了项目自身可持续发展的需要，实现项目服务林业大局和项目自主发展的有机统一。

欧投行和亚行项目在构思之初注意把握三个原则：一是突出项目重点和优势，从全局性、战略性的高度进行项目总体谋划。按照国家利用外资的总体要求和部署，根据《林业发展"十二五"规划》，围绕林业"双增"这个主题和服务林业大局这条主线，突出生态林业、民生林业这个中心，集中资源，突出重点，各有侧重，有所为有所不为，避免面面俱全。根据

国家林业利用国际金融组织贷款项目总体规划确定的重点领域，结合欧投行、亚行贷款的投资方向，优先考虑珍贵优质木材后备资源培育、森林可持续经营、木本油料、生物质能源以及碳汇林等具有重大战略性和基础性的项目，发挥项目在现代林业建设中的先导引领作用。二是坚持统筹协调，合理布局，充分调动各方面、各层次的积极性和主动性。统筹内外资融合，统筹部门打捆项目与地方单独申报项目，统一项目组织管理与分散实施相结合。在林业利用国际金融组织贷款项目发展规划确定的范围和领域内，选择比较优势明显、具有林业国际贷款项目实施意愿和能力的省区进行项目建设。三是以块为主、条块结合，努力构建"各方参与、分工负责、协同配合、整体推动"的项目申报工作格局。在尊重地方政府项目实施自主权的同时，充分发扬行业部门和中央项目管理机构的优势，注重发挥它们在欧投贷款项目管理中的宏观规划、政策指导、技术服务等职能作用，进一步强化项目的组织协调和综合服务。林业中央项目管理部门一如既往、一视同仁，继续发挥在项目准备的中坚作用，提前介入、超前谋划，多方协同，主动配合，担当起组织指导有关省区筹备欧投打捆项目的职责，当好林业国际贷款项目组织指导工作的"火车头"和"发动机"。

（二）坚持以民为本、民生为重是项目成功的根本

欧投行和亚行项目的主战场在广大山区和农村，林农群众既是项目的参与者，也是项目最大的受益者。项目设计坚持把最大限度实现最广大林农群众的利益作为出发点和落脚点，切实保护好、发展好、实现好林农群众的现实利益。一是坚持政府主导与市场经济原则相结合。既充分体现农民的切身利益，又适当兼顾国家、集体的长远需要。在林种选择上，做到商品林与生态林相结合；在树种选择上，做到中长周期与短周期相结合；在组织方式上，不断扩大群众参与的基础，参与主体由国有林场、集体林场逐渐转向股份林场、农户联合体和林农群众。从一开始就把项目深深植根于人民群众需要的土壤之中，切实做到为民、利民、富民。二是坚持"公开、平等、自愿"原则，采用国际上通行的参与式磋商设计工具，"从群众中来，到群众中去"，把"群众满意不满意"作为衡量项目成败的关键，主动邀请群众参与规划、设计、实施项目，充分听取群众意见，保证林农群众的利益主体地位。项目打破闭门准备项目和专家——官员的传统项目决策模式，开门办项目，全程引入利益相关方参与，集体协商，共同决定项目活动等重大事项。项目通过严格的参与式磋商设计程序规定，不仅使每个潜在受益人有公平机会参与项目，而且可以让他们的利益诉求在项目设计时得到充分体现，切实保障了每个项目利害关系人的知情权、参与权、建议权和监督权，增强了项目受益人对项目的认同感和归属感，很好地实现了项目单位与项目受益人利益的和谐统一，从根本上保障林农群众的项目知情权、参与权和决策权，维护了林农群众的民主权利和切身利益。

（三）坚持资金与技术同步引进、本土人才与国外智力同步培养利用是项目成功的关键

林业国际金融组织项目的引进，既是融资、用资、偿资的过程，又是利用国际金融组织这个知识银行的平台和智力资源，进行创新和示范的过程。欧投行和亚行贷款项目在引进国外优惠资金的同时，项目设计时注重加强林业生产建设亟须的智力、人才、技术、装备的引进，结合我国国情、民情和林情，对引进国外先进适用技术及管理制度的消化、吸收与再创新，深入挖掘项目附加价值。通过实施国际金融组织项目，国际上一些先进理念、管理制度和林业科技引进到我国。经过与国内林业项目结合、消化和吸收，推动了国内林业知识创新、管理创新和技术创新，缩小了我国林业项目管理水平与国际先进水平的差距。一批国际先进的生产技术、管理理念、管理方式，在与我国林业实际结合后，成功复制到国内林业建设，产生了显著的示范和辐射作用。林业国际贷款项目已经成为我国林业创新的重要的经验田和示范地。在"引进来"的同时，注重发挥国际金融组织项目的种子效应。通过项目构建的知识交流平台，向发展中国家传播和分享项目成功经验，扩大了我国林业的国际影响力，推动了与发展中国家的林业区域合作。林业国际金融组织项目已成我国林业开放合作的重要窗口和创新示范的突出典范。

实施管理欧投行和亚行项目，根本是人才，关键在人员的执行力。在利用国外智力、引进急需的国际人才的同时，林业国际贷款项目始终把培养本土项目管理人才、专家和林农群众作为事关项目成败的战略举措，作为项目建设密不可分的支撑部分，与项目实体建设同步设计、同步实施，同步验收，切实保证项目人员培训有机构负责、有活动安排、有经费来源，有监督考核。在建欧投和亚行项目，共培训各类人员2万余人次、国外学习培训500余人次。通过长期不断的培训和实践磨炼，培养了一大批熟悉国际金融组织贷款项目管理、精通专业技术的外向型人才，初步造就了一支素质优良、业务精湛，能力突出的项目管理队伍，成为继续推动我国林业国际金融组织项目持续发展的永不枯竭的力量。

（四）坚持将风险防控及评估监测体系贯穿项目始终是项目成功的保证

国际贷款项目都建立了"项目前评估、项目中监测和项目后评价"全方位的评估监测评价体系，有效地减少决策失误、减少自然、经济和社会风险。项目准备期要对技术、财务、经济、组织机构、社会影响、环境风险等进行全面深入评估，比较项目活动方案，识别防范项目潜在风险，优化项目设计方案，最大限度确保项目决策建立在科学分析和充分论证的基础上，最大限度地减少决策失误；项目执行过程中，通过报账支付、实地检查、随机抽查、进展报告，对项目执行全程进行严密的监督检查、跟踪和评价，及时发现和纠正项目执行中出现的困难、问题和风险，对项目设计进行必要的修正，保证项目的顺利执行；项目竣工后，对项目是否实现了预期目标、实际效果、取得的经验和教训进行总结，进而为开发新的项目提供参考，为决策者提供信息，为完善已建项目、调整在建项目、指导待建项目提供服务。由于建立起了一整套严格而科学的评估体系，最大限度地降低了国际金融组织贷款项目失败的风险。

表1 亚洲开发银行和欧洲投资银行林业项目基本情况表

项目名称	执行单位	建设时间	总投资（亿元）	利用外资金额（亿美元）	赠款金额（万美元）	配套资金（亿元）	建设内容	布局范围
亚洲开发银行贷款项目			23.21	1.62	1824.00	10.47	营造人工林238.8万亩	黑龙江、河南、江西、陕西、甘肃和新疆等省（自治区）
1. 豫西农业综合开发林果业项目	河南省人民政府	2001~2005年	1.80	0.07		1.23	营造经济林12.4万亩	河南省灵宝、陕县、内乡、镇平等12个县

项目名称	执行单位	建设时间	总投资（亿元）	利用外资金额（亿美元）	赠款金额（万美元）	配套资金（亿元）	建设内容	布局范围
2. 黑龙江三江平原湿地保护项目	黑龙江省人民政府	2005~2009 年	4.59	0.15	1214.00	2.35	营造速丰林84万亩、经济林2.4万亩、开展湿地保护区管理和生计替代	七星河、兴凯湖等6个国家级和省级自然保护区及鹤岗、虎林等13个市（县）。
3. 西北三省区林业生态发展项目	国家林业局	2011~2015 年	12.30	1.0	全球环境基金赠款510万美元	5.16	新造经济林57万亩，新建8个果品储藏库和1个核桃加工厂；新造生态林7万亩，开展森林生态旅游基础设施和碳汇项目机构能力建设	陕西、甘肃和新疆3省（自治区）的55个县（市、区）
4. 江西省森林生态系统可持续发展项目	江西省人民政府	2011~2016 年	4.52	0.4	气候变化基金赠款100万美元	1.73	培育人工林76万亩、建设林道和管护棚等配套基础设施	江西省8市的23个县（市、区）
二、欧洲投资银行贷款项目			47.56	3 亿欧元		22.28	新造、改造和抚育森林18.77万公顷	辽宁、浙江、福建、江西、河南、湖南、广西、海南、重庆和内蒙古自治区
1. 江西省生物质能源林示范项目	国家林业局	2009~2013 年	3.78	0.25 亿欧元		1.14	营造油茶、光皮树生物质能源林2.73万公顷	江西省的瑞金、石城等19个县（市、区、林场）
2. 内蒙古碳汇林示范项目	国家林业局	2011~2013 年	3.78	0.25 亿欧元		1.14	营造碳汇林3.18万公顷	呼和浩特、包头、通辽、巴彦淖尔等4个市的9个旗（县、区、站）
3. 湖南油茶发展项目	湖南省人民政府	2014~2018 年	5.6	0.35 亿欧元		2.8	油茶新造6807.5公顷；油茶幼林培育10900.0公顷；油茶低产林抚育改造4153.8公顷，并加强项目县市的机构能力建设	邵阳等14个县（市）
4. 辽宁省西北地区生态造林示范项目	国家林业局及有关省（市）政府	2014~2018 年	4.8	0.30 亿欧元		2.4	造林总面积23726.0公顷，其中：困难立地水土保持林造林面积13450.0公顷；杨树大径材储备林造林面积6074.0公顷，经济林造林面积4202公顷	在阜新、朝阳的阜新县、彰武县、北票市、喀左县、建平县、朝阳县、凌源市、龙城区、双塔区等9个县（市、区）

（续）

项目名称	执行单位	建设时间	总投资（亿元）	利用外资金额（亿美元）	赠款金额（万美元）	配套资金（亿元）	建设内容	布局范围
5. 浙江省木本油料发展项目	浙江省人民政府	2014~2018 年	4.0	0.25 亿欧元		2.0	香榧新造林 3223.3 公顷，低效竹林改造 4860.5 公顷以及相应的林道和管护用房建设	项目在临安、富阳、诸暨、兰溪和龙泉 5 市实施。
6. 重庆市林业发展项目	重庆市人民政府	2015~2019 年	4.8	0.30 亿欧元		2.4	其中新造林工程面积为 7800 公顷（生态林 1226 公顷，生态经济兼用林 3707 公顷；经济林 2867 公顷），森林生态系统可持续发展建设工程包括枣疯病防治 133 公顷、建设生物防治隔离带 15 千米、生物防火隔离带 100 千米	项目在武隆县、黔江区
7. 福建无患子生物能源林基地建设项目	国家林业局及有关省（市）政府和企业	2015~2019 年	4.8	0.30 亿欧元		2.4	新造无患子生物能源林 1 万公顷	主要分布在顺昌县国有林场及 12 个乡镇
8. 珍稀用材林可持续经营项目	国家林业局	2015~2019 年	16	1 亿欧元		8	项目拟完成营造林 7.3 万公顷，其中人工新造林 4.6 万公顷、低产低效林改造 6400 公顷、中幼林抚育 2.1 万公顷。营造的主要树种为楸树、银杏、黄连木、檫木、降香黄檀、红锥、西南桦、马褂木等珍稀优质用材树种	河南、广西和海南 3 省区 46 个县（市、区、场）

［撰稿：国家林业局世行中心（速丰办）万杰、宋磊、陈京华、韩璐、孙赫］

全国速生丰产林工程建设与特殊林木
后备资源培育项目概述

一、全国速生丰产林工程建设成效与经验

2002 年，原国家计委"计农经［2002］1037 号"文件批复《重点地区速生丰产用材林基地建设工程规划》，速丰林工程正式启动。11 年来，在局党组的正确领导下，在各有关司局单位的大力支持下，按照局党组提出的"发展现代林业、建设生态文明、推动科学发展"的决策部署，通过政策推动和规划引导，不断深化林业产权制度改革，有力地增加了木材供给能力，扩大了林产工业规模，加快了产业更新调整步伐，壮大了林业产业实力，促进了林业生态建设、产业发展和生态文化建设。

（一）重点地区速生丰产用材林工程建设背景

1. 工程实施背景

木材是重要的战略资源，木材资源易开发，具有可再生、可降解、可循环利用、可节能的独特优势，在生产生活中有着广泛应用，与钢材、水泥并称为现代社会的三大基础材料，在国民经济发展中占有重要地位。同时，木材培育、采运和加工是农民熟悉、参与较直接的产业，在吸纳农村劳动力就业，促进农民增收方面有着十分重要的作用。由于目前我国的森林资源总量不足、质量低下，森林生态系统整体功能仍然非常脆弱，林木产品供不应求，对外依存度较高，木材安全问题日趋突出。对此，为有效缓解国内木材供求矛盾，减轻对国际木材资源消耗的压力，保护好天然林资源，促进我国的生态环境建设和保护，2002 年原国家计委以计农经［1037］号文批复实施《重点地区速生丰产用材林基地建设工程规划》。

2. 速丰林建设历史回顾

我国速生丰产用材林基地建设起步于 20 世纪 70 年代初，到了 80 年代中期发展加快。1988 年国家计委批准了原林业部制定的《关于抓紧一亿亩速生丰产用材林基地建设报告》。基地建设初期，布局仅限于南方 12 个省的 212 个县，在造林树种的选用上，以杉木为主，树种比较单一。随着我国速生丰产用材林经营目标的多样化，目前的造林树种也逐渐丰富起来，主要包括杉、松、杨、泡桐和桉树等树种，这些树种占速生丰产用材林造林总面积的 70%～80% 左右。随着我国经济社会的发展，原有速生丰产用材林的发展规模已难以适应经济社会发展对木材的强劲需求。为有效缓解国内木材供求矛盾，2002 年 7 月，原国家计委正式批复了《重点地区速生丰产用材林基地建设工程规划》，作为林业六大工程之一的速丰林工程启动实施。

3. 工程建设任务

工程实施范围：根据森林分类区划的原则，在现有速生丰产用材林基地建设的基础上，

主要选择在 400 毫米等雨量线以东，优先安排 600 毫米等雨量线以东范围内自然条件优越、立地条件好(原则上立地指数在 14 以上)，地势较平缓，不易造成水土流失和对生态环境构成影响的热带与南亚热带的粤桂琼闽地区、北亚热带的长江中下游地区、温带的黄河中下游地区(含淮河、海河流域)和寒温带的东北内蒙古地区，具体建设范围涉及河北、内蒙古、山西、辽宁、吉林、黑龙江、江苏、浙江、安徽、福建、江西、山东、河南、湖南、湖北、广东、广西、海南、云南等 19 个省(自治区)。

工程建设的总体目标是：工程规划总规模为 1333 万公顷。其中，工业原料林基地 1082.9 万公顷，占 81.3%，包括浆纸原料林基地 586 万公顷，占 44.0%，人造板原料林基地 496.9 万公顷，占 37.3%；大径级(珍贵)用材林基地 249.7 万公顷，占 18.7%。

到 2015 年，建设速生丰产用材林基地 1333 万公顷，完成南北方速生丰产用材林绿色产业带建设。全部基地建成后，每年可提供木材 13337 万立方米，可支撑木浆生产能力 1386 万吨、人造板生产能力 2150 万立方米，提供大径级(珍贵)材 1579 万立方米。能提供国内生产用材需求量的 40%，加上现有森林资源的采伐利用，国内木材供需基本趋于平衡。

(二)速生丰产用材林工程建设成效

速丰林工程自 2002 年 8 月启动以来，各地坚持把发展以用材林培育为主的第一产业作为扩内需、保增长、调结构的重要举措，充分依靠政府推动、市场拉动、利益驱动和企业带动等机制创新，强化科技的支撑保障作用，大力推进速丰林基地建设。

1. 造林规模大、质量高

一是基地建设快速发展。据初步统计，截至 2012 年年底，已累计完成营造速丰林基地 14181 万亩，其中"十一五"期间，完成基地建设 6618 万亩。形成了以粤、桂、琼、闽地区为代表的南方原料用材林产业带，以长江中下游地区与黄河中下游地区为代表的中东部工业原料用材林产业带，以东北、内蒙古地区为代表的工业原料用材林产业带。龙头企业和广大林农逐渐成为速丰林建设的主体。一批起点高、规模大、带动能力强的龙头企业迅速发展壮大，引导和调动社会资本建设原料林基地，实行"产加销"、"林工贸"一体化经营，在增加森林资源、带动区域经济发展、加快农村产业结构调整、促进返乡农民工就业和增收致富方面发挥了重要作用。

2002~2012 年速丰林工程完成情况　　　　单位：万亩

年　度		"十五"	"十一五"					"十二五"	
		2002~2005 年	2006 年	2007 年	2008 年	2009 年	2010 年	2011 年	2012 年
合计	14181	5552	1798	1441	1036	1137	1206	1030	981

二是营造林质量全面得到提高。据 2011 年全国营造林实绩核查结果，速丰林工程 2010 年度人工造林(更新)核实率 98.1%，合格率 99.0%；2007 年度人工造林(更新)保存率 99.7%，工程的合格率和保存率，位于当年核查重点工程的前列。

三是速丰林工程大径材培育取得突破。大径材培育，坚持以集约经营为手段，以机制创新为动力，以科技服务为支撑，充分依托国有林场和国有森工企业，首次启动实施了大径材培育试点项目，积极探索培育多效益、长周期、具有战略储备意义的大径材资源。2007~

2010年，国家安排投资6910万元，建设大径材试点基地30万亩，覆盖22个省（自治区）、四大森工企业的177个国有林场。通过加强抚育管理，采取间伐、修枝、施肥等措施，有力地提高了林分质量，增加了木材生长量，改善了生态环境，发挥了良好的示范带动效应，为全面开展大径材基地建设提供了有益借鉴。

2. 社会造林增长迅速，成为基地建设主体，林农收入明显提高

随着集体林权制度改革的推进，有力地推动了全社会投资造林的积极性。2005年以来，全国社会造林每年以超过20%的幅度增长，对全国营造林规模增长的贡献超过60%。在商品林造林面积中，个体造林高达71.9%。一批起点高、规模大、带动能力强的龙头企业迅速发展壮大，引导和调动社会资本，通过"公司＋基地＋农户"的形式，吸纳大量农民就业，林业全产业链就业人数超过4500万人，拓宽了就业渠道，调整了农业种植结构，带动区域经济发展、加快农村产业结构调整、拓宽就业渠道、促进农民增收致富方面发挥了重要作用。

3. 科学经营水平稳步提高，林木蓄积得到增长

通过新品种选育、良种壮苗造林、推广应用新技术、实行集约经营和定向培育，速丰林质量和林木培育效率有了一定提高，推进了科学培育和持续经营。在国家和地方支持下，建设了一批良种繁育基地，通过培育速生优质良种，有效地提高了林木的遗传增益，一大批最优良种得到广泛应用，林地生产力和木材产量得到提高，发挥了"科技是第一生产力"的保障作。

4. 促进了林业产业大发展，巩固了林改成果

通过大力发展速丰林，建立了一大批短周期工业原料林基地，促进了以木材利用为主的林业产业发展。据对全国450农户集体林改后的典型调查，有82.2%的农户造了林，70%的农户通过参加森林资源联防组织，加强了新造林管护，有效保障了造林质量，巩固了林改成果。

5. 在改善生态、应对气候变化，绿化美化村镇中发挥了重要作用

木材及其制成品有着较强的碳汇功能，对抑制全球气候变暖起着重要作用。由于速丰林生长较快，吸收二氧化碳、固碳储碳能力强。可以说，速丰林的快速发展，不但有效推动了林业产业的快速发展，而且产生了良好的生态效益，应对气候变化作用明显。在生态环境十分脆弱的豫北黄河故道沙区、黄河滩区、豫南淮河两岸滩区营造杨树速丰林基地后，固沙保水、减少风沙危害，对改善当地生态环境起到了重要保障作用。

（三）工程建设经验及主要做法

总结各地推动速丰林基地建设快速发展的实践经验，主要有五个方面：

1. 高度重视，各工程省（自治区）加强了对速丰林工程组织生产和管理

为进一步加强对速生丰产用材林的管理和组织领导，各重点工程省（自治区）成立了速丰林建设工程领导小组，设立了工程管理办公室。如浙江省林业厅厅长任工程领导小组组长，成员由厅办公室、计财处、造林处、科技处等处室主要领导组成，明确各自工作职责，强化组织领导，加大宣传力度，大力推进速生丰产用材林建设。

2. 政府引导，政策扶持，营造速丰林发展的宽松环境

为加快速丰林发展，国家和工程省（自治区）相继制定和出台了一系列扶持速生丰产用材林发展政策，国家林业局先后出台了《关于加快速生丰产用材林基地工程建设的若干意

见》；会同发改委、财政部等 7 部门联合出台了《林业产业政策要点》。各工程省（自治区）在认真贯彻执行国家有关政策的基地上，也先后出台了本省（自治区）扶持速生丰产林发展政策。

3. 科学指导，扎实推进速丰林建设

速丰林工程启动以后，国家有关部门大力支持，国家林业局领导高度重视，在工程规划、宏观指导、政策扶持、科技支撑等方面做了大量有成效的工作。

4. 机制创新，增强速丰林发展活力

调动社会各方面造林积极性，鼓励适应市场经济的工程发展模式，是促进速丰林工程发展的重要基础。为适应市场经济要求的经营机制，龙头企业、股份制公司和"公司＋基地＋农户"等多元化造林已经成为速生丰产用材林建设的主体，造林面积已经占到 80% 以上。形成了市场牵龙头、龙头带基地、基地联农户的产业化经营模式，不仅较好地解决了工程建设中普遍存在的资金短缺和发展用地匮乏问题，而且提高了抵御市场风险的能力，实现了投入与产出、栽植与管护、管理与经营的有机结合，实现了社会得绿、政府得税、农民得益、企业得利，使工程建设质量和效益显著提高。

5. 依靠科技，提高速丰林经营水平

通过建立一批科技示范基地，应用先进的林业科技成果，提高了速丰林工程建设的科技含量和集约经营水平，确保了工程建设质量和效益。近年来，针对速丰林一线生产需要，各省（自治区）地方林业部门与科研院所和高等院校合作，建立了多种速生树种的良种繁育基地，有效地提高了林木的遗传增益，缩短了速丰林经营周期，取得了显著成效。

[撰稿：国家林业局世行中心（速丰办）李瑞林、周瑞、徐建雄、林盛]

二、全国特殊林木后备资源培育项目概述

为加快推进珍稀树种资源培育，增加珍稀树种大径材后备资源储备，缓解国内木材供需矛盾，保障国家木材安全，2011～2012 年，国家林业局在全国范围内的北京、河北、山西、辽宁、吉林、黑龙江等 20 个省（自治区、森工集团）启动实施了特殊林木试点培育项目。两年来，各省（自治区）通过加强项目管理、制定管理办法、强化科技支撑，探索珍稀树种大径材的培育方法和模式，积累并推广科学的技术经验，项目建设取得了显著成效。为开展全国木材战略储备生产基地项目建设打下了坚实的基础，为改善生态改善民生，建设美丽中国做出积极贡献。

（一）两年来特殊林木培育工作取得的经验成效

2011、2012 两年的特殊林木项目总投资共 2.46 亿元，其中，国家投资 1.42 亿元，地方配套 1.04 亿元，在 138 个林场培育珍稀树种及大径级木材储备基地 36.29 万亩。截至目前，2011 年 22.89 万亩、2012 年 13.4 万亩的建设任务已全部完成，任务落实达到百分之百。各项目省（自治区）通过积极总结探索，项目取得了显著的成效。

1. 坚持加强领导，强化了组织管理

为确保项目的顺利实施，各地都成立了项目培育领导小组，建立健全管理组织机构，出台项目管理办法。湖北省将项目建设与调整农村经济结构、林场改革发展转型以及农民致富增收结合起来，切实加强组织领导，各项目县（市）组建项目领导小组和建设专班，全面协调

保障了工程顺利实施。河北、黑龙江、安徽、山东等省（自治区）以省林业厅的名义印发了《特殊林木培育项目管理办法》，对项目实施的总体要求、项目管理权责、项目申报、项目实施方案和作业设计、检查验收等环节提出明确要求。

2. 坚持科学指导，优化了基地布局

实施方案和作业设计，即是开展营造林工作前提，也是确保项目提高质量、增加效益的基础。山东省根据项目的建设要求和标准成立了项目实施方案编审领导小组和技术小组，要求有资质的规划设计单位承担编制《特殊林木后备资源培育项目实施方案》及营造林作业设计。江西省速丰办聘请林业专家，召集有关市、县林业局、项目林场，组织召开项目实施方案评审会。黑龙江省依据本省林业的特点，按照适地适树的原则，对黑龙江省地方林业特殊林木主要行政区域和主要林种做了区划和布局。

3. 坚持科技支撑，提高了营造林质量

各地在项目实施过程中，不断加大新的适用科技研究和推广应用力度，力争做到科学化、系统化、规范化。江西省改进了整地方式，项目林场积极推广割灌机砍杂清山、挖掘机整地挖穴，既提高了劳动效率、节约了开支，又使整地更加标准规范。强化了优良种苗的使用，有的林场通过大苗、中等苗木与容器苗的多层次结合，充分利用土壤地力，达到"苗正、舒根、适深、踩实、穴满"目的。创新了造林模式，通过测土、测树配方施肥，营造混交林，珍稀树种与一般树种相结合，结合幼林抚育进行施肥对比试验，进而调整林分结构，提高了森林品质、生态效益和经济效益。各地还优先将林科院、大专院校在林业上的技术更新成果推广使用在项目中。

4. 坚持示范带动，提升了经营水平

湖北省通过项目培育示范，以点带面，促进并带动林场及周边林区种植规模不断扩大，经营水平的全面提高。咸安区白云山林场注重项目的示范推广应用，稳步提高珍贵及特殊树种林分质量和产量，推动全区近5万亩桂花和1.5万亩马褂木，实现高产、稳产，有效增加了木材储备，促进林农增收。江西省安福以特殊林木项目基地为平台，认真指导当地林农实施复合经营技术，发展林下经济。不仅延伸了林业产业链，促进地方经济发展，安置了富余劳动力，促进了周边群众增收致富，大大调动了群众发展林业的积极性。

5. 坚持严格把关，加强了质量监管

各地十分重视特殊林木培育工作，严格质量要求：第一，严把作业设计关。要求各地造林地块要集中连片，形成规模；树种选择要因地制宜，适地适树，营造林技术措施要科学合理。第二，严把种苗质量关，采用优良无性系或优质种源苗木造林。第三，严把整地质量关。通过大规格整地，施足底肥；对坡度较陡的地方，按要求保留现有植被隔离带，以利于水土保持。第四，严把栽植质量关。推行了专业队造林，实行专业化操作，大大提高了造林质量。第五，严把检查验收关。没有检查验收证明，项目单位不能报账领取补助。由于各个环节严格把关，确保做到了造一片成活一片、示范一片，充分发挥了项目的示范带动作用。辽宁省通过此次检查，新造林的成活率达到95%，实现I级苗使用率、幼林抚育合格率、管护合格率三个百分百。广西速丰办从树种选择、混交树种搭配、造林规格、抚育方式和强度等方面进行把关，还组织区林科院、广西大学林学院的专家和老师分别到实施单位进行了指导检查。安徽省要求每个项目林场在项目规划的范围内，选择具有代表性的模型和小班，设置固定监测点，连续监测项目建设成效。

6. 坚持创新服务，确保了建设成效

湖北省通过大力开展科技培训，积极组织林业科技人员，深入研究珍稀树种的生物学特性和人工栽培技术，更好地指导基地建设。为提高项目单位管理和技术水平，福建省举办了多期培训班，就珍稀树种木材分类、识别技巧、树木分布、经济价值、材性、用途和栽培适宜区，以及项目实施方案及作业设计编制技术要求等内容进行培训，提高项目管理人员的业务水平，确保项目建设质量和效益。为加强和搞好项目的监测，山东省制定了《山东省特殊林木后备资源培育项目监测实施方案》，对林木生长指标、地被、土壤、水分、微生物调查等进行监测，为项目顺利实施提供了可靠的技术支持和保障。

虽然，各地开展特殊林木培育工作探索了一些行之有效的方法，取得了经验，但是由于特殊林木培育周期长，还存在良种准备不足，科技支撑能力不高，模式机制不活，监督监测体系有待进一步完善等，这些问题还需要下一步认真研究，加以解决。

（二）正确认识特殊林木培育工作的重要意义

特殊林木培育是森林资源培育的重要组成部分，是木材战略储备基地建设的重要内容。当前我国林业正处于林业转型的关键时期，特殊林木培育工作的地位越来越突出。因此，我们必须正确分析形势，统一思想，把握机遇，明确目标，切实为保障我国木材安全发挥更大的作用。

1. 加快特殊林木培育是发展生态林业、民生林业的具体实践

党的十八大提出，要加大自然生态系统和环境保护力度，扩大森林、湖泊、湿地面积，保护生物多样性。我国是森林植物种质资源比较丰富，除特有针叶的银杉属、金钱松属等；还有阔叶的杜仲属、珙桐属、旱莲属等。如水曲柳、黄波罗、核桃楸、油杉等都是我国的珍稀树种，具有很高的用材价值。

由于特殊林木生长周期长、材质优、生物量大，在水源涵养、防风固沙、吸收二氧化碳、释放氧气上能力强，中国林业科学研究院热林中心研究表明，14年生的米老排、杉木大径材混交林土壤有机质层厚度比杉木纯林提高了20%~100%，表层土壤容重减轻26%。通过国家引导和示范带动，调动了林场、合作社和林农培育特殊林木的积极性，通过创新培育模式，如与一般树种混交、开展林下种植和养殖，以短养长，长短结合，可成倍提高收益，增加了林场职工和林农收入。通过开展特殊林木培育，实现了生态效益、经济效益和社会效益的最好结合，是生态林业、民生林业的具体实践。

2. 加快特殊林木培育是保障木材安全的重大举措

我国森林资源结构性矛盾十分突出，大径级木材主要依靠进口解决。2011年，我国原木进口4233万立方米，超过全球原木贸易量的1/3，10年间增长2倍多。目前，全球已有84个国家、尤其是热带地区国家先后出台了禁止和限制原木出口的政策，我国长期依赖进口平衡国内木材供需的难度越来越大。满足对特殊树种材及木制品需求，只能依靠国内自己培育木材特别是特殊用材林木，来逐步解决木材供需的结构性矛盾和满足社会对珍稀木材的日益旺盛的需求。着眼长远，加大特殊林木培育力度，对缓解木材供需矛盾、保障国家木材安全具有重要作用。

3. 加快特殊林木培育是提高我国森林质量的根本要求

第七次森林资源清查表明，一是我国木材径级越采越小。由于成、过熟林面积偏低，仅占森林面积的18%，第五、六、七次全国森林资源清查结果显示，我国可及的成、过熟林面积仅占森林面积的4.5%，中小径阶采伐消耗量所占比例由59%相继提高到63%和67%；二是品种过于简单。从造林上看，我国人工造林的树种比较单一。从利用上看，面积比例排名前十位的优势树种（组）杉木、杨树、马尾松、落叶松、桉树、油松、湿地松、柏木、华山松和云南松的面积占74.4%，杉木、杨树、马尾松和落叶松前四个树种面积占55.8%。三是经营水平低。由于经营管理粗放和缺乏必要的资金等手段，在发展方式上仍是以数量、规模型为主，经营方式上以劳动密集、粗放型为主。用材林出现了一般树种多珍稀树种少、针叶纯林多阔叶混交林少、单层同龄林多复层异龄林少、小径材多大径材少"四多四少"的现象。

开展特殊林木培育，就是通过新造和改培，增加大径材和珍稀材资源，促进造林树种多样化、科学配置，逐步实现丰富树种，优化林分结构，提高森林质量。

4. 加快特殊林木培育是建设全国木材战略储备基地的重要内容

特殊林木后备资源培育，是木材战略储备基地建设的重要内容。木材储备作为国家战略资源储备的重要组成部分，除具有实物属性、应急属性、和战略属性等一般战略资源的属性外，还具有生长性、可再生性、现地储备和生态碳汇等功能，在目的上，与一般造林比较，立木储备注重发挥林业的多功能，强调生产的高效率，优先考虑立木的经济功能；在方向上，强调培育品种多样、质量优良的立木资源，除培育长周期珍稀大径级材树种外，兼顾中短周期速丰林建设。

2011年，温家宝总理、回良玉副总理分别做出重要批示，要求把木材安全保障体系建设与植树造林、改善生态环境及农民增收结合起来，这是生态林业、民生林业的具体实践。2012年4~5月，国务院参事赴广西、福建、辽宁等省区开展木材安全调研，向国务院提交《高度重视林业生产能力尽快实现我国木材基本自给建议》等确保国家木材安全的建议。国家林业局党组十分重视木材战略储备基地建设，把木材储备作为生态林业、民生林业的重要载体，并于2013年初正式下发《全国木材战略储备生产基地建设规划（2013~2020年）》。确定规划目标是到2020年，完成2.1亿亩基地建设任务；重点以培育珍稀及大径级用材林为主，满足未来对大径级材和珍稀用材的需求，重点解决木材的结构性矛盾。

通过特殊林木后备资源培育，建设木材战略储备基地，是党中央、国务院赋予林业转型的一项重要任务。这是缓解木材进口压力、发展碳汇林业、落实"双增"目标、促进绿色增长、应对气候变化的重要举措，是满足经济社会发展对林产品多样化需求的有效途径，对促进农民就业增收，提高我国的国际形象，具有重大的战略意义。

（三）正确把握特殊林木培育工作的五个环节

开展特殊林木后备资源培育，要紧紧围绕生态林业和民生林业两个主线，发挥示范带动作用，要重点把握特殊林木培育工作的五个环节。

（1）在培育措施上，坚持新造林与改培相结合。新造特殊林木，要与一般造林不同，应选择水热条件好、立地指数高的宜林地（分），采用优良家系良种或无性系培育的壮苗，采取最新林业科技成果组装配套的集约经营措施，开展后备资源培育，以达到提高林地生产力、速生丰产、优质高效的目的。现有林改培将重点对现有林中生产潜力没有得到充分发挥的林分、结构简单且生长已呈现下降的林分、目的树种不明确、林分结构简单、错过抚育经营时机的人工林或利用价值较高的林分，通过采取补植、间伐、施肥、皆伐重造等经营措施，培育珍稀、大径级用材林，改变林分结构，提高林分质量，培育优质、高效的珍稀树种用材和大径材，增强立木培育的目标和蓄积的储备功能，构建健康、稳定的森林生态系统。

（2）在培育方向上，坚持珍稀树种与乡土、大径材相结合。当前我国木材供需矛盾除总量不足外，更多是结构性矛盾。第七次清查，我国可及的成、过熟林面积不到5%，珍稀大径材进口占世界贸易的近1/3。因此，培育特殊林木，就是要调整林分结构，增加大径材、珍稀树种用材量，缓解我国供需矛盾。

（3）在培育机制上，坚持国有林场与社会造林相结合。在坚持以国有林场为主的基础上，要充分调动经营主体的积极性、创造性。通过体制、机制创新，积极吸引龙头企业、大户等造林主体，带动林农增加收入，把后备资源培育与生态和民生紧密结合起来。

（4）在培育政策上，坚持将国家政策与各地实际相结合。培育特殊林木，要紧紧与当地的珍稀树种培育、优材工程、无节良材等相结合，拓展发展空间，让特殊林木落地生根，成为当地民生工程的载体，造福子孙。

（5）在培育投入上，坚持国家投入与地方配套相结合。在积极争取国家投资并提高补助标准的同时，各地也要加大特殊林木后备资源培育的投入力度，落实好配套资金，积极发挥市场调节作用，引导社会投资，形成多元化的投入机制。

（四）全力推进当前和今后一个时期特殊林木培育工作

各单位要按照局党组的决策部署、林业"十二五"发展总体思路和《全国木材战略储备生产基地建设规划（2013~2020年）》的要求，以开拓创新的精神、认真扎实的作风和卓有成效的工作，为全国木材战略储备基地建设的全面铺开做好示范，开好局，探好路。

（1）加强特殊林木培育工作的组织和管理，切实提高森林质量。提高森林质量和林地生产力，增加森林蓄积和林农收入是生态林业和民生林业的具体要求，各地要进一步提高认识，加强领导，落实责任，将项目的建设任务进一步落到实处，强化重点和关键环节的管理。在任务安排上，要突出重点、相对集中、注重效果。

（2）科学编制实施方案，强化作业设计质量管理。各地在今后的工作中，要根据国家林业局下达的年度投资计划，组织人员科学编制省级实施方案，及时审批具体承担单位的实施方案，按照有关营造林作业设计规程和办法等要求，组织有资质的规划设计单位，认真编制作业设计，将建设任务落实到林班、小班和山头地块，做到文件、具体任务和图表相一致。

（3）加强科技支撑能力建设，提升特殊林木培育水平。各地要积极依托林科院、林业高等院校和科研机构，推广先进适用的育苗、培育、经营和大径材培育关键性技术，为特殊林木项目提供科技支撑。一是要加强珍稀树种的改良和选育工作，筛选和培育出一批适合各地不同立地条件种植的珍稀树种，建立专业化、高标准的种苗基地，提高种苗质量。二是要加强珍稀树种栽培技术和模式研究，制订珍贵树种造林技术规程、编印技术手册。三是搞好特殊林木营造技术培训工作，提高广大干部群众林业技术水平。

（4）严格施工质量管理，加强资源监测和资金管理。各地要按照批复的实施方案和作业设计，认真组织实施。省级速丰林主管部门要加强对施工作业的质量监管，抽调专业技术人员，对各项目实施单位开展的培育作业质量进行抽查，加强施工质量监管。同时，项目实施单位，在摸清本底资源的情况下，加强特殊林木培育的资源监测，如蓄积增长、林分质量、混交状况等开展监测，确保建设成效。各地要切实加强项目资金使用的监督检查工作，做到专款专用，对截留、挪用补贴资金的，按照国家有关规定，追究责任。

（5）认真做好总结工作，为下一步工作做好准备。各地要认真做好特殊林木培育的总结工作，及时了解情况，发现问题，做好迎接新工作任务的准备。个别省（自治区）还需要加快步伐，尽早出台项目管理办法。今后，国家将根据各地任务完成情况及下步工作的准备情况适时组织抽查，对核查和抽查中存在问题较多的单位逐级落实调控措施，追究责任。

［撰稿：国家林业局世行中心（速丰办）杨柏权、韩璐、叶志春、赵志刚］

三、全国林业血防工程建设综述

血吸虫病是一项危害人类生命安全和身体健康的重大传染病。据世界卫生组织（WHO）1995 年统计，全球有 76 个国家和地区流行血吸虫病威胁人口高达 6.25 亿，血吸虫病患者多达 1.93 亿。我国是受血吸虫病危害最为严重的国家之一，疫区分布在长江流域及以南的广大地区。党中央、国务院对血吸虫病防治工作十分重视，早在新中国成立初期，党中央就发出了"一定要消灭血吸虫病"的伟大号召。进入新世纪以来，党中央、国务院把血吸虫病防治作为重大的民生问题和社会问题，进一步加大了防治力度。历经半个多世纪的不懈努力，我国血吸虫病防治工作已取得了历史性的重大成效，先后有 5 个省市消灭了血吸虫病，患病人数由新中国成立初期的 1200 多万人减少到 2012 年底的 24 万人。

林业血防是全国血防综合防治工作的重要组成部分，是通过营造抑螺防病林，发挥林木对土壤水分和地下水的调节，以及利用林木自身化学物质抑螺作用，人为改变血吸虫病中间宿主——钉螺的孳生环境，抑制钉螺生长，降低钉螺密度，控制血吸虫病流行的预防性血防工作。而且营造抑螺防病隔离林带，阻隔人畜接触疫水机会，降低血吸虫病的感染率。同时通过土壤翻耕、林下间种、开沟沥水等综合营林管护措施，将钉螺孳生区域改造成为适宜速生丰产的用材林、经济林以及适合农作物生长的良田，为疫区群众开辟新的增收致富途径。

林业血防经历了 20 世纪 80 年代的起始阶段、1993~2003 年的发展阶段，2004 年逐步转入工程建设阶段。根据《国务院关于进一步将强血吸虫病防治工作的通知》精神和《国务院办公厅关于转发卫生部等部门全国预防控制血吸虫病中长期规划纲要的通知》基本要求，2006 年国家林业局会同有关部门制定了《全国林业血防工程规划（2006~2015 年）》，规划范围包括江苏、安徽、江西、湖北、湖南、四川、云南等 7 省的 194 个县（市、区）；主要建设任务包括营造抑螺防病林 731.31 万亩、重点防护林 198.48 万亩、退耕还林 101.21 万亩；组建国家、省、县三级林业血防测报网络，建立监控中心及监测站（点）194 个；建立试验示范区 8 个。在各部门和地方各级政府的高度重视和有力领导下，林业血防工作由试验示范进入了工程治理、规模推进、加速发展阶段。

自 2006 年工程启动实施以来，中央和地方各级政府安排专项投资，不断加大投资力度，为林业血防工作持续开展提供了有力保障，截止 2012 年林业血防工程总投资达 29.3 亿元，其中中央预算内安排抑螺防病林建设资金 12 亿元，地方配套投资 17.3 亿元。同时在工程建设过程中注重发挥地方政府和社会的积极性，鼓励农民、企业等积极参与，形成了多部门合作、多方力量参与多渠道投入，合力推进血防林建设的良好局面，工程建设取得了明显的成效。

（一）林业血防建设的主要成效

（1）生态效益和抑螺防病效果显著。实施林业血防工程，通过大规模营造抑螺防病林和开展试验示范区建设，在卫生、水利、农业等部门配合与支持下，标本兼治，综合治理，截至2012年底，林业血防工程区共完成抑螺防病林建设582万亩，疫区森林覆盖率、绿化率快速增长，森林覆盖率提高了近5个百分点。据监测，与林业血防工程实施前相比，钉螺密度下降了89.8%，阳性钉螺密度下降了95.8%，人畜感染率下降了51%，生态效益和抑螺防病效果十分显著。

（2）探索出了生态化绿色血防新途径。各级林业部门和科研工作者根据疫区实际情况，以改变钉螺滋生环境、抑制钉螺生长、阻断病源传播为目标，探索创造出化感抑螺植物应用技术、林下多种经营技术、开沟抬垄造林技术、隔离林带建设技术。变化学药物灭螺为生物生态灭螺，变环境污染灭螺为环境友好灭螺，变消费性灭螺为效益性灭螺，凸显绿色生态防控新思维，得到了前世卫组织血防官员称赞，称之为世界血吸虫病防治的一个创新。

（3）促进了疫区经济发展和农民增收致富。林业血防工程建设的深入推进，不仅有效改善了疫区生态状况，增加了森林资源，而且通过种植优质、高效的经济树种，开展集约复合经营，也改善了疫区的民生状况。安徽省抑螺防病林建设增加就业50多万人次，疫区农民仅间作每年每亩就可增收800元；四川省积极发展花椒血防林，每亩年经济收益达5000元以上；湖北省石首市通过林业血防工程形成的林木资源，引入企业进行深加工，年产值达到8亿元，提供了当地近1/3的财政收入。

（4）形成了多部门齐抓共管的长效机制。血吸虫病防治是一项复杂的系统工程。疫区各级林业部门在当地党委、政府的统一领导下，认真履行职责，与卫生、农业、水利、国土等血防相关部门的沟通协调，联防联控，整体推进，着力增强抑螺防病成效。按照综合治理原则，全面开展以林为主的复合经营，与农、牧、副、渔业有机结合，形成林粮、林菜、林渔、林药等多种综合治理模式，优势互补，合力推进，最大限度地提升了血吸虫病防治的整体成效。

（5）创新了社会广泛参与的新机制。林业血防多功能、多效益的突出优势，吸引企业、农民合作社等各类主体参与疫区营造抑螺防病林的积极，形成全社会广泛参与林业血防的生动局面。湖北省以出资疏浚河道沟渠为条件，换取疫区河渠两岸植树造林权益，探索出"林水结合"模式。湖南省对营造血防林采取贴息贷款、优先发放采伐指标等措施，吸引一批大型林产品加工企业参与工程建设，吸引社会资金投入林业血防比重达57%。江西省通过整合项目资源，将林业血防工程与速丰林建设、苗木产业、经济林产业和通道绿化有机结合，实现林业血防工程建设的效益最大化。安徽省运用市场机制吸引大量民间资本投资血防区，结合休闲观光、森林旅游，打造一批规模大、苗木壮、品种多的林业血防精品工程。

（二）林业血防建设的基本经验

（1）领导重视，持续推进。从国家林业局到工程区各省林业厅（局）十分重视林业血防工作，专门成立林业血防工作领导小组和专家指导组，各级政府把林业血防作为本地区林业发展全局来谋划，实行"一把手"负总责、分管领导直接抓，林业部门主要负责人具体负责的责任制度，有力地促进了工程建设。

（2）部门联动，齐抓共管。血吸虫病防治是一项复杂的系统工程。各级林业部门与卫生、农业、水利、国土等部门定期沟通、密切配合，确保林业血防建设重点和治理模式与疫区血防总体规划相吻合，做到联防联控，优势互补，合力推进，整体提升血吸虫病防治成效。

（3）服务生态，服务民生。林业血防建设是林业生态保护和建设的重要组成部分，在完成好血吸虫病防治这一首要任务的前提下，各级林业部门把血防林建设纳入本区域生态建设的总体布局之中，因地制宜、适地适树，努力提高抑螺防病林的林分质量，提高综合防护效益，保护和改善了疫区的生态环境。在改善疫区生态的同时，注重与产业发展长效机制相结合，帮助群众开辟新的增收渠道，促进疫区群众增收致富。

（4）依靠科技，多措并举。在中国林业科学研究院以及相关省科研院所的指导下，深化林业血防科学研究，挖掘总结不同类型抑螺防病林的营造林技术，树立以林为主、复合经营的理念，不断攻克抑螺防病林营造技术难关，摸索出林—粮、林—菜、林—药、林—鱼等多种生物工程技术体系，大力推广和应用适用技术，充分发挥林业血防多功能、多效益的绿色防控优势。

（5）加强管理，提高质量。林业血防工程实行质量跟踪制、检查验收制，疫区各省通过严格把好作业设计、苗木质量、造林质量、检查验收四关，达到了高标准整地、高规格选苗、高质量造林的目标；通过采取自查、核查和社会监督等多种措施，强化工程质量监督管理，全面提升了工程建设的质量和效益。

"天连五岭银锄落，地动三河铁臂摇。"通过多年来林业血防工程的实施，过去泥泽密布、钉螺肆虐、危害人畜的荒滩野沟，如今变成了树木林立、稻花飘香、菜蔬缤纷的田园美景，成为群众勤劳致富的又一乐土金山。随着林业血防工程的进一步广泛推进，将会有越来越多的疫区群众摆脱血吸虫病魔的困扰，走上生产发展、生活幸福的康庄大道。

［撰稿：国家林业局世行中心（速丰办）苏宁、曾苿、高娜、张菥、贾霁群］

一、木材战略储备生产基地示范项目

精心组织　扎实推进全国木材战略储备基地建设

自 2011 年 4 月国家林业局启动全国木材战略储备基地规划以来，福建省按照"增量提质增效"的项目建设目标，结合全省森林资源实际，科学编制了《福建省木材战略储备基地建设规划》，成功组织实施了 2012 年木材战略储备基地示范项目，初步达到了国家林业局速丰办提出的"探模式、创机制和出经验"的要求。现将福建省 2012 年木材战略储备基地示范项目实施情况介绍如下：

一、项目建设情况

（一）任务下达情况

2012 年国家下达福建省木材战略储备基地示范项目建设任务 28.55 万亩，国家补助资金总额为 5000 万元。基地分布在邵武、顺昌、大田、尤溪、华安、永春、建阳 7 个县（市）区域内的国有林场、采育场和林业合作组织。按培育方式分：现有林改培 6.62 万亩，占 23.20%；集约人工林栽培 1.93 亩，占 6.74%；中幼林抚育 20 万亩，占 70.06%。按培育树种分：一般树种 22.15 万亩，占 77.58%；珍贵树种 6.40 万亩，占 22.42%。2012 年示范项目的建设目标是培育 28.55 万亩高标准木材战略储备基地，基地树种、林分径级、层次结构得到优化，林木生长环境得到改善，生态化、集约化的栽培技术和森林经营措施得到广泛推广应用，林分生长量达标率有较大提高，示范辐射带动作用明显。

（二）任务完成情况

1. 方案编制情况。截至 2012 年 10 月底，福建省根据国家林业局速丰办的要求，全面完成示范项目实施方案和施工作业设计编制和批复。

2. 建设任务完成情况。截至 2013 年 4 月 16 日，全省已完成建设任务 28.63 万亩，占总任务 100.3%。按培育方式分：已完成现有林改培 6.96 万亩，占总任务 105.1%；已完成集约人工林栽培 2.16 万亩，占总任务 112.1%；已完成中幼林抚育 19.52 万亩，占总任务 97.6%。

3. 资金使用情况。2012 年国家计划安排福建省木材战略储备基地示范项目资金补助 5000 万元，其中：中央预算内基本建设资金 3000 万元，中央财政中幼林抚育资金 2000 万元，计划均已下达。截至 2013 年 4 月底，实际已完成投资 8015.24 万元。

二、主要做法

(一)高度重视，加强领导，落实责任

一是持续高位推动。各级领导高度重视为木材战略储备基地项目的快速启动和顺利实施创造了条件。从国家层面看，《林业发展"十二五"规划》明确提出："把全力推进全国木材战略储备基地建设作为转变林业发展方式和现代林业发展再上新台阶的战略举措，把建立以优质高效木材生产基地为重点的木材及其他原料林培育产业作为"十二五"发展十大主导产业的首要任务"。2011年4月以来，国务院参事团、国家林业局赵树丛局长、国家发改委农经司、外经司和国家林业局世行中心的领导多次到福建专题调研木材战略储备基地，他们对福建木材储备基地建设给予高度的关注和科学的指导。从省里层面看，苏树林省长多次对木材储备基地建设做出重要批示。省林业厅领导也高度重视木材战略储备基地建设，多次召开厅长办公会议，研究部署全省木材战略储备基地建设。二是强化组织机构。积极筹备成立"项目领导小组"，拟请分管省领导作为项目领导小组组长。三是任务分解到位。根据国家林业局速丰办的指示精神，2011年5月就认真编制、审定上报了《福建省全国木材战略储备基地建设规划(2012~2020年)》，2012年初组织编制完成省级《实施方案》，将项目建设任务分解到各个项目单位。

(二)坚持增量提质增效的项目建设宗旨，严格良种良地良法标准

为实现增量提质增效的项目建设目标，福建省认真落实良种良地良法的各项技术要求。一是要求新造林和套种补植用苗采用当前最高世代的良种和最优良种源培育的壮苗。杉木采用二代半以上种子园良种和优良无性系培育的壮苗，马尾松采用一代半以上种子园良种培育的壮苗，阔叶树要求采用优良种源优良林分种子培育的壮苗，以确保种苗的品质和遗传增益，为全面达到或超过速丰林指标提供种质保证。二是要求新造林的立地条件至少能达到该树种速丰林标准的质量等级，而现有林改培林地的选择条件要求更多。杉木、珍贵树种要选二类地以上，马尾松、桉树选三类地以上，有两个地类的小班在造林时要实行块状混交，以保证做到适地适树适种源；现有林改培林地的选择除了上述的立地条件要求外，还要查看种苗来源、品质和现实林分生长状况，以确保改培取得实效。三是要求根据立地条件、造林树种、现实林分生长状况和培育目标，合理确定造林经营技术措施。全省设计了13个造林类型表和33个森林经营措施类型表，分别就生长保持型和潜力提高型的现有林改培林分提出了相应的森林经营措施，使得改培措施更有针对性。

(三)坚持特色精品示范的项目总体要求，严格项目单位的准入关

为实现木材战略储备基地示范项目"探路子、出经验"的任务，全省严把示范县(市)和项目承担单位选择关。一是要求示范县(市)具有树种特色或具有独特的栽培模式。全省选择邵武、顺昌、大田、尤溪、华安、永春和建阳这7个都有实施过世行项目的县(市)作为试点县(市)，而且在速丰林基地建设、珍贵树种栽培、大径材培育和管理机制等方面有明显的优势。如邵武的世行造林连续5年质量位居全省前列；顺昌在复层林经营、高世代杉木良种造林、楠木针阔混交林；大田在杉木大径级用材林套种红豆杉、杉木大径材、台湾引种的珍贵树种牛樟人工林；尤溪在马尾松大径材、杉木荷针阔混交林；华安在红锥杉木混交林；永春在福建柏大径级用材林培育等方面具有丰富经验。二是要求项目承担单位必须具有一定面积的精品样板林。全省在选择国家基本建设投资的项目承担单位时，优先考虑精品样板林面积大、类型多、林龄跨度大的林场(采育场)，项目承担单位良好的经营基础，也为建立精品示范线路提供更多的选择余地。三是要求示范县(市)和承担单位通过项目的实施发挥更大的示范作用。全省在选择示范县(市)时除了考虑硬件条件外，还要考虑其软实力，即速丰林管理机构健全、专业技术人员多、实施大型项目经验丰富、林业科研实力强和团结实干的团队，由这些具有较强创新能力的单位来实施项目，就可创造出更多的精品示范片段。

(四)坚持长中短相结合的项目设计理念，合理确定建设方式比重

为处理好木材战略储备基地建设"解决长远的问题、维持长久的作用和发挥综合的效益"三者之间的关系，福建省合理确定建设方式比重。一是以现有林改培为主。当前，福建省已基本消灭了宜林荒山荒地，同时现有中龄林、近熟林面积较大，作为木材战略储备基地建设可供选择的空间较大。针对这个实际情况，全省将现有林改培作为项目建设的重点。这样既可以充分挖掘现有林分的生长潜力，增加单位面积的蓄积量，又可在短时间内快速建成一批高质量的木材战略储备基地。二是优先将珍贵树种、大径级用材林林分纳入基地范围。珍贵树种和大径级用材也是当今稀缺资源，在经济建设中有着不可替代的特殊用途，优先将其列入木材战略储备基地建设的内容，既是满足经济建设对特殊用材的需要，也是基地建设重要战略储备意义的体现。三是推广营造一般树种与珍贵树种混交林。珍贵树种相对一般树种培育周期较长，通过营造两者的混交林，实现了经营周期的长短结合，以短养长，实现了林木收益的长短结合。同时，混交林林分结构稳定，抗逆性强，生态效益显著，对于发挥木材战略储备基地综合效益具有重要意义。

(五)坚持科学化生态化的项目经营方法，建立与森林对话的机制

国家启动木材战略储备基地建设项目，并给予比其他林业项目更高比例的补助，这就决定了示范项目不仅要采取集约化的科学栽培措施，以提高林分生长量，而且要采取生态系统经营的方法，以保持林地的长久生产力。一是科学编制项目实施方案。福建省7个示范县(市)和省国有林场局均委托有林业设计乙级资质以上的设计单位编制项目实施方案，省林业厅统一组织专家进行评审，并督促设计单位根据专家的意见进行修改和上报审批。二是示范县(市)单位精心编制项目施工作业设计。各示范县(市)单位根据省林业厅批复的项目实施方案，由具有丙级以上的设计单位编制项目施工作业设计，施工作业设计编制过程中项目实施单位技术人员与设计人员深入每一个小班，制定切合每一个小班的技术措施。三是项目实施单位加强现场施工技术培训和管理，将每一个生态经营技术细节落实到实处。如森林抚育时务必保留林中天然散生的阔叶树幼树，甚至是阔叶小灌木，以保持林中的生物多样性。

(六)坚持指导检查考核的项目跟踪制度，落实项目技术规定

木材战略储备基地建设是一项崭新的工作，加强全过程的项目跟踪制度十分必要。一是加强业务技术培训。一方面利用会议安排专门议程，对项目开展过程中的有关业务进行讲解，现场答疑，印发业务指南，提高业务水平。另一方面，通过举办木材战略储备基地建设高级研修班，组织全省项目单位开展专门业务培训，提高实施单位管理和技术水平。二是现场点评项目实施得失。不定期深入项目施工现场开展检查指导，肯定好的做法、指出存在的问题和不足、提出改进的措施。三是开展定期检查验收。要求项目单位定期报送项目实施进展情况，省速丰办定期到实施单位开展督促检查和验收工作，促进项目建设各项工作的落实。四是实行年度实施成效考核。要求各项目单位结合自查验收对本单位项目实施情况进行全面的总结，省速丰办根据年度检查验收情况，对各项目单位年度实施情况和成效进行综合考核和评价。

三、实施成效

（一）开创了森林科学化生态化经营的新时代

木材战略储备基地建设项目从目前我国林地生产力还相对较低的、木材供给能力严重不足的实际出发，提出了通过加大投入，采取集约化的栽培技术，以提高单位面积木材产量；同时提出了通过补助以抵消因采取环保措施而增加的生产成本，推广生态化的栽培技术，以维持林地的长久生产力，很好地解决了经济与生态、短期与长远效益的矛盾，推动了森林经营朝着科学化与生态化有机结合的方向发展。如顺昌县、建阳市在 2012 年度项目造林中，利用当前林业采育场（县办国有林场）经营水平较高，原采伐迹地小班面积小、林地植被较少的特点，在新造林中全面推广不炼山生态造林模式。即在伐区设计时，设计保留所有零星分布珍贵阔叶树，保留小班四周的原生植被带，实行水平带扒带不炼山挖穴造林，同时积极推行珍贵树种与乡土树种混交林，提高林地经营效益。

（二）揭开了林业试验研究与推广应用密切联系的新篇章

木材战略储备基地建设项目从项目实施之始，就提出了各地要结合实际建立各类试验林、示范林，开展试验研究，建立固定样地，实行长期跟踪观察，探索科学生态的栽培模式，并及时推广应用，密切了科学研究与生产实践的联系。另外，在项目实施中，要求项目单位将过去的试验林、示范林等具有科学研究和基因保存的林分优先列入项目建设范围，对其过去研究的档案资料进行收集、整理和总结，综合过去研究与近期研究成果，进行技术集成，形成系列技术措施在项目实施中加以推广，真正实现了科技与生产的紧密结合。目前杉木林分"强度间伐 + 林下套种药材 + 施肥"以短养长延长林木生长周期培育大径材、杉木林分"强度间伐 + 林下套种楠木、红豆杉、香樟、马褂木等珍贵树种 + 施肥"形成杉木大径级用材林和珍贵树种用材林幼林复层林，以及在立地条件较好的稀疏林分套种珍贵树种培育混交林的措施已经成为闽北杉木大径材和珍贵树种培育的主要措施，得以大力的推广，成效显著。顺昌县林场岚下工区 16-8-9 小班林下套种红豆杉的实践成为当地的榜样。该小班 1995 年每亩造杉木 167 株，2005 年下半年间伐，2006 年在林下每亩套种红豆杉 300 株，从 2010 年开始陆续均匀移植外卖红豆杉幼林每亩已经收益 1200 元，至今每亩保留杉木 70 株、红豆杉 180 株，杉木平均树高达 18 米、平均胸径达 24 厘米，红豆杉平均树高达 4 米、平均胸径达 5 厘米。邵武市二都采育场在实施木材战略储备基地项目中积极探索天然林改培新模式，提出在珍贵树种天然林林下采取"清杂、松土 + 修枝 +（施肥）+ 套种金线莲、铁皮石斛、三叶青等珍贵药材"的措施，以利用天然林的优良自然环境，促进珍贵药材的发展，又利用发展药材的收入，以短期收入弥补保护和储备珍贵用材的资金短缺，从而延长珍贵树种的培育期，进一步储备珍贵用材，成效显著。

（三）保护了一批具特殊价值和象征意义的人工林资源

天然林保护工程启动后，保护了大量珍稀天然林资源，但许多具有特殊意义的优质人工林却没有保存下来，福建省最典型的是南平溪后村的一片亩均蓄积量 78 立方米的人工杉木王消失了，建瓯营造的年均每亩生长 2.47 立方米的杉木速生丰产林样板林不见了。自从 2011 年国家林业局启动木材战略储备基地建设规划编制之后，全省要求各地保护为数不多的人工林精品，要求项目单位将大径级用材林、具有历史意义的林分列入示范基地建设规划范围，加以保护并适当进行改造。

(四)增强了社会对用材林具有经济生态社会多重效益的认同感

任何森林都具有防风固沙、保持水土、涵养水源和释氧固碳等功能，但社会上对商品林出现了片面的看法，忽视了用材林的生态功能，不断减少对用材林的扶持政策。2011 年 4 月国家林业局启动木材战略储备基地规划建设以来，通过大量的调研、座谈和宣传，引起了政府有关部门的高度重视，社会上渐渐改变对用材林只有索取没有回报的看法，认为培育大径级用材林和发展珍稀树种用材林，具有较好的经济、社会和生态效益。

(五)建立了展示项目建设成效和具有带动辐射作用的精品线路

木材战略储备基地示范项目来之不易，要得到社会的广泛认同，需要拿出经得起考验的建设成效。福建省从选择示范县(市)开始，就要求项目单位要下大力气抓好精品示范片段规划建设，项目县(市)要把不同建设主体的示范片段连接成 2~3 条精品线路，以充分展示项目建设成效，并起到示范带动作用。

四、存在问题

(一)现行的一些技术标准不适应项目建设要求

在现行的林业采伐管理中，主要是依据森林经营类型及其所对应的龄组划分，来确定主伐年龄和抚育间伐措施，如集约大径材，主伐年龄 31 年以上，26~30 年生划为近熟林，既不能开展抚育间伐，也不能实行择伐等主伐。洋口林场一片 28~29 年杉木林，生长非常好，其经营类型划为集约杉木大径材，划入木材战略储备基地进行改培，但依据现行的技术规定，无法进行施工，后来经过特批对经营类型进行调整，改为一般中径材，才实行择伐来达到改培的目的。永春县碧卿林场，在杉木中龄林以上间伐后套种马蓝中药材，效益很好，其适宜的郁闭度为 0.5，但抚育间伐规程中都要求郁闭度保留在 0.6，对于水热条件丰富的南方，对生长旺盛的中幼林来说，如果间伐后郁闭度保留在 0.6，2~3 年又要间伐。给项目的高效实施带来了许多限制。

(二)中幼林抚育资金渠道不畅增加了项目实施难度

项目资金还没理顺好，目前主要挂靠在森林抚育补贴试点项目，森林抚育补贴试点项目的资金只能用于人工生态林的抚育、且措施比较单一，与林业的经营需求有较大的差距。同时，由于单价较低，实施难度很大，难以达到木材战略储备基地要求的目标。

(三)省级配套资金落实难度大、项目管理经费无着落影响了项目的指导与监督

一是由于国家项目管理办法还未出台，且对省级配套资金要求规定不明，虽然省领导对木材战略储备基地高度重视，也专门对省级配套资金作出了批示，但项目省级配套资金目前尚未落实。二是木材战略储备基地启动以来，投入了大量人力物力，但国家的补助资金中也没有规定省级可预留(提取)项目管理费的额度，许多项目工作因缺乏经费而无法开展。

(四)项目实施质量有待进一步完善

从福建省近期的省级抽查结果表明，尽管面积上全面完成了项目建设任务，但珍贵树种

完成率与国家要求还有差距，个别现有林改培和中幼林抚育小班采取措施较单一、不科学。

五、下一步的工作思路

（一）创造环境，尽快出台项目管理办法和有关技术规程

为使木材战略储备基地建设有章可循、有标准可依，科学的管理办法和技术规程相当重要。一是管理办法要重点体现国家意志，即项目投资采用国家给予补助，省级财政给予配套和项目单位自筹相结合的方式，同时应明确国家补助标准、省级财政配套资金比例等。二是尽快出台项目资金管理办法，明确省县两级项目专项管理经费提取比例，并列入项目预算。三是管理办法和技术规程要体现项目特色与特点，应针对项目建设出台特殊的林政管理规程。主要是对基地建设过程中涉及的抚育性采伐，应简化采伐审批程序和手续，放宽采伐强度限制，对现有林改培和森林抚育经营活动中的抚育间伐（或透光伐）可根据上级审批的县级（国有林场）年度实施方案和施工作业设计确定的强度进行审批，并下放审批权限给设区市林业局（省林场管理局），保证森林经营活动顺利开展。

（二）积极争取，尽力协调财政部门启动木材战略储备示范项目

木材战略储备基地建设项目得到财政部门的认同和确认相当重要。一是从森林抚育补贴试点项目资金中切块用于木材战略储备基地示范项目。二是争取设立木材战略储备基地示范项目财政专项，并提高木材储备基地森林抚育的补助标准。

（三）双轮驱动，加快木材战略储备基地建设步伐

木材战略储备基地建设肩负着保障国家应急需要和木材安全双重任务，是一项生态和民生紧密结合的民生工程项目，但由于投入较大、木材生长周期性长、与其他行业比经济收益相对较为漫长，仅依靠经营者自身的自觉行为困难较大，需要国家在政策、财政上予以扶持，以引导推进。因此，国家应采取财政无偿补助和利用国际金融组织的优惠贷款（国家给予贷款适当贴息）两者结合的方法，来加快木材储备基地的建设进程。但在利用国际金融组织优惠贷款进行木材基地建设项目设计时，一定要考虑还贷能力，要充分考虑业主的短期收益，以短养长，综合考虑林种、树种和材种结构，采取长周期的大径材、珍稀树种用材以及中短周期用材林的结合，采取以现有林改培为主，新造林、现有林改培相结合。同时，在培育措施的设计上即要考虑木材利用、也要重视非木质利用（如发展林下种植，以短养长等）。

（四）多主体实施，提升木材储备基地的综合效益

福建省是南方集体林区，也是林改最早的省份，除了国有林场、国有林业采育场外，还有各种联营林场、试验林场、集体林场、营林投资公司、国管站等属于地方国有的林场（公司），他们是国有林业的重要补充，林改后、全省还涌现出许多有利于规模经营的林业专业合作社，这些都是木材生产基地建设的重要力量。因此，在政策上，应允许各地各经营主体的比例不同，只要达到一定的规模，能够按照项目的技术要求实施，也应纳入基地建设范围，享受同等扶持政策。

［福建省林业厅世行办（速丰办）］

明确目标　强化落实
木材战略储备基地建设运行良好

江西省从探索建立国家木材储备的技术路线、政策机制和管理模式入手，扎实做好2012年全国木材战略储备基地示范项目各项工作。

一、明确目标　积极推进项目建设

江西省2012年度木材战略储备基地示范项目营造林总计划169200亩。其中：新造林26467亩（含实施造林补贴10000亩），现有林改培12733亩，森林抚育130000亩。国家下达示范项目资金2500万元。其中：中央基建资金1000万元，中央财政补贴资金1500万元。目前，全省项目建设任务基本完成，部分项目县珍贵树种新造、森林抚育和改培项目少量任务将于2013年春季全部完成。各项目县工作进展顺利，项目新造林成活率普遍达90%以上，并且管护良好、幼树长势良好。

二、强化落实　夯实项目建设基础

（一）落实示范项目建设布局。2011年12月17日，江西省召开了全省木材战略储备生产基地建设示范工作座谈会，全面研究了示范建设实施方案，落实了项目建设内容、实施主体等。建设布局是：赣南片区的崇义县、全南县、宁都县；赣中片区的安福县、永丰县；赣西片区的奉新县、分宜县。示范县入选条件：一是重点向赣州、吉安等原中央苏区县倾斜；二是县政府高度重视木材战略储备生产基地建设，是传统重点林业产材县，县级政府能为项目实施提供所需的政策法规、组织管理等基本条件，并能协调解决因项目实施而产生的有关问题；三是速生丰产林建设经验丰富，具有较大规模的速丰林基地；四是水热光等自然条件优越、立地条件好、林地资源多、生态区位不是特别重要的地段较多，具有大面积进行木材储备基地培育的条件；五是该县国有林场经济、技术实力雄厚；六是交通、木材消费市场地理位置优越；七是项目实施机构健全，技术力量较强，具有实施国家重点工程项目或利用国外贷款项目的经验。

（二）落实三项项目基础工作。2012年春节假期刚过，省林业厅速丰办即下发了《关于切实做好国家木材战略储备生产基地示范项目有关准备工作的通知》（赣林丰〔2012〕3号），部署示范项目建设工作。要求各示范县基本落实三项基础工作。一是成立以县领导为组长，发改、财政、林业、审计等相关部门为成员的"国家木材战略储备生产基地示范项目建设领导小组"。二是落实地方配套资金和项目管理工作经费，县财政出具配套资金承诺函。三是编制项目作业设计，组织项目实施主体做好项目新造林、现有林改培及中幼林抚育各项工作。

（三）落实切实可行的项目机制。江西是以集体林为主的省份，在集体林权制度改革以后，林地基本分到个人，林地使用权、林木所有权非常分散。考虑这一实际，在运营机制方面，示范实施单位以国有林场为主，以林业合作社、民营林场、林业企业、个体大户（1000亩以上的大户）等为补充。7个示范县主要有三种模式：一是国有林场经营模式，这是示范建设主要模式，其建设规模占总建设规模的72.8%，如安福县主体均为该模式，其他示范县也有逾2/3为该模式；二是联合体或林业合作社模式，这是我省林改后新兴的主要经营模式，也是我省示范项目的特色之一，其建设规模占总建设规模的27.2%。在造林模式方面，采取一般和珍贵树种相结合，新造和改培、抚育相结合，短、中、长周期相结合。突出以次生林改培、抚育为主，兼具树种多样化，改培兼顾毛竹低改等。

（四）开展项目督导调研及总结。2012年春季，省林业厅速丰办组织4个督导组分赴各项目县进行春季营造林督导工作，深入项目造林现场进行营造林指导，对不符合要求的及时提出整改意见。同时，省速丰办建立了项目造林进度月报制，要求各项目县每月底定期向省里报送项目营造林进展情况，及时掌握各地实情，并建立信息档案。此外，省速丰办还及时组织各地开展项目年度工作总结，并在此基础上总结上报全省项目工作情况，为下年度项目开展提供经验。

（五）强化项目质量监督管理。一是对木材基地示范实行先造后补报账制，由各项目县秋季检查验收合格后核准报账，并下拨补助资金，确保示范建设质量。二是加强示范建设档案管理，档案细化到造林小班，并建立地理信息系统；三是省、市、县各级加强示范营造林督导，确保营造林质量；四是加强示范建设资金管理，单设账户，专款专用，并联合财政、审计、林业等部门不定期开展督查。五是强化制度建设。如崇义县制定出台了《崇义县国家木材战略储备项目申报办法》《崇义县国家木材战略储备项目建设工程管理办法》《崇义县国家木材战略储备项目资金管理办法》等管理规定，进一步规范了项目的申报、实施和资金管理。

（六）推进项目科技合作与应用。与江西农业大学、省林科院等高等院校和科研院所建立科技合作，组织专家开展科技下乡活动，定期到示范县指导实施主体营造林。同时加大科技成果在示范建设中的转化和应用，把木材示范基地建设成为科技含量高、经济效益好的优质项目。分宜县利用中国林业科学研究院亚林中心在该县的区位优势及技术优势，组成技术顾问组，对项目的技术问题进行指导、咨询和攻关。

（七）抓好项目良种良苗良法。根据全省木材基地布局，规划分片区建设良种及苗木繁育基地，确保木材基地造林使用良种优苗，推行使用轻基质容器苗，逐步实行定点供种、定点育苗、定向供苗。

三、落实政策　保障项目良性运行

（一）地方经费配套政策。一是省级落实木材战略储备基地管理经费每年100万元。二是县级按与国家投资1:1落实示范项目配套资金，7个示范县共约配套3150万元，不足部分由经营者自筹解决。

（二）森林保险政策。江西省是全国首批森林保险示范省，截至2012年年底，全省森林保险面积已达1.31亿亩，森林保险面积覆盖率达到有林地面积的95.1%，森林保险承保面积和覆盖率均列全国前列。目前，森林保险已成为江西覆盖面最高的政策性保险产品，为森林提供风险保障600多亿元。7个木材基地示范县均在森林保险示范范围，除公益林全面统保外，商品林由中央、省、县及经营者分别按30%、25%、5%和40%承担保费，平均保费1.6元/亩，保险金额约400元/亩。落实示范县森林保险保费362.6万元，其中省级落实129.5万元、县级落实25.9万元、经营者落实207.2万元。

（三）**木材采伐政策**。一是对速丰林和木材基地面积达到20000亩以上的企业、民营林场和2000亩以上的个人，可独立编制年森林采伐限额，采伐指标实行单列，戴帽直接给企业和造林大户。二是对低产低效改造发展速丰林和木材基地的，涉及少量阔叶树采伐的，省里单独给指标。三是采伐指标下达时间确保在每年3月到达林木所有权者手中。

（四）**国有林场改革政策**。江西省是全国国有林场改革示范省，2012年4月，省政府出台的《关于推进国有林场改革的指导意见》（赣府发〔2011〕8号）明确提出，积极培育拟上市企业，做大做强国有林场。国有林场的造林、抚育、采伐以及其他生产性活动，要引入市场机制，采取承包或向社会招标等形式进行。要科学合理利用国有林场森林资源，大力发展森林旅游和林下经济，积极培育花卉苗木、中药材、珍稀树种等特色产业，提高经营管理水平和经营效益，增强林场发展的活力。

（五）**速丰林专项政策**。2010年起，江西省连续整合国家重点工程项目资金用于发展速丰林（即速丰林专项）60多万亩，直接下达给林场、企业、大户补助资金1.6亿多元。仅2012年，全省速丰林专项下达28个县，其中平均每个县新造林3250亩、封山育林403.8亩，资金量100.3万元。此外，2012年国家林业重点工程计划向全南、崇义、安福、永丰、奉新、分宜、宁都等7个木材基地示范县倾斜，平均每个县计划任务面积8000多亩，远大于全省平均水平。

（六）**贷款贴息政策**。中央和省贷款贴息资金重点用于支持企业、林场、大户发展速丰林和木材基地。

　　　　　　　　　　　　　　　　　　　［江西省林业厅利用外资项目办（速丰办）］

突出重点　迅速行动
为木材战略储备基地示范项目开好局

河南省十分珍惜作为国家木材战略储备示范项目的首批试点省之一，精心组织，高标准实施，高质量完成项目建设任务。

一、项目概况

河南省2012年木材战略储备基地示范项目安排在东部平原及浅山丘陵的尉氏、民权、宁陵、虞城、西华、商城、信阳浉河区等7个县（区）。按照《2012年河南省木材战略储备基地示范项目实施方案》，项目以杨树、刺槐、桐树、杉木等速生树种和楸树、楝树、枫香、麻栎等乡土树种为主，建设高效木材战略储备基地13.73万亩，其中中央基建投资新造林2.8万亩，中央财政补贴新造一般树种中长期人工林4.07万亩，中央财政补贴中幼龄林抚育6.86万亩。

二、项目建设成效

一是可以有效缓解木材供需矛盾。根据第七次森林资源清查结果，河南省每年向社会提供木材1349万立方米，每年消耗木材2100万立方米，年缺口750万立方米。自2010年河南省林业产业现场观摩会召开以来，木材加工企业发展迅速，年产量10万立方米以上的企业在逐渐增加；木浆年生产能力目前为26.2万吨，"十二五"要达到105万吨，需要年增加消耗300万立方米木材，预计到2015年，河南省木材缺口将达1000万立方米以上。只有加快木材战略储备基地示范项目建设步伐，才能缓解河南省今后木材的供需矛盾。二是助推林业产业发展。林业是劳动密集型产业，产业链条长，就业容量大，从种苗选育、栽植、抚育管理到林产品采集、加工、运输等，可以形成一条内容丰富的产业链，每个环节都可以吸纳大量劳动力就业。据测算，2012年河南省木材战略储备示范项目，从种植到管护、采伐，完成建设任务所需约90.08万工日，劳动力投入5404.6万元，在一定程度上减轻了社会就业压力。单就每年对项目区进行的幼林抚育后的枝条、间伐木就可以作为生产原料，可以发展食用菌，林副产品加工等，不仅提高了木材的利用率，同时也带动了当地林产品加工企业的迅速发展。

三、经验与做法

（一）采取措施，加强领导

河南省成立了以林业厅常务副厅长刘有富为组长、副巡视员谢晓涛为副组长、相关处室单位负责同志为成员的木材战略储备基地建设领导小组，召开了全省规划县林业局局长、相关省辖市林业（农林）局主管局长参加的视频会议，并要求纳入规划范围的县级林业主管部门和国有林场做出书面承诺。省林业厅于2011年12月1日和2012年1月16日两次召开厅长办公会议专门研究部署示范项目建设工作，2012年1月5日召开河南省示范项目县林业（农林）局局长和工程技术人员、国有林场场长和工程技术人员参加的示范项目建设工作会，安排部署示范项目建设工作。各示范项目实施单位一把手亲自抓，组织精干力量，及时完成了实施方案和作业设计，确保了河南省示范项目建设任务的完成。

（二）突出重点，合理规划

河南省采取国有林场、林场周边的农户和林农专业合作组织共同实施的形式来完成示范项目建设任务。示范项目区内，国有林场以实施中央基建投资新造林任务为主，县（区）农户和林农专业合作组织以实施中央财政投资建设任务为主。7个国有林场在规划中央基建投资新造林任务时，选择立地条件优良（土壤肥沃、土层深厚、土质疏松、小气候条件适宜）、交通方便的宜林荒山荒地、采伐迹地以及其他适于发展大径级用材林的林地，积极推广应用先进营造林技术，做到了因地制宜、适地适树，分别采用大行距、宽窄行、低密度、混交等造林模式，通过人工造林和人工更新的方式，实行集约经营管理，培育大径级用材林。各林场按照高起点规划、高标准建设的要求，坚持集约化、标准化、规模化、基地化经营，努力把示范项目真正建设成具有一定规模、示范水平高、辐射带动能力强的不同类型示范场。

（三）迅速行动，扎实推进

各林场一把手亲自抓、亲自部署，组织精干力量，把项目建设任务在2012年春节前分解和落实到了林班小班，并于2012年2月10日前全部完成实施方案和作业设计的编制工作，同时开展了造林整地、种苗准备等各项工作；2012年12月底，河南省林业厅专门组织专业技术人员对《2012年河南省木材战略储备基地示范项目实施方案》进行了修订完善，并将修订后的实施方案报国家林业局备案。在规划实施示范项目建设中，省林业厅与项目实施单位加强沟通协调，通过以会代训，加强培训和指导，多次深入各林场造林现场进行督查，发现问题及时予以纠正；在技术支撑上，紧紧围绕提高林地生产力、加强用材林生长监测等技术，选择河南省林科院、规划院、河南农大、河南省林校作为技术支撑单位，开展相关课题研究，大力推广先进适用技术。

（四）建库存档，科学管理

河南省制订了一套省、市、县、场分级档案管理措施，由各级项目管理部门指定专人负责示范项目档案收集与整理工作。初步建立了以实施方案、作业设计和小班图、表等原始材料为主的技术档案；以合同协议、会议材料、管理办法、工作进度等为主的文书档案。

（河南省林业厅速丰办冯慰冬、聂爱社、袁凤玉）

湖南省全国木材战略储备基地
示范项目工作总结

湖南省作为全国木材战略储备基地示范项目第一批试点省份之一，于 2012 年正式启动实施。

一、项目完成情况

2012 年国家林业局下达湖南省木材战略储备基地试点项目珍贵树种新造和改造任务 2 万亩，森林抚育 15 万亩。主要安排在金洞、洞口、会同、武冈、岳阳等 5 个县（区）实施。通过检查验收，全省完成项目珍贵树种新造和改造任务 2 万亩（其中珍贵树种新造林 1.595 万亩，改培珍贵树种 0.405 万亩），占计划任务的 100%；完成森林抚育 15 万亩（其中中林抚育 8.6 万亩，幼林抚育 6.4 万亩），占计划任务的 100%。

二、项目实施成效

一是建立和完善了一套完整的工程管理和科技支持体系，培养了一大批林业项目管理和技术人才。二是加快了珍贵树种良种化进程。项目造林选择了楠木、香樟、木荷、马褂木、红豆杉、银杏等 15 个珍贵用材树种为主栽树种，全省项目造林良种使用率达到 98%，一级苗使用率达到 95%，造林成活率为 95.7%，抚育合格率为 99.7%。三是引起了社会的强烈反响，省委、政府对项目期望很大，林业基层单位积极性也很高，起到了示范和带动作用。四是形成了多种特色的基地建设模式。湖南省 2012 年木材战略储备基地示范项目选择在湘南和湘西南两个代表湖南林业特色的地区。湘南金洞林场珍贵树种资源丰富，项目以珍贵树种改培和林冠下补植多种珍贵树种（以楠木、木荷和红豆杉等为主）形成复层异龄林培育模式为主。湘西南洞口县具有大面积的天然次生林，其中分布着红椆、毛红椿、楠木和栎类等珍贵树种，项目以间伐和补植等措施形成天然次生林珍稀用材和大径材培育模式为主。会同县杉木培育历史长、经验丰富，项目以杉木大径材培育模式为主。岳阳县地处洞庭湖平原，土壤深厚、肥沃，适宜速生丰产林的培育，项目以培育杨树等速生树种，形成短周期速生丰产用材林培育模式为主。全省共推广应用了针阔混交、阔阔混交等 20 多个造林技术模式。

三、经验与做法

（一）领导重视，多措并举搞好项目建设

一是省委省政府领导高度重视。2012 年 2 月，在全省林业工作会议上，全国木材战略储备基地示范项目被定为湖南林业工程的五大亮点之一。省委副书记梅克保、副省长徐明华多次强调："绿色产业，绿色经济是绿色湖南的主攻方向，要大力培育乡土珍贵优质木材，增

强木材供给能力和资源战略储备"。2013年2月21日,湖南省又启动了"千万株珍贵树种进农家"活动,各地新造和改培珍贵树种已蔚然成风。二是成立了由省林业厅、财政厅相关处室主要领导组成的项目领导小组,负责项目重大决策和指导、协调,各项目县(市)区也成立了由主管县(市)长为组长的领导小组。从省到县均组建了专门的项目管理办公室,具体负责项目的实施管理。三是作为年度林业综合考核的重要指标之一。全省各级党委、政府把珍贵树种造林作为春季造林的重要工作来抓,并作为干部年度工作绩效考核内容。2013年湖南省下达人工造林计划任务380万亩,其中优材更替新造珍贵树种面积达15万亩;下达低效林改造200万亩,其中改造现有珍贵树种10万亩。

(二)宣传发动,大力推进项目工作进程

一是召开动员大会。省林业厅速丰办多次召开项目专题会议,安排部署项目建设工作,各试点项目县(区)都分别召开了会议,进行了动员和落实。同时以县级项目办为单位大量印发了各种宣传和技术资料,大力宣传项目建设的重要性和必要性。

二是利用媒体宣传。2012年3月初,省林业厅组织5个试点县在金洞林场召开了项目试点施工现场观摩会,湖南日报、潇湘晨报、湖南卫视、湖南经视等7家新闻媒体到会采访,2012年3月5日《湖南日报》在头版位置刊发了《栽培珍贵树种、生产高档用材——我省试建木材战略储备基地》的长篇消息;湖南卫视、湖南经视媒体都做了专题报道。通过有效的宣传,社会反响十分强烈,一些尚未纳入项目的县(市)纷纷要求纳入项目范围,特别是国有林场要求实施项目的呼声高。

(三)组建专家团队,完善科技推广服务体系

湖南省林业厅聘请了中南林业科技大学、省林科院、省植物园等单位的学科带头人、资深专家等22人,组成项目创新专家团队,围绕木材储备基地的培育方式、经营机制、发展模式等课题进行充分研讨。一是制定了珍贵优质乡土用材树种优树及优良林分选择技术标准、种质收集等规范性文件。在50多个县(市、区)开展优树登记和优树及优良林分种子采集。要求所有项目基地一律采用经过选优登记的珍贵优质乡土良种育苗和造林。根据适地适树原则,试行一场一品,一县几品的发展模式,在全省重点培育10个左右具有战略性、主导性和商品用材、资源储备意义的主要树种。二是建立了项目科技特派员联系制度。从湖南省林科院、省植物园抽调10名专家担任5个示范单位的科技特派员,负责指导各个项目单位的良种育苗、规划作业设计、抚育管理等工序的实施,实行专家包县包项目,落实技术责任负责制。目前专家团队已成为湖南省木材战略储备基地建设强有力的科技支撑力量。三是创新机制。以国有林场为依托,选择专业队伍造林或个体承包造林,大型企业、民营企业、专业合作组织等造林股份运作形式。在发展模式上,坚持以标准化、集约化、规模化、基地化为目标,把当地具有优势的珍贵优质乡土用材树种,集中纳入到项目新造、改培、森林抚育基地建设之中。

(四)建章立制,有序推动项目高效运用

湖南省在执行国家出台的木材战略储备基地示范项目建设管理办法、技术规定的同时,结合本省实际,狠抓建章立制工作,制定了《湖南省木材战略储备基地示范项目管理暂行规定》(讨论稿)、《湖南省木材战略储备基地示范项目技术规程》(讨论稿)、《湖南省木材战略储备基地示范项目作业设计规定》(讨论稿)等技术规程,项目实施有章可循。

（五）狠抓项目管理，确保项目建设成效

在项目管理过程中着重把住七个环节：一是完善造林合同关。凡合作、联营造林的，实施单位必须签订完备的合作、联营造林合同，依法明确双方的责任和权利；二是把好良种壮苗关。实行项目林木良种专管专用制度，要求采用良种 I 级苗或大苗、容器苗上山，严禁采用不合格苗木造林，同时备足苗木以利冬春补植；三是把好用地关。项目新造林必须是立地条件好，立地指数达 14 以上，方能纳入项目造林作业设计范围；四是把好质量检查关。在项目单位自查基础上，由省林业厅进行 2 次全面质量专项检查，对检查过程中发现的问题，由省林业厅下发书面整改通知书，限期整改，同时实行验收责任追究制度；五是搞好成本核算关。落实配套资金，建立专项资金管理台账，发挥国家补助资金的使用效益；六是做好档案管理。建立计划文件、管理合同、作业设计、施工记录、竣工验收等项目档案，将各种资料及时整理归档；七是落实好项目造林管护责任制。建立项目管护责任制，把管护制度、护林人员、护林报酬落到实处，确保木材储备基地造林一片、管护一片、成林一片。

[湖南省林业外资项目办（速丰办）]

强化示范带动，推行规模发展
加快建设南方重要木材战略储备基地

广东省地处热带北部和亚热带南部，雨量充沛，光照充足，水热同季，建设木材战略储备基地具有得天独厚的自然地理条件；广东是我国南方重要的集体林区，既是重要的木材产区，又是重要的木材销区，木材产销两旺，市场前景广阔。因此，广东有条件有必要建设成为我国南方重要的木材战略储备基地。为增加林木资源储备，优化资源结构、提高资源质量，以集约化、基地化、规模化、标准化经营为根本，切实提高项目林分的单位面积蓄积量和林地生产力，建设一批木材储备示范基地，国家林业局于 2012 年正式设立木材战略储备示范基地建设项目，下达广东省 2012 年木材战略储备示范基地基建投资 1800 万元。广东省项目实施单位精心组织，高标准实施木材战略储备示范基地项目，取得显著成效。

一、项目基本情况

2012 年广东省木材战略储备示范基地建设任务为改培 5.2 万亩国家基建投资 1800 万元，抚育建设规模 20 万亩，建设资金 2000 万元。

（一）项目完成情况

根据《国家林业局关于下达 2012 年中央预算内林业基本建设投资计划的通知》要求，广东省迅速下达项目投资计划，并要求各项目单位积极落实好配套资金，迅速组织实施，全力加快实施进度，及时将投资用于项目建设上，尽快形成实物工作量，及早发挥效益。各实施单位按要求，积极做好项目建设工作。广东省各项目实施单位已高标准完成项目建设任务，木材战略储备示范林长势良好。

（二）项目建设成效

一是优化广东省商品林结构，形成多树种共同发展的格局；二是积极探索，创新经营模式，多元化合作方式，将国有、集体、私营等多种经济体制相结合，拓宽融资渠道，为广东省木材生产提供广泛的资金来源；三是通过项目的实施，整合土地资源，扩大木材生产规模，以国有林场为辐射点，推广林木良种和先进的森林培育技术，提高广东省的森林经营水平；四是积累森林培育经验，深化森林培育的科学研究，大力提高广东省商品用材林效益。

二、主要做法

（一）加强组织领导，高位推动示范基地建设

广东省高度重视木材战略储备工作，把木材战略储备作为绿色惠民产业来抓。为顺利推进广东省木材战略储备工作，广东省林业厅成立了厅长为组长、分管厅领导为副组长，相关处室和单位的负责人为成员的木材战略储备试点工作领导小组，加强组织领导，统筹协调试

点工作的开展。并要求各实施单位按照国家和省的要求，把木材战略储备工作当做重中之重工作来抓，严格按照有关试点工作要求，切实加强领导，精心组织实施，强化各项措施，做好木材战略储备开局工作。

(二)选好实施单位，抓紧编制实施方案

广东省是国家木材战略储备的第一批试点省份，肩负着全国木材战略储备试点建设、经验积累、宣传推广的重任，甚至关系到全国木材战略储备建设工作能否成功的重要责任。为了做好广东省木材战略储备基地建设试点工作，省林业厅派出调研组赴清远市、肇庆市等主要木材产区进行实地调研，听取汇报，精心选择了一批领导重视、特点突出、基础较好的国有林场为做好广东省第一批木材战略储备示范基地建设实施单位。一是选择了一批省直国有林场，这些林场资金充足，工作人员业务素质较高，基础建设较好，也有一定项目建设经验；二是在广东省木材主要产区选择一批具有代表性，对推广木材战略储备试点建设项目有重要意义的市、县属林场；三是特点突出、地方重点扶持的国有林场，如拥有二代杉木良种，代表广东省杉木良种繁育最先进技术的乐昌市龙山林场，将其列入基地建设试点单位，对推广广东省林木良种、提高木材战略储备基地建设示范项目成效将起到重要作用。为确保木材战略储备工作顺利实施，广东省编制印发了木材战略储备基地建设实施方案，实施方案明确了建设原则、任务分解、建设目标、技术措施，提出了保障措施。

(三)做好项目衔接工作，大力争取资金政策支持

广东省将木材战略储备示范基地建设项目与广东省重点推进的森林碳汇工程建设相结合，鼓励实施单位大力营造优良乡土阔叶树，对于培育优良乡土阔叶树的单位，我们将其纳入建设森林碳汇工程实施单位，给予每亩 400 元的碳汇林补助经费，有育苗条件，积极性高的单位，我们还将其纳入广东省的保障性苗圃建设单位，对培育的优良乡土阔叶树苗给予每株 0.2 元的补助。这些优惠措施极大地提高了广东省木材战略储备示范建设单位营造优良乡土阔叶树种的积极性，对提高广东省森林质量，改善林分结构起到了示范作用。

(四)选用良种壮苗，夯实示范基地建设基础

近年来，广东省多方筹集资金，共建设了 15 个良种繁育基地和以珍贵树种为主的 17 个优良乡土树种采种基地，重点建设了 1 个省级种苗示范基地、13 个中心苗圃和 45 个保障性苗圃，每年可以提供造林绿化苗木 3 亿株以上，形成比较健全完善的林木种苗繁育体系；2012 年，广东省统筹资金，在省林业厅直属林场投入资金 400 万元，建成了一批苗圃基地，主要培育珍贵优良乡土阔叶树和优良的松、杉树苗木，为广东省木材战略储备基地建设提供充足的种苗。

各项目单位也积极做好苗木准备工作。经过多年建设，厅直属西江林业局的火力楠、木荷良种基地列为广东省省级重点林木良种基地；其下属苗圃也被列入广东省保障性苗圃建设范围。乐昌市龙山林场拥有杉木二代改良种子园，被列入国家级林木良种基地，代表广东省杉木良种培育的最高水平。清远市是广东省杉木的主要木材生产区域，从木材战略储备任务申报开始，市林业局高度重视，要求天堂山林场和笔架山林场从福建省洋口林场引入 30 万株三代杉木苗，用良种壮苗保障项目的建设成效。

(五)充分科技支撑，提高示范基地建设水平

广东省紧紧围绕林业重点工程建设，加大科技攻关力度，重点加强林木良种选育、森林

资源培育、生态修复、林产品加工利用等关键技术攻关，并取得了良好成效。选育出了一批杉木、湿加松、高脂马尾松、相思、红锥、樟树、黎蒴、杜鹃红山茶、红花荷等优良家系、无性系，营建了杉木二代改良种子园、高脂马尾松改良代种子园、南洋楹无性系种子园、红锥 1.5 代和 2 代种子园等；湿加松、杉木、红锥、黑木相思等树种的 42 个林木新品系被审（认）定为良种。选育出的湿加松优良杂种组合材积生长量比湿地松提高 100% ～ 240%，扦插成活率达 80% 以上；选育出的高脂马尾松优良家系平均产脂增益达 20% 以上；湿加松、高脂马尾松实现了苗木工厂化生产。广东省还在国内较早地系统开展了优良乡土阔叶树种、珍贵树种的种源收集和良种选育研究；樟树、南洋楹、杉木、火力楠和沉香等树种的组培育苗技术也取得新的突破，樟树等组培苗已实现了规模化生产；初步筛选了一批檀香、降香黄檀、土沉香等珍贵树种优良种源在生产上推广应用。利用黎蒴等优良速生乡土阔叶树种生产人造板技术更加成熟；木材防护技术研究与开发处于国内领先水平。生态公益林树种选择、配置模式、低效林改造及高效生态林恢复与重建等技术进一步完善；森林生态效益监测评价研究也全面展开。

（六）认真组织施工作业，强化施工质量管理

加强木材战略储备示范基地作业设计管理，木材战略储备示范基地作业设计由具备相应资质的单位编制，并实行作业设计审批制度，作业设计须经省林业厅审批方可组织实施。各实施单位抢抓有利时机，严格依据作业设计组织施工，同时实行专业技术人员跟班作业，对施工中出现的问题及时制止、及时纠正。施工作业实行合同制管理，实施单位与施工作业主体签订施工作业合同，明确抚育面积、范围、完成时间、补助标准、抚育要求等。为确保施工质量，各实施单位加强对施工作业的质量监管，抽调专业技术人员，对抚育各个环节的质量进行管理和监督，作业质量不合格的，及时要求返工，做到事前指导、事中检查、事后验收的全过程质量管理，确保造林抚育取得良好成效。

（七）做好招投标工作，规范项目资金管理

为规范木材战略储备建设工作，各项目实施单位根据有关规定要求，积极做好项目招投标工作，委托相关机构，积极做好木材战略储备建设招标书，采取邀标或公开招投标的形式，公开公正地选择有营造林建设资质、经验丰富的造林施工队伍作为木材战略储备建设施工实施主体。各项目实施单位完成招投标工作后，将木材战略储备建设资金，下达到各地级以上市及省直财政县（市、区），要求各地级以上财政部门要尽快将资金转下达给有关县（市、区）或项目单位，下达给市县的资金，具备国库集中支付条件的，采取国库集中支付管理；暂不具备国库集中支付条件的，实行财政报账制管理。严格要求有关林业、财政部门按照有关规定，切实加强资金监管，确保专款专用，严禁截留、挤占、挪用补贴资金。

（广东省林业种苗管理总站）

科学定位   高位推进全国木材
战略储备核心基地建设

2012年广西被列为全国木材战略储备基地示范项目建设省（自治区）之一，国家下达项目建设总任务26万亩，其中：新造林6万亩、森林抚育20万亩，中央投资4000万元。选择基础较好、积极性较高的全州县、融安县、八步区、西林县、高峰林场、东门林场等6个县（区）、林场作为2012年示范项目单位。

截至2012年年底，项目完成新造林6万亩，森林抚育20万亩，占计划任务的100%。

项目实施探索和积累了一些建设经验和机制模式，为加快推进基地建设奠定了坚实的基础。

一、工作完成情况

（一）加强领导，高位推进

自治区党委、政府高度重视，把木材战略储备基地建设纳入全区发展战略，自治区第十次党代会提出把广西打造成为全国木材战略核心储备基地。自治区党委危朝安副书记在接见国务院参事调研组时强调，广西要进一步采取强有力措施，加强木材生产和战略储备，努力当好全国林业"双增"的排头兵，为保障国家木材安全作出更大贡献；自治区政府两次召开协调会，专题研究申报全国木材战略核心储备基地建设规划问题，并行文上报了国务院及有关部门，全区林业"十二五"发展规划将木材战略储备基地建设作为重要内容。为加强木材战略储备基地建设的组织领导和协调，广西区林业厅成立了以陈秋华厅长为组长、邓建华副厅长和蒋桂雄总工程师为副组长及相关处室和科研设计单位为成员的项目建设工作领导小组。领导小组下设办公室，办公室设在厅速丰站，负责具体工作。各级林业部门和项目建设单位也相应成立了项目建设领导小组，加强领导，落实人员，明确责任，确保基地建设各项工作正常开展。同时，为确保项目建设质量，还成立了广西国家木材战略储备生产基地项目建设科技支持组，负责开展先进实用技术的研究、推广和培训工作。

（二）精心组织实施，确保提质增效

一是严格按照设计施工。委托具有资质的设计单位编制实施方案（作业设计），落实造林和抚育地块，要求签订项目建设合同，严格按照批复的作业设计施工。二是明确项目建设有关要求。省林业厅着重就示范建设中的规模、林地选择、种苗、肥料、监理、项目申报、建设重点、生长量指标、资金补助等问题提出了明确要求，坚持"良种、良地、良法"，规模经营、集约经营。要求区直林场要将项目优先安排在场内建设，新造林、中幼林抚育在场内建设每项连片规模必须达500亩以上；各县经营业主申报的面积应达300亩以上。林地应选择交通比较便利、立地条件达Ⅱ类以上。在种苗使用上，要求新造林使用的苗木必须在具有

生产经营种苗资格的单位进行采购，使用良种苗木造林，还没有经国家或自治区林木品种审定委员会审(认)定有良种的树种应当使用优良种源种子育苗，选择壮苗造林。苗木调运时，应附"一签二证"(标签、质量检验证、检疫证)和良种证明，要将有关种苗质量资料一并存入造林档案。在生产经营上，要求采用最新林业科技成果进行组装配套技术指导生产，要施放基肥和追肥，及时进行补植和抚育，确保林木正常生长。三是加强项目实施的检查指导。省林业厅先后组织人员多次深入到各示范建设单位进行检查指导，宣传建设木材战略储备生产基地的重要意义、有关政策和建设要求。并委托广西大学林学院等第三方机构对基地建设的造林、抚育过程的每个环节进行监督和指导，确保示范建设的质量和成效。

(三)树立营造林新理念，打造生态功能并重的木材战略储备生产基地

木材战略储备生产基地不仅要在提高林地单位面积木材产量上下"功夫"，更重要的还要体现它的生态功能、生态价值、生态效益。在种植模式上，结合实际，大力推广营造混交林，发展珍贵乡土树种和大径级优质材，实行长短结合，阴阳树种搭配，既解决短期收益问题，又可改善林木生长环境，维护生态平衡和生物多样性，提高森林质量和生态功能。2012年示范项目建设应用了杉木×马尾松、大叶栎×巨尾桉、秃杉×杉木、马褂木×马尾松、三角枫×杉木、香樟×杉木、香椿×杉木、金丝楠×香椿等8种混交模式。

(四)内外资融合发展，打造示范精品工程

广西把木材战略储备基地建设与欧投行贷款项目有机结合，统筹兼顾，两者融合发展，着力重点打造示范和精品工程。一是在布局上进行融合。欧投行项目的布局充分结合《全国木材战略储备基地建设规划》，优先将规划范围内的县(林场)纳入欧投项目，《规划》内的县(林场)数量占本区欧投行项目县(林场)单位总数的95%；二是在实施主体上进行融合。把参加欧投项目的实施主体重点安排在国有林场，与木材战略储备基地建设实施主体相接，发挥国有林场的主导作用；三是在造林树种上进行融合。两者均以重点发展珍稀及大径级优质用材树种为主，专门培育一批珍稀及大径级优质用材林的国家木材储备基地；四是在建设内容上进行融合。将全国木材战略储备基地建设方面的造林技术、政策办法、信息管理等纳入欧投行项目机构能力建设培训，两者共享技术、政策、信息平台；五是在资金上进行融合。利用欧投行项目贷款资金，重点投资到珍稀及大径级优质用材林全国木材战略储备基地建设上，拓宽投融资渠道，加大投资力度，着力重点打造全国木材战略储备基地示范和精品工程。

(五)创新机制，多元经营

2012年广西木材战略储备基地示范建设主体全部由国有林场承建。除了在场内实施造林外，还在场外进行合作，主要经营模式有：林场独立经营、林场+公司(造林大户)、林场+农户联合经营等多种模式。

(六)完善制度，加强管理

一是加强组织计划管理。各试点单位建立了木材战略储备基地建设部门协调机制，加强了营林、种苗、计财等部门协调沟通和相互配合，及时上报和下达建设计划和任务，确保良种壮苗供应。二是加强设计施工管理。自治区林业厅及示范建设所在市林业局严格对示范建设单位的作业设计进行审核批复，对地类和造林树种的选择、造林规格、栽培抚育技术、间伐的林龄、施肥等要求进行细致认真地审定，确保示范建设高标准、高要求。三是加强档案信息管理。建立了自治区林业厅、市、县林业局三级信息统计报送制度，要求各试点单位加强基地建设的信息统计工作，在每年 6 月底和 12 月底要将基地建设进展情况、主要做法和存在问题、下一步工作安排及建议上报自治区林业厅。同时，要求各试点单位把基地建设的有关文件、实施方案、作业设计、工作总结、检查验收等资料按年度整理成册，分类归档保存，并且明确专人负责管理。四是制定相关管理办法。编写并印发了《广西国家木材战略储备生产基地建设管理暂行办法》《广西国家木材战略储备生产基地检查验收管理办法》《广西国家木材战略储备生产基地造林作业设计管理办法》《广西国家木材战略储备生产基地主要用材树种速生丰产造林技术》《广西国家木材战略储备生产基地建设成效监测操作规程》等技术和管理办法。

（七）加强培训，总结推广

2012 年 8 月省林业厅举办了全区木材战略储备基地主要树种丰产栽培技术培训班。主要培训松树、杉木、桉树速生丰产栽培技术和广西珍贵乡土阔叶树栽培技术等，现场参观高峰林场科技示范园高产示范林。培训项目管理、技术人员 120 多人。

二、几点体会

（一）坚强的组织领导是项目实施的根本保证

从 2012 年示范项目的实施情况看，凡是领导重视的项目建设进度就较快，完成质量也较好。在基地建设过程中必须坚持高位推进，成立项目建设领导小组，加强领导，落实人员，明确责任，把基地建设纳入本地年度绩效考核内容。

（二）准确定位和把握木材战略储备生产基地建设内涵是项目实施的前提

要明确木材战略储备生产基地的定义、定位、建设内容、政策等，弄清木材储备与粮食、石油、肉类等战略物资储备的区别；弄清木材储备生产基地与退耕还林、珠江防护林、沿海防护林、石漠化治理等林业生态工程建设的区别。出台项目建设、资金管理、栽培技术、种苗使用、检查验收、成效监测、信息管理、采伐规定等相应的管理办法和政策措施，从理论上先弄清楚，进而指导实践。

（三）做好规划是实施木材战略储备生产基地的重要环节

要从本地经济社会长远发展对木材及生态安全需求出发，科学规划，统筹安排，突出重点，分步实施。要根据不同树种所适应的气候和立地条件，科学划定树种的分布区域，确定长、中、短周期树种的比例，以短养长，相互促进、相互依靠，从而充分发挥不同区域的林地资源优势，做到优势互补、共同发展，使每个树种都有相对合理的造林面积，形成相对稳定的市场供求和保持较好的经济效益，实现多树种稳步健康发展的良好局面。

（四）实行科学经营是实现木材战略储备生产基地提质增效的关键

一要坚持适地适树原则。要根据不同的气候、土壤等自然条件，选择适宜的发展树种。二要坚持良地、良种、良法。选择立地条件较好的地方，采用良种壮苗造林，对现有科技成果技术进行组装配套，大力推广应用丰产栽培新技术，加强林地选择、种苗、肥料、整地、种植、抚育等营造林主要环节的监管。

（五）保障良种供应是实施木材战略储备生产基地的基础

要树立"林以种为本，种以质为先"的意识。按照"产业发展、种苗先行"的发展思路，加强种质资源收集、保存和利用研究，建立林木种子生产、贮藏与苗木繁育协调发展的种苗生产与供应体系。一是对基地种苗供需情况进行预测分析，提前抓好种苗生产、贮藏和供应；二是结合现有国家重点林木良种基地，按照基地建设规划，建立不同类型的良种繁育基地，改扩建现有种子生产基地和苗圃，建立一批优良树种的母树林和种子园，加强种苗基础设施建设，提高种苗生产能力；三是强化管理，建立适应基地建设需要的种苗供应机制，实行《林木良种证》《种苗质量检验合格证》和"定点供种、定点育苗"的"两证、二定"管理机制，确保基地建设使用最优种苗；四是建立种苗信息网络，为生产提供信息服务，搞好苗木、种子的调剂，满足基地建设对良种壮苗的需要。

（六）实施木材战略储备生产基地必须坚持短、中、长期相结合

全国木材战略储备生产基地建设应当短、中、长周期相结合，开展多树种、多林龄的木材储备，在建设基地的方式上有多种应对措施。如桉树、杨树、杉木、马尾松、毛竹等速生树种，开展短周期的木材战略储备生产基地建设，满足我国近期对木材的需求，解决当前我国木材紧缺问题。而其他树种开展中、长周期的木材战略储备生产基地建设，以满足我国长期对木材的需求，解决我国长远的木材紧张问题。短周期以市场为主导，国家适当给予补贴；中长期以国家为主导，国家加大资金投入。

（七）实施木材战略储备生产基地必须坚持多元化经营模式

集体林权制度改革后，大多林地权属归老百姓所有且比较分散，在建设主体上应采用以国有林场为主和多种经营实体参与的多元化经营模式。经营主体包括各级国有林场、龙头企业、农村经济合作社、农户等。主要经营模式包括："龙头企业＋农村经济合作组织＋农户""公司＋基地＋农户""林场＋基地＋农户""订单林业"等多种经营模式。一是鼓励规模经营。鼓励各种市场主体通过承包、租赁、转让、股份合作经营等形式参与木材战略储备基地建设。二是引导龙头企业办基地。按照"企业＋基地＋农户"的经营模式，整合市场要素，建立木材生产基地。三是积极发展农村合作组织。通过成立专业合作组织或以村民小组为单位将各农户联合起来，促进木材战略储备生产基地集约化、规模化、标准化经营，实现规模效益。

（八）建立有效的投融资机制是实施木材战略储备生产基地建设的有力保障

林木生长周期长，投入资金周转、回收慢，资金压力大，要充分利用财政金融政策，切实增加木材战略储备生产基地建设在林业贴息、扶贫贴息、小额担保、利用外资等贷款中的比重，拓宽林业贷款渠道，探索长期低息贷款或无息贷款、国家储备林木抵押贷款和发行木材储备债券等资金筹措模式，简化林业贷款环节和手续，增加贷款额度，适度放宽贷款条件，降低贷款利率，延长林业贷款期限，积极开展适合木材战略储备生产基地建设特点的多种信贷融资业务。并将木材战略储备生产基地纳入国家森林保险范畴，安排政策补助。

[广西壮族自治区利用外资林业项目办（速丰站）班汉珍]

建珍贵木材战略储备基地　推动云南林业再上新台阶

云南地处祖国西南边陲，地形地貌复杂，气候类型多样，宜林地资源和用材树种种质资源丰富，发展用材林优势独特，前景广阔，潜力巨大。长期以来，在国家有关部门关心支持下，在国家林业局的帮助和指导下，云南省木材战略储备生产基地建设取得了长足发展，截至 2012 年全省用材林基地面积达 1.5 亿亩，为缓解木材供需矛盾、巩固生态建设成果、保障国家木材安全、促进林农增收和地方经济发展作出了积极贡献。

一、云南省木材储备资源情况

（一）林业基本情况

1. 地理位置。云南省位于我国西南边陲，省会昆明。全省总面积约 39 万千米^2，占全国面积 4.11%，在全国各省级行政区中面积排名第 8。与云南省相邻的省区有四川、贵州、广西、西藏，云南省的 3 个邻国是缅甸、老挝和越南。

2. 森林资源。全省林业用地面积 37141.65 万亩，占土地总面积的 64.71%。林业用地面积中森林面积 27265.95 万亩，占林地面积的 73.4%；森林覆盖率 47.50%。林业用地利用还有潜力可挖，占林业用地 20% 以上的无林地、灌木林地等地类还可供开发、改造、造林。提高土地利用率，扩大森林资源总量还有较大的空间。全省活立木总蓄积量 17.12 亿立方米。其中：林分蓄积 15.54 亿立方米，疏林、散生木、四旁树蓄积 1.58 亿立方米。林分每亩平均蓄积 7.0 立方米，单产不高，且多为中、幼龄林。年总生长量 7364.11 万立方米，年总消耗量 5321.50 万立方米。加强经营、提高林木生产率，是今后较长期的营林任务。

3. 林业产业发展目标和任务。云南省人民政府确立了以"六大产业园区""九大产业"为主的发展目标。木材加工及人造板产业是"六大产业园区""九大产业"的重要组成部分，其主要任务是加快发展珍贵用材林，积极推动木材制品深加工。加快木材加工产业园区建设，到 2020 年，云南省将通过宜林地造林、迹地更新、中低产林改造等方式建立木材战略储备生产基地 200.0 万公顷（折合 3000 万亩，含竹类），其中现有林培育为 91.8 万公顷（折合 1377 万亩，含竹类），占基地总面积的 45.9%，新造 108.2 万公顷（折合 1623 万亩，含竹类），占基地总面积 54.1%。将培育珍贵用材林基地 1000 万亩，使云南省木材加工及人造板产业的竞争力明显增强。

（二）发展木材战略储备项目的优势条件

1. 种质资源极其丰富。云南植物种类繁多，生物多样性丰富，全省已知高等植物 17000 余种，约占全国植物总数的 47.6%，列入《中国主要栽培珍贵树种参考名录》的就有紫檀、黑黄檀、榉木、柚木、铁刀木、铁力木、云南红豆杉等 105 种，占全国主要珍贵树种数 208 种的 50.5%，其中红木类树种云南分布或引种 5 种，占全国 7 个红木类珍贵树种的 71.4%，分别是紫檀、黑黄檀、降香黄檀、印度黄檀、铁刀木；常绿硬木类树种 50 种，占全国 48.5％；落叶硬木类树种 39 种，占全国 52.0％，极其丰富的种质资源为云南木材战略储备项目奠定了坚实的种源基础。

2. 自然条件极为优越。首先是气候条件优越。云南气候兼具低纬气候、季风气候、山原气候的特点，一是气候的区域差异和垂直变化十分明显；二是年温差小，日温差大；三是降水充沛，干湿分明，分布不均。其次是自然地理条件优良。云南地形地貌复杂，拥有从海拔 75 米至海拔 6740 米各种类型的高山、峡谷、丘陵、坝子、山地等。第三，云南具备多种类型的土壤。由于独特的地形地貌和特殊的气候条件，形成了自高海拔至低海拔的暗棕壤、棕壤、红壤、赤红壤、砖红壤等多种类型的土壤。云南多样的气候类型，复杂的自然地理和多类型的土壤条件，造就了繁多的生物种类和森林类型，为各类珍贵用材树种的生长创造了得天独厚的条件。

3. 产业发展基础良好。全省从事木材加工方面的企业，其中仅红木加工企业就有数百家，加工的红木种类有花梨木、酸枝、鸡翅木、紫檀、黑黄檀等珍贵木材，每年进口的红木原料约 20 余万立方米，2011 年全省红木进口及加工产值约 80 亿元。还分别在德宏和西双版纳建成了规模较大的红木交易市场，有力推动了以红木为代表的珍贵用材树种的产业化发展。

4. 技术储备强势有力。云南省内从事植物研究的中央、省级科研机构较多，尤其是对珍贵用材树种进行了多方面的研究、试验和推广，取得了大量的科技成果，建立了一定规模的降香黄檀、云南红豆杉、柚木、沉香、秃杉、西南桦等珍贵树种基地，总结了多种栽培技术和栽培模式，积累了较为丰富的珍贵树种资源培育经验，为云南省木材战略储备项目建设提供有效的科技支撑。

5. 良好的政策氛围。一是国家形势极其有利，实施西部大开发战略之后 10 年是承前启后的关键时期，必将给云南省林业发展带来重大历史机遇。2011 年 5 月，国务院批准并出台了《国务院关于支持云南省加快建设面向西南开放重要桥头堡的意见》，明确了云南省是我国重要的生物多样性宝库和西南生态安全屏障的战略定位，提出建设珍贵用材林的战略决策。2013 年 1 月，国家林业局批准实施《全国木材战略储备生产基地建设规划（2013～2020 年）》，国家政策形势极其有利。二是省委省政府高度重视林业，制定出台了建设森林云南、改善金融服务支持林业和集体林改、林权抵押贷款、林地林木流转、森林资源资产评估、推进林农专业合作社、推进森林保险体系建设等政策，随着森林云南建设的深入，云南珍贵树种建设将会凸现越来越重要的作用。

二、2011～2012 年项目进展情况

（一）木材战略储备项目基本情况

近 20 年来，国内木材需求越来越大，以年均缺口 2％ 的比例增长，我国木材进口量持续攀升，过五年来，中国林产品（包括木材）进口总额占据世界第一，国际木材进口受到多种限制，我国木材安全形势日益严峻，已从一般的经济问题转变为资源战略问题，呈现国际化、政治化、复杂化的态势。作为可进行立木储备的战略资源，开展木材战略储备示范基地建设，迫在眉睫，势在必行，尤其是珍贵用材林基地建设，将对有效抑制木材市场价格、满足

人民生活需要起到极为重要的作用。

2013 年 1 月，国家林业局批准实施《全国木材战略储备生产基地建设规划》，在全国 25 个(区、市)的 698 个县(市、区)和国有林场(局)，按 6 大区域 19 个基地的布局建设储备基地。云南在西南适宜地区区域的滇黔桂高原基地和滇西南基地进行基地建设，共 38 个县纳入了规划范围，以发展特色用材林和珍稀用材树种为主。基地建设主要有三种模式：一是集约人工林栽培，二是现有林改培，三是中幼林抚育，2012 年木材战略储备示范县投资情况，集约人工林栽培和现有林改培国家投入 500 元/亩，中幼林抚育是国家投入 100 元/亩。

(二)珍贵用材林及木材战略项目计划下达情况

2011 年，国家下达云南省特殊林林木培育任务 1.2 万亩，国家投资 600 万元，下达珍稀树种培育项目 0.6 万亩，国家投资 300 万元。2012 年，国家下达云南省木材战略储备基地示范项目是人工营造珍贵用材林 2 万亩。造林树种主要有：铁刀木、柚木、秃杉、降香黄檀、沉香等，国家投资 1000 万元。下达珍贵及特殊林木培育项目 0.48 万，国家投资 240 万元。

(三)建设任务完成情况

截至 2013 年 5 月底，2011 年下达的建设任务 1.8 万亩已全面完成。2012 年木材战略储备示范项目，云南省在德宏州的瑞丽市、盈江县、陇川县，临沧市的双江县、耿马县，西双版纳州的景洪市等 6 个县市，按建设项目基本建设程序管理要求，聘请了具备资质的设计单位，编制了县级实施方案，并精心准备林木种苗，选择优质建设用地，完成人工造林 1.5 万亩，占计划任务 2 万亩的 75%，投资完成 1500 万元，少部分建设任务将在今年内完成。2012 年珍贵及特殊林木培育项目 0.48 万亩已全面完成，同时，积极整合天然林保护、退耕还林、石漠化治理、防护林建设、森林抚育与造林补贴试点以及省级低效林改造和陡坡地生态治理建设等项目，加大对发展用材林基地的资金扶持力度，2012 年新建竹子、桤木、杉木等速生丰产用材基地 95 万亩，投资 1.4 亿元；完成商品林抚育 120 万亩，投资 1.26 亿元。为云南省木材战略储备奠定了坚实的资源基础。

三、经验和做法

(一)建立健全组织机构

为推动和加快云南省木材战略储备项目建设，云南省将项目建设与调整农村经济结构、林场发展以及农民增收致富结合起来，把这一项目作为林业发展的一个重点突破口，省林业厅加强了组织领导，充实和调整了云南省林业厅速丰办工作人员，配备了办公室和办公设备，同时要求各项目县组建项目领导小组并设立办公室，为全面保障示范项目的实施奠定了坚实的基础。

(二)提高生产技术水平

一是突出了珍贵用材林培育，长期以来，珍贵用材林培育因经营周期长、难于培育、投入高等因素未得到发展，实施木材战略储备示范建设项目以来，珍贵用材树种培育受到重视，注重培育水平，如：降香黄檀、铁刀木、铁力木、沉香、西南桦、秃杉等树种，大大加快了珍贵用材树种的发展速度，提升了培育水平和资源质量。二是促进了科技水平的应用和提高。通过立地控制、遗传控制、密度控制等措施，来发挥珍贵用材树种的比较优势，从而获得最大量化的经济效益，并推广使用了容器大苗、平衡施肥、修建生物防火带、宽窄行种植、无性系组培苗、抗旱造林技术等实用技术，促进科技成果转化，提高营造林生产水平。三是充分利用科技支撑力量，充分挖掘中央在滇林业科研单位、省林业科学院、州市林业科研所等科研部门，加强对现有珍贵树种的保护、繁育、开发研究工作，初步实现科技与生产的有机结合，促进了全省木材战略储备项目的顺利开展。四是要求实施单位技术人员要与设计人员深入每一个小班，制定切合每一个小班的技术措施，并加强现场施工技术培训和管理。

（三）坚持全过程质量管理

云南省将木材战略储备示范项目作为国家重点工程来抓，高度重视工程建设质量，坚持全过程质量管理：第一，严把作业设计关。严格按照项目管理要求，委托有乙级资质的林业勘察设计单位编制作业设计；第二，严把种苗质量关。从选择种源、采集种子开始，高度重视种子质量，坚持培育一级苗木造林；第三，严把整地质量关。按设计大规格整地并施足底肥，坡地采用带状整地，适当保留现有植被，以利于保持水土和苗木生长环境；第四，严把栽植质量关。结合树种特性和各地气候情况，宜栽即栽，同时，推行专业队伍施工，大大提高了施工质量；第五，严把检查验收关。从作业设计到施工，认真推行契约化管理，从严检查验收，确保造一片成一片，造一片示范一片，发挥示范带动作用。

四、下一步工作打算

紧紧抓住国家和云南省大力实施木材战略储备基地建设的重大战略机遇，大力营建珍贵用材林基地和木材战略储备基地，通过集约经营提高林地生产力、改善林分质量，建设一批国家级和省级重点木材生产基地县和木材战略储备生产基地，切实增强木材自给能力。下一步主要工作打算如下。

一是抓科学规划，进一步指导各州（市）编制木材战略储备生产基地规划，突出区域特色，选择适宜树种，科学区划布局，明确发展目标。

二是抓种苗培育，加大珍贵用材树种优质壮苗培育，开展珍贵用材种质资源收集、保存、研究和利用，大力推广无性育苗快繁技术。

三是抓扶持资金，依托国际木材战略储备基地示范项目以及国家和省级重点工程项目，加大对发展用材林基地的资金扶持力度。

四是抓示范带动，以国有林场、森林公园等为重点建立珍贵用材林示范基地，积极推进全省珍贵用材林的发展与低效林改造、林分改培、补植补造、农村"四旁"种植以及通道、城镇、校园、单位部门有机结合起来，有效扩大珍贵用材林的发展范围和空间。

五是抓综合利用，加大珍贵树种绿化大苗培育、小径材加工、枝叶综合利用、林下种养殖的开发力度，切实解决培育周期过长、收益过慢的问题。

（云南省林业厅王卫斌）

二、世界银行贷款项目

利用世界银行贷款发展林业大有可为

——河北省二十年实践成效显著

河北省从 1990 年开始持续利用世界银行贷款发展林业，截至目前，已建和在建的有 5 个项目。其中已经竣工的有"国家造林项目"（简称一期项目）、"森林资源发展和保护项目"（简称二期项目）、"贫困地区林业发展项目"（简称三期项目）、"林业持续发展项目"（简称四期项目）；正在建设的是"林业综合发展项目"（简称五期项目）。以上这些利用"世行"贷款发展林果业的项目，覆盖了张家口、承德、秦皇岛、廊坊、保定、石家庄、邢台、邯郸、衡水等 9 市，其中已竣工的前四期项目总投资规模达 6.08 亿元人民币，利用世界银行贷款4301.35 万美元，营造各类人工林近 18 万公顷。

一、伴随着改革开放的脚步，河北省林业利用世行贷款造林项目持续发展

河北省世行一期项目于 1990 年开始实施，该项目设计造林规模 4 万公顷，项目总投资11304.27 万元人民币（含因汇率变化两次追加任务和投资）。其中，利用世行贷款 1017.5 万美元，占总投资的 60%，省内各级配套资金 4521.7 万元，占 40%。项目涉及保定、石家庄、邢台、邯郸、衡水等 5 市（地）的 19 个县。项目 1997 年结束时累计完成合格造林报账面积58538.2 公顷，是 4 万公顷造林任务的 146%。该项目于 1997 年竣工，项目业绩评价等级为"十分满意"。

河北省世行二期项目 1995 年正式实施。项目造林总规模 5 万公顷，项目总投资 18447.7万元人民币。其中，利用世行贷款 1272 万美元，占总投资的 60%；省内配套资金（含造林单位劳务折抵）7379 万元，占总投资的 40%。项目涉及承德、保定、石家庄、邢台、邯郸、衡水、廊坊等 6 市 26 个县。累计完成造林合格报账面积64584.3 公顷，占项目设计造林面积的129%，是项目任务调整后造林面积的 117%。项目造林平均成活率 91.5%，良种使用率100%，一级苗使用率 92.4%，环保合格率 98%。该项目于 2001 年竣工，项目业绩评价等级为"满意"。

河北省世行三期项目是通过发展短周期、高效益的经济林、用材林，增加项目区贫困农民的经济收入，促进贫困地区的脱贫致富进程的项目。设计造林规模 2.8 万公顷，项目总投资 1.81 亿元，其中利用世行贷款 1200 万美元，占总投资的 55%，省内配套资金 8100 万元，占总投资的 45%。项目涉及张家口、承德、秦皇岛、石家庄、邢台、邯郸等 6 个市的 17 个

县。其中，国家和省重点扶持的贫困县 13 个，非贫困县 4 个。项目共计完成合格造林报账面积 34786.3 公顷，是项目设计造林面积的 124%。经林业专业调查队摸底调查，项目林中一类林 25884.5 公顷，占 70.2%；二类林 7390.5 公顷，占 20.1%；三类林 3578.2 公顷，占 9.7%。

河北世行四期项目 2002 年底启动实施。项目涉及廊坊市 7 个县（市、区），项目总投资 12950.8 万元人民币，其中世行贷款 811.85 万美元（折合人民币 6148.63 万元），占总投资的 47.5%，各级配套资金 6802.17 万元，占总投资的 52.5%。项目最终完成人工造林报账面积 17495.2 公顷，占原计划的 196.5%，占中期调整计划的 110.5%。

在建项目，即世行五期造林项目总投资 2.72 亿元人民币（其中世行贷款 2000 万美元），计划造林 2.45 万公顷。项目涉及廊坊、衡水、邢台、邯郸等市的 17 个县。项目于 2010 年 12 月正式启动实施，目前正在实施中。截至 2012 年年底，项目共完成营造多功能人工林 13026 公顷，约占总任务的 53.05%。其中混交型防风固沙林（模型Ⅰ）4502.46 公顷；间作型防风固沙林（模型Ⅱ）5785.02 公顷；经济型防风固沙林（模型Ⅲ）2737.56 公顷。经省林业调查规划设计院全面检查验收，上述完成的 13026 公顷造林平均成活率 92.3%，苗木合格率 96.7%，病虫发生率 2.2%，栽植合格率、整地合格率、环保合格率均为 100%。

二、河北省林业利用世行贷款造林项目实施二十年，成效显著

河北省林业世行项目的实施，为加快河北省绿化步伐，加强速生丰产用材林和果品基地建设，发挥了积极的作用。不仅增加了森林资源，提高了森林覆盖率，更重要的是通过世行项目这一载体，在引进资金的同时，引进了国际上先进的技术和科学的管理方法，培养了人才，开阔了视野，转变了观念，助推了全省林业的经营管理水平。

（一）拓宽了林业投资和融资渠道

没有实施世行项目以前，河北省林业建设主要依靠国家基本建设投资、各级财政拨款和群众义务投工，投资渠道较少。利用世界银行贷款实施的五个林业造林项目，累计利用世行贷款 6301.35 万美元，增加了全省林业建设的投入，拓宽了林业投融资渠道。

（二）提高了全省林业经营管理水平

河北省依靠实施世行项目，建立了一套完整的世行项目管理和支持保障体系，包括机构建设、规划设计、科技推广、苗圃管理、质量监控、财务报账、环境保护等，提高了林业工程造林项目的管理水平。通过举办各级培训班，对项目农户发放小册子，开展电视讲座、现场操作等各种培训，提高了管理人员、技术人员和参与项目林农的素质和能力。以"世行三期项目"为例，5 年间项目区共举办各类技术培训班 1402 期，培训各级人员 9.3 万人次。被称为新农村建设中提高农民素质的成功典范。

（三）促进了林业发展，提高了林农收入

世行项目实施过程中倡导尊重农户意愿，按照"谁造林、谁受益"的原则，造林者拥有经营权和所有权，这在全国没有统一实施"林改"的一段时间里，对林区农民自愿投资林业是一个极大地促动，调动了经营者的积极性。以三期项目为例，项目实施过程中，有 18.4 万贫困农民参与项目，各个环节为他们提供了 8251 万个工日的就业机会，仅劳务收入就有 123765 万元，年人均收入达 300 多元。

（四）增强了环境承载力

通过世行项目集中连片的综合治理，项目区的森林覆盖率明显提高，有效地改善了项目区的生态环境。在平原地区，世行项目造林地的选择，重点利用的是境内河流两岸多年滚动形成的沙荒地，以及进一步延伸的次耕地。一期项目中，保定市、定州市完成项目造林 3704公顷，其中改良沙质土地 1667 公顷。二期项目中，廊坊市的永清县、安次区发展 6667 公顷速生丰产用材林，占用土地全部是沙荒次耕地。三期项目中，邯郸市的大名县、馆陶县也是这样，过去的沙薄地经过改土造林，改善了土壤理化性质，培肥了地力。全省实施世行项目20 年的实践，涌现出了永清、广阳、定州、新乐、大名、临漳等一批治沙造林的先进典型。

在山区，世行项目特别强调以项目村为单位，按流域进行综合治理。凡在坡度 5 度以上的地方，普遍要求沿等高线采取反坡梯田、水平阶（围山转）或鱼鳞坑整地，并按"品字形"栽植，以此控制水土流失。三期项目的承德县磴上乡陕西营村，以前是全县水土流失最严重的村落。该村通过实施世行项目，营造各种林木 114.2 公顷，并依托项目采取了封山育林等相关治山措施，实现控制水土流失面积 750 公顷，较项目实施前降低水土流失 20%，使 70多公顷农田实现稳产高产，年增产粮食 1 万多千克。

总之，无论是平原还是山区，世行项目造林在增加林业资源的基础上，在防止水土流失、涵养水源、防沙治沙、改善生态环境等方面都发挥了重要作用。

三、河北省二十年的实践证明，利用世行贷款发展林业大有可为

（一）健全组织机构，不断完善管理体制

林业生产周期长，投资有风险，加之世行贷款造林项目标准高、要求严、程序复杂，更在于它实行的是先造林后报账的体制，刚开始实施的时候各级政府有顾虑。为确保项目顺利实施，河北省、市、县三级政府均成立了以主管领导为组长，由林业、财政、发改、审计等部门参加的项目建设领导小组，负责处理项目建设中遇到的重大、政策性问题。相应的，各级林业部门都建立了项目管理机构，具体负责世行项目造林的日常管理工作。

健全的机构为世行贷款造林项目的顺利开展打好了基础。在建立健全世行造林项目管理机构的基础上，根据工作需要进行建章立制，保证了各项管理工作有条不紊地开展起来。每一期项目的启动和实施，都分别制定了工程管理、资金管理、苗木管理、物资管理、档案管理等一系列管理规定和办法。通过建立和完善各项规章制度，实现了项目建设有章可循，做到了规范管理。

在项目实施过程中，严格遵循"按工程管理、按规划设计、按设计验收、按验收结果报账"的质量管理体制。一是对造林的各个环节严格把关，紧密衔接，确保每一项造林技术都不折不扣地落实到生产中去，提高造林成活率。二是以检查验收为手段，严把造林质量关，严格按检查验收合格面积报账，确保一次造林成功。三是把监督检查落实到造林工作的全过程，发现问题及时解决，避免了单纯依赖检查验收发现问题，返工补救而造成浪费。四是在育苗管理中严格执行"两统"（即统一使用良种，统一苗木规格）、"三定"（即定点供种、定点育苗、定向供苗）的苗木管理办法。

（二）严格执行造林模式，确保投资效益

河北省地貌类型多，各个项目区的立地条件都不尽相同，因此在项目建设中河北省始终

坚持分类管理原则，针对不同的地区采用不同的造林模式，最大化的发挥林业世行项目的效益。在平原地区项目建设中，充分利用沙荒地、次耕地，搞"一改三提高"开发式生产。即通过项目资金的扶持，改变农业生产条件，在林地中发展林农长期间作的立体生产模式。在这一模式下，营造的丰产林起到了防风固沙的屏障作用，对间作农作物浇水施肥，不仅保证了林木的速生丰产，又保证了农业的稳产增收。这种开发性生产，由于生产条件的改善，增加了耕地或改良了次耕地，林农互促互补，大大提高了项目的投资效益，提高了土地生产能力，从而提高了农民的收入水平。在山区，项目建设则强调以自然村或行政村为单位，按流域进行综合全面治理，最终形成林业经济生态村的模式。可以说，有针对性的项目建设，对促进项目区农业产业结构调整，发展农村经济以及帮助农民脱贫致富发挥了积极作用。

（三）提高科技含量、推进科技兴林

一是坚持"三定育苗"制度，即定点供种、定点育苗、定向供苗制度，以项目县的国有中心苗圃为主实行三定育苗。一般国有苗圃技术、土地、设备条件都较好，实行三定育苗，既可以促进苗圃建设，又可保证苗木的种源和质量。二是努力推广优良品种育苗和造林。要求选用部、省鉴定审定推广的品种或品系进行育苗和造林。三、四期项目良种使用率达到了100%，实现了项目造林良种化。三是生产与科研紧密结合，将现有的科研成果及阶段性成果组装配套运用到生产中去。多年来，已建立林粮长期间作模式研究、不同树种材种出材量的研究、杨树优良无性系推广、落叶松速生丰产林营造及可持续经营技术研究等科研推广课题10多项。在育苗生产中积极推广了落叶松育苗切根技术，项目造林中加大了ABT生根粉、保湿剂和地膜覆盖等新材料、新技术的推广应用力度。

（四）注重农民利益、巩固造林成果

在实施世行项目造林过程中，牢固树立以人为本的思想，充分尊重农民投资和建设主体的作用。从项目设计开始就明确项目造林收益归属问题，在法律上保障了项目区造林农户的利益。其次是充分尊重农民意愿，通过深入细致的社区林业评估等工作，让千家万户农民广泛参与项目的规划设计，特别是在栽植树种方面，从遵循市场经济规律出发，发展有市场前景的优良树种。再次，切实保证造林质量。世行项目是举债造林，造林质量是关键，没有质量就没有效益。项目实施中，河北省通过完善检查验收机制并严格管理，从而保证了项目实施质量。具体操作时充分运用"报账制"这一约束手段，聘请专业调查队伍对每年的项目造林进行全面检查验收，并以验收核实的合格面积为准。造林不合格的不计算造林面积，坚决不予报账，认真把住质量这一关。通过一系列扎实有效的基础性工作，很好地调动了农民造林的积极性，提高了项目建设质量，巩固了造林成果。

（河北省林业外资项目管理中心冯小军、宋熙龙、尚国亮）

打造世行精品工程　促进山西林业快速发展

——山西省实施林业世行贷款造林建设成效与经验

山西省地处黄土高原，地理位置相当重要，是华北地区防止土地荒漠化向东南部蔓延的一道重要的生态屏障，也是黄河中游水土流失治理的重要省份之一。针对水土流失、荒漠化和空气污染等十分严重这一现状，山西省人民政府在组织有关部门专题研究的基础上，一致认为在山西省实施世行贷款造林项目，符合山西省经济社会发展要求，对治理水土流失乃至荒漠化，改善生态环境具有重要的现实意义。

一、山西省利用世界银行贷款造林实施基本情况

山西省于1995年开始利用世行贷款实施林业项目。先后实施了"森林资源发展和保护项目"（简称世行二期项目）；"贫困地区林业发展项目"（简称世行三期项目）；"林业持续发展项目"（简称世行四期项目）；"黄河流域生态恢复林业项目"（简称世行五期项目）。

截至2012年底，实施完成的世行贷款林业二、三、四、五期，共投资57183.10万元人民币，其中利用世行贷款4153.83万美元，配套28937.06万元，配套资金主要由财政和发改委提供。完成造林11.06万公顷，在全面完成项目建设任务的同时，对当地的林农生活、生态建设、环境保护、经济效益、产业发展与结构调整，产生重大了影响。

二、打造精品工程　实现"七个促进"项目建设取得新成效

利用世界银行贷款造林是山西省林业重点工程的重要组成部分，是林业产业体系的骨干工程，是提高经济效益，增强林业实力的"希望工程"。通过项目的实施，增加了山西省的森林资源储备，改善了项目区生态质量，促进了项目实施地区的农民致富。其建设力度之大，推动速度之快，发展效果之好，实现了量的跨越、质的飞跃。世行贷款林业项目实施以来，在山西省委、省政府的正确领导下，在省发改委、省财政厅、省审计厅等部门的大力支持下，经过各级林业部门和广大农民和林业职工的共同努力，项目建设取得令人瞩目的成就。

（一）促进了山西林业建设的发展

从1995年起分别实施了四期世行林业项目，全省8个地市62个县及8个省直林局实施了世行贷款项目造林。

1. 增加了项目区森林覆盖率，加快了生态建设进程

项目区大部分是在荒山、荒地或退耕地上造林。按建设规模的80%形成森林面积计算，森林覆盖预计将增加1~3个百分点左右。在项目经营期，由于森林植被的增加：一是可大幅度地减少项目区水土流失，同时又能提升林地土壤涵养水源功能；二是起到森林碳汇作用，改善了项目区生态环境质量；三是起到保护生物多样性，对维护生态平衡，促进全省林业可

持续发展发挥了重要作用。

2. 增加项目区商品木材资源储备、缓解了木材供需矛盾

世行项目营造的用材林，既有效地缓解了我省在实施"天保工程"建设区，全面停止天然林商品性采伐木材供需不足矛盾，又为我省从采伐天然林为主向采伐人工林为主的转变奠定了坚实的物质基础，有力地促进了全省速生丰产林基地工程建设的健康发展。

（二）促进了林业管理水平的提高

通过项目的实施，引进和吸收国外的先进理念、技术和管理方法，特别是项目的工程化造林、提款报账制、分工序检查验收办法、参与式农户社区评估等等，已在我省林业建设中广泛推广，提高了我省林业现代化管理水平。

（三）促进了科技兴林的进程

通过项目的实施，引进和吸收国外最新的林业研究成果，把良种繁育、栽培技术、经营措施等方面的科研成果在项目中集成、组装。提高了整体的科技含量。促进了林业新技术成果向生产力的快速转化。

（四）促进了林业的对外开放

通过项目实施，进一步促进了我省林业的改革开放步伐，为全省顺利的引进了日援、日贷和中德技术合作等外资项目创造了条件。有力地推动了全省林业改革开放。

（五）促进了林业产业结构的调整

通过项目实施，为项目地区提供了巨大资金，改善了当地林农的生产和生活结构，对当地林业经济结构的合理调整，产生重大的影响。

（六）促进了林业专业队伍的建设

通过项目实施，培养和建设一批专业现代化队伍，进行项目的组织施工、技术指导、资金管理工作。并在林业、植保、水利、环保等多领域工程中推广应用。巨额资金合理、规范、安全的使用，也提升了队伍的思想认识水平和业务素质。

（七）促进了林业与各部门的协调配合

通过项目实施，加强了林业与发改委、财政、审计等部门团结协作和配合。长期以来，发改委、财政、审计等部门对林业支持是一贯的、大力的，这是做好世行贷款林业项目的重要保证，也是实施每一个新项目的有利条件。山西省从1995年世行林业二期开始，一直连续到今天的世行林业五期项目启动，就是很好的证明。

三、创新管理机制，推进"四个转变"，项目管理取得新突破

山西省利用世行贷款采取集约经营，科学管理，高标准、高质量地实施世行贷款项目造林重点工程。为确保项目成功实施，在转变观念，创新管理机制，突出重点，提高质量等方面进行了有益的探索和尝试。

（一）建立健全项目管理组织机构，由传统计划型向强化科学管理型转变

为确保世行贷款造林项目顺利实施，山西省政府成立了以分管副省长为组长，由林业、财政、发改委、审计等相关部门领导参加的项目领导小组，在省林业厅成立了项目办公室；在项目区市、县、乡（镇）各级也相应成立了项目领导小组并在林业局成立了项目办公室，配备专职领导和专业技术人员，负责对本级世行项目实施工作的领导、督促和检查。从上到下

形成了一个由组织、计划、财务、科研、质量、信息、物资和债务等为一体的项目管理体系，为项目的顺利实施打下了坚实的基础。对项目工程造林的管理进行了积极而富有成效的探索，取得了成效，并协调解决项目在实施过程中存在的一些具体问题。

（二）建立林业资金投入机制，由国家拨款为主向多元化投入转变

世行贷款项目造林遵循市场经济物质利益原则，采取由国家融资，地方各级政府配套支持，造林实体（企业、林场）、集体和农户个体承贷，签订贷款协议和造林合同并进行公证，用法律形式明确债务责任人"借、用、还"的责任和义务。

（三）建立项目质量管理机制，由粗放经营向集约经营转变

项目实施以来，在建立和完善项目管理组织体系的基础上，不断建立和健全管理制度，形成了以质量为核心的严把"五关"项目管理制度体系。

1. 精心规划设计。林业技术人员在外业开展造林设计时，在本着选择立地条件好的地类（一、二级）设计造林树种的同时，引进群众参与式工作方法，充分听取造林实体（农户）对造林地块、树种和经营形式等方面意见，做到项目设计与实施的可靠性。

2. 严把种苗质量关。良种壮苗是提高造林质量和效益的内在因素。为保证造林种苗质量，县级项目办配合受益主体，与苗圃等苗木供应基地签订供苗合同，定点、按质、按量提供良种和壮苗，做到坚持用一级苗造林而且种源清楚，要三证（林木良种认证、种子质量合格证和苗木出圃合格证）手续齐全并记入资料档案。

3. 严把造林质量关。一是造林从预整地开始，县项目办要组织林业技术人员对造林预整地要按造林设计要求进行检查验收；二是严把苗木质量关。即由林业技术人员在苗木出圃现场把关，只准用一级苗上山造林；三是严把造林栽植关。在造林前，要由林业技术人员对参加栽植造林农户进行现场技术培训，苗木栽植基本做到三埋（土）两踩（实）一提（苗），根系舒展，苗木扶直。

4. 造林质量检查验收关。项目造林结束，在造林实体进行自检、县项目办组织林业技术人员按照《造林检查验收办法》进行全面质量检查。写出自查报告到省项目办。再由省项目办会同市项目办，抽调专家、学者进行检查验收，对达到验收合格的造林面积给予报账，达不到要求的造林面积要进行补植补造，经申请检查验收合格后方可确认造林报账面积。

5. 幼林管护关。项目造林在设计中对用材林、经济林制定了必须进行二年（经济林三年）幼林抚育管护措施，而且每年幼林抚育都要经过检查验收合格后才能报账，确保了项目造林林分质量。

（四）建立资金管理机制，由争取规模向追求质量效益转变

世行贷款项目造林是举债经营，项目资金（包括贷款和国内配套资金）的使用必须做到安全、高效运行，为确保资金投资效益最大化，项目采取了严格的财务"报账制"。山西省世行贷款项目造林在省级和项目县级世行办设立了财务管理人员，开设资金专户，单独设置账簿（总分类账和明细账），对项目建设中发生的各项经济业务进行核算，账簿登记管理。

四、促进项目区相关政策和理念的更新，推进林业建设新跨越

山西省利用世行贷款造林既有效地提高了全省各级政府对植树造林、生态环境建设的重视程度，同时也促进了林业改革进程。在执行世行贷款造林过程中，为了保证项目的顺利实

施，项目区各级政府制定了相关的保障政策，林业部门引进了先进的管理理念，推进了林业建设的新跨越。

（一）项目造林采取签订合同制，加快了地方林权制度的改革进程

造林实体（农户）在获准参加世行贷款项目造林实施，一是要与县级财政部门签订贷款转贷协议，用法律形式确定债权债务关系；二是要与县级林业部门签订造林合同，明确造林任务和质量标准并要落实到山头地块，促进了地方林木产权制度改革的进程。

（二）项目资金采取"报账制"管理，提高了项目造林质量和经营管理水平

世行贷款项目造林资金拨付采取"报账制"财务管理办法，即先施工后报账、先用配套资金后用贷款资金。

（三）引进社区参与式造林理念，提高了项目区群众造林积极性

项目在实施过程中注重对直接受益群体的利益，从项目的评估、设计、培训、造林施工和林地经营在项目准备过程中充分听取他们的意见，鼓励他们参与各种重大问题的决策，提高群众的造林积极性，保证项目的成功实施。

（四）加大科技投入，为项目实施提供了技术保障

为解决科研与生产紧密结合，并将科技成果能迅速转化为生产力，世行造林将科技推广与培训工作作为一项重点来抓，每期世行项目都建立了省、县、乡三级由林科院科技人员组成科技支撑组。为项目的实施提供技术保障。一是通过办培训班，对基层项目管理人员和参加项目的农民进行项目、财务管理和造林技术培训，提高他们对实施林业外资项目管理和造林技术水平；二是采取建示范林，推广造林提前整地、引进优良品种、推广容器育苗和抗旱保水剂等，将营建示范林所得的技术成果、管理经验和运作模式广泛运用到造林项目中，提高项目建设质量。

（山西省国际金融林业项目管理办公室张传恩）

世行贷款造林项目引领辽宁林业科学发展

　　放眼辽宁林业的发展历程，正处于转型的关键时期。在过去十年的林业建设过程中，辽宁省成功引入和实施的"贫困地区林业发展项目"、"林业持续发展项目"和"林业综合发展项目"等一系列世行贷款造林项目为改善项目地区的生态环境、增加我省森林资源储备、扩大社会劳动力就业、调整农村产业结构、促进地区经济发展、帮助广大农民脱贫致富和全省的林业对外开放做出了巨大贡献。世行贷款造林项目对辽宁省林业的发展起到了无可替代的作用。

　　世行贷款造林项目促进辽宁省林业项目管理模式和经营理念的转变。世行贷款造林项目从启动到实施，全程采用国际先进的管理体系：制定和贯彻多种规程规范，应用先进的营林技术成果，实行集约经营；育苗用良种，造林使用I级苗；财务审计体系实行严格的"报账制"；环保体系消除或减轻项目对环境的负面影响，制订环保技术规程和病虫害防治方案等。通过与世行的多年合作与严格实施，项目已经覆盖了全省 14 个市的 36 个县（市、区），人们逐渐从林地集约经营、科学管理中收到了实效。项目造林的经营管理模式逐渐为各级政府和广大群众所认可，并应用到其他造林项目中，有效促进我省林业从传统型向现代型转变，改变了传统林业建设上粗放经营的思路，逐步建立起了集约经营的科学理念。

　　世行贷款造林项目推动辽宁省生态林业的发展。随着世界经济的高速发展、新一轮国际产业的转移、全球森林资源的急剧减少以及环境问题的日益突出，国际社会经济援助重点将逐步转向包括林业在内的生态、环保领域，这也为我国林业在国际上融得大量生态建设资金创造了有利条件。目前，我省开展的世行贷款五期项目就是通过生态脆弱区生态林的营造和恢复，有效地增加了项目区森林资源，改善了森林以生态为主导的多种功能和综合效益，防风固沙效果显著增强，遏制了土地沙化和科尔沁沙地的南移，促进了我省生态环境建设的进程，为其他地区推广具有重要公共效益的多功能人工林的可持续经营和管理提供示范。

　　世行贷款造林项目加速了辽宁省科技兴林的进程。世行贷款造林项目在建设过程中，探索了一系列科研与生产紧密结合的办法，建立了一套自从上到下、协调运作的科技推广与技术培训体系，完善了辽宁省科技兴林的运行机制。通过世行贷款造林项目的实施，全省培养造就了一批林业技术人才和管理人才，在科研与技术推广体系的支撑下，项目造林取得了一批具有领先水平的科研成果，并实现了科技成果的大面积应用，从而有效地推动了辽宁省人工商品林向"两高一优"方向发展。

　　世行贷款造林项目有利于农村产业结构调整和区域经济发展。在世行贷款造林项目建设过程中，还结合区域发展特点，从"贫困地区林业发展项目"开始增加了经济林建设内容，广泛栽培名、特、优、新品种，采取科学管理措施，发展农村经济。项目建设内容的丰富，也积极推进了当地相关林业产业的发展，为广大林农提供大量的就业机会，使农村富余劳动力从土地中解放出来，促进了农村产业结构的调整和农村经济的发展。

世行贷款造林项目加强了全省林业的对外交流与合作。项目利用外资营造了大面积的人工林，在苗木培育、造林技术、管理措施、环境保护、病虫害防治等方面与国外进行了广泛的交流与合作。项目引进了国际上先进的管理理念、管理方式和科学技术，提高了国内林业经营管理水平。同时，由于世行项目成效显著，多次得到了世界银行和国家林业局的好评，世行专家先后12次来辽宁省进行项目检查和技术指导，对辽宁省的项目建设成效给予了高度评价。为辽宁省树立了良好的国际形象和声誉，为吸引外资、促进林业的全面对外开放打下了坚实的基础。

加强领导、广泛宣传是项目成功实施的基础。世界银行贷款首先是政府之间的承诺，层层签订"转贷协议"。由省政府、发改委、财政、审计、林业等有关部门领导组成项目领导小组，在领导小组下设项目办公室（在林业部门），项目办公室不仅担负着项目管理和实施，还负责长达25年的还贷和项目造林后期的经营管理工作。在项目实施过程中，由项目办牵头先后多次召开市、县林业局主管局长和项目办主任工作会议，并通过电视台、广播电台、报纸等多种宣传形式进行广泛宣传，项目市、县亦通过各种途径进行宣传，充分调动了项目地区广大干部群众参与项目的积极性。省、市、县项目办更是深入实际，严格把好关，杜绝走过场，从而在全省上下形成了真抓实干、求真务实的项目造林工作作风，保证了项目造林的顺利实施。

全面系统的科学管理是项目实施的重要手段。为了保证项目的顺利实施，国家林业局、财政部与省政府、省政府与市政府、市政府与县政府层层签署了项目执行协议书，县政府与乡政府签署了贷款合同，明确任务、转贷条件、贷款偿还等条款以及各级政府的责任。根据我国的国情，国家林业局建立了支撑项目实施的八大科学管理体系，即组织管理、营林技术、种苗供应、科研推广、财务审计、环境保护、质量监控和信息反馈体系，为促进项目的快速健康发展起到了保障作用。省林业厅和省财政厅制定了各期项目的管理办法或实施细则，省林业厅制定了从造林、环保、科研、工程管理、财务、物资采购等方面的十多个规定或办法，使项目管理和实施做到有章可循。

充分发挥科技生产力的作用是项目高标准的重要支撑。科技推广是项目造林的重要支柱之一，项目实施过程中，各县项目单位都要根据各自情况制定一套科研推广计划，注重科技培训工作开展，层层举办培训班，不断提高管理人员和造林实体的管理能力和技术水平。不断加大科研推广的资金投入，力争使每个造林环节都注入新的实用的科技成果，提高项目造林的科技含量，同时，要做好项目造林的质量监测和示范样板作用。在项目造林中一直推广了落叶松商品用材林经营配套技术和辽宁杨等优良品种及配套经营技术，取得了良好的效果。

强化资金管理是项目成功实施的重要保证。为抓好项目的财务管理，每期项目都制定了"财务管理办法""会计核算办法"和"提款报账办法"。世行贷款是要严格执行报账制，实行四单的报账管理办法（即施工合同单、工程验收单、费用结算单和提款申请单），这四单缺少任何一个单也不能报账。根据先花配套资金后报世行贷款的原则，在报账时还要求省、市、县三级提供配套资金到位的银行证明，配套资金不到位不能报账。世行贷款项目要求省、市、县项目办财务必须单独记账，单独核算、专款专用，决不允许任何单位和个人挪用或占用项目资金，坚决执行财务管理和会计核算办法。

加强项目林的后期管理是充分发挥项目效益的根本保障。搞好造林后的幼抚及经营中的透光抚育和造林地的管理是关系造林成败的关键。从 2002 年起，我省针对项目林的后期经营管理方面，通过设立试验标准地、召开现场会议、签订责任状、出台相关抚育标准和优惠政策等方面，强化林分质量管理，落实债权债务。同时，项目造林逐地块设立了专(兼)职护林员，落实管护措施，明确责任，建立管护制度，制定奖惩办法。确保项目造林成果不受损害和林分健康快速生长。为保证项目还贷的顺利进行和项目建设目标的实现也打下了坚实的基础。

世行贷款造林项目实施 10 年来为辽宁省的林业建设不断注入了新的生机与活力，充分发挥了外资项目的资金和技术优势，有力地推动了林业的全面建设和发展。同时，随着全省林业改革和发展的不断深入，进一步推进世行项目的开展实施，全面推广世行贷款林业项目的成功经验，必将极大地促进辽宁省林业生态建设和速生丰产用材林基地建设的进程，为实现辽宁省林业又好又快发展做出更大贡献。

[辽宁省林业厅外资办(速丰办)张俊信、李国忠]

浙江省世行贷款林业项目
建设成效分析与经验总结

一、基本情况

浙江省林业大规模利用世行贷款始于 20 世纪 90 年代，相继建设完成了"国家造林项目"（以下简称"NAP"）、"森林资源发展和保护项目"（以下简称"FRDPP"）。经过 13 年的努力，全省 20 个县（市）累计营造速生丰产林 11.32 万公顷，完成总投资 4.2 亿元人民币，其中世行贷款 2.0 亿元人民币。2011 开始实施的林业综合发展项目（以下简称"IFDP"），计划投资 2.86 亿元，实施人工纯林生态修复 2.45 万公顷，2 年来，已累计完成生态修复面积 1.39 万公顷，累计报账资金 1201.45 万美元（含先征费 5.25 万美元），约合 7559 万元人民币。

NAP 和 FRDPP 是营造单一树种的速生丰产林和集约经营人工林，重点解决木材供需短缺矛盾；IFDP 是在人工纯林中补植乡土阔叶树种，以形成多树种、多种形式的混交林，重点解决林分结构简单、生态环境退化和治理的问题。

二、取得成效

世行项目的实施，不单是引进了大量的林业发展资金，更为重要的是引进了国际先进技术和管理理念，并在项目实施中得到了创新性地运用与实践，项目实施取得的经济效益、社会效益和生态效益显著。

（一）经济效益

NAP 和 FRDPP 于 1991 年至 2001 年实施，林分生长期最长为 22 年，最短为 14 年，产量较高，经济效益明显。项目分年造林情况见表 1。

表 1 NAP 和 FRDPP 项目分树种分年度造林情况表　　　　　　单位：公顷

造林年度	杉木	马尾松	国外松	阔叶树	毛竹造林	毛竹垦复
1991	11503.3	170.1				
1992	16910.9	975.3	367.4			
1993	12261.7	1180.8	266.5			
1994	9329.7	1044.0	451.2	309.4		
1995	10369.6	1345.4	1607.8	535.8	555.6	1034.6
1996	5346.9	1100.4	2389.5	408.4	1048.9	2633.3
1997	2238.4	2303.3	2482.0	705.8	521.4	3470.2
1998	3033.4	668.7	2659.8	1581.0	1964.9	6459.3
1999	481.3	77.5	356.9	154.1	112.9	831.0
合计	71475.2	8865.5	10581.1	3694.5	4203.7	14428.4

1. 标准地调查

为了解林分生长情况，2013 年 5 月，各项目县(市)对项目造林进行了标准地(面积 0.07 公顷)调查，得出林分平均生长指标，详见表 2。

表 2　NAP 和 FRDPP 项目标准地调查结果表

树种	树龄 (年)	平均胸径 (厘米)	平均树高 (米)	平均蓄积 (立方米/公顷)
杉木	16	13.3	12.0	184.5
	18	13.7	12.7	198.0
	20	14.2	13.3	204.0
	22	15.0	13.6	210.0
马尾松	16	12.2	10.2	163.5
	18	13.0	11.0	175.5
	20	13.5	11.6	184.5
国外松	18	20.2	12.5	204.0

毛竹造林平均立竹度为 2850 株/公顷，毛竹垦复后平均每公顷增加 1650 株，平均胸径达到 10 厘米以上。

由表 2 可知，杉木 16 年、18 年、20 年生单位蓄积分别为原林业部颁速丰林标准的 111.8%、109.1% 和 107.1%；马尾松 16 年、18 年、20 年生分别为原林业部颁布的速丰林标准的 119.8%、108.3% 和 102.5%；国外松 18 年生为标准的 109.7%。

典型调查结果详见表 3。

表 3　NAP 和 FRDPP 林分生长典型调查表　单位：年、厘米、米、立方米/公顷

项目	浙南龙泉		浙西开化		浙西北	
					淳安	安吉
树种	杉木	马尾松	杉木	马尾松	杉木	国外松
树龄	21	22	18	18	18	18
最大胸径	31.2	23.4	28.7	20.2	25.9	34.5
最大树高	16.8	16.1	15.0	11.7	12.8	13.2
平均蓄积	358.5	282.0	235.5	309.6	247.5	226.5

2. 林产品产量测算

以标准地调查资料为参考依据，测算出各种树主伐期林产品产量详见表 4。

表4 NAP 和 FRDPP 各树种林产品产量测算表 单位：公顷、万立方米、万千克

项 目	杉木	马尾松	国外松	阔叶树	毛竹造林	毛竹垦复
面 积	71475.2	8865.5	10581.1	3694.5	4203.7	14428.4
木材产量	1020.7	98.1	133.3	40.9		
竹材产量					40305	43383
春笋产量					11343	28923
冬笋产量					1512	5784

备注：杉木出材率按70%计算、其他树种出材率按60%计算，阔叶树按马尾松产量推算，20年生国外松每公顷蓄积按210立方米测算，毛竹垦复产量为增量。

3. 经济效益估算

参考2012年12月木材市场销售价格，经济效益估算结果见表5。

表5 NAP 和 FRDPP 各树种经济效益估算表

单位：万立方米、万千克、元/立方米、元/千克、万元

项 目	杉木	马尾松	国外松	阔叶树	竹材	春笋	冬笋
产 量	1020.7	98.1	133.3	40.9	83688	40266	7296
销售价格	900	800	800	850	0.8	2	12
产 值	918630	78480	106640	34765	66950.4	80532	87552

从表5可知：NAP 和 FRDPP 全部进入主伐时木材产量为1293万立方米，竹材产量为83688万千克，春笋产量为40266万千克，冬笋产量为7296万千克，总产值137.3亿元，运营期成本为29.9亿元，投入产出比约1:4，经济效益显著。如安吉县仅毛竹垦复一项内容就为项目区农民每年人均增收509元，成为安吉县经济发展新的增长点。

（二）社会效益

1. 增加了就业，提高了农民收入

项目建设期和运营期将为项目区提供17100多万工劳动力就业机会，增加了农民收入，促进了山区经济社会稳定发展。如浙江省建德市航头镇费容村，有人口297人，劳动力177人，全村实施世行项目造林83.47公顷，在完成项目投入的30多万元中，劳务就达15.02万元，使全村人均增收506元。

2. 促进了山区经济发展

项目建设除了增加林产品、林副产品外，还带动了森工企业、乡（镇）企业、副业、交通运输业的发展，不仅给山区带来了林产品和林副产品的收入，也为其他行业的发展积累了资金，提供优质原材料，促进其发展。项目实施还对贫困乡的脱贫起到了重要作用，如浙江省开化县黄谷乡，90年代初是该县有名的贫困山区，省委书记曾到该乡送衣送粮。项目林的成功实施使黄谷乡的荒山披上了绿装，林农们不无感慨地说："如果不是世行贷款造林，我们的温饱问题还没有解决，谁有那份闲心去绿化荒山"。全乡营造杉木项目林340.4公顷，人均0.067公顷，每人年均可获收入615元。

3. 提高了项目区林农素质

在世行项目造林实施过程中，重点抓好科技培训，做到先培训后上岗。特别是对营林技术的现场培训，对林农的收获最大，使他们真正掌握了营林关键技术，大大提高了项目区林农的整体素质，实现了项目造林一系列规范化管理。全省有34600余名林农接受了各种技术培训，为浙江省林业建设项目推广世行经验留下了宝贵财富。

4. 项目实施对林业改革的作用

①促进了速丰林的发展。由于世行项目造林在种苗、技术、科技推广等方面都有一套严密的组织管理保障措施，从而真正实现了速生丰产。②促进了科技兴林的进程。全省从上到下建立了一套严谨的科研体系，有科技保障措施，有科技含量，把科研与生产很好地结合起来，把科研成果推广应用到实际工作中去。世行项目突出科技是第一生产力的做法，为整个科技兴林起到了示范推动作用。③促进了林业管理水平的提高。在种苗、技术、环保、财务、信息等多方面都有切实可行的规范和制度，为项目的顺利实施打下了坚实的基础。特别是实行"报账制"这一运行机制，使资金和质量真正挂起钩来，强化了造林质量管理，促进了营林与财务这两个环节的有效结合，是林业资金管理制度的重大改革，提高了林业管理水平。④促进了林业的改革开放。全省3期世行贷款项目，共计吸引外资约4800万美元，是浙江省林业史上引进外资最大的项目，为全省林业进一步吸引外资开了一个好头，前景广阔。

（三）生态效益

1. 提高了森林覆盖率，美化了生态环境

NAP和FRDPP两个项目为全省增加了森林覆盖率1个百分点，项目县（市）提高森林覆盖率2.6个百分点，这对改善造林地区自然条件、保持水土、涵养水源、改善小气候、促进农牧业的发展，起到了非常重要的作用。

2. 改善了森林质量，保护了天然林资源

据2011年全省森林资源连续监测数据显示，浙江省用材林平均蓄积量44.8立方米/公顷，其中杉木42.5立方米/公顷，马尾松44.8立方米/公顷，阔叶树42.7立方米/公顷。2013年5月项目林标准地调查结果显示，NAP和FRDPP进入主伐期后，平均蓄积量可达202立方米/公顷，其中杉木204立方米/公顷，马尾松184.5立方米/公顷，国外松210立方米/公顷，阔叶树184.5立方米/公顷，远远高于浙江省现有用材林单位蓄积，这对改善浙江省森林质量，缓解木材供需短缺起到了重要作用，更有利于保护珍贵的天然林资源。

3. 改善了生态环境，净化了大气质量

森林可以调节温度、湿度、抗御大风，形成森林气候；同时具有防止污染、净化大气、水质、吸附灰尘、毒气、杀菌、消除噪音、阻隔放射性辐射的能力，能改善环境卫生条件，增进人民健康，森林能吸收大量二氧化碳和释放氧气，供人类需要。项目林的建成不仅改善了生态环境，净化了大气质量，更有利于人民生活、生产，也有利于人类社会健康发展。

4. 森林生态功能价值巨大

采用替代成本法、替代价值法、实物量折算法、碳税法和造林成本法等方法，分别就项目涵养水源、固碳释氧、固土保肥、净化大气环境等生态价值进行估算，结果为：

截至2012年年底，浙江省世行贷款项目产生的生态功能累计价值达887.41亿元，其中涵养水源价值 519.61 亿元，固碳释氧价值 176.12 亿元，固土保肥价值 97.54 亿元，净化大气环境价值 94.14 亿元。

三、主要做法和经验

世行贷款造林项目是浙江省林业史上利用外资发展林业规模最大的项目，也是一项科技含量最高的建设工程，项目在组织管理、项目管理、技术管理、资金管理等方面积累了许多宝贵的经验。

（一）组织管理保障有效

各项目县（市）政府把项目建设列入各级政府和部门重要议事日程，专门成立机构，负责项目重大问题的研究和决策，领导、协调、监督项目实施。发改、财政、审计、林业各部门之间密切配合协调，各司其职，做到人员到位、责任到位、措施到位，全力推进项目实施。加强人力资源开发是实施好项目最关键的因素，各地不仅配备了一批年富力强、有真才实学、责任心强的同志来搞项目，而且为提高从业人员素质，使他们通晓世行项目业务，开展了大规模的培训活动。全省有项目管理人员 188 名，技术人员 1152 名，施工人员 3273 名，接受培训的管理人员、技术人员和农民 11 万多人次。这一组织管理体系在项目实施运行中发挥了十分有效的作用，有力地保证了先进的管理方法和技术措施得以贯彻落实。

（二）各项管理系统规范

项目运行期间的管理主要包括计划、种苗、科技、质量、信息等管理。

1. 计划管理

项目造林单位按照批准的项目可行性报告和造林总体设计，编制项目年度实施计划。项目年度实施计划主要包括造林、抚育、种苗、科研推广、培训、环保、物资和资金使用等内容。项目计划制定突出了严肃性和实事求是的原则，实行"两上两下"管理方法。年度实施计划一旦确定以后，必须严格执行，不得随意变动。如遇特殊情况确需调整的，要按照程序报请上级项目管理机构审批同意。

2. 种苗管理

林木种苗是营造林的物质基础。实践证明，应用良种壮苗造林，是确保林木速生、丰产、优质的内因，是提高林分单位面积产量和质量的根本性措施，也是实现项目目标的一项不可或缺的重要举措，成为中外专家的共识。在具体实施中，建立了一套严密的种苗供应体系，严格实行定点供种、定点育苗、定向造林，统一结算苗木款的三定一统规定，确保了良种壮苗在项目中最大限度地得以推广使用。

3. 科技管理

从项目实施一开始就十分强调科技含量，加大科技投入力度，成为全省科学营林的典范。具体做好以下工作：

（1）抓技术标准制定。根据国家林业主管部门的要求，结合浙江省实际，制定了各种办法、标准、细则等 10 多项，使项目工作步入了标准化、规范化、制度化的轨道。

（2）抓科技培训。结合项目需要，做到先培训后上岗。

（3）抓科技推广。推广立地控制、遗传控制、密度控制；推广标准化造林，良种化育苗，I 级苗栽植；推广适地适树，按山坡作业设计，适时栽植，专业队造林，适量施肥；推广环保技术措施等。

（4）抓试验研究。通过对优良种源、优良家系、优良无性系种苗生产力的对比试验，筛选出最好的优质材料。对林木不同施肥量、不同施肥时间、不同施肥配方、不同施肥方法的对比试验，摸索出最佳施肥技术。对不同混交方式、不同整地方式、不同密度、不同抚育管理的试验，摸索出最科学的营林技术措施。

4. 质量管理

在施工管理上，实行"施工前培训，施工中指导，施工后检查验收"的全方位管理模式。同时对技术员实行技术指导承包责任制，施工员实行造林承包责任制，把责任层层分解落实到人。在质量管理上，实行分工序阶段验收与全面验收相结合，施工单位自查与县级验收相结合，县级全面验收与省级抽查相结合，检查验收与报账相结合，有效地促进了工程质量的提高。

5. 信息管理

信息管理覆盖了项目造林的计划、种苗、造林质量、财务资金、科研推广、项目组织、物资设备等管理，覆盖省、县（市）、乡（镇）、造林小班。利用这个系统建立了项目档案，做到及时反馈和分析项目实施情况，使项目管理由粗放型管理向集约型管理转变，为林业管理水平的提高提供了技术支持。

（三）技术管理组装配套

为了加强技术研究和管理工作，省、县（市）分别成立了相关专家组成的科技推广支持组，负责项目建设中的重大技术问题，同时参与项目监测、科学研究、技术培训、成果推广、科技评价等工作。在项目实施期间，开展了大量的各种技术研究，做到边实施、边研究、边推广，达到了预期的效果。

1. 技术研究

包括遗传控制技术研究、立地控制技术研究、造林抚育技术研究、速生丰产栽培技术研究、低效毛竹林改造与丰产林栽培技术研究、生态环境保护技术研究、生态维护技术研究、环境监测研究、工程管理体系研究等，为浙江省林业可持续经营提供了科学依据。

2. 成果推广及示范

科技成果推广包括：推广高效良种、推广优质立地造林、推广适宜造林密度、推广优质壮苗造林、推广局部整地造林、推广局部幼林抚育、推广施用磷肥等19项成果。项目实施期间，还建立了试验示范林，对速生丰产、优良种源、密度对比、针阔混交、整地方式等关键性技术问题，通过营造样板林进行示范推广，农民纷纷仿效，辐射带动效应持续扩大。如安吉县毛竹垦复测土配方施肥、水分定量管理、竹龄结构调控、密度动态管理等技术已经推广到了全省，推广面积达27.2万公顷，每年为山区农民带去至少10亿元的巨额经济收益。

（四）资金管理制度健全

通过引进与创新，形成了一套有效的资金财务管理办法。在配套资金落实上，省、县（市）财政部门和县（市）林业局每年都优先安排，及时足额到位。在资金管理上，建立健全机制，严格实行省、县（市）、乡（镇）三级管理和省、县（市）、乡（镇）、村（场）四级核算的财务与资金管理制度，一切费用支出和资金往来，都必须有合法的凭证，对不真实、不合法的原始凭证不予受理，做到账实相符，账表相符。严格执行"三表一合同"报账手续，发挥资金杠杆调控作用，保证了项目建设稳步推进。审计部门对资金管理也发挥了应有的监督作用，促进了项目质量的提高。

四、作用及意义

（一）作用

世行贷款项目的成功实施，对加快浙江省速生丰产林建设、提高人工林集约经营水平、增加农民收入、促进生态林发展、保护生态环境等方面发挥了重要的作用，实现了林业大型贷款项目经济效益、生态效益和社会效益共赢的局面。世行贷款项目不仅拓宽了投资渠道，解决了速丰林发展、生态省建设投入不足的资金问题，而且培育了多树种、多林种、多材种、多种混交模式的人工林资源，为大力培育后备资源、促进林业产业发展、农民减贫增收、农村产业结构调整、壮大农村经济实力等探索出了一条成功之路。

（二）意义

1. 引进了国际上先进的管理技术

世行项目不仅为浙江省引进了 4800 万美元的贷款，筹集了 3.6 亿元国内配套资金，营造了 11.32 万公顷速生丰产林以及正在建设的 2.45 万公顷人工纯林生态修复，更重要的是通过项目实施，引进了国际上先进的管理技术和林业发展理念，探索出了科研推广与生产紧密结合的发展模式，培养了一大批业务好、技术精、管理强的外资项目人才，总结了一整套实施大型林业外资项目的管理方法和经验，实现了"四个促进"的目标。

2. 为浙江省林业建设项目提供了有益借鉴

项目实施期间，有一整套系统的工作程序和技术流程。如年度计划实行两上两下、尊重实际的编制办法；整地挖穴、造林密度、栽植方法、抚育管理等必须严格执行技术标准；种苗实行"三定一统"；环境保护措施必须做到山顶戴帽、山腰扎带、山脚穿鞋，严禁使用除草剂和高毒、高残留农药；实行省、县（市）、造林单位三级检查验收，分工序现场指导与验收相结合的质量监督制度；项目资金实行报账制等等，以上做法都为浙江省林业建设项目规范化管理提供了有益的借鉴。

3. 实现了速丰林建设到生态林建设的跨越

NAP 和 FRDPP 是速丰林建设项目，而 IFDP 是生态林建设项目，这是浙江省实现"消灭荒山、绿化浙江"目标以后，营林和森林生态建设事业进入了新的发展阶段的标志。在无林地造林绿化任务量大大减少的情况下，现有林经营、现有纯林生态修复自然成为新阶段林业工作、森林生态建设工作的重点。通过 IFDP 实施探索现有林经营和多功能管理的技术方法，解决以前人工林不合理经营造成的纯林生态功能低的问题，加快推动现有纯林生态修复步伐，提高林业质量，实现"高品质"林业。

4. 构建人与自然相互协调关系

通过 IFDP 建设，将在人工林经营中落实人与自然和谐的价值观，摒弃人类破坏自然、征服自然、主宰自然的理念和行动，在森林经营中尊重自然、保护自然、合理利用自然，在林业生产建设过程中，应用生态学原理，遵循生态理念，树立森林可持续经营理念，用山、养山相结合，使生产和建设活动在生态承载力之内，逐步形成促进生态建设、维护生态安全的良性运转机制，使森林既满足当代人的需求，又对后代人的需求不构成危害，实现生态良好、人与自然和谐，实现经济与生态协调发展，促进森林资源与经济社会可持续发展，促进生态文明建设。

五、问题与建议

（一）不可抗力影响

项目后续经营管理的不可抗力（冰冻雨雪、台风、森林火灾、森林病虫害等自然灾害）风险控制考虑不足，对农民的利益产生了一定的影响，如2008年的冰冻雨雪灾害。建议各级政府加快应对林业自然灾害保险进程，减轻农民因此而引发的损失。

（二）项目规划缺少前瞻性

如当年项目规划时还没有生态公益林区划界定，后来有的项目林被区划界定进去了。建议国家对区划界定为生态公益林的项目林免除其还贷责任，并给予经济补偿。

[浙江省林业厅世行办（速丰办）陈高杰]

世行项目引领安徽现代林业之路

安徽省从 1990 年开始利用世行贷款实施林业项目，已先后实施了"国家造林项目"、"森林资源发展和保护项目"、"贫困地区林业发展项目"和"林业持续发展项目"，2011 年开始启动实施"林业综合发展项目"。五期项目覆盖了淮河以南的 37 个县(市、区)，总投资 14.6 亿元人民币，其中利用世行信贷和贷款 10252 万美元，折合人民币 7.9 亿元。

五期项目建成高标准人工林 35 万公顷，其中：用材林 26.3 万公顷，经济林 2 万公顷，竹林 6.7 万公顷，成为安徽木材战略储备的主要资源。同时，新(扩)建 5 个林产品加工企业和 6 个苗圃基地。经测算，项目整个周期内生产木材 3500 多万立方米，竹材 500 余万吨及部分林副产品；使项目区森林覆盖率提高 3.2 个百分点，使全省森林覆盖率提高 1.5 个百分点；根据项目环境监测样点数据分析，在整个经营周期内平均每年减少水土流失量约 100 万吨以上，年均增加储水约 3300 万立方米，累计可吸收和固定的二氧化碳达 5500 万吨；到采伐(收)时，项目总收入可达 200 亿元。同时，项目区主要分布在经济欠发达的山区和贫困地区，常年为农村提供近 100 万人的就业，约 300 万人在项目活动中受益，有效地促进项目区 57% 以上的农户摆脱贫困。

世行贷款林业项目在安徽省的成功实施，有效改善了项目区的生态环境，增加了木材战略储备，促进了集体林权制度改革的深入和群众的增收致富；通过吸收借鉴国际先进的管理理念和科学技术，培养了经营管理人才，为开展森林经营活动提供了良好的示范，尤其是在参与式规划、报账制资金管理、注重社区以及林业的可持续发展等方面，为安徽现代林业建设进行了先行探索，也为国内重点工程提供了有益借鉴。

总结安徽世行贷款林业项目的实施，可以说从以下四个方面实现了引领与突破：

一、实践并传播了可持续发展理念，在转变发展方式上实现引领与突破

在世行项目建设中，我们注重生态效益、经济效益、社会效益三者并重，可持续发展，并将这种发展理念贯穿于项目的准备、设计和实施各个阶段，着力提高森林资源培育和管理手段，增强项目区自身造血功能和持续发展能力。坚持林农作为项目实施主体不动摇，积极开展社区林业评估工作，走群众路线、集思广益，防止和克服主观盲目性。通过开展社区林业评估，尊重群众意愿，加强与社区协调发展，提高林农参与项目的意愿和对项目可持续发展理念的认知，将可持续发展理念深入并率先在项目区实施，严格执行环境保护规程，为当地经济、社会和环境的协调发展作出了积极贡献。

二、延续并拓展了科技支撑体系，在推进科技兴林上实现引领与突破

在项目实施中，为提高和确保项目实施质量，采取以科技为先导，用科学技术推动项目

发展的方式，使项目成为以计划为导向、以财务为后盾、以生产为目标、以科技为手段的科技兴林，集管理、科研、财务、生产"四位一体"的样板。安徽省针对每期项目的特点和需要，组建了省、县两级项目培训与推广支持组。把以前成熟的科技成果进行组装配套，在项目实施中大力推广应用，项目设计、施工、管理、监测、评估等每个环节，无不体现了科技支撑的重要作用。以"林业持续发展项目"为例，省、县共建立杉木优良无性系造林、枫香等阔叶树造林、杨树多品系混合造林、名特优经济林丰产栽培、抚育间伐示范、高产毛竹笋竹两用林、红壳竹覆盖技术等示范林 19 大类、40 余处示范林，面积达 1000 多公顷。省级、县级科技培训和技术推广支持组共在项目区推广 22 项先进实用技术，推广面积达 11.8 万公顷，覆盖了绝大多数营造林活动。省、市、县、乡镇四级完成技术培训达 57 万余人次，编印各类科普读物 80 余种、20 多万册（页）。有效提高了基层林业工作者和广大林农的素质和项目的科技含量，切实加快了全省依靠科技进步促进林业发展的步伐。世行项目实施二十多年来，省林业外资项目办公室先后有 10 多项科技推广研究成果获安徽省科技进步奖，被国家林业局授予"科技推广先进集体"荣誉称号。

三、继承并创新了科学管理机制，在强化项目管理上实现引领与突破

坚持将质量作为项目的生命线，建立完善的工程质量管理模式，从项目的最初设计到最终的检查验收，做到环环相扣、质量第一。首先是严把选地关，做好立地控制；其次是严把设计关，以造林总体设计为基础，以专业人员和专业队伍为主，深入山头地块，做好年度造林作业设计；第三是严把监督关，造林前进行施工队伍培训，造林时技术人员跟班作业，进行技术指导与监督，造林后采取"分工序检查验收和分级检查验收"相结合的方法，进行严格的检查验收。与此同时，我们进一步探索和完善了项目竞争性招标制、提款报账制、项目年度审计制、自下而上的参与式管理、项目后评估等，并将这些先进的管理模式逐步引入到其他重点林业工程建设中。在项目实施中期，根据市场需要和林农意愿，适时调整了项目活动内容和资金类别，实现了贷款资金使用效益的最大化，真正做到了从"被规划"到"为我所用"的理念转变。

四、探索并提供了森林经营示范，在提升森林质量上实现引领与突破

在项目准备和设计过程中，我们不断加强与国家发改委、财政部、国家林业局相关部门领导、世行官员和专家的汇报、沟通和交流，做到每期项目都有内容上的创新和技术上的突破。在项目实施过程中，积极借鉴了国际上森林经营的先进理念和技术，总结推广项目区群众创造出来的"营、造、管"经营抚育的好经验、好做法，为全省开展森林经营提供了理论依据和良好示范。如在"林业持续发展项目"中，我们首次将中幼龄林抚育间伐活动纳入项目建设内容，共完成中幼龄林抚育间伐 6.77 万公顷。经样地调查，10 年生杉木林通过抚育间伐，6 年后与对照林分相比，每公顷蓄积量平均增加 21.045 立方米，林分内特优木和优势木比例上升 16 至 26 个百分点。表明现有人工中幼龄林通过合理抚育间伐等森林经营，不但增加了单位面积蓄积量，而且全面提升了森林质量。项目人工中幼龄林抚育间伐的实施，直接带动全省森林经营活动的全面开展和森林质量的大幅度提升，促进了全省林业发展观念、发展方式、发展机制的转变，推动全省林业整体质量持续快速提高。

　　世行贷款林业项目开创了安徽省大规模利用外资的先河，项目所取得的成绩有目共睹，不仅得到了财政部、国家林业局的充分肯定和世行官员、专家的高度评价，而且得到了项目区各级政府和广大农民群众的积极支持。世行项目的经验和成就成为安徽省其他外资项目和国内林业重点工程的示范和借鉴，与世行合作20多年，安徽省的项目管理人员、技术人员以及农民群众已实现了认识上的提高、经验上的积累和能力上的提升。

　　2007年，安徽省实施世行贷款林业项目的经验和成就不仅被世界银行推荐到中国中央电视台播出，也介绍推广到其他发展中国家，为这些发展中国家实施世行贷款项目提供了有益的启示和借鉴。

　　2009年9月3日，时任世界银行行长佐利克先生在实地考察安徽省世行贷款林业项目时，给予了高度评价和肯定，并指出：安徽世行贷款林业项目的经验获得了示范效应。

　　2011年10月，国家林业局在安徽召开了全国林业利用国际金融组织贷款工作会议，国家发改委、财政部、国家审计署等单位有关司局领导，全国23个省（自治区、直辖市）林业厅负责人参加了会议，国家林业局赵树丛局长在会上充分肯定了安徽省世行贷款林业项目工作，他指出"安徽省把世行贷款项目作为林业的重点工程，放到促进区域经济又好又快发展的大局中去谋划，放到林业转型发展中去把握，工作很有成效，保障了生态和木材安全，增加了森林资源储备，促进了减贫增收。"这是对安徽实施项目造林20多年来成就的最好解读。世行造林成为振兴安徽林业的窗口，也是促进林业改革开放最耀眼的坐标。

〔安徽省林业厅速丰办（外资办）〕

福建省世行贷款林业项目实施成效及经验

一、项目实施背景

福建是我国南方重点集体林区之一，自然条件优越，林地、水热资源丰富，发展现代工业人工林具有得天独厚的条件。福建省委、省政府历来重视速生丰产林基地建设，1983 年，省委、省政府做出了建设 133.3 万公顷速生丰产用材林基地的决定；1989 年，省委、省政府提出实施"三五七"造林绿化工程，规划建设商品用材林基地 146.7 万公顷。当年，在政府投资林业不足的情况下，为加快森林资源培养，省委、省政府决定利用世行贷款营造速生丰产用材林。经过充分论证、规划、设计，福建于 1989 年和 1992 年，先后实施了"国家造林项目"和"森林资源发展和保护项目"。

二、实施情况

(一)福建省世行贷款"国家造林项目(NAP)"

1. 布局、目标与贷款规模

福建省世行贷款"国家造林项目"分布在南平市邵武、建阳、建瓯、浦城、武夷山、光泽、松溪、政和，三明市明溪、宁化、清流、大田、尤溪、沙县、将乐、泰宁、建宁，龙岩市连城、永定、上杭、长汀、武平，福州市永泰，宁德市屏南，省国有林场管理局等 5 个市 25 个县(区、单位)。项目规划造林 8.6 万公顷，计划总投资 22051.5 万元，其中世行信贷 2149.5 万个 SDR(约合 2803 万美元，13233.5 万元人民币)，配套资金 8818.0 万元人民币。

2. 实施情况

(1)造林营林。全省 1991~1995 年共完成项目造林 122972.9 公顷，占计划任务的 143%。按树种分：杉木 55467.5 公顷，马尾松 50253.9 公顷，火炬松 10682.0 公顷，阔叶树 6569.5 公顷。

(2)种植材料的生产和使用。项目实施过程中，严格执行《林木良种合格证》、《良种壮苗合格证》管理制度，良种使用率达 99.8%。1991~1995 年项目造林共使用良种 47891.9 千克，其中种子园种子 14602.0 千克，占 30.5%；母树林种子 4841.5 千克，占 10.1%；优良种源区种子 27227.0 千克，占 56.9%；进口种子 1221.4 千克，占 2.5%。项目造林使用合格苗木 43559.7 万株。

(3)科研推广。全省 NAP 项目从林业部 1990 年向全国世行项目推广的 33 项科研成果中，筛选出符合福建省实际的 17 项科技成果在国家造林项目中推广应用，提高了项目的科技含量。同时，按照福建省项目造林急需解决的主要问题，组织专家和技术人员组成省级课题组，开展了"马尾松、火炬松速生丰产栽培技术研究""杉木速生丰产林营造技术研究""杉木世行贷款造林水土流失监测及试验""菌根菌在松类人工林应用的研究""主要造林树种施肥、土壤营养诊断的研究""阔叶树速生丰产技术研究及推广"等 6 个省级科研课题研究。项目造林中共营造部级试验林 57.97 公顷，示范林 6.2 公顷；省级试验林 26.43 公顷，示范林 26.4 公顷。

（4）物资采购。项目采购了进口火炬松种子 1050 千克，进口化肥 19500 吨，进口农药 2000 千克，以及汽车、计算机、速印机、玻璃温室等物资设备。

（5）培训和技术援助。采用分级培训，层层负责的办法培训项目办人员、技术人员、现场施工员、广大林农和施工队工人，共举办各类业务技术培训班 2240 期，培训人员达 52938 人次。

（6）资金使用。实际完成总投资 3.66 亿元，其中世行信贷 2.03 亿元（折 3047.21 万美元，2136.88 万个 SDR），国内配套 1.63 亿元。在国内配套资金 6186.84 万元中，省级 4065.75 万元，占 25.0%；地（市）级 904.98 万元，占 5.6%；县级 6102.94 万元，占 37.5%；生产单位 5200.83 万元，占 31.9%。

（二）世行贷款"森林资源发展和保护项目（FRDPP）"

1. 布局与贷款规模

福建省世行贷款"森林资源发展和保护项目"分布在漳州市南靖、华安、长泰、漳浦，泉州市永春、德化，福州市闽清，宁德市古田，南平市顺昌，三明市将乐，龙岩市新罗、武平和省国有林场管理局等 7 个市 13 个县（区、单位），125 个乡（镇、场）。项目计划总投资 14311.94 万元，其中世行贷款 699.30 万个 SDR（约合 987.03 万美元，8587.16 万元人民币），省内配套 5724.78 万元。

2. 目标与建设内容

（1）集约经营人工林。规划通过科学造林、集约经营培育人工林 3.5 万公顷，高标准速生丰产用材林和笋竹两用林基地。

（2）武夷山 GEF 项目。世行贷款"森林资源发展和保护项目"的捆绑项目，由全球环境基金无偿赠款约 100 多万美元用于武夷山自然保护区开展生物多样性保护。项目采取具有创新性的组织、计划制定、技能开发、信息管理并把当地社区结合到自然保护区管理之中的方法，"保护武夷山自然保护区的生物多样性、完整性及自然景观，充分发挥生物圈保护区的功能"。

3. 实施情况

（1）造林营林。1995~1998 年共完成造林 35864.7 公顷，占计划任务的 102.5%。按树种分：杉木 8137.8 公顷，马尾松 6152.9 公顷，湿地松 1569.8 公顷，火炬松 3653.0 公顷，桉树 929.3 公顷，其他阔叶树 3255.8 公顷，毛竹新造 5480.3 公顷，毛竹垦复 6685.8 公顷。共营造防火林带 492.3 千米。

（2）种植材料生产和使用。严格执行《林木良种合格证》《良种壮苗合格证》管理制度，良种使用率达 100%，1995~1998 年项目造林共使用良种 7170.1 千克，其中种子园种子 2919.3 千克，占 40.7%；母树林种子 1990.1 千克，占 27.8%；优良种源区种子 1498.5 千克，占 20.9%；进口种子 762.2 千克，占 10.6%。共使用合格苗木 6974.3 万株。

（3）科研推广。从国家林业局推广的 33 项科研成果中，筛选出符合福建省实际的 20 项科技成果和世行贷款国家造林项目 5 项阶段性成果在项目中推广应用。同时，为解决项目造林中的重大技术问题，发挥科技支撑作用，成立了省级项目科研推广支持组，组织开展了《福建南方山地桉树丰产栽培技术研究》等 6 个省级科研课题研究，其中"桉树丰产栽培技术研究""火炬松适生性及丰产栽培技术研究""杉木世行贷款造林水土流失监测及试验"获省科技进步三等奖。项目共营造省级试验林 33.3 公顷，示范林 116.1 公顷，示范林林分树高、胸径、蓄积量生长量与速生丰产林标准相比，分别为 116%～153.9%，120.2%～200% 和214.3%～308.6%。

（4）物资采购。由于物资采购费用大、运输不方便以及化肥大批量保管较困难等原因，福建省压缩了统一采购的项目物资品种和数量，鼓励各项目单位根据项目造林的实际需要自行采购。

（5）培训和技术援助。项目建设期内，全省共举办各级各类培训班 1093 期，培训人员达38169 人次。还参加由国家林业局世行管理中心统一安排的项目国外考察、培训活动共 6 次，国际咨询专家组到福建省提供项目咨询、开展项目准备论证、中期评估等 3 次。

（6）资金使用。由于福建省项目物资采购量较少，物资采购余额达 161.64 万个 SDR。经财政部世行司、国家林业局世行项目中心同意，福建省调减"森林资源发展和保护项目"世行信贷剩余额度 130 万个 SDR。福建省项目累计完成投资 12529.70 万元，其中世行信贷6342.86 万元（555.30 万个 SDR，折 765.51 万美元），占 50.6%；国内配套 6186.84 万元，占49.4%。

三、项目实施成效的总体评价

（一）组织建设的评价

根据世行贷款造林项目的特点，福建省在省、地（市）、县三级项目实施单位分别成立了以分管的政府领导为组长、各有关部门负责人参加的项目领导小组，并相应成立了各级世行项目办公室，形成了一个在政府主导下的跨部门、跨地区的组织管理体系，为世行贷款造林项目的顺利实施提供了组织上的保障。

（二）项目设计的评价

1. 项目采用系统工程的方法，确保了项目设计的质量。优选最佳的方案，做到合理布局，科学设计，项目设计成果得到世界银行专家的高度评价。

2. 将市场经济的观念引入项目设计。设计按照"以市场为导向、用户需求为宗旨、经济效益为核心"的原则，在认真搞好木材供需市场调查和资源平衡的基础上，把速生丰产林建设与市场需求和加工利用有机地结合起来，实行定向培育，做到布局合理、规模适度、便于经营。

3. 突出环境保护问题，设计理念较以往前进了一大步。为确保在项目建设过程中能合理利用自然环境，防止环境污染和生态系统的破坏，项目设计在布局上注意了保护现有天然林分，保持生物多样性，减轻水土流失，改变过去传统的炼山清理和全垦的整地方式，普遍采用沿等高线"穴"状或"带"状整地，沟施或穴施追肥，最大限度地避免对环境的污染。

4. 重视先进材料和技术的推广应用。在种苗使用上，选用母树林、种子园、优良林分良种，积极应用和推广无性繁殖、组培、容器育苗等技术培育壮苗，保证项目造林用苗；在造林上，依据密度管理图来科学确定主要造林树种的造林密度；在抚育上根据土壤肥力诊断材料，科学地设计了各造林树种施肥量；在树种选择上，依据长短结合，扩大造林树种。NAP 项目造林树种仅有杉木、马尾松、火炬松和阔叶树 4 个树种（组），其中阔叶树种造林面积仅占 5.3%。这种状况在随后实施的 FRDPP 项目中有了一定程度的改进，主要造林树种（组）增加至 7 个，即杉木、马尾松、湿地松、火炬松、桉树、阔叶树和毛竹，传统树种杉木和马尾松的造林面积占项目造林总面积的比重也下降到 39.9%。此外，FRDPP 项目在新造和垦复的毛竹林（占项目造林面积的 33.9%）中还推广了短期经济效益明显的麻竹、绿竹、雷竹和黄甜竹等 10 多个品种。例如，华安县林业局于 1998 年在高车乡前岭村推广大头典竹、云南甜竹、撑麻七、吊丝丹、毛笋竹等竹类优良品种 18.2 公顷，总投资 11 万元。1999年 5~9 月首次挖笋，每公顷出笋 4800 千克，产值达 6.1 万元，扣除成本 1.8 万元，获利 4.3万元，2000 年获利 9.8 万元，2001 年获利 16.6 万元。

（三）工程管理的评价

世行贷款造林项目牢牢抓住质量和效益这两个关键，建立了一整套科学管理体系，从而保证项目高标准、高质量地实施。

1. 种苗供应

福建省世行贷款造林项目抓住种苗这一基础环节，建立了严密的种苗供应体系。在该体系的支持下，NAP 项目和 FRDPP 项目的良种使用率分别达到 99.84% 和 100%。

2. 工程技术管理

与一般造林相比，福建省世行贷款造林项目在工程技术管理方面进行了改进：一是采用新的造林工程技术，特别是十分重视环保技术措施的运用；二是工程技术管理日趋标准化、规范化；三是重视技术人才的培养，尤其重视高级人才的培养。

3. 质量监控

为保证项目造林的质量，建立了严密的质量监测体系：①对项目造林按"工序"验收；②实行省、县和造林单位三级检查验收制度；③造林质量实行良种使用率、一级苗使用率、造林成活率、面积核实率、造林保存率、造林成活率、平均生长量达标率和单株生长量达标率的综合考核标准；④建立以小班为单位的技术经济档案，对项目档案信息实行动态管理。

4. 科研推广

建立了完整的科研推广体系，在这一体系的支持下，福建省开展了 12 个省级科研课题（NAP 项目和 FRDPP 项目各 6 项），部分成果获得了省部级科技进步奖，并在项目的实际运营中得到了广泛应用，产生了较好的经济、生态和社会效益。在加大科研力度的同时，福建省还通过精心选择和深入论证，重点推广应用了 42 项科研成果（NAP 项目和 FRDPP 项目分别为 17 项和 25 项），项目的科技含量显著提高。

5. 环境管理

项目建立了部、省、县三级环保体系，制定了包括《项目环保规程》《执行计划》《环境监测方案》和《项目主要造林树种施肥方案》等技术规程。

6. 造林质量

面上调查和典型调查结果显示，福建省 NAP 项目和 FRDPP 项目综合达标率分别达到98.5% 和 96.6%。NAP 项目和 FRDPP 项目造林面积中，一类林分所占比重分别达到 93.1%

和83.1%，在历次国家林业局组织的抽查和世行专家组的检查中都得到很高的评价。

（四）资金管理的评价

世行贷款造林项目实行的是造林质量管理与成本费用控制有机结合的资金管理模式。一是提款"报账制"。将造林质量和费用控制有机地结合起来，既保证了项目造林任务的高质量完成，又有效控制了各种不合理的费用开支。二是贷款周转金制度。在保证世行贷款安全使用的前提下，周转金制度及时满足了项目单位对资金的需要，有效弥补了"报账制"的不足。三是国内资金配套制度。世行要求借款国政府提供一定比例的配套资金，这项规定促进了配套资金的及时、足额到位，保证了项目林建设所需要的资金来源。四是资金运营监管制度。在会计核算方面，以森林经营的最基本单位——"小班"作为成本核算对象，将营林成本落实到具体的小班；同时，实行项目单位内部审计和政府审计相互结合制度，项目实施财务、计划和生产管理部门三方联审制度。

（五）经济效益

1. NAP 项目

经测算，NAP项目项目建成后，林分总蓄积量可达2605.94万立方米，可产商品材1983.91万立方米，其中规格材1791.91万立方米，非规格材192.00万立方米。可产松脂133421吨，同时可提供农民烧材用的薪材416.79万立方米。按照当前木材价格估算，项目总收入为121.3亿元。预计扣除各项支出37.81亿元，税费44.46亿元，还本付息后，项目可创利32.85亿元。

2. FRDPP 项目

经测算，项目建成后，林分总蓄积量达577.5万立方米，可生产木材428.58万立方米，竹材543880吨，松脂11637.3吨，竹笋107265吨。按当前木材市场价格估算，总产值可达220690.5万元，扣除项目造林成本12529.7万元，后期管护成本1230.3万元，间伐成本6379.4万元，主伐成本36861.7万元，毛竹采伐、挖笋成本11874.7万元，税费69352.9万元，还本付息7916.6万元，项目可创利74545.2万元。

（六）社会效益评价

1. 提供就业机会，增加农民收入

福建省NAP项目和FRDPP项目的劳务投入共计4.31亿元，建设期内共安排了148550个农村劳动力就业，平均每个项目县市的林区农民从项目造林中获得0.13亿元的劳务收入。NAP共有25个县（市）参与了项目实施，其中贫困县9个，户均年劳务收入1057元。FRDPP共有13个县参加，参加项目的行政村有756个，占项目县中行政村总数的38.34%，参加项目的贫困户有400户，占项目县行政村贫困户的33.3%，80%的贫困人口参与了项目建设，项目在扶贫方面发挥了积极作用。

2. 促进项目区的经济发展

林农通过直接借贷世行资金方式，承包造林，种竹种果，取得了较好的经济效益，发展了个体经济；乡村集体通过联营、合作或股份等形式成为项目的股东，壮大了林区集体经济；世行项目共修建了林区便道1424.4 km，营林小道6168.96 km，改善了林区的基础设施，为林区的生产创造了良好的条件。

3. 提高农村劳动力素质

世行项目通过参与式管理，吸引周边群众参加项目建设，接受培训的农村干部和农民达53300 人次，使先进的营林技术在项目区得到广泛推广，林农的自身素质也因此得到了提高。

(七)环境效益评价

1. 增加森林资源总量，提高生态安全度

仅 NAP 项目实施，福建省就新增人工林12.3 万公顷，项目区森林覆盖率提高了2.1%，这对于增加全省的森林资源总量、改善生态环境质量发挥了重要作用。项目林进入成熟期后可新增活立木蓄积量2600 万立方米，相当于全省现有29.32 万公顷阔叶树用材林或44.5 万公顷天然林的蓄积量，项目建成后将有效地保护阔叶林和天然林资源，极大地改善了福建省的生物多样性状况。

2. 涵养水源，减少水土流失

据 NAP 项目在尤溪县音头林业采育场开展的"杉木世行贷款造林环境监测研究"的结果，杉木世行造林比传统造林可减少土壤侵蚀量、水分流失量、养分(N、P、K)流失量和有机质流失量分别减少5.75%、6.19%、10.36%、10.26%。按全省两个项目营造杉木林55467.5万公顷面积推算，仅此一项可减少土壤流失24.63 万吨，减少水分流失2629 万千克，减少养分(N、P、K)流失587.01 万千克，减少有机质流失783.65 万千克。按"等效益替代法"换算，仅杉木造林环境效益就达到0.24 亿元。

3. 增强森林的吸碳功能

据科学测定，森林每生长 1 立方米，可以吸收、固定 350 千克 CO_2，按全省 NAP 项目林每年每公顷生长量 10 立方米推算，项目林在 7 年间的生长量可达110 万立方米，可吸收 CO_2 385 万吨。

四、主要做法与经验

(一)领导重视、机构健全，是项目顺利实施的前提

福建省各级历来十分重视加强项目的领导。如在 FRDPP 项目实施中，自 1995 年部省转贷协议签订后，福建省委、省政府领导明确提出："要将世界银行贷款造林项目建设成样板林，为全面提高森林培育质量创造经验"的要求。省、市、县(区)相继成立了世行造林项目领导小组和项目办公室。各级领导定期听取项目工作汇报，研究解决项目建设过程中遇到的重大问题。如1997 年，福建省审计厅向省政府反映 RRDPP 项目存在的问题，引起了省领导的高度重视，时任省委副书记王建双、副省长童万亨和潘心城等领导均作了批示，要求财政、林业部门对审计中发现的问题认真加以研究，采取措施，加强管理，提高资金使用效益。省财政厅、林业厅领导非常重视，密切配合，较好地解决了项目实施存在的不足和问题，使项目实施步入了良性循环。同时，在项目实施过程中，通过建立省市地、市县、县乡(镇)、乡(镇)与造林施工队之间的 4 级目标管理责任制，强化了责任管理。正是由于各级政府和有关部门领导的高度重视，各级项目办真抓实干，才有了项目实施的高标准、高质量。

(二)按市场规律办事，严格资金管理，落实债权债务是提高项目质量和效益的基础

一是在投资机制上，NAP 和 FRDPP 项目改原先的"无偿拨款造林"的管理方法，实行资

金投入"有偿制"，资金支付"报账制"，资金使用"专用制"；二是通过林业和财政渠道层层向下转贷，以协议、合同等法定形式，把资金的投入和回收条款约定下来，落实债权债务；三是加强项目审计和财务管理，确保专款专用。这些措施加大了借贷单位的责任和压力，促使他们真正树立起质量意识、效益意识和还贷意识，提高了项目建设成效。

（三）依靠科技进步，强化质量管理，是项目成功实施的关键

福建省十分重视林业新技术、新成果的推广应用，并建立起以"三个控制"（遗传控制、立地控制、密度控制）为核心的质量保证体系，有力地促进了项目造林质量的提高。一是大力推广世行中心推荐的实用林业科技成果和"国家造林项目"5项阶段性成果，培训各级项目管理人员、施工员和一线工人，严格执行项目技术标准和技术要点。二是超前抓良种壮苗，对项目造林种苗实行"两证、三定、四措施"的管理办法。这些措施有力地保证了项目造林种苗质量。三是抓好三个层次的质量控制，即：施工单位分工序验收；县（市）项目办（营林投资公司）对当年造林施工小班逐个检查；省、地（市）项目办对项目造林小班连续3年随机抽查，跟踪项目造林质量。四是建立各类示范林，发挥以点带面、典型示范和带动作用。五是后期项目能及时总结、推广前期项目的成果，重视吸收新技术、新经验。如根据世行检查组的建议，在"FRDPP"项目中及时调整造林模型，降低造林初植密度，提前开展幼林抚育间伐，促进了林分的后期生长。六是重视建立项目信息系统，对项目林分实行动态管理，提高了项目科学决策能力。七是率先把全面质量管理的科学方法移植应用于项目造林中，建立了组织机构、计划管理、科研推广、良种壮苗、质量监控、环境保护、财务管理和信息系统等八大质量支持体系，并根据有关技术规程、标准，制定了20多项实施细则、技术规定和管理办法，使项目每一项经营活动都有章可循，将造林质量的事后补救改为事前把关，从各个环节保证了预期目标的实现。

（四）发挥优势，实体经营，是项目取得成功的保证

NAP项目和FRDPP项目区自然条件、林业生产基础、经营体制等差别很大，需因势利导，充分调动林业生产者积极性。如德化县FRDPP项目造林全部由德化县竹木投资经营有限公司下辖的县村股份合作林场来实施，目前全县共有10多个股份合作林场，经营面积达13.9万亩，每个林场1万多亩，2~3名管理人员，大大降低了经营成本，且合作林场资源较丰富，林龄结构、树种结构和林种结构分布较合理，长短结合，以短养长，项目造林质量、效益明显提高，项目还贷也较有保证。如顺昌县把项目造林70%任务安排在国有林业采育场，这样能保证项目造林的质量，把举债造林这一机制引入到国有森工企业，促进它们树立效益意识和还贷观念。

五、继续利用世行贷款前景分析

福建省通过实施世行贷款"国家造林项目"和"森林资源发展和保护项目"，引进了资金、先进的林业技术和管理理念，达到了出成果、出经验和出人才的目的。虽然前几年"国家造林项目"的还贷工作遇到了很大的困难，但从2005年开始，随着木材市场看好以及项目营造的速生丰产林陆续进入采伐利用阶段，还贷压力明显减轻，项目经济效益显著，单位面积的产值为原来造林投资的10倍甚至20~30倍。

"十二五"是福建省营造林业快速发展的时期，随着集体林权制度进一步深化，广大林

农的造林营林积极性空前高涨，同时，国家启动木材战略储备基地建设对造林资金的需求量将明显增加，这为加大利用世界银行等国际金融组织贷款提供了动力。

为使新项目能真正成为群众满意、财政放心、林业增效的生态林、民生林业工程，要着重抓好以下几个方面：一是认真筛选项目。自下而上、充分论证、认真筛选，强化项目本身的社会基础；制定政府外债的中长期规划，建立外债项目储备库，协调世行贷款政策与项目单位意愿之间的矛盾。当前全国木材战略储备基地建设就是世行贷款项目较好的切入点；二是从申请项目开始，就要树立还贷意识，项目正式实施后，就要考虑早期的还贷资金来源，制定早期还贷计划；三是科学选择建设内容，要考虑长期收益和短期收益相结合，改进项目建设方式，使项目经济收入能满足项目还贷需要，又不影响项目的整体效益；四是扩大项目承贷主体。新的世行贷款林业项目，应向林产工业企业倾斜，并引导营林业与制浆造纸业、人造板工业以及家具制造业的结合，做到优势互补，共同发展。同时，福建省林改后出现的大量林业合作社，也将是新项目建设的主体；五是要充分依靠现代林业科技的支撑作用，实行规模化、集约化和产业化经营，提高项目的整体效益；六是争取利用欧洲投资银行优惠贷款、国家政策性银行的优惠贷款，开展现有速丰林的森林经营，为世行贷款项目后续经营管理提供资金。

〔福建省林业厅世行办（速丰办）〕

精彩对接　恩泽社会
江西世界银行贷款林业项目总结

　　20 世纪 80 年代末，由于前期林业政策上出现过的几次失误和"文化大革命"时期的乱砍滥伐等原因，致使江西省森林覆盖率不断下降，森林蓄积量持续减少，林场企业大部分陷入资源危机、经济危困，在困境中艰难度日。当时，全省荒山荒地、低效疏林地和灌丛地面积近占全省林业用地面积的 40%；全省森林蓄积量比十一年前下降了 5800 多万立方米；年均森林赤字达 530 多万立方米；林分每公顷蓄积量仅为全国平均水平的 39%，为世界平均水平的 33%；全省林业产值只有农业总产值的 7.5%。

　　为扭转森林资源的锐减，生态环境严重恶化的局面，省委、省政府及时作出决定，向全省人民发出了"规划从 1989 年起用七年时间，基本消灭全省宜林荒山"的战斗号令，向荒山宣战；并且审时度势，大胆决策，抓住中国林业正在与世界银行开展合作的难得机遇，积极争取实施世行贷款林业项目，并持续到 20 世纪中期。在 1991~2005 年期间，我省连续实施了"国家造林项目""森林资源发展和保护项目""贫困地区林业发展项目"三个世界银行贷款项目（以下简称"项目"）。

　　在十几年项目实施过程中，我们通过与世界银行的合作，碰撞出许多思想的火光，点燃了江西林业与外资对接的激情和热情，创造了多个林业项目成功的范例。世界银行也以他致力于全球可持续发展的视野和理念，为我们提供了一本生动的教科书。

　　随着中国林业发展领域的不断拓展，有越来越多的各种资本投入我国林业的发展征途。为促使国内林业发展更加科学，管理更加规范，效益更加显著，特对江西省世行贷款林业项目进行再总结，也为国际资本进入中国林业市场开启一扇观察和发现机会之窗提供参考。

一、项目概况

　　江西省"国家造林项目""森林资源发展和保护项目""贫困地区林业发展项目"三个世界银行贷款项目共有 9 个设区市 45 个县（市、区）参与实施；累计完成项目总投资 8.43 亿元，其中世行贷款 4.54 亿元，国内配套资金 3.89 亿元；建设高标准人工林 360 多万亩。截至2013 年 5 月，三个项目运行良好，未还贷款本金仅余 6014.44 万人民币，约为 13.5%。其中：

　　"国家造林项目"分布 9 个设区市 23 个县（市、区），建设期 7 年（1991~1997 年），计划总投资 23716.90 万元人民币，其中世界银行贷款 14042.90 万元，折合 2975.20 万美元和2281 万个 SDR，国内配套资金 9674.00 万元；建设集约经营人工林 9.50 万公顷。截止 1997年底完成造林 12.59 万公顷，完成总投资 36793.42 万元，其中世行贷款资金 20975.75 万元，折合 3245.11 万美元和 2299.48 万个 SDR，国内配套资金 15817.67 万元。截至今年 5 月，未偿还债务 1690.8 万元人民币和 28.15 万 SDR，公益林挂账 49.7 万人民币，未还累计约为贷款额 7.2%。

"森林资源发展和保护项目"分布 5 个设区市 28 个县(市、区)，建设期 6 年(1995~2000年)，计划总投资 19803.81 万元人民币，其中世行贷款 11882.29 万元，折合 1365.78 万美元和 967.5 万个 SDR，国内配套资金 7557.31 万元；建设速生丰产用材林及毛竹垦复 5.28 万公顷。截至 2000 年年底完成造林 6.06 万公顷，完成总投资 21333.18 万元，其中世行贷款资金 11345.15 万元，折合 1369.77 万美元和 991.85 万个 SDR，国内配套资金 9988.03 万元。截至今年 5 月，未偿还债务 157.76 万 SDR，公益林挂账 65.21 万 SDR，未还累计约为贷款额 22.4%。

"贫困地区林业发展项目"分布 5 个设区市 18 个县市，建设期 7 年(1999~2005 年)，计划总投资 30382.48 万元人民币，其中世行贷款 16600.00 万元人民币(信贷 694.71 万个 SDR 和贷款 1000.00 万美元)，国内配套 13782.48 万元人民币。营造林总规模 58862.3 公顷，建设小型乡镇企业项目 7 个。截止到 2004 年底累计完成总投资 26099.42 万元人民币，其中世行贷款 13046.90 万元(折 1756.38 万美元)，国内配套资金 13052.52 万元；完成报账面积 55401.33 公顷，完成乡镇企业技改 2 个。截至 2013 年 5 月，未偿还债务 149.76 万 SDR 和 45.33 万美元，公益林挂账 18.5 万 SDR 和 9.43 万美元；未还累计约为贷款额 18.34%。

二、项目成果

项目实施十多年间，在相关各级政府、部门、技术人员、施工队伍的辛勤工作、共同努力下，项目建设成效显著。

(一)营造林质量

项目造林各项指标全面达到或超过部颁标准。各种树种良种使用率达 98.7%，一级苗使用率 99.6%，造林成活率 96.7%，生长量达标率 182.0%。按照林分划分标准，根据幼林质量摸底调查结果，全省一类林占 93.2%，二类林占 5.7%，三类林占 1.1%，林分质量创造了全省大面积人工林建设的历史最好水平。

(二)预计产出

经分类分析推算，三个项目建成投产时(林龄 20 年)，林木总蓄积可达 4021.38 万立方米，累计蓄积可达 4424.05 万立方米，可生产木材 3063.14 万立方米，生产薪材 187.61 万吨；生产松脂 23.92 万吨，生产竹材 458.87 万吨，竹笋 92.18 万吨。项目总产值预计为 234.03 亿元。

(三)知识产品

据统计，江西实施世行林业项目十多年来，在优良种植材料、育苗技术、造林经营技术、竹林丰产技术等方面，推广了优良种植材料、截根苗根化育苗、芽苗截根移栽技术、容器育苗技术、大田切根育苗、马尾松旱地育苗、截根苗根化苗木造林、表土回穴造林技术、"195"工程技术、穴带垦整地造林技术、化学除草技术、马尾松优化种源、杉木优良无性系选择与推广、天然林管理、湿地松间伐体系与无节良材培育技术、毛竹丰产培育技术等 16 项科技成果；推广实用技术 33 项；完成科技论文 48 篇。累计进行省级培训 73 期，4875 人次。市县级培训 1276 期，29869 人次；乡级现场培训 6236 期，312066 人次。印发各类培训资料近 70000 份。这些知识传播和人员的历练、成长，为江西林业后来大面积实施生态工程、速丰林工程、外资项目奠定了人力资源和技术准备基础。

（四）荣誉

国家造林项目科技推广成果荣获江西省科技进步一等奖，截根菌根化应用机理研究荣获国家科技进步二等奖。省项目办也被评为全国林业世行项目先进单位、全省科技兴林先进单位。世行官员评价，江西"国家造林项目"是世界银行在中国投资 100 多个项目中效果最好、建设最成功的项目之一，被世行评为 H.S 级。十几年来，有 55 个市、县级单位、个人荣获省级以上先进单位、先进个人荣誉。有 500 人次以上基层项目管理、技术人员荣获省级以下先进个人荣誉。

三、主要做法

（一）抓组织领导，保障项目顺利实施

项目实施，组织领导是保障。从省到市到县，我们都层层设立由同级党委或政府领导任组长的项目建设领导小组及其办公室，决策、指挥和协调项目建设。

（二）抓项目质量，夯实项目实施成功基础

世行项目工作涉及面广、要求高，我们将质量管理作为关系项目成败的关键措施。一是特别注重学习引进国际上先进的项目管理手段和方法，积极将现代工程管理技术运用到世行项目造林之中，建立了组织管理、计划管理、科研推广、环境保护、检查验收、资金财务、工程技术、信息档案等八大项目支持服务体系，制定了一整套相互关联、紧密衔接的外资项目规章制度。对关系项目工程质量的县、场、工区各个层次，设计、施工、验收各个环节以及种苗、清山、整地、栽植、抚育、施肥、管护各个工序，提出了具体的质量指标与要求。二是全面推行"195"工程，即确保一次性造林成活率达到 95% 以上。严格实行"报账制"，将提款报账与营造林质量挂钩。每年对施工质量、施工面积、抚育质量、抚育面积和年终保存率、生长量进行全省统检，对不合格的一律不予报账。同时，项目实施层层签订造林质量责任状，并与责任人经济利益直接挂钩。项目实施后期还对各项目县的年度实施方案进行评审，对不合格或不完善的要求重新编制，督促了项目县重规划、重质量、重管理。严格的质量管理，为江西省项目造林成功打牢了坚实的基础。

（三）抓科技推广，提高世行项目效益

科技是第一生产力，没有先进的科技支撑，就不可能有项目的高效益。我们始终将世行项目造林作为科技兴林的样板，加大科研投入，大力实施科技攻关，推广应用了国内外先进实用的新技术，同时，把林业技术推广融入项目整体之中，建立了省、县、乡项目科技推广网络和服务体系，使科研与生产从过去的"体外循环"转变为"体内循环"，实现一体化。

（四）抓资金管理，提高世行项目管理水平

资金管理是世行项目管理的核心。关键要抓好建章立制，严格监管，规范运作。在项目启动前，我们都根据项目要求，制定项目资金财务管理办法、会计核算办法、报账提款办法等一系列规章制度，通过举办多层次的培训班，提高财务人员的业务素质和能力，确保项目财务管理规范运作。加强资金使用监管，紧紧围绕"报账制"这一核心，严把信贷资金报账关，对报账审查实行技术与财务人员联审制，同时，注重发挥审计的监督作用，主动邀请审计部门提前介入项目实施，确保项目财务规范运作。

（五）抓风险控制，确保项目如期还贷

主要是做到了"两完善、一制度"。"两完善"就是不断完善项目合同管理，不仅要求有转贷关系的各级财政之间要逐级签订贷款协议，而且要求项目实施户与财政或项目办签订贷款实施合同；项目后期还完善项目贷款抵押担保机制，根据实际，我们明确各非国营实施主体必须用项目林权、房产、公务员工资或商业银行规定可用于抵押担保的其他权益，实行抵押担保，确保项目贷款如期偿还。采取"一制度"就是建立还贷准备金制度，要求项目建立贷款还贷准备金，同时督促贷款单位在对债务全面、清楚掌握的情况下，提早做出还贷计划，确保按期还贷。

四、项目贡献

（一）引领林业创新

在世行项目建设中，我们注重生态效益、经济效益、社会效益三者并重，可持续发展，并将这种发展理念贯穿于项目的准备、设计和实施各个阶段，着力提高森林资源培育和管理手段，增强项目区自身造血功能和持续发展能力。坚持以国有林场和林农作为项目实施主体不动摇，积极开展社区林业评估工作，走群众路线、集思广益，防止和克服主观盲目性。通过开展社区林业评估，尊重群众意愿，加强与社区协调发展，提高实施总体参与项目的意愿和对项目可持续发展理念的认知，将可持续发展理念深入并率先在项目区实施，严格执行环境保护规程，为当地经济、社会和环境的协调发展作出了积极贡献。

（二）促进行业发展

1. 建成了营林工程质量典范，示范意义大。项目造林各项指标全面达到或超过部颁标准，林分质量创造了全省大面积人工林建设的历史最好水平。仅"国家造林项目"就建有优良地理种源、优良无性系、丰产栽培配套技术、不同整地方式、丰产阔叶树及混交林、施肥对比的各类样板林123900亩。为江西九十年代以后的造林提供了示范。

2. 树立了科技兴林榜样，带动效益强。由于项目狠抓了科技投入，实行了科学管理，推广应用了一大批国内外林业先进实用新技术，取得了看得见的显著效益，起到了良好的示范推动作用，从而加快了全省科技兴林的步伐。项目所应用的先进实用新技术已辐射到我省其他丰产林项目、退耕还林项目、长防林工程、德援项目、低产林改造工程、荒山及平原绿化等造林营林项目中。

3. 创新林业工程管理机制，借鉴价值广。项目建立了组织管理、计划、科研推广、环保、检查验收、资金财务、物资、信息等八大支持服务体系，制定了一整套既相互独立又相互衔接的规章制度，省、市、县还分别自行制定了一些行之有效的管理措施，确保项目在种苗、造林、科研推广、环保、资金和财务等方面的运行机制规范化、科学化，并与现代工程项目管理和国际惯例相接轨。特别是在推广全面质量管理和实行目标承包责任制方面，使项目的经营管理水平大大提高。目前，全省林业建设普遍外资项目一整套先进管理手段和办法，实行目标管理、承包责任制，搬掉铁交椅，打破大锅饭，推行设计审批、工序检查、竣工验收等工程技术和质量管理监控，加强了管理力度，使整个林业经营管理水平上了一个新台阶。

4. 创建信用体系，体现行业盈利能力。世行贷款的偿还关系到国家信誉。在开始偿还贷款前，江西省就制订了一系列优惠政策和有效的约束保障机制，保障了及时还贷。现在整个贷款已经偿还80%以上，其中一期项目还款31期，二期项目还款22期，三期项目还款14期(软)和16期(硬)。整个还贷过程，也是林业建立信用记录的过程。这也为整个林业贷款提供了分析、借鉴参考，显示林业产业有经济运作和盈利价值。

（三）实现经济价值

1. 主体盈利。项目林实施主体能在实施项目后获利。根据江西省林业厅项目办2006年，对"国家造林项目"，平均树龄13年时进行的一次后评估数据显示：全省"国家造林项目"平均生长量118.2立方米/公顷，为主要树种生长量指标13年标准116.95立方米/公顷的101.1%，项目整体基本达到设计标准。调查范围内所保存林分的资产总价值(现值)为526273.44万元，项目总资产净值456273.58万元，为项目评估基准日造林成本现值(本金及利息现值)的7.6倍。

2. 客户得利。项目林为用户在数量上提供了更多林业产品，稳定了木材价格；在质量上提供的木材等级更高，提高了木材利用率，也就提高了加工企业的效率；同时，也提供了更多的大径级木材，减少了大径级材的进口，减轻加工企业应对国际环境指责的压力。

3. 员工福利。江西农林行业职工年平均工资连续十几年一直是各行业垫底，仅为全省平均水平的60% ~70%左右。而实施过世行项目的林场，也因此形成了丰富可采资源(后备资源)，走上可持续发展之路，职工收入在江西的林场中都位居前列，略高于全省职工年平均工资，这也是项目林场改制困难原因之一。

4. 股东红利。世行贷款项目林中，有40%以上是与农民的联营的荒山荒地，基本没有收入。联营后，可以分得项目30%(平均)的收入。

（四）促进地区发展

1. 策应林业发展战略完成。"国家造林项目"策应了20世纪90年代初的"消灭全省宜林荒山"战略，为江西省提前一年基本消灭宜林荒山，提高森林覆盖率等方面作出了重要贡献；"森林资源发展和保护项目"策应了20世纪90年代中后期"山上再造一个江西"发展战略，为实现当时省委、省政府提出"山上再造一个江西"和"跨世纪绿色工程"战略目标起到了很好的示范作用；世行贷款"贫困地区林业发展项目"策应了国家"八七扶贫攻坚计划"和可持续发展战略，对于促进国家"八七扶贫攻坚计划"和可持续发展战略的实现，以及增强我省林业经济实力和改善农村生态环境起到了推动作用。

2. 提供林产品，解决社会需求。已完成的项目造林面积建成投产时(林龄20年)可生产大量木材，带动相关运输、加工产业发展，满足社会对林业产品的多种需求。

3. 促进农民增收。农民从项目增加收入主要来自三个方面：一是林地分成(地租)。全省已实施世行项目的林地有65%为与农民联营或农民自营。按利益分成比例及农民自营的面积平均，农民应分到35%左右项目林所产生的利益。按用材林20年每亩产材10立方米，每立方米利润400元计(毛竹林效益更高)，全省农民可从已建成的项目林中平均净得利70元/年、亩。二是项目的劳务收入。项目整地、挖穴、栽植、抚育、间伐，最后到采伐运输，都是花钱请农民来干。所有的建设投资除了买肥料的钱外，其余的都通过营林各工序的完成而成为农民的收入。据测算，项目中劳务占总投资的90%，采伐木材平均200元/立方米，平均每亩农民可得劳务收入 2355 元。三是农民自营项目林收入促进了农民增收。

4. 促进山区土地的增效。一是通过实施项目，使原来粗放管理的商品林地置于有效的经营管理之中，真正做到了提高了森林质量，增加了山区山地的产出。项目林平均每亩产出达 300 元(毛竹项目林可达 500 元)。二是通过实施项目，使原来无法估价的林地体现出了价值。

5. 促进农民就业。一是项目建设本身用工量巨大，促进了农民就业。根据测算，经营 1 亩项目用材林(20 年)需要投入 35 个工日[营造林需要投 10 个工日(含 20 年管护)，采伐 10 立方木材需要投 25 个工日]。经营 1 亩项目经济林(20 年)需要投入 280 个工日。

(五)履行生态责任

未物化前就是森林，保护环境功能同其他生态林的作用一样。世行项目在履行生态文明建设责任体现在：

1. 提高森林覆盖率。三个世行项目提高全省森林覆盖率 1.2%。

2. 提供高质量生态林分。部分世行项目造林由于生态区位重要，已被当地政府划入国家重点公益林、省级重点公益林、县重点保护景观林。据统计，共有 44.3 万亩世行项目林划入国家重点公益林，约有 35 万亩划入省级重点公益林。江西很多风景名胜和城镇防护林中的人工林都是世行项目林划入的优质林分，如：庐山西海、新余仙女湖、三爪仑国家森林公园、婺源部分等风景区很多林分都是项目林；园林城市景德镇、生态县城修水更是划了十万亩以上项目林作为城市防护林。许多乡镇也出于保护景观的原因，要求实施主体对集镇周围的项目林加以保护，让利于环境。

3. 保障供应，缓解环境保护压力。项目造林采取人工培育措施，提高非公益林林地的效益，从保障林产品供应的角度，维护"公益林保护""长防林""自然保护区"等其他生态项目实施，以求维护和改善生态环境，使我省率先在全国建设绿色生态大省。

4. 保障农业生产环境。项目林对农业生态环境发挥了涵养水源、保持水土、降低风速、减少蒸发、提高相对湿度等功能，大大提高了农田耕种和保土保肥能力，确保粮食高产稳产。

5. 改善农村人居环境。相当多项目林都是选择交通方便、离农民居住村庄较近的荒山，等到这些山上的树木成林成材，将为农民提供了一个优美的居住环境。

五、问题关注

在总结项目成功经验的同时，我们也深深体会到一些值得关注的问题。

1. 世行贷款条件没有针对林业项目特点而调整。一是配套资金比例太高，对本来就落后的项目县是极大的压力。二是只设计了六年的建设投资期，对幼林抚育、间伐、病虫害防治、防火等后续管理均未设计，林业项目的幼林抚育管理至少需要三年，如果这个时期没有资金投入，造林成活后的幼林也有可能重归失败。这时的项目实施主体，既要做好幼林后续管护工作，又要筹措还款资金，确实困难重重。三是宽限期短，项目还没有任何收入时间就需要还贷。

2. 项目风险防范措施没有规范性设计。林业项目相对于其他行业存在更大的风险，不仅有汇率风险、市场风险，还有自然灾害风险，这对于实施单位，特别是抗风险能力较弱的贫困林农来说是难以承担的。2008 年的特大雨雪冰冻灾害就使部分项目受灾，也使少量主体陷入绝境。

3. 组织机构能力建设超前意识不强。一是培养的管理模式都是强调自我管理为主，没有考虑向委托管理过渡。没有尝试培养专业管理机构。二是培养专业技术型人员多，缺少培养复合型从业背景人才。

六、结束语

当林业处于"两困"的艰难时期，中央政府策划申请世行贷款林业项目，江西省政府积极响应，给江西省林业行业带来丝丝暖意。项目的成功实施，是国际资本、国家政策、企业对策良好组合的结果，是我们应对当时困难的必要选择。经过十多年与世行为代表的国际资本的精彩对接，改变了江西省林业行业以粗放增长方式的模式，开创了科技兴林的先河，产生了恩泽社会的辉煌成果。

随着金融生态环境和资本市场发展环境的进一步改善，我们林业人应该以世行贷款项目为榜样，以项目为契机，以科技为动力，以市场为导向，创造并争取融资的多元化，不断提高经营水平，增强可持续发展能力，以促进林业的发展壮大，以更好的成绩回报社会。

［江西省林业厅利用外资项目办（速丰办）］

接轨国际营林理念 加强生态文明建设

——山东林业利用世界银行贷款项目建设回顾

随着改革开放的不断深入，利用外资成为林业事业发展的重要筹资渠道。经过 20 多年来的努力，山东省在利用世界银行贷款进行林业项目建设方面取得了显著成绩，积累了许多宝贵经验，为全省进一步发展森林资源，改善森林生态系统结构，提高森林资源的质量，充分发挥森林多功能、多效益等方面发挥了重要的示范和促进作用。

一、山东林业利用世界银行贷款项目基本情况

（一）世界银行贷款"国家造林项目"山东分项目

1990 年 7 月 14 日，山东省人民政府与林业部在人民大会堂签署了《中华人民共和国林业部、山东省人民政府关于执行中华人民共和国与国际开发协会"国家造林项目"协议书》，拉开了山东利用世界银行贷款发展林业事业的序幕。山东省共有 9 个市 23 个县（市、区）成功列入首批项目范围。该项目计划总投资 9486.1 万元人民币，其中利用世界银行贷款折合5600.9 万元人民币，建设期 7 年（1991~1997 年），计划造林 5 万公顷。实际完成投资15885.8 万元人民币，其中利用世界银行贷款 1326.5 万美元，折合人民币 8917.5 万元，造林7.56 万公顷。在"国家造林项目"实施过程中，各级项目单位认真履行项目协议规定，既保证了项目的顺利实施，又树立了山东省林业的良好信誉。在世界银行和财政部联合举行的第一次省级世行项目大检查中，"国家造林项目"山东分项目被评为执行最好的项目之一，并被世行官员称赞为新技术转让和良好管理的样板，为山东省林业赢得了良好的国际声誉。

（二）世界银行贷款"森林资源发展和保护项目"山东分项目

1997 年 1 月 13 日，财政部与山东省人民政府签署了贷款转贷协议。世界银行贷款中国"森林资源发展和保护项目"山东分项目开始启动。该项目涉及 10 个市、22 个县（市、区），计划总投资 13122 万元，其中世界银行贷款 895 万美元（折合人民币 7437 万元），建设期 6 年（1997~2002 年），计划造林 45394 公顷。历经 4 年，实际完成投资 13354.1 万元，其中利用世界银行贷款 901.36 万美元，折合人民币 7455.5 万元，营造集约经营用材林 53973.8 公顷。在项目的实施过程中，由于各级项目实施单位积极借鉴和采用了当今国内外先进的营造林技术和运行管理方法，确保了项目始终按预定的目标顺利进行，对推动山东省在建项目上水平、上档次，具有重要的现实意义。

（三）世界银行贷款"林业持续发展项目"山东分项目

2003 年 2 月 14 日，财政部与山东省人民政府签署了中国"林业持续发展项目"山东分项目贷款转贷协议，项目开始启动实施。该项目涉及 5 个市、16 个县（市、区），计划投资18351.1 万元，其中世界银行贷款 1111 万美元（折合人民币 9221.1 万元）。建设期 6 年（2003

~2008 年），计划营造用材林 6007 公顷，经济林 11170 公顷。历经 4 年，实际完成投资 19802.02 万元，其中利用世界银行贷款 1111.0 万美元，折合人民币 8937.35 万元，造林 35521.0 公顷。通过项目的实施，不仅改善了山东项目区的生态环境、调整了农村产业结构调整、扩大了社会劳动力就业，而且还带动了广大农民脱贫致富，加快了新农村建设的步伐。

（四）世界银行贷款"山东生态造林项目"

2010 年 3 月 17 日，山东省与国际复兴开发银行签署了"山东生态造林项目"项目协定，项目开始正式实施。该项目涉及 9 个市、28 个县（市、区），计划投资 76275.2 万元，其中世界银行贷款 6000 万美元，国内配套 35475.2 万元。建设期限 6 年（2010~2015 年），计划营造生态防护林 65972.6 万公顷，其中滨海盐碱地改良防护林 27629.2 公顷、退化山地植被恢复防护林 38343.4 公顷。

截至 2013 年 4 月底，世界银行贷款"山东生态造林项目"累计完成投资 5.05 亿元人民币，其中世界银行贷款 5169.9 万美元，国内配套资金 1.83 亿元人民币；累计完成造林面积 64052.16 公顷，占造林总任务的 97.08%；完成幼林抚育面积 46982.26 公顷。在完成投资的构成上，造营林投资 4.97 亿元人民币，技术服务与项目管理 774.6 万元人民币；落实省级配套资金 2400 万元人民币，市、县配套及造林单位自筹 15919.2 万元人民币。2013 年 5 月 12 日至 18 日，世界银行以刘瑾为团长的检查团一行五人，对正在执行的"山东生态造林项目"执行情况进行了检查，通过实地检查，一致认为："山东生态造林项目"实施成效令人鼓舞和振奋。刘瑾还说道："我在世行工作了 17 年，从来没有一个项目能在中期评估前就完成造林任务，景观林的营造有超前意识，希望山东能接着再上一期项目"。

二、世界银行贷款山东林业项目实施成效

在项目的实施过程中，由于各级项目实施单位积极借鉴和采用了当今国内外先进的营造林技术和运行管理方法，确保了项目始终按预定的目标顺利进行。实践证明，世界银行贷款山东生态造林项目的成功实施，不仅改善了项目区的生态环境，优化了农村产业结构，扩大了社会劳动力就业，而且还带动了广大农民脱贫致富，加快了社会主义新农村建设，实现了"四个促进，三个提高，两个增加，一个实现"的目标。"四个促进"即一是促进山东省林业对外开放步伐；二是促进山东省商品林基地建设；三是促进山东林业产业化进程；四是促进山东区域经济发展；"三个提高"即一是提高了项目区森林覆盖率；二是提高了林业管理水平；三是提高了林业的科技贡献率。"两个增加"即一是增加了山东省森林资源储备；二是增加了项目区农民收入。"一个实现"即是实现了项目以生态效益、经济效益为中心的要求。据测算，前三期世界银行贷款造林项目共涉及 11 市 37 个县（市、区）、678 个乡镇，主伐时林木总蓄积量累计达 3700 多万立方米，可向社会提供木材 2800 多万立方米；盛果期每年可向社会提供鲜水果 20 多万吨；直接经济效益达 125 亿元人民币，内部收益率达 22.5%；项目的科技贡献率比面上工程造林项目的科技贡献率高 15 个百分点，项目区森林覆盖率提高了 1~2 个百分点；直接或间接受益农户达 102 多万户。

通过实施山东生态造林项目，造林市场、苗木市场、用工市场得到了培育和发展。据统计，28 个项目县，形成具有一定规模和经验的造林专业队 680 多个，每年从事社区造林面积

达 7600 公顷，雇用社区农民 12600 人次；涌现出昌邑北方苗木交易专业市场、惠民苗木交易转运市场，据统计，仅这 2 个苗木市场，苗木经销商(经纪人或实体)就达 1200 多家，年经营苗木 6.5 亿株。项目还带动了苗木组培公司的发展。上海杉一植物科技有限公司、山东省林业科学研究院、西北农林科技大学联合攻关，研究开发了耐盐碱榆树，并进行了产业化生产。两年来，该公司已生产耐盐碱榆树组培苗木 700 万株，用于项目或供应社会造林，该公司拟与垦利县林业局合作，准备培育中国最大的耐盐碱榆树生产交易市场。项目的实施，不仅培育了市场，带动了运输业的发展，还带动了项目区以外造林营林工作的开展。据统计，2013 年春季，社会上按照世行项目造林模型的标准，造林面积达 3 万公顷，仅项目区的无棣县就带动社会造林 3200 公顷，项目辐射带动作用明显。

总之，项目实施以来，各项目市和县(市、区)都建立了项目试验示范林、推出了一批典型单位，依靠典型和样板，让群众看着学、比着做、照着干，示范引领项目建设。项目建设采用的 13 个造林模型已在项目区被广泛采用，同时也推广应用于山东各地造林中，林分的景观效果和生态多功能效果初见成效。2012 年，有河北、广西 2 个省、40 个市、县共计 55 人次，来山东省实地考察了乳山、新泰、无棣、沾化等项目县(市、区、镇)，项目建设得到了兄弟省份的认可和高度评价，示范效果已开始显现。

三、世界银行贷款林业项目经验与做法

通过实施世界银行贷款项目，山东省不仅引进了资金，解决了林业发展所需的资金和技术问题，更重要的是引进了新的管理经验和方法，在项目执行中创新了理念，放大了项目贷款的资金效益。尤其是世界银行贷款项目在管理理念和管理方式上的许多创新，从根本上保证了项目目标的实现。

(一)改变了传统的资金使用观念，拓宽了林业融资渠道

在向市场经济转型的过程中，山东省林业发展受传统计划经济的束缚和影响较深，人们普遍认为拨款造林、无偿使用天经地义，"等、靠、要"思想根深蒂固，造林质量不高，经营管理粗放，建设资金不足，资金使用效率低等问题尤为突出，严重制约了林业的快速发展。20 世纪 90 年代初，山东省适时、大胆引进外资进行造林，改变了传统"等、靠、要"的资金使用观念、吸引了国内、外资金和先进管理技术，极大地提升了营造林质量，为山东林业的快速发展增添了新的生机和活力。

1. 提升了资金使用效率。世行贷款造林项目一开始就以实现高起点、高标准、高质量为目标，以经济效益和资金使用效率为中心开展工作。项目的实施引进了参与式设计、质量监督、过程控制、效益跟踪、监测评估、报账提款和跟踪审计等现代管理理念。先进的理念、科学的管理、有效的调控手段，确保了项目资金使用效率和实施效果。1996 年世界银行专家在进行"国家造林项目"竣工验收时，对山东省项目的建设质量给予了最高的评价，项目评定为 HS 级。

2. 增强了还贷意识。世界银行贷款林业项目的实施，开创了山东省林业利用外资造林的先河。外资造林是借钱造林、举债经营，按照"谁用款、谁受益、谁还贷"的原则，从项目启动实施就强化了风险意识、市场意识、质量意识和还贷意识，打牢了资金有偿使用、按时足额还贷的思想。实行谁造谁有、谁用钱谁还钱，使造林者拥有自主权、经营权和所有权，

极大地调动了经营者的积极性，为以后林业外资项目按期足额还贷奠定了良好的基础。据统计，截至目前，世界银行贷款"国家造林项目"已按时完成还款 29 期，共计 1.02 亿元，较好地维护了山东省对外的形象和声誉，得到了世界银行和国家有关部门的肯定。

3. 突破了融资难的瓶颈。投资回报率低、融资难、渠道不畅等现实矛盾一直制约着林业的发展。世界银行贷款林业项目的实施，彻底改变了传统的经营管理方式，造林实体得到了很高的投资回报率，激发了全社会投资营造人工林的积极性，拓宽了林业发展的融资渠道。据统计，山东省已实施完毕的前三期世界银行贷款项目，累计完成总投资 4.9 亿元，其中使用世界银行贷款 3338.86 万美元，折合 2.5 亿元人民币，完成造林 16.56 万公顷。正在实施的世界银行贷款"山东生态造林项目"，已累计完成投资 5.05 亿元人民币，其中世界银行资金 5169.9 万美元，营造生态防护林 6.4 万公顷。有力地推动了绿色山东和生态省建设。

（二）实施了资金管理报账制，提高项目建设质量

报账制作为一项兼市场性、法制性和可操作性为一体的林业工程管理模式，实现了投资与质量、权利与责任有机结合，是实现林业跨越式发展的有效之策。

1. 报账制促进了配套资金提前到位。报账制摒弃了传统投资体制中计划与质量相分离的弊端，而代之以质量定投资、以效益定资金，绩效与投资相结合，体现了林业投资的效益观念和规则意识。这样可以促使配套资金提前落实和到位，杜绝盲目争项目、配套资金难到位现象的发生，确保了项目总投资和实施质量。

2. 报账制保证了资金合规使用和质量有效监控。报账制以质量优先为准则，其核心是确保质量。所谓报账，就是报质量达标之账、报符合要求之账。这样可以促使项目严格按照技术规程实施，保证项目的建设质量，真正使贷款资金用到项目造林中，实现了贷款资金使用和质量监控的有效性。

3. 报账制实现了项目计划、资金和管理有机结合。提款报账过程是一个非常严格的审查、质量检验、资金把关的过程。项目建立的计划、资金、质量管理联合审查制度，使提款报账真正成为保障项目质量和效益的经济手段，成为提高造林质量的有效经济杠杆和管理机制。保证了项目计划、资金、质量管理的有机结合。

（三）创建了"3211"模式，提高了项目的科技含量

充分利用和发挥各地的基地优势、技术优势、设备优势，汇集各方面的人才和技术力量，通过开展科研、示范、试验、技术成果推广等活动，创建了加快新技术、新成果向生产力转化的"3211"科技推广管理运行模式：

1. 认真搞好"三个一"建设。即"一支"科技队伍的建设、"一套"办法的制订、"一大片"科技样板林建设。山东省成立了科研支持保障组织，主要负责制定科研规划、指导科研推广、提供技术咨询、提供最新科研成果、开展育种技术研究等工作。项目市、县、乡也建立了基层科技成果推广网络，通过科技试验林和示范林建设，为项目造林提供样板，使造林单位看到科技产生的作用和效益，进而能主动吸收和应用科技成果，达到以示范促推广的目的。

2. 狠抓"两个一"的推广。即狠抓已推出的新技术、新成果和陆续推出的阶段性新技术、新成果的推广。山东省及时筛选出"十五"已推出的和"十一五"阶段性优秀成果与实用技术，编写成通俗易懂的技术指南和实用小册子散发到基层林业单位，加速技术信息的交流，对指导基层科学造营林起到了促进推动作用。

3. 促进"一个一"的转化。即促进新技术尽快转化为生产力。注重把现有的林业新技术、新成果组装配套，应用于项目造林的每一个环节，通过点上示范、面上推广，较好地促进了新技术、新成果向生产力的转化。经测算，外资造林项目的科技贡献率比面上工程造林项目的科技贡献率高 15 个百分点，山东林业的科技含量得到了显著提高。

（四）形成了十大运行管理支撑体系，增强了项目管理能力

结合世界银行贷款林业项目的特点和山东省的实际，紧紧围绕项目发展目标，探索形成了与世界银行贷款项目运行管理要求相适应的十大运行管理支撑体系，为世界银行贷款项目的顺利实施奠定了坚实的基础。

1. 组织协调。项目实施前，山东省成立了由财政、发改委、审计、林业等部门分管处室负责人参加的项目联合办公室；各项目市、县(市、区)也相应成立项目管理机构。为了防止部门间相互扯皮和推诿，严格制定了相关的《项目管理办法》，把各部门的职责和任务明确地写在了办法中。发现问题，及时解决。健全的组织、完善的制度、有效的协调和密切的配合，保证了项目实施工作的顺利开展。

2. 计划调控。灵活运用计划调控这个杠杆，既能控制项目的实施进度，又能处理好资金的流向和工程实施质量。对配套资金到位率高、造林抚育管理和科研推广工作突出的项目市、县，适当增加年度计划；对达不到的项目市、县，采取通报批评，调减年度计划等手段，以示制裁。把计划和工程质量挂钩，确保整个项目的实施质量。

3. 财务管理。为管好用好项目资金，紧紧围绕资金、财务、债务、工程进度和质量管理为中心开展工作，并依照有关规定要求，单独设立项目资金专用账户，实行专户管理，专款专用，单独核算；实行报账制和审计制，接受财政、审计及国际金融组织的检查和监督。确保了资金使用安全和效率。

4. 质量监督。造林和抚育质量的高低决定着项目的成败。在项目实施过程中，严格按照"事前培训、事中指导、事后检查验收"的工程管理模式和"分工序检查验收、分级检查验收"的质量监督办法，严把选地关、设计关、种苗关、整地栽植关、验收关。凡质量不合格的新造林，都不作为项目林，不予报账提款。

5. 种苗供应。苗木的质量和数量不仅决定着项目实施的进度，而且还决定着项目实施的质量。为此，省、市、县(市、区、镇)分别成立了"项目种苗供应支持组织"，严格了"统一供种、统一育苗、统一标准、统一供苗"的四统一制度，确保了项目用苗数量和质量。

6. 物资管理。为采购好、管理好及使用好项目的物资设备，采取制订下发相关采购管理办法、固定专人负责、强化管理培训等手段，提高了物资设备的使用效益和管理水平。

7. 科研推广。项目的科研推广是实现项目目标的重要保证。科研推广工作以提高生产力为中心，紧紧抓住提高种苗质量和改进栽培技术两个基点，把项目的实施转移到依靠科技进步的轨道上来，不断提高项目林的科技含量。

8. 技术培训。采取走出去请进来、集中培训、以会代训、现场施教、发放明白纸等形式，使造林实体和林农及时掌握最新林业科技成果和成功的项目管理经验。从而提高了全省林业的整体技术水平，为高标准完成项目建设，创造了良好的条件。

9. 环境监测。项目环境监测包括监控造林、营林整个环节中是否严格执行《项目环境保护实施细则》中的有关规定，监测成林后有害生物的发生、发展和防治等情况。科学地指导有害生物防治，有力地指导了环保监测工作的开展。

10. 信息系统。充分借鉴和运用项目中已开发的信息工程管理系统和报账系统，有效地监测、评价项目建设效益，对其他运行管理支撑子体系进行有效的监控和管理。健全建立了省、县、乡镇三级信息反馈系统。从而确保了项目的执行建立在科学基础上。

20 多年来，世界银行贷款造林项目的实施，充分发挥了外资项目的资金和技术优势，为山东省的林业建设不断注入了新的生机和活力，有力地推动了全省林业的发展。随着今后全省林业改革的不断深入和世界银行贷款造林项目在全省的实施，将会进一步加快山东林业生态建设进程，为推动山东省林业又好又快发展做出新的更大贡献。

〔山东省林业外资与工程项目管理站（速丰办）扈兴强〕

回望世行造林路　足迹化作片片林

——河南省世行贷款林业项目建设成效回顾

地处中原的河南，有着古老的华夏文明，又充满着勃勃生机，是全国的人口大省和农业大省。但林业资源相对不足，以往长期的过量采伐，到20世纪80年代已演变成严峻的森林资源危机，木材供需矛盾十分突出。1989~1998年，河南省10年造林规划把发展速生丰产用材林作为河南林业重大战略，但人工林经营水平低下、营林资金短缺，仍严重地制约着我省林业生产的进一步发展。1990年11月，河南省世行贷款"国家造林项目"全面启动实施，河南林业利用世行贷款造林的序幕从此拉开，至2009年，河南省又接连实施完成了世行贷款"森林资源发展和保护项目"、"贫困地区林业发展项目"和"林业持续发展项目"。

回顾河南省世行贷款造林项目实施历程，世行造林步履匆匆，精彩纷呈，染绿了中原大地的山山岭岭，托起了中原儿女脱贫致富奔小康的绿色之梦。

开放发展，"国家造林项目"拉开世行项目序幕。河南省"国家造林项目"是河南省首次利用外资的项目，项目实施一开始，省林业厅就明确提出项目实施要达到"促进速生丰产林建设的发展，促进林业管理水平的提高，促进科技兴林的进程，促进林业的对外开放"的要求。各级政府和项目管理人员借鉴和采用世界先进的营林技术和管理方法，保证了项目始终沿着既定目标顺利前行，在经济、环境、社会和技术进步等方面均取得了良好的成效。

项目于1990年启动实施，1996年底竣工。项目区包括：桐柏、泌阳、汝南、武陟、温县、虞城、鹿邑、商水、淮阳、汝州、宝丰、叶县、鄢陵、平桥等16个县（市、区）和洛阳、三门峡、商丘三个市的国有林场群。完成投资9649万元，其中利用外资5555.6万元，省级配套1050万元，营造泡桐、杨树、刺槐、落叶松等速生丰产林4.23万公顷。项目通过选用良种和优良无性系，在14个县（市）和1个国有林场营造了3万公顷速生丰产林。项目建设培育和扩大了森林资源，提高了木材产量，缓解了木材供需矛盾。

扩大成果，"森林资源发展和保护项目"再创世行项目佳绩。世行贷款"国家造林项目"的顺利实施，为河南林业利用外资造林积累了宝贵的经验，也增强了各级政府和广大林农实施外资造林的决心和信心。为进一步扩大利用世行贷款发展速生丰产林的成果，1994年9月，河南省政府申报实施世行贷款"森林资源发展和保护项目"。项目区包括：桐柏、泌阳、平桥、浉河、嵩县、洛宁、灵宝、卢氏、鲁山等9个县。项目于2001年底竣工，实际完成投资8843万元，其中利用外资4890万元，省级配套1474万元，营造火炬松、杉木、杨树、刺槐、落叶松等高标准集约经营人工林2.935万公顷。

项目制订了"信贷转贷协定"和"项目实施规定"，进一步规范了项目管理；省财政承担了外汇风险，并且以人民币借贷和偿还，贷款条件优惠，减少了林农的忧虑，调动了群众造林和参与项目实施的积极性，实现了培育和扩大森林资源，提高木材产量的建设目标。

改善民生，"贫困地区林业发展项目"丰富世行项目内容。在世行贷款"国家造林项目"、"森林资源发展和保护项目"顺利实施的基础上，为进一步加快林业建设，改善生态环境，发展民生林业，促进贫困地区群众脱贫致富，河南省政府又申请实施世行贷款"贫困地区林业发展项目"。项目于1999年实施，2005年底竣工。项目区是河南省后备用材林基地和各种干鲜果品的重要产区，主要位于河南省南部、西南部、西部山区和北部。包括：宜阳、洛宁、孟津、鲁山、陕县、卢氏、确山、汝南、南召、淅川、西峡、商城、罗山、固始、新县、光山、浉河、荥阳、杞县、尉氏、获嘉、淮阳等22个县（市、区），其中国家级贫困县15个，省级贫困县5个。

项目实际完成投资38639万元人民币，其中世行20252万元，省级配套资金6316万元，全省完成造林8.6万公顷，其中杉木、火炬松、杨树、刺槐等用材林5.5万公顷，板栗、核桃、银杏、大枣等经济林3.1万公顷。林木蓄积量增加897.1万立方米，生产各类经果林产品114.6万吨，产值达65.9亿元。使22个项目县172个乡的近40万贫困农民脱贫致富。项目通过营造人工用材林、经济林，达到了发展森林资源，减轻贫困，促进林农经济发展和改善生态环境的目的。

持续给力，林业持续发展项目续写世行项目辉煌。随着世行贷款"国家造林项目"、"森林资源发展和保护项目"、"贫困地区林业发展项目"的成功实施，世行贷款项目已成为河南林业改革开放的主战场、全省高质量速生丰产林建设的主阵地。为进一步加快全省绿色中原建设的步伐，扩大森林资源，改善生态环境，促进当地群众脱贫致富，河南省林业厅向国家林业局申请实施了世行贷款林业持续发展项目。2003年4月项目启动实施，2009年底竣工。项目实施区域包括新郑、开封县、偃师、沁阳、温县、许昌县、长葛、襄城、郾城、源汇、召陵、临颍、南乐、鹿邑、商水、扶沟、平舆、桐柏、社旗、邓州、罗山、平桥、淮滨、息县、淇县、济源市等26个县（市、区）。项目实际完成投资35454.96万元人民币，其中世行贷款17363.95万元，省级配套3353万元，共计完成集约经营人工林63807.3公顷，营建中心苗圃5个。项目在可持续发展和群众参与的基础上，通过营造集约经营人工林，达到了发展森林资源，缓解木材供需矛盾，调整项目区种植结构，振兴林业经济和改善生态环境的目的，促进了河南经济可持续发展。

世行造林项目实施不仅增加了人工林资源储备，取得了巨大生态效益、经济效益和社会效益，而且推动了河南林业改革开放进程，引进了先进林业理念，取得了显著成效。

资金引入突破发展瓶颈。1990年以前，河南省林业利用外资是一片空白，林业建设主要依靠国家基本建设投资、各级财政拨款和群众义务投工，投资渠道单一和投入不足是制约林业发展的瓶颈。世行造林项目实施以来，利用世行贷款资金总规模达5.2亿元，吸引国内各类配套资金5.1亿元，其中省财政提供配套资金1.3亿元，在一定程度上拓宽了林业投融资渠道，突破了林业发展资金瓶颈，为河南林业吸引和利用外资，开展国际合作积累了宝贵经验。

理念更新创新经营机制。世行造林项目引入了世界先进的营林理念和造林技术。主要有政府投资生态建设的理念，农民造林劳动获得报酬的理念，林农参与规划设计的理念，资金与工程相符的"报账制"理念，强化质量监管的理念，林权落实到户、责任明确的理念等，改变了过去权责不明确、农民被动造林、缺少质量监督、造好造坏一样报账等弊端。

河南省世行造林项目建立和完善了一套完整的林业工程管理和科技支持体系，创新了经营管理机制，积累了先进经验。通过举办各种培训班，培养了一大批林业项目管理和技术人才。特别是直接参与项目建设的人员更是掌握了先进的科学技术知识，成为项目管理的骨干人才。项目推广了 40 多项科技成果，营造了近万亩的实验林和 10 多万亩的示范林，取得了 10 多项省、部级科研成果，为全省林业工程建设提供了示范带动作用。

林茂果丰惠及河南百姓。河南省世行造林项目主要分布在经济欠发达地区，项目实施为项目区农民提供了就业机会，增加了项目区农民的收入。项目直接受益人约 150 万，受益人年均纯收入增加 1200 元左右。淮滨县利用世行项目资金营造速生丰产林近 6 万亩，项目区收益农户人均植树 129 株，人均年收入增加 1290 元。西峡县利用世行项目资金营造小杂果基地 2103 公顷，油桃、杏李等小杂果产量突破 3100 万千克，仅此一项项目区人均收入增加 1850 元。世行造林项目的实施，全省新增有林地 221457 公顷，使全省森林覆盖率净增 1.33 个百分点。同时提高了空气相对湿度，降低了风速，减少了水分蒸发量，改善了项目区生态环境，丰富了人们的生活内容。畅游绿海采果忙，漫步绿荫闻花香已成为项目区农民的平常生活。

产业发展助力中原经济。河南省世行造林项目大力发展以杨树、泡桐、刺槐、杉木、松类等为主的速生丰产林，以及项目营造的干鲜水果、木本粮油、中药材等经济林为林产品加工增加了原材料，促进了林业产业发展。如濮阳龙丰纸业有限公司、焦作瑞丰纸业有限公司、新乡新亚纸业集团股份有限公司等企业，都是利用外资营造的原料林发展壮大的，仅濮阳龙丰纸业有限公司 2007 年就实现销售收入 3.7 亿元，完成净利润 2156 万元；西峡县利用世行贷款资金为宛西制药厂建立了山茱萸原料基地，既满足了药厂对原料需求，又解决了项目区林产品的销路问题；罗山县利用世行项目资金引进日本新茶品种，建立了绿茶加工厂，产品远销日本，取得了良好的经济和社会效益；栾川县利用世行项目贷款资金营造大面积的日本落叶松林，并利用日本落叶松林区独特的景观开发旅游业，取得了显著成效。

宣传效应扩大社会影响。建立示范样板是开展国际合作项目的一个重要目标。河南省在世行贷款项目的引进与实施中，走出了一条符合本省林业特点的路子，为林业工程树立了内容丰富的示范样板，为林业建设树起了绿色丰碑，有效提高了各级政府和民众对植树造林、生态环境建设的重视程度，也促进了相关改革和政策的实施进程。国内多家媒体跟踪报道项目建设成就，世界银行先后组织了发展中国家的林业代表、美国绿色在线记者到河南项目区进行实地参观和采访，先后有 10 多个兄弟省份到林业外资项目区进行参观指导，密切了河南省与外国政府、国际金融组织的关系，提升了河南省林业对外开放水平和层次，扩大了林业的社会影响。

世行造林项目实施的成功经验，对加快河南林业开放步伐，进一步提升林业合作的质量效益，促进木材战略储备基地建设，都具有十分重要的指导意义。

赢得社会广泛支持是项目建设的强大后盾。世行造林项目工程庞大，任务重，涉及部门多，只有得到政府各部门和民众支持，才能保证项目的顺利实施和资金渠道的畅通。项目实施前，河南省林业厅一方面及时将项目政策和进展情况向各级政府和有关部门宣传，让他们了解项目、支持项目；一方面利用新闻媒体报道、建立项目标示牌、张贴项目介绍等方法加大项目在社会民众中的宣传力度，营造了知项目、要项目、建项目、护项目的良好氛围。

　　科学全面的规划设计是项目成功实施的前提条件。河南省林业世行项目从设计到实施的过程中，充分考虑农民的利益，及时签订土地使用权合同，把群众参与项目的责、权、利固定下来，保证了土地使用权的稳定性和连续性。项目实施前，项目管理部门和设计单位充分听取和吸收项目林农的意见，使项目实施者有知情权、发言权、决策权，从而使项目设计达到既尊重科学，贴近实际，又符合农民意愿的效果，为项目顺利实施打下了基础。

　　科技支撑是项目成功实施的有效保障。世行造林项目把科技支撑作为项目建设内容的组成部分融入项目整体之中，使项目的目标与利益一致起来。通过技术咨询、编发技术手册、现场指导、建立示范林等形式，将实用技术和新成果尽快传授给生产第一线的技术员和林农。由于措施得力，大量的科研成果和先进技术得到广泛传播，项目的科技含量大大提高，项目林分质量和效益明显提高。

　　规范作业是项目成功实施的有效途径。河南省林业世行项目严格按照技术标准、操作程序和具体措施抓落实。在年度作业设计中，严格按各工序技术标准和操作规程设计，保证了项目造林有章可循；在造林施工过程中，抓"施工前进行培训，施工中进行指导，施工后检查验收"的全方位技术管理方法，保证了技术标准的有效贯彻；在质量监测上，实行了"分内容检查验收"和"分级检查验收"相结合的检查验收办法，保证了造林的高质量；在施工管理上，对技术人员实行技术指导承包责任制，对施工员和造林者实行造林任务承包制，把任务、质量与承包者的收入直接挂起钩来，大大激发了广大承包者造林育林的积极性；在苗木管理中，制定了项目种源区划和苗木标准，强化了苗木质量把关责任追究，确保了苗木质量。

　　严格资金管理是项目成功实施的保证。河南省林业世行项目采取了资金报账拨付的管理办法，系统规范了报账审核程序，实行资金投入"有偿制"，支付"报账制"，使用"专项制"。报账制充分发挥财务管理的杠杆作用，做到配套资金不到位不报账、造林成活率不达标不报账、造林苗木不合要求不报账、环保措施不完善不报账、债务不落实不报账。从根本上杜绝了项目账实不符，造林和资金两张皮的混乱现象，既约束了项目行为，又保证了项目实施的质量。

　　当前，面对中原经济区建设大局，河南省既面临着跨越发展的重大机遇，也面临着不以牺牲农业和粮食、生态和环境为代价的"三化"协调发展的挑战。森林资源的不足和经济快速发展对林业原材料需求增加的矛盾十分突出，以世行造林项目成效为基础，经验为指导，促进木材战略储备基地建设，对缓解木材短缺，助推中原经济区建设具有重要指导意义。

［河南省林业厅项目办（速丰办）冯慰冬、范增伟］

实施世行贷款林业项目 服务"绿满荆楚"行动

——湖北省世行贷款林业项目建设成效总结与展望

20 世纪 80 年代以来，湖北省先后实施了"国家造林项目"（世行一期）、"森林资源发展和保护项目"（世行二期）、"长江水资源开发项目林业子项目"（"两湖"项目）、"贫困地区林业发展项目"（世行三期）和"林业可持续发展项目"（世行四期）5 个世界银行贷款造林项目（以下简称"世行项目"）。项目覆盖了湖北省 65 个县市（区），累计完成投资 10.7 亿元，其中利用世行贷款 5.7 亿元，国内配套 5.0 亿元，累计完成营造林 31.69 万公顷，封山育林 7.22 万公顷。利用世行优惠贷款开展造林绿化和生态建设，不仅促进了湖北省传统林业经营方式和投资格局的转变，引进了新的管理理念和经营模式，而且加快了统筹推进城乡绿化的步伐，加强了重点生态功能区的修复，强化了森林资源的管护，为湖北省实施"绿满荆楚"行动打下了坚实的基础，为加快构建促进中部地区崛起重要战略支点，提供了有力的绿色支撑和生态支撑。

一、项目成效

（一）加快了造林绿化步伐，夯实了生态基础

20 年来，湖北省世行项目累计，完成的营造林中，一、二类林面积达到 90% 以上，项目区森林覆盖率平均提高了 5 个百分点，使湖北省森林面积由 1990 年的 399.6 万公顷，增加到 2010 年的 603.7 万公顷，森林蓄积由 11568.3 万立方米，增加到 19212 万立方米，分别增长了 51.1% 和 65.3%，森林覆盖率由 1990 年的 25.7% 提高到 2010 年的 31.6%，实现了森林面积、森林蓄积和森林覆盖率的"三增长"。我们还在长江汉江沿线、三峡库区、丹江口水源区等重点生态区域，营造了 5.7 万公顷的多功能防护林，极大地增加了天然林资源和促进了生物多样性保护。据测算，世行项目每年可减轻地表径流引起的土壤流失量 5162 万吨，可涵养水源 5418 万吨，吸收大气二氧化碳 1916 万吨，并释放出大量的氧气，改善了项目区的森林健康状况，促进了项目区旅游业的发展，生态效益显著。

（二）促进了林农增收致富，改善了林区民生环境

世行项目的造林主体是农民，最大的受益者也是农民。项目实行"谁造谁有、谁用钱谁还钱"，坚持"利益向参与者"倾斜，极大地调动了经营者的积极性。通过参与项目实施，农民不仅得到资金和技术上的扶持，而且可以获得营造林木的收入、间作农作物的收入和经济林产品的收入。据测算，项目区农民人均增收近 1000 元。项目区还修缮了大量的林道、集材道、步道，加强了基础设施建设，极大地改善了项目区生产生活条件。同时，项目为农民创造了大量的就业机会，改变了一些地方农民单一种地的传统生产、生活方式，对保持农村政治稳定、经济繁荣、农民安居乐业发挥了重要作用。

（三）支撑了林业产业发展，推动了绿色经济壮大

项目实施期间，湖北省林业产业正处于蓬勃发展阶段，木材需求不断加大，供需矛盾凸显。1990 年湖北省商品材需求量为 450 万立方米，而实际可供量只有 120 万立方米，商品材供给能力仅为 26.7%。在实施世行项目时，我们结合林业产业发展需要，因势利导，因地制宜，大力营造速生丰产林近 20 万公顷，使全省初步形成了江汉平原及周边地区以意杨和国外松为主的短周期工业原料林基地、鄂东南以楠竹和杉木为主、鄂西南以日本落叶松为主的速生丰产用材林基地。据测算，项目预期林木总收入可达 200 多亿元，纯收入 100 多亿元。项目区已成为湖北省重要的木材战略储备基地，支撑了全省 3200 多家木材加工企业的发展，其中产值过亿元的龙头企业 17 家，湖北木业集团、鄂林木业有限公司、石首吉象、咸宁巨宁等一批全国百强人造板企业发展壮大，加速了湖北省林纸浆一体化集群发展态势。

（四）引进了先进技术理念，提升了经营管理水平

湖北省注重先进造林技术、管理理念的学习与引进，建立了以组织机构、种苗供应、科技推广、环境保护、质量监控、财务核算、计划调节、信息系统为主的八大支持体系，先后制订了环境保护、提款报账、检查验收等一系列规范性办法。在技术上，重视环保措施，强调适地适树，注重可持续发展；在管理上，重视技术推广培训，强调承包责任，注重开放式合作、参与式管理、全过程监督；在建设上，重视检查验收，强调工程监理，注重造林质量和建设成效。这些先进管理理念的应用，极大地提升了湖北林业经营管理水平。"事前培训、事中指导、事后验收"的质量监督办法，已成为湖北造林质量管理的重要模式。

（五）优化了管理服务环境，培养了林业人才队伍

世行项目为林业系统配备了大量的车辆、办公设备、育苗和管护设施，大大改善了项目县市（区）林业部门办公、培训和森林保护条件，提高了林业的现代化管理和技术服务水平。同时，我们坚持"走出去、请进来"，先后选派 150 人次出省、出国培训考察，先后聘请 100 多名国内外专家到世行项目区开展技术指导和咨询服务，举办多期培训班，使各级项目管理人员成为懂交流、懂合作、懂业务、懂管理的行业能手；培训农民 20 万人次，使他们成为当地发展致富的带头人。一批长期从事世行项目管理的同志，通过接受新理念、新技术，逐步成为各地项目管理和林业技术骨干，相当一部分同志还走上了领导工作岗位。

二、主要做法和经验

（一）创新造林机制，释放发展活力

世行项目鼓励个人造林，按照"谁投资、谁受益"和"谁造谁有"的政策，大力实施"以项目为主要依托、以基地造林为主要形式、以社会造林为主攻方向、以产业发展为内生动力、以科学技术为建设支撑"的造林新机制，积极推行"企业 + 基地 + 科技 + 农户"的造林模式，在增加农民收入的同时，有力促进了造林公司、林业专业合作组织、造林大户等造林主体的发展，释放出社会主体投资林业、发展林业的活力，逐步建立起多主体参与、多渠道投入、多形式造林的造林机制，加快了湖北省造林绿化步伐。目前，湖北省共有 407 家造林企业，319 个林业专业合作社和 3374 个面积在 100 亩以上的造林大户，这三类造林主体的年造林面积，占年造林总面积的 70% 以上，已成为湖北省造林绿化的主力军和生力军。"三大主体"的踊跃参与，打破了造林绿化传统格局，优化了社会资源向林业的聚集和配置，加速了造林

绿化的市场化和社会化进程，正将湖北省林业建设推向新的起点。

（二）紧扣时代主线，助推产业发展

我国林业经历了从开发到保护，从保护到可持续发展的历程，世行项目紧扣我国林业发展的时代主线，确定的发展主题也是从造林绿化到资源保护，再到可持续发展。在不断变化的时代背景下，我国林业产业发展迅猛，伴随着天然林保护的实施和天然林采伐指标大幅度的调减，木材供需矛盾日益凸显，建立木材战略储备，发展速生丰产林的呼声越来越高。从湖北省的实践来看，国际贷款造林项目，由于有着还贷的压力，主要也应侧重于营造高效经济林、速生丰产用材林和工业原料林，这样才有利于调动承贷主体的积极性。湖北省运用世行项目先进的经营管理理念，采用良种良法，实行集约经营，大力营造速生丰产林基地，培育森林后备资源，为林业产业的发展奠定了良好基础，全项目区已成为湖北省重要的木材战略储备基地。同时，产业的发展也为农民增收致富提供了有效途径。

（三）依托科技支撑，转变服务方式

"科学技术是第一生产力"，科技在林业这种周期长的项目中显得尤为重要。湖北省在世行项目实施期间，一直注重林业科技的研究与推广，依托世行专家和林业科研单位的技术支撑，结合湖北省实际，投入专项经费有针对性地开展林业课题研究，主要集中在病虫害防治、营造林技术、速生丰产林选育等方面。同时，加强科技推广体系的建设，积极组建林业专业服务队，对营造林现场进行定期巡查，把技术培训办到造林现场，办到田间地头，在项目中积极推广良种良苗良法造林等科研成果，因地制宜开展四季化造林，延长造林作业时节，拓展造林绿化规模，大力推行专业化、科技化、机械化、四季化造林新模式。据统计，世行项目共完成 85 项科研成果推广，举办省级培训 90 期，县级培训 1450 期，乡级培训（含对造林实体和农民的培训）近 1.2 万期，建立起省、县、乡三级科技推广体系，使各项先进实用技术深入到小班地块，极大地提升了湖北省造林绿化的质量和效益。

（四）推广平原模式，凸显湖北特色

湖北省素有"千湖之省"的美誉，境内河网密布、湖泊众多，平原湖区约占湖北省国土面积的 20%，是湖北省重要的粮食主产地。但由于人多地少，土地资源紧张，林地资源不断减少，加上林业投入的不足，已严重制约了平原湖区的林业发展。1990 年，湖北省平原湖区平均森林覆盖率为 7.1%，不及全省平均森林覆盖率的 1/3，已成为湖北省林业发展的短板。平原湖区土地肥沃，雨水充沛，有着发展速生丰产林的优势，湖北省借助世行项目的资金和技术支撑，大力推广林水结合、洲滩招租、湾子林改造等平原湖区造林新模式，既有效提升了的林业发展水平，又打造了平原林业特色品牌。一是推广"林水结合"模式，推进沟渠速丰林基地建设，实现水网、路网、林网三网共建。二是推广洲滩招租模式，推进洲滩速丰林基地建设，提升森林覆盖率，降低滩地钉螺滋生。三是推广湾子林改造的村庄绿化模式，推进村湾速丰林基地建设，促进村容整洁，改善新农村风貌。

（五）建立长效机制，强化后续管理

由于林业项目周期长，见效慢，项目建设期只有短短几年时间，特别是营造林项目在建设期内难以见到成效，巩固项目实施成果，加强后续管理工作的重要性日益突出。根据世行项目的有关规定，省项目办不断强化项目后续管理工作，在每个项目竣工后均编制项目后续管理计划，并结合其他项目安排开展专项清查，逐步建立起后续管理的长效机制。一是稳定

和健全各级项目机构，从组织上保证项目的正常运转及按期还贷；二是认真编制和执行后续经营管理方案，加强项目林的后期管理工作，确保经济效益，为偿还世行贷款提供物质保证；三是将项目林"三防"工作纳入到当地政府和林业主管部门职责范围中，统一进行护林、防火和森林病虫害防治工作；四是全面落实项目造林后期各项扶持政策，理清理顺债权债务关系，及时统筹还贷。

三、未来展望

实施世行项目的二十年也正是湖北省林业快速发展的二十年，站在新的历史起点上，继续争取和利用好林业外资贷款依然是湖北省林业发展的一个重要方向。

(一)进一步转变林业外资引进思路

林业发展作为建设生态文明的首要任务，既面临着巨大的发展机遇，也肩负着重大的历史使命。建设绿色湖北、美丽湖北，林业责任重大，任务艰巨，需要在增加国内投入的同时，不断加大国外资金的引进，尤其是引进国际先进林业技术和管理理念。湖北省将立足于新时期的林业形势，在引进国际贷款中逐步转变思维，一是从单纯资金引进向资金与技术引进并重转变，湖北省林业综合生产效率较低，尤其需要加强先进经营管理理念的引进与推广；二是从项目数量规模向项目质量效益转变，争取更加优惠的贷款条件，同时更加注重完善项目建设体系及项目宗旨、成效；三是从注重经济效益向统筹生态、社会和经济效益转变，外资项目的重点将放在森林可持续经营、珍稀树种保护与培育等方面。

(二)进一步创新培育林业外资服务主体

随着林权制度改革的不断深入，林业建设已经由过去的国家单一投入转变为国家、社会、个人多元化投入的局面，新兴造林主体投资林业、发展林业的热情很高。但林业投资周期长、利润低，再加上资金和技术的缺乏，生态补偿机制也尚未建立，还需要政府在政策、资金方面的大力扶持。近几年，随着国内林业投入的不断加大及其他因素的制约影响，地方政府实施林业国际贷款项目的意愿不高。在我国信用、抵押、保险等制度正在逐步完善的背景下，可以将有意愿且还贷有保证的造林公司、林业专业合作组织、造林大户等造林组织，纳入到项目建设主体中来，简化行政办事流程，加强对造林组织的管理与服务，通过国际优惠贷款的杠杆效应，撬动更多的社会资金投入到林业建设中，实现地方得生态，农民得实惠，企业得发展的多赢局面。

(三)进一步深化林业内外资统筹融合

近年来，随着国家经济实力的增强和人民生态意识的提高，国家对林业建设的投入逐年递增，对林业发展的宏观战略也在不断调整。外资项目的引进也要紧跟国家战略步伐，全力服务于我国林业事业这一主题，才能最大限度地发挥外资项目的特点和优势。而统筹林业内外资的融合发展，资源共享，优势互补，更加高效的推进我国林业的发展，成为我们最佳的选择。很多地方已经做了积极的先行探索，如将世行项目与速丰林工程、欧投项目与木材战略储备项目相统一。湖北省需要从规划层面入手，统筹谋划内外资项目的目标布局、内容安排、技术方案、建设主体、政策措施等，整合各方面的资源和力量，创新项目组织、实施和管理等模式，开创林业外资项目工作新局面。

〔湖北省林业厅外资项目办(速丰办)〕

湖南省世界银行贷款林业项目实施成效

　　湖南省大规模利用世界银行资金发展林业始于 1990 年，20 多年来，在全省 14 个市州先后实施了"世界银行贷款国家造林项目""世界银行贷款森林资源发展与保护项目""世界银行贷款贫困地区林业发展项目""世界银行贷款林业持续发展项目"等 4 个贷款项目，累计完成项目投资 8.61 亿元人民币，其中利用外资 4.6 亿元。这些项目的实施，极大地促进了湖南省森林资源的培育和发展，推动了湖南省林业改革开放和林业经营管理水平的提高，为保护生态环境、增加社会就业，帮助山区农民脱贫致富和加快湖南省林业又快又好发展做出了重要贡献，为"绿色湖南"建设打下坚实基础。

一、项目建设情况

（一）项目实施

1. 世界银行贷款国家造林项目

　　项目建设期 6 年（1990 年 8 月~1996 年 12 月）。分布在浏阳、炎陵等 29 个县（市、区），设计营造林面积 90000 公顷。项目总投资 21400 万元人民币，贷款期 20 年，宽限期 8 年，贷款年利率 6%。从 1998 年 8 月 20 日起，还款期由 12 年延长为 17 年，年利率调减为 4%。

　　经过 6 年实施，实际完成总投资 33783.7 万元，为计划总投资的 157.9%，其中提取世行信贷 2913.33 美元，折合 19128 万元人民币，利息本金化后本金为 24122.33 万元，省内配套资金 11771.7 万元，其他资金 2884 万元；实际完成营造林面积 119681.3 公顷，其中杉木 64198.5 公顷，马尾松 8861.6 公顷，湿地松 25912.3 公顷，意杨 8592.3 公顷，阔叶树 12116.7 公顷。林业生长质量指标均达到或超过造林模型指标要求。预估项目经营期内总产值 111.3 亿元人民币，提高项目区森林覆盖率 1.8%，为湖南省消灭宜林荒山发挥了龙头作用，为湖南省林业生态、产业、市场"三大体系"建设作出了有益的尝试，被世界银行评为"最满意"项目和样板项目。

2. 世界银行贷款森林资源发展与保护项目

　　项目建设期 6 年（1995 年 1 月~2000 年 12 月）。项目在 8 个市（州）的浏阳、资兴等 21 个县（市、区），设计营造林面积 40000 公顷。项目总投资 16071.81 万元人民币，贷款期 19 年，宽限期 7 年，采取混合利率，按年利率 4.5% 转贷。从 1999 年 11 月 16 日起，还款期由 12 年延长为 17 年，年利率调减为 3%。

　　经过 6 年实施，实际完成总投资 16139.1 万元，为计划总投资的 100.42%，其中提取世行信贷 1062.9 万美元、772.2 万个特别提款权，折合 8769.9 万元人民币，省内配套资金（含劳务折抵）7369.2 万元。实际完成营造林 50090.5 公顷，其中杉木 18465.7 公顷，马尾松 3450.2 公顷，湿地松 5750.2 公顷，阔叶树 3659.4 公顷，毛竹低改 18765.0 公顷。营造林质量指标均达到或超过标准要求。预估项目经营期内总产值45.0亿元人民币，总利润18.4亿元人民币，项目区森林覆盖率提高1.3%，被世界银行评为"满意"项目。

3. 世界银行贷款贫困地区林业发展项目

项目建设期7年（1999年1月~2005年12月）。项目分布在沅陵、双牌等26个县（市、区），设计营造林面积43579公顷，改进或新建适度规模以林副产品为原料的加工企业4个。项目总投资24170万元，贷款总额为1600万美元，信贷部分贷款期17年，宽限期5年，贷款部分贷款期16年，宽限期7年，贷款年利率6.5%，自2004年10月1日起，还款期由10年延长为15年，年利率由6.5%调减为4%。

经过7年实施，实际完成总投资23212.3万元，为总计划的96.04%，其中提取世行信贷12836.9万元（信贷715.9万美元、643.2万个特别提款权），省内配套资金（含劳务折抵）10375.4万元。实际完成营造林57209.8公顷，其中杉木11297.2公顷，马尾松15737.2公顷，湿地松3924.3公顷，意杨1839.0公顷，阔叶树1172.0公顷，桉树445.3公顷，毛竹新造2703.6公顷，毛竹低改18765.0公顷，经济林4982.9公顷。新建了2个以林副产品为原料的加工企业，并协助其建立了现代企业管理制度。工程质量指标均达到或超过标准要求。预估项目经营期内可获规格材460.9万立方米，非规格材及薪材98.9万立方米，竹材115.3万吨，经济林产品32万吨，总产值41.8亿元人民币，项目总利润29.8亿元人民币。项目区森林覆盖率提高0.87%。项目实施增加了农民就业机会，减轻了项目区贫困，促进了山区经济发展。

4. 世界银行贷款林业持续发展项目（人工营林部分）

项目建设期7年（2003年1月~2009年12月），分布在龙山、双牌等14个县市区，设计营造林面积25406.8公顷。项目总投资为11662万元，贷款总额为706万美元，转贷款期16年，宽限期7年，浮动利率，承诺费0.75%，先征费1%。截至2009年6月，项目累计完成投资9856.46万元，为计划总投资的84.54%，累计提取世界银行贷款5085.1万元（折合646.27万美元），为协议贷款额度的91.54%。实际到位配套资金4771.4万元，完成营造林面积29095.7公顷，为设计面积的123.4%，其中人工造林19246.1公顷，毛竹和油茶低效林改造4630.2公顷，人工用材林中幼林抚育间伐5219.4公顷。项目实施质量较好。

（二）配套资金

根据与世界银行贷款协议，湖南省世界银行贷款4期项目计划总投资8.3亿元，其中世行贷款4.58亿元（折合6230.34美元），省内配套3.81亿元。到2009年6月底，累计完成投资8.61亿元，为计划投资的102.5%。其中利用世行贷款4.61亿元，为计划的102.6%；省内配套4亿元，为计划配套的102.1%。配套资金已经要求全部到位。

（三）后续经营管理

项目竣工验收后，湖南省组织编制了《世行贷款贫困地区林业发展项目（湖南）后续运营计划》，该计划分析了要实现项目目标所面临的主要问题，包括项目后期的抚育间伐、森林防火、有害生物防治、生长势较差的林分的培育、贷款偿还等；提出了需要采取的措施，包括：稳定项目管理和经营机构，加强日常经营管理；森林防火和有害生物防治纳入林业行业的常规管理体系；依托联营林场、股份林场、集体林场开展项目林的抚育间伐，林业部门提高技术支撑；对生长势较差的林分，利用国内其他资金采取重造、补植、施肥等技术措施；

建立健全还贷约束机制等。

（四）冰雪灾害损失及灾后重建

2008 年 1 月，湖南省遭受了历史罕见的低温雨雪冰冻灾害，林业损失巨大。全省木竹受灾面积达 6788 万亩，木竹资源损失 122.33 亿元，直接经济损失计 165 亿元。世行项目林也遭受重创。

1.受灾情况

2008 年 4 月，根据国家财政部、国家林业局有关文件精神，湖南省对遭受雨雪冰冻灾害的世行贷款项目林进行了调查，调查结果为：受灾户数 61442 户，其中国有 223 户，集体 20901 户，个人 40318 户；受灾面积 141278.61 公顷，占世行林总面积的 56.16%。受灾世行林贷款本金为 813.24 万个 SDR，美元 759.67 万元，人民币 13629.93 万元，其中：已到还款期本金为 288.69 万个 SDR，美元 95.74 万元，人民币 7861.74 万元；未到还款期本金为 524.55 万个 SDR，美元 663.93 万元，人民币 5768.18 万元。损失的贷款本金利息和地方配套资金达 5.39 亿元人民币。

2.灾后恢复重建

（1）科学开展防灾减灾、灾后恢复重建。湖南省林业厅在湖南林业电子政务网和湖南林业门户网站开设抗冰救灾、恢复重建专栏，设立技术咨询电话，通过多种媒体刊发林业防冰冻、恢复重建知识，编印了《湖南林业科技救灾实用技术手册》15000 册，派出技术人员 28000 多人，大力宣传林业防灾减灾、恢复重建技术，指导林农科学防灾减灾、恢复重建。

（2）积极争取债务减免。在详细调查的基础上，省政府、林财两厅多次向国家财政部、国家林业局汇报全省林业，尤其是世行贷款林业项目损失情况，争取债务减免，减轻林农负担。2009 年 5 月，在国务院、国家财政部、国家林业局的关心和支持下，湖南省世行贷款林业项目债务减免总额达 2.09 亿元。

（3）积极开展恢复重建规划和实施。灾后，我们要求各项目单位克服"等、靠、要"的消极思想，积极开展恢复重建的规划和实施，对轻度受损的项目林地进行补植补造、扶正培土、抚育施肥等措施，对重度和中度受损的项目林重新造林。

二、项目实施主要做法及经验

世界银行贷款项目在湖南林业和世界林业之间建起了一座桥梁、一个纽带、一个观察和学习的窗口。20 年来，通过世界银行贷款项目的推广应用和消化吸收，一系列先进的林业建设观念、方法和技术在湖南林业中落地生根。国际上先进的人工营造混交林技术、参与式规划方法、报账制管理模式以及现代项目管理中的合同制、招投标制、质量监控机制在湖南省获得借鉴应用。

世界银行贷款项目为湖南林业扩大开放，加快发展创造了十分重要的机遇。多年来，林业投入不足严重制约了林业发展进程，世界银行贷款项目的实施和示范作用推动了林业发展，增强了林区经济活力。湖南许多地区，正是借项目乘势而起，以项目造林为起点，带动了区域林业强劲的发展，使林业发展为区域经济支柱产业之一。世行贷款项目的成功，使农民的目光、社会资本积极地投向了林业、投向了林地资源的开发利用，为项目区富余劳动力提供了便捷的就业机会，为社会闲置资本找到了长效稳定的出路，实现了区域经济总量的快速积累和林业的可持续发展。

（一）领导重视，组织到位是项目成功实施的前提

湖南省成立了由主管副省长为组长，省林业厅、财政厅、发改委等相关单位主要领导为成员的项目领导小组，负责项目重大决策和指导、协调，各项目县（市、区）也成立了由主管县市长为组长的项目领导小组。从省到县均组建了专门的项目管理办公室，具体负责项目的实施和管理。

（二）重信守诺，加强沟通与合作是项目实施的基本理念

项目涉及的各方是建立在协议与合同之上的合作关系，通过持续不断地沟通实现了各方的充分合作，世界银行更能真切地了解项目区实际情况，我们的管理和技术人员更能准确地把握项目建设目标和宗旨，农民更清楚项目的要求，建设各方建立起牢固的信任和信誉，使项目成效更真实、更长久、更稳定。

（三）建立全面质量管理体系是项目管理的技术核心

一是作业设计审批制。各项目县的年度作业设计须报省项目办审查批准，施工必须严格按作业设计进行。二是适地适树适种源。项目将各树种的适宜栽培区划分为几个区域，规定了各区域育苗用种来源，增强了树种适应性。三是良种壮苗。项目要求所有育苗用种必须是种子园或优良母树林种子，造林苗木要求100%的一级苗，大力推广无性系苗和容器苗。四是即时质量控制与事后检查验收。项目要求营造林各道施工程序，技术人员要到现场进行即时质量控制，并建立了"县项目办自检，省级春季全检、秋季抽查"的检查验收机制。五是报账制。项目资金拨付实行"报账制"，确保资金如实用于项目，避免了少干事多拿钱的等弄虚作假行为。

（四）参与式规划设计，是外资项目遵循的基本要求

项目采用自下而上的规划设计方法，使规划设计更符合项目直接受益人的意愿，直接受益人在项目实施工程中始终以一种主人翁的姿态参与项目。

（五）注重环境保护是项目的特色要求

项目制定了严格的环境保护规定，要求环保措施与施工同步设计，同步实施；发生森林病虫害时，尽量采取生物防治措施，严禁使用高毒、高残留的农药等，减轻项目实施过程中对环境的破坏。

（六）注重人才培训和机构能力建设是项目成功的保障

项目先后组织省、市（县、区）赴欧洲、北美等林业发达国家进行林业技术、财务管理和项目管理培训数百人次。尤其是对农户和生产一线的技术人员的培训力度大大加强。通过培训，项目管理队伍已经基本熟悉和掌握了参与式土地利用规划、以报账制为核心的管理方式以及以项目实施过程为重点的质量检查监督机制等先进管理理念和管理手段。项目实实在在地锻炼出了一支有执行中外合作造林项目经验、能力和热情的工程管理队伍，成为全省林业战线十分可贵的财富。

（七）加大科技支撑力度，促进新品种、新技术的推广应用是保证项目质量的关键

项目均成立了科技支撑小组，负责制定并实施项目的科技推广计划。省、县均建设了一定面积的科研推广示范林，先后有30多项科研成果在项目中得到了推广应用。项目检查验收结果表明，造林面积核实率为95%，一级苗使用率96%，造林成活率95%，幼林生长量是国家林业局标准的 127%，高出一般人工商品林 20% 以上。

　　湖南省世界银行贷款前四期项目已经结束，如何巩固项目成果，总结、推广项目成功经营模式和经验仍是我们当前乃至今后几年的工作重点，森林可持续经营仍任重而道远。同时，连续寻求新的林业外资合作与发展机遇，湖南省已单独申报了世界银行贷款第五期项目——湖南森林恢复与发展项目，该项目已开始实施，第一年造林任务已经完成。我们将借鉴前四期项目实施的经验，努力将此项目打造成经典项目，为湖南省林业事业发展及"绿色湖南"建设作出更大的贡献。

［湖南省林业外资项目办（速丰办）］

科学经营　规范管理
广东省扎实做好世界银行贷款"国家造林项目"

广东省世界银行贷款"国家造林项目"是世界银行贷款"国家造林项目"的子项目。项目建设期为6年，即从1990年8月至1996年12月。项目建设的目标是高标准营造速生丰产用材林8.5万公顷，为广东省经济社会发展定向培育建筑、造纸、胶合板、矿柱等工业用材。经过多年的努力，广东省较好地完成了项目建设任务，实现了项目预期目标。

一、项目实施情况

（一）项目规划布局。项目规划布局在22个县，按自然地理分布可划分为粤北、粤东和粤西三大片。其中粤北片包括乐昌、始兴、翁源、曲江、乳源、连山等6个县；粤东片包括惠东、惠阳、博罗、紫金等4个县；粤西片包括阳东、阳西、阳春、信宜、高州、化州、电白、茂南、廉江、遂溪、雷州、湛江等12个县。在项目实施过程中，由于汇率的变化，项目可提取的人民币增加，经国家和世界银行同意，广东省先后在1992年和1993年增加了增城、高要、德庆、广宁、英德等7个县，因此，广东省项目实际分布在29个县、区。

（二）项目造林完成面积。广东省项目造林从1991年起至1995年，分五年累计完成造林127563公顷。项目造林分年度完成情况是：1991年23655公顷，1992年25863公顷，1993年30132公顷，1994年31190公顷，1995年16723公顷。项目造林分树种完成情况是：杉木18258公顷，马尾松29941公顷，国外松34289公顷，桉树35103公顷，南洋楹9972公顷。

项目造林超计划的原因在于汇率的变化引起的可提取的人民币信贷资金的增加。在项目实施过程中，SDR与美元的汇率从1∶1.3左右增加到1∶1.53左右，人民币与美元的汇率从1∶4.5左右增加到1∶8.4左右，使广东省在信贷资金额度不变的情况下，可提取的人民币增加了5927.50万元。为利用好这笔贷款，在经国家和世界银行同意，广东省增加了7个项目县，扩大造林面积42564公顷。

（三）项目资金使用。广东省项目建设累计投资33323万元，其中营林投资30410万元，占91.36%；设备购置449万元，科研推广78万元，无性系推广23万元；信息系统3万元；培训、考察和咨询97万元；上交管理费148万元；其他支出2115万元。

按资金来源分：信贷资金18782万元，国内配套14541万元。国内配套资金中省级配套4600万元，县级配套2876万元，造林单位自筹7065万元（含劳务折抵3112万元）。

二、项目实施成效与作用

本项目自1990年启动实施以来，在各级政府的重视、支持和正确领导下，经过全省29个项目县的林业干部职工和人民群众的共同努力，完成项目造林127563公顷，完成投资

33323 万元。经调查核实，全省项目造林面积核实率为 100%，良种使用率为 100%，一级苗使用率为 97.8%，平均保存率为 96.7%，平均生长量达标率为 131.51%，环保合格率为 98.6%。按国家项目管理中心制定的项目幼林质量评价标准划分，全省项目造林一类林占 85%，二类林占 13%，三类林占 2%。

（一）经济效益。根据广东省林业勘测设计院对项目幼林检查验收的结果，全省项目幼林生长量达标率综合平均为 132%，预测项目林总体平均生长量将比设计目标提高 5%，测算项目可生产木材 1945 万立方米，其中规格材 1470 万立方米，非规格材 273 万立方米，薪材 202 万立方米，生产松脂 8471 万千克，实现项目预期目标。

（二）生态效益。1993 年提前 2 年完成了全省 5800 多万亩荒山造林任务，实现了绿化广东的目标。在 1991 至 1993 年，三年营造高标准项目林 79650 公顷，为消灭宜林荒山、提前实现绿化达标做出了重要贡献。项目造林为广东增加高质量林地 10 多万公顷，提高森林覆盖率约 1%，促进了广东省生态环境的改善。

（三）社会效益。一是促进了广东省丰产林事业的发展。项目造林成为全省速生丰产林基地建设的样板，示范带动全省速生丰产林的发展。二是为社会提供了大量的就业机会。项目建设七年，共支付劳务费 25149 万元，项目实施期平均每年可为 7980 人提供就业机会。在项目经营期，项目幼林管护、成林间伐和主伐等工作也需要大量的劳动力。三是促进了山区经济的发展。项目的实施，充分体现了"潜力在山，希望在山，致富在山"，为促进山区经济发展和农民脱贫致富奔小康提供了机遇。四是推动广东省林业对外开放。项目的成功实施，使国外的投资者看到了在中国发展林业产业的诱人前景。广东省林业出现了前所未有的外商投资热潮，据不完全统计，至 2005 年底全省外资企业累计造林约 9 万公顷，实际利用外资约 8500 多万美元。

三、主要经验措施

广东省世界银行贷款国家造林项目的实施，坚持以效益为目标，以质量为中心，以管理为手段，以科技为先导，建立健全并实施一整套行之有效的管理制度，实行从管理上要质量出效益，实行科技与生产紧密结合，大力推广先进适用的林业科技成果，促进项目造林质量的提高，取得显著成效。项目造林对全省面上造林产生了很大的示范和辐射作用，促进了全省面上造林的发展和林业经营管理水平的提高。项目实施措施主要如下：

（一）建立健全管理制度，促进基地集约经营管理水平提高。通过项目实施，摸索出了一整套符合广东省营造速生丰产林，建设商品林基地，促进林业集约经营和管理水平提高的做法，建立健全了一整套为商品林基地建设服务的管理制度。包括项目组织管理、计划管理、财务管理、质量监测、良种壮苗、科研推广、环保监测、信息管理等各项管理制度，保证了项目的顺利实施，保证了项目建设质量的达标，促进了项目的集约经营水平和项目管理水平的提高。这套管理制度不仅在项目造林中显示了巨大的优越性和科学性，取得显著成效，而且推广到面上造林也是科学适用的。

（二）充分依靠林业科技，建立"三位一体"的林业科研推广体系。项目的实施，把计划、科研和生产紧密地结合在一起，形成了计划、科研和生产"三位一体"的科研推广模式，加快了林业科技成果的推广和转化，提高了项目的科技含量，克服了过去科研与生产脱离的问题，使"科技是第一生产力"的作用在林业生产中得到了充分的体现，项目造林为林业科技成果的推广普及提供了成功的典范。

（三）健全检查验收制度和实行工程报账式的资金管理制度，确保造林数量和质量落实。项目造林建立健全分阶段的三级检查验收制度，对项目造林实行全过程的质量监控，同时把造林检查验收和工程报账有机结合起来，保证必须经验收合格的工程量才能报账提款，保证工程数量和质量的落实。同时带动和改善了面上造林管理方式，改变了过去造林先付款后施工、投资与造林数量和质量脱节的方式，加强了造林检查验收，避免了虚报造林面积和资金的无效投放，提高了造林质量和投资的经济效益。

（四）选好经营形式，实行实体经营。项目的实施，适逢广东省实现荒山造林绿化，林业上新台阶的大好时机。项目实施不仅为"三高"林业的发展注入了巨额资金，也为林业的实体经营提供了生财聚财和发展壮大的良机。项目实施时，很多项目单位如翁源、乐昌、始兴、信宜、德庆等市县在认真总结以往造林经营粗放效益不高的经验教训的同时，改分散的群众造林为集约的实体经营，由林业局或林业站与乡镇或管理区联合办联营林场，或林业局或林业站租山造林办林场，办成自己的实体，实行实体经营，实现造林基地化、规模化、集约化，显著提高造林质量和经济效益，同时实体经营责权利明确，各方受益，极大调动各方面的造林积极性。

（五）全面推广良种壮苗，提高项目造林水平和效益。项目造林一定要采用良种，确保项目良种使用率达100%，并要求一级苗上山造林，提倡采用优良无性系繁殖苗造林，广东省五年项目造林良种使用率100%，一级苗使用率97.8%。在项目良种壮苗的示范效应下，全省面上造林都要求使用良种壮苗。信宜市项目实施来，群众造林改变了以往"杉木靠飞丫，松木靠飞花"陈旧传统的造林观点，注重造林质量，注重使用良种壮苗，该市现造林实现良种壮苗化。湛江市利用项目实施时建立的桉树无性系组培厂和扦插苗圃，积极发展桉树无性系苗造林，现在湛江市桉树造林全面实现无性化良种化。

（六）实施科学造林，提高造林质量。精心整地，注重环保。项目造林强调精心整地，注重环保。在山地整地造林必须沿等高线进行，并保留山顶和山脚植被，俗称"山顶戴帽，山脚留裙"，挖穴栽植呈品字形排列。乐昌市大源镇是该市的重点林区，长期进行传统的林业生产，主伐后一般不经整地，于春节后一锄头一棵苗进行造林，往往都要五年左右才能出林，自项目造林初见成效后，该镇林农逐渐转向按项目的做法营造速生丰产林。

（七）及时抚育，合理施肥。项目造林安排前三年1~2次抚育，并结合抚育进行合理施肥，确保项目造林及早郁闭成林，为林分中后期速生丰产奠定基础。过去面上造林由于对抚育工作重视不够，出现较多的低产林甚至出现年年造林不见林的怪现象，过去造林很少施肥甚至没有施肥，特别是粤北山区造林从来就不施肥，自项目造林实施施肥幼林见成效后，粤北山区造林也逐渐进行施肥。

项目实施所采用的科学合理的管理方法和先进适用的营林技术措施在面上造林的推广，转变了人们的传统营林观念，提高了广东省林业的集约经营水平，促进了广东省造林事业的发展，促进了广东省科技兴林的进程，为广东省林业上新台阶做出了巨大贡献，并对广东省的林业二次创业产生了积极和深远的影响。

（广东省林业种苗管理总站）

世界银行贷款林业项目助推广西林业发展

广西壮族自治区自 1990 年开始利用世界银行贷款造林至今，已成功实施了四个林业项目，即"国家造林项目""森林资源发展和保护项目""贫困地区林业发展项目""广西综合林业发展和保护项目"。前三个项目是打捆项目，由国家林业局世行项目管理中心指导实施，分别于 1996 年，1999 年、2005 年竣工。后一个项目由广西直接向世界银行申请，该项目贷款额为 1 亿美元，全球环境基金赠款 525 万美元，是全国第一个由省级林业部门直接申请的世界银行贷款项目。该项目经过 4 年准备，于 2007 年 1 月正式启动实施。

20 多年来，在自治区林业厅（局）历届党组的直接领导和关怀下，在自治区党委、自治区人民政府、财政厅、区发改委等各有关部门的支持下，经过各级林业部门和广大林农的共同努力，我区的世界银行贷款林业项目取得了令人瞩目的成绩，前三期项目总投资 8.27 亿元人民币，其中世界银行信贷资金 7035 万美元；完成造林 27.39 万公顷，其中速生丰产用材林 24.46 万公顷，竹林（包括毛竹垦复）1.95 万公顷，经济林 0.98 万公顷。项目的实施对促进我区林业发展、提升林业经营管理水平、改善当地生态环境、促进山区农民脱贫致富起到了积极的推动作用，成为我区林业的示范样板和对外的窗口工程。

一、实施背景

广西壮族自治区地处亚热带，水热同期，十分有利于植物的生长，素有"八山一水一分田"之称，适宜发展林业的土地约 1353.6 万公顷，占广西土地面积的 57%，发展林业潜力很大。林业生产在广西经济建设中具有优势地位，为了加快林业的发展，自治区政府于 1987 年 1 月作出了《关于保护森林、发展林业，力争十五年基本绿化广西的决定》（以下简称《决定》），计划从 1986 年起，用 15 年时间新增森林面积 400 万公顷，使全区森林面积从 522.67 万公顷增至 922.67 万公顷，森林覆盖率从 22.0% 提高到 39.0%，林木蓄积量从 24000 万立方米增至 41000 万立方米。为实现这一目标，"决定"要求利用人工造林和飞播造林，新造林和封山育林相结合的办法，平均每年确保新造林 46.47 万公顷，除消耗外，每年新增有林地面积 26.67 万公顷。然而，广西是中国少数民族地区，经济贫困，政府财政及当地农民难以筹集大量资金投入林业建设，资金的紧缺制约了战略目标的实现。同时，广西森林资源分布不均，且森林覆盖率低，生态失调，水、旱灾害频繁。特别是山区县，交通闭塞，信息不灵，群众文化素质不高，经济发展缓慢，人均收入不平衡。为筹集资金加快速丰林基地规划的实现，增加森林后备资源，改善生态环境，促进山区农民脱贫致富，广西决定申报世界银行贷款，利用外资来发展全区林业。

二、项目情况

(一)国家造林项目(1990~1996年)

本项目贷款期为20年,宽限期8年,还款期12年,宽限期内不还本,利息本金化。转贷年利率,人民币部分为6.0%,用人民币支付,美元部分为4.0%,用美元支付。借款时间从1990年8月20日,贷款协定生效开始至1997年12月31日止。项目计划总投资22628.3万元人民币,其中利用国际开发协会信贷13635.4万元(折合约2517万美元,1785.7万个SDR),占总投资的60.2%,配套资金8992.9万元,占39.2%。项目目标是通过建设7.5万公顷集约经营人工林,吸收国内外先进技术和管理经验,提高人工林生产力,保护天然林,加快发展森林资源,改善生态环境,保护生物多样性,扩大木材供应,为速生丰产林建设提供示范。项目实际完成造林97802公顷,占计划的131.7%。其中:杉木28642公顷,马尾松11840公顷,湿地松42191公顷,桉树15128公顷。完成总投资22575万元人民币,其中世界银行贷款2517万美元,折合人民币约16834万元,配套资金5741万元。项目于1997年完成竣工验收。根据1997年幼林摸底调查结果,全区项目一、二类林占99.2%,造林质量标准高,林木长势良好,成为我区速生丰产用材林建设的样板。

(二)森林资源发展和保护项目(1995~2000年)

本项目贷款期限为20年,宽限期8年,还款期12年,宽限期内不还本,只付利息。转贷年利率为4.5%,借款时间为1994年7月6日贷款协定生效起至2001年12月31日止。计划总投资27441.69万元人民币,其中利用世行贷款1892.53万美元(折合人民币16465.01万元),占总投资的60%;国内配套资金10976.68万元,占总投资的40%。项目的目标是通过建设7万公顷集约经营人工林,进一步提高人工林生产力,增加森林资源,扩大木材供应,保护天然林,达到森林的永续利用。项目1995~2000年,实际完成造林85400公顷,超计划15400公顷。其中:用材林75368公顷,竹林10032公顷。用材林中,杉木7849公顷,马尾松31697公顷,湿地松3155公顷,加勒比松7260公顷,桉树23392公顷,阔叶树2013公顷。完成总投资27803万元人民币,其中世行贷款1893万美元,折合人民币16366万元,国内配套资金11437万元。据1999年幼林质量摸底调查结果,全区项目一、二类林占94.6%,造林质量好,实现了项目的阶段性目标。

(三)贫困地区林业发展项目(1999~2004年)

本项目贷款期信贷部分为25年,其中:宽限期8年,还款期17年;贷款部分为16年,其中:宽限期7年,还款期9年。宽限期内不还本,只付利息。项目计划总投资32349.15万元人民币,其中世界银行贷款21307.45万元人民币(信贷1012.0万个SDR、贷款1277.16万美元),占总投资的65.90%;国内配套资金11041.70万元人民币,占总投资的34.10%。规划造林90439公顷,其中:营造集约经营速生丰产用材林67616公顷,新造(或垦复)竹林10603公顷,营造经济林12220公顷。项目目标是进一步增加森林资源,改善生态环境,减轻区域贫困,促进山区农民脱贫致富。项目实际完成造林90761公顷,其中:杉木等用材林71448公顷,竹林(包括新造和垦复)9501公顷,经济林9812公顷。完成投资32349万元,其中世行贷款2626万美元,折人民币21743万元;国内配套资金10606万元。据2005年进行的幼林摸底调查结果,全区项目一、二类林占97.9%,造林质量好,初步实现了项目目标。

（四）广西综合林业发展和保护项目（2007~2012年）

本项目贷款期为18年，宽限期为6年，宽限期内只付息不还本，利率依据国际金融市场的变化，每半年调整一次。项目计划总投资为人民币165518.97万元，其中世界银行贷款80900.00万元（折合10000万美元），全球环境基金（简称GEF）赠款4247.25万元（折合525万美元），自治区财政配套17655.18万元，项目实施县财政配套8054.85万元，自治区直属林场和保护区自筹27049.26万元，农户自筹及劳务折抵27612.44万元。

项目目标是：①建立集约经营的人工用材林和将木材生产与市场、加工相衔接的发展机制；②在小流域治理方面建立环境保护（包括碳吸收与贸易的先导试验）的示范；③提高有全球性重要意义的生态系统和生物多样性的自然保护区的管理水平；④提高能力建设和建立监测与评估体系。

项目建设主要包括以下几方面的内容：①营建人工用材林20万公顷；②培育与管护生态林11.8万公顷，其中：营建多功能防护林1.8万公顷（包括生物碳基金人工造林4000公顷），封山育林10万公顷；③在大明山、弄岗、木伦、猫儿山和龙山等5个自然保护区利用全球环境基金的赠款提高自然保护区的管理水平，实施生物多样性保护，建立有周边社区参与的自然保护区管理综合示范模式；④开展相关科学研究和技术推广、能力建设和培训以及对项目实施情况、项目目标的实现进行监测，并对项目的环境与社会影响进行评估。

经过6年的努力，项目于2012年12月顺利竣工，全面完成了项目的各项建设任务：①完成人工用材林造林21.4092万公顷，占计划任务的107%；完成4个中心苗圃扩建任务，实现了每个扩建苗圃每年生产苗木超1000万的目标；建立试验、示范林2589公顷，起到了很好的示范、带动效果；②完成多功能防护林造林1.8067万公顷，占计划任务的100.4%，封山育林10.9583万公顷，占计划任务的109.6%。其中，完成碳汇项目造林9857.6公顷，产生碳汇16.8465万吨，按照与世行生物碳基金签署的碳减排购买协议，生物碳基金已经向广西支付了碳汇款73.6868万美元；③实施项目的各保护区已完成了管理计划的编制，从硬件和软件上加强了项目保护区的管理能力，改善了保护区和社区的关系。对广西洞穴生物多样性开展了一系列的调查活动，发现164个新种。5个项目自然保护区生物多样性得到了有效保护；④共举办了自治区级培训班53期（次），组织国外考察学习10次，国内考察学习6次；其他各类培训活动876期（次）。编写通俗易懂、图文并茂的技术手册共28册，编制技术挂图3幅，编辑视频讲义2套，出版科普著作8部，累计发放各类技术资料52020份（册、套），编写和发放规程、技术咨询简报数目达41个，使项目各级管理能力有了很大提升；⑤参与项目的农户数量为208370户，其中贫困户95440户，少数民族132727户，超过项目预定目标。农户通过多种形式造林或为项目提供劳务等参与项目，增加了收入，获得了技能培训。

三、实施成效和意义

（一）通过利用世界银行贷款，实现了我区林业利用外资的突破，缓解了林业资金紧缺的矛盾，引进了国际上先进的经营理念和管理技术，带动了全区速生丰产林甚至整个林业的发展。

（二）提高了我区人工林的经营水平。每年的检查验收表明，项目造林的各项指标均达到或超过世行项目的标准要求。幼林平均生长量与一般丰产林之比大于150%，树高生长量提高约20%，造林成活率均在95%以上，幼林平均保存率为90%以上，整地、栽植、环保合格率等指标均达到或超过部颁标准。

（三）项目显著提高了自然保护区从业人员业务能力，改善了自然保护区附近村民的生活状况，提高了公众对天然资源的保护意识。

（四）在项目实施过程中采用了参与式设计方法，尊重农户/社区的意愿，使项目的设计更符合实际，激励了广大农户的积极参与，有效提高了项目的实施效率和效果。

（五）广西洞穴生物多样性调研活动新发现的164个物种，使广西成为全球新发现洞穴物种的主要来源地和世界上洞穴生物物种最丰富的地区之一。

（六）项目建立了一套"立体式"的培训机制，开发了一系列具有个性特征的监测指标，为同类项目的实施提供了借鉴。

（七）与世界银行、全球环境基金、生物碳基金等国际组织建立了的密切的合作关系，为进一步利用外资打下了良好的基础。

（八）中国广西珠江流域治理再造林项目成为全球首例在联合国清洁发展机制执行理事会成功注册的再造林项目，基于本项目开发了全球第一个获得清洁发展机制执行理事会批准的造林再造林方法学，有效地推动了中国乃至全球林业碳汇项目的实施。

四、实施经验和主要问题

（一）主要经验

1. 政府重视，加强领导。从自治区到县均成立了由政府、计委、财政、审计等部门领导组成的项目实施领导小组，并成立了相应的项目办公室，各级项目办均配备精干的专职人员负责项目的具体实施。

2. 通力合作，上下联动。从项目准备开始，我区就建立了区发改委、财政厅、审计厅和林业厅的合作机制，在项目准备和实施过程中，通力合作，密切配合，确保项目正常运转。区林业厅积极向国家林业局、区发改委、财政厅、审计厅等相关单位及时通报项目进展情况，争取更多的支持，更多的优惠条件。项目启动实施后，邀请相关部门对项目质量进行监督，帮助解决困难和问题，保证项目顺利推进。

3. 完善管理，严格检查。检查验收制度是质量管理的重要手段，抓好检查验收是保证项目质量的关键。育苗、整地、栽植、抚育等每道工序都需经技术人员检查验收，上道工序验收合格后方可进入下一道工序。每年年终还要进行一次综合检查验收，先由县对造林面积、整地、栽植、苗木、成活率、环保等逐小班检查，厅项目办再组织检查验收队伍对各个项目县（场）进行抽查。由于世行贷款林业项目的特点是采用报账制，即先用配套资金造林，待检查验收合格后才下拨信贷资金，每年的检查验收结果与报账挂钩。造林成活率在95%以上，其他指标均达到良好的，可一次性下拨报账的信贷资金；成活率在85%~94%的按80%下拨信贷资金，待补植验收合格后再拨完；成活率在85%以下的不予报账。这种报账方式，有效地促进了造林质量的提高。

4. 加强科技支撑与技能培训，提高科技含量。以科技为先导，提高项目造林质量，是项目实施的一个显著特点和重要经验。项目在实施中成立了以项目办、林业技术推广站、林科院、林业设计院等单位参加的省、县科技推广支持小组，把科研与生产融为一体，及时推广先进适用技术，提高项目造林质量。四期项目共举办了自治区级培训班 53 期(次)，组织国外考察学习 10 次，国内考察学习 6 次，其他各类培训活动 876 期(次)，提高了管理人员、技术人员和参与项目农民的素质和能力。

5. 完善转贷协议，严格资金管理。项目通过签订转贷协议与贷款合同，把各级政府与项目实施紧密联系起来，把群众参与项目的责、权、利固定下来，为项目的顺利实施提供法律保障。建立造林单位、县(场)项目办、区项目办三级会计核算体系，严格按照资金管理规定，做到专款专用。建立了以"报账制"为核心的资金财务制度，并明确提出了报账的四项原则：(1)施工必须经过检查验收，证明面积可靠、质量合格才能报账；(2)各县配套资金必须到位，即 80% 以上已转入项目配套资金的专用账户，并出具银行转账的复印件，才能报账；(3)必须按照统一规定的报账程序和"三表一合同"手续齐备的才能报账；(4)报账一年两次，每次只能在工作量完成后才能报账。实践证明，这种资金管理办法，改变了过去林业资金投入与造林成果脱节的弊端，把投资与效益、权利与责任紧密地结合起来，是保障造林质量的有效办法，也是我区营林资金管理的一项重大改革。

6. 狠抓良种壮苗，坚持一级苗造林。从项目一开始就规定，项目造林所用种子(或无性系)必须是优良种源区的优良种子(或优良无性系)，所用苗木必须是一级苗，凡不使用良种和一级苗造林的一律不予验收。由于采取了这些措施，我区项目所用种子均是通过区级鉴定的优良种子或国外进口良种，或是优良采穗圃的穗条，良种使用率达 100%，一级苗使用率达 90% 以上。

7. 创新利用外资机制，扩大外资利用领域。一方面，不断巩固与世行合作的成效，着重实现"三个转变"，即从重贷款数量向重贷款质量与效益转变，从重贷款筹措向重贷款使用与偿还转变，从重资金引进向资金与智力引进并重转变。另一方面，积极创新合作领域，拓展合作空间。借助世行这一重要平台，在气候变化、节能减排等领域开展广泛的多边合作，扩大我区林业在国际上的影响。

(二)存在的主要问题

1. 有些单位争取项目积极，得到后实施时就不怎么积极，特别是一些县、区领导，工作交流频繁，对项目重视不够，导致管理不到位，影响项目实施进度和林分质量。

2. 近几年来，自然灾害频发，2008 年初的雨雪冰冻灾害和 2009~2010 年的旱灾，给我区的世行项目林造成了较大的经济损失。

3. 大部分项目单位的配套资金基本能按时到位，但有个别项目单位由于种种原因配套资金筹措不足，到位不及时，严重影响项目实施，造成造林质量不高。

4. 有些地方存在重造林轻抚育的现象，造林时抓得很严，对抚育管护工作重视不够；另外，由于工价上涨，抚育投资不足，影响了抚育质量；个别项目县股份林场受人畜破坏严重，使一些原本达标的林分逐步退化成二、三类林。

[广西壮族自治区利用外资林业项目办(速丰站)何三中]

四川省世行贷款林业项目实施成效评价与建议

四川位于长江上游，地处中国西部，是我国重要的生态屏障。20 世纪 80 年代中后期，随着国家实施对外开放和以经济建设为中心的政策，四川林业生产现状与社会经济发展需求很不相适应，每年生产的木材远不能满足国民经济建设的需要，缺口在 500 万立方米以上。为弥补供应缺口，每年需消耗大量的外汇。进口木材、纸浆、纸和胶合板等木材制品。随着社会经济的发展，木材供需矛盾十分突出。因此，针对四川省森林资源缺乏和木材需求量大的严峻局面，从 1985 年开始，相继实施了世行贷款"林业发展项目"、"国家造林项目"、"森林资源发展与保护项目"、"贫困地区林业发展项目"和"林业持续发展项目"，旨在高标准、高质量营造速生丰产用材林，培育商品林基地，缓解四川木材供需矛盾，保护天然林资源，满足社会经济发展需求。

四川世行贷款林业项目规划营造林 15.4 万公顷，投资人民币 7.42 亿元，其中世行贷款 4.41 亿元，国内配套投资 3.53 亿元。

一、项目概况

（一）世界银行贷款林业发展项目

项目内容分为（A）、（B）两部分。（A）部分在四川省盆周山区的洪雅、南江、合江、峨眉山、沙湾等 5 个县（市、区）的 10 个国有林场，建立速生丰产用材林为主体的商品林基地，加速国有林场开发步伐。（B）部分用于四川省林科院能力建设和南部县科技推广站建设。

项目建设期为 1985～1991 年，共 6 年，贷款期 20 年（包括宽限期 5 年），贷款年利率 3%。申请世界银行贷款 1786.0 万美元。

（二）世界银行贷款国家造林项目

项目分布在四川省内自然条件优越、宜林地资源丰富、交通方便，领导重视，群众林业生产积极性高的宜宾、泸州、乐山、雅安、成都、眉山、凉山等 6 市（州）的屏山、筠连、兴文、珙县、高县、宜宾、叙永、古蔺、纳溪、合江、沐川、峨眉山、洪雅、都江堰、崇州、雅安（现雨城区）、荥经、芦山、天全、西昌、会理等 21 个县（市、区）计划高标准营造速生丰产用材林 7 万公顷，缓解四川木材供需缺口，促进四川社会经济发展。

项目计划总投资人民币 1.79 亿元，其中世界银行信贷 1685 万个特别提款权，国内配套 0.78 亿元。项目建设期为 1990～1997 年，共 6 年，贷款期 20 年（包括 8 年宽限期），外汇部分年利率为 3%，人民币部分利息为 6%，宽限期内利息本金化。

（三）世界银行贷款森林资源发展和保护项目

项目旨在适宜区域营造集约经营人工林和多功能防护林，提高人工林生产能力，缓解木材供需矛盾，保护天然林，优化和调整防护林的经营模式和树种结构，改善区域生态环境。

建设内容：(1)在成都、乐山、眉山、绵阳、广元等5市(地)的大邑、邛崃、沙湾、马边、眉山、丹棱、平武、北川、青川等9个县(市、区)营造集约经营人工林3万公顷；(2)在成都、内江、资阳、绵阳、遂宁等5市(地)的金堂、资中、威远、资阳(现雁江区)、涪城、游仙、遂宁市中区等7县(市、区)，以小流域为单元，采用综合治理的方法，营造多功能防护林2.8万公顷；(3)建立种植材料开发和苗圃管理、科研推广、组织机构能力建设、环境保护、信息监测各项支持体系。

项目建设期为1995～2000年，共6年。总投资1.6亿元，其中：集约经营人工林1.1亿元，多功能防护林0.5亿元。总投资中，世界银行贷款0.96亿元，国内配套0.64亿元。集约经营人工林贷款年利率为6.5%，贷款期20年(包括宽限期8年)；多功能防护林贷款年利率为4.5%，贷款期25年(包括宽限期10年)。

(四)世界银行贷款贫困地区林业发展项目

项目主要是以贫困山区为对象，乡村社区为建设单元，在可持续发展的指导下和当地群众广泛参与的基础上，通过营造人工用材林和经济林，发展森林资源，并建设一些小型的林产品加工企业，完善产品的销售设施，拓展林产品的销售市场，促进贫困地区的经济建设，达到减轻贫困、发展林业、改善生态环境的目的。项目总投资2.26亿元，其中世界银行贷款12450万元，国内配套10209万元。建设内容：在四川省叙永、纳溪、兴文、珙县、平昌、茂县、沐川、马边、盐边、北川、夹江、乐山市中区、古蔺、西昌、冕宁等15个县(市、区)营造用材林和见效快的经济林4.34万公顷，涉及11个国家级和省级贫困县、89个贫困乡、456个贫困村，分别占项目设计的县、乡、村总数的73%、83%、85%；建设以林副产品为原料的小规模加工企业5个，预计总投资1556万元，其中：世界银行贷款934万元，占60%，企业自筹622万元，占40%。

项目建设期为1999～2004年，共6年。贷款期16年(含宽限期7年)，贷款年利率6.5%。

(五)世界银行贷款林业持续发展项目

项目计划总投资2511.3万元，其中世行贷款1261.6万元，国内配套1249.7万元。

项目建设期为2004年~2009年，共6年。计划在成都都江堰市营造人工林0.3万公顷。

二、项目实施进展

(一)竣工验收

四川林业世行贷款项目涉及13个市(州)43个县(市、区)，到目前止，实际完成投资人民币6.78亿元，其中世行贷款3.51亿元，国内配套资金3.27亿元，共营造项目林20.61万公顷。

"林业发展项目"。A部分完成营造人工林1.1万公顷，幼林抚育6.1万公顷，修建三级公路578.4千米，购置设备2821.5万元，建筑房屋7.2万平方米，架设输电线路80.7千米，建成年产3000吨纤维板厂1座、小型木材加工车间10个和土壤化验室1个。项目竣工决算总投资1.43亿元，其中世界银行贷款0.61亿元，占总投资的42.3%；国内配套0.83亿元，占57.7%。B部分完成世界银行贷款1375万元。

"国家造林项目"。营造速生丰产用材林11.1万公顷，为原计划7万公顷的158%。完成总投资人民币 2.43 亿元，为原计划 1.79 亿元的 136%，其中使用世界银行信贷 1671 万个特别提款权，折合人民币约 1.46 亿元，为原计划 1685 万个特别提款权的 99%；国内配套人民币 0.97 亿元，为原计划 0.78 亿元的 126%。

"森林资源发展和保护项目"。完成投资 16705 万元，其中世界银行贷款 9522 万元，国内配套 7183 万元。营造集约经营人工林 3.19 万公顷，多功能防护林 2.87 万公顷。

"贫困地区林业发展项目"。截至 2001 年，已启动建设的项目县有 10 个，另有原规划的 5 个县（夹江县、乐山市中区、西昌市、冕宁县、古蔺县）退出项目。10 个项目县完成造林面积 2.3 万公顷，占设计的 53.6%。完成投资 1.11 亿元，占计划 2.27 亿元的 49.1%。提取世行贷款 0.36 亿元，国内配套到位 0.75 亿元。在建小型加工企业 3 个，即叙永县银杏叶烘干厂、纳溪县的木竹片加工厂和西昌市城市生活垃圾处理厂，3 个加工企业共完成投资 992.58 万元，占计划投资的 64.6%。原规划的夹江和珙县两个加工厂已停建。

（二）资金偿还

目前已还贷款 0.73 亿元，其中"林业发展项目"还款 0.59 亿元，"国家造林项目"还款 0.14 亿元。"森林资源发展与保护项目"和"贫困地区林业发展项目"尚未进入还款期。

（三）招标采购

完成项目化肥、农药、种子及交通工具、办公设备、育苗机器、小型工具等物资采购。采购方式、方法按相关规定进行。

（四）资金管理

"林业发展项目"和"国家造林项目"的世行贷款是通过各级林业部门逐级转贷至造林单位，"森林资源发展与保护项目"和"贫困地区林业发展项目"是由财政部门逐级转贷到县财政局，县财政局转贷给县林业局，再由县林业局转贷给造林单位。资金贷款方式虽有所不同，但债务最终都落实到基层造林单位。

各县项目办在银行分别设立信贷资金和配套资金专用账户，配备专职会计，资金拨付实行"报账制"，专款专用，统一管理。各级项目办对项目资金实行监督管理，确保资金正常使用。各级审计部门加强对项目资金使用监督。

（五）机构建设

省、地（市、州）、县（市、区）各级成立了项目领导小组，在项目实施过程中，领导小组根据建设单位项目执行情况，及时制定有关政策，协调项目实施有关部门工作，积极筹措落实配套资金，解决项目建设中的重大问题。林业部门为项目的执行单位，在相关部门参与下建立了项目办公室，全面负责项目的组织实施，即制定项目实施细则、编制施工设计和年度实施计划、组织技术培训、负责施工指导和检查验收、负责项目的物资采购及调运和分配、组织开展科学研究和技术推广、建立资源管理信息系统、管理项目资金、编制各种报表、及时掌握项目实施进度并上级汇报和反馈各种信息。

（六）工程管理

工程管理包括项目实施过程中的调查设计、造林施工、检查验收及小班建档等。调查设计分为总体设计和施工设计。总体设计全部由具有甲级资质的四川省林业勘察设计研究院承担，确保工程建设质量和水平。县级总体设计以批准的可行性研究报告为依据，根据项目总体设计的技术规定和工作方法进行，并经省项目办组织审查批准。施工设计根据项目总体设计和施工设计办法，按照年度实施计划，以造林实体为单位，以小班为基础编制。施工设计由项目县林业调查设计队或林业局组织技术力量承担。完成的施工设计经县项目办审查后，报市级项目办审批。

施工设计审批后，方可按设计组织施工。施工前由省、市、县各级开展各项技术培训，县项目办、乡（镇）林业站及造林实体的技术人员和工程管理人员，在掌握了项目制定的各项技术标准和规程后，才能参与项目的施工指导。在施工过程，加强全面质量管理，各造林实体于工程竣工后自查验收，县项目办进行全面检查，省、国家进行随机抽查，通过国家、省检查验收合格，才能进行报账。

各施工小班，通过竣工验收合格，由县项目办建立小班档案，逐年记载小班各项经营活动和林木生长情况，进行动态管理。

三、项目实施效果评价

世行贷款林业项目建成后，为四川省增加森林面积 20 余万公顷。如果不受政策变化及其他一些因素影响，项目会有巨大的经济效益。由于国家政策调整加强生态环境建设，实施了天然林资源保护工程，项目经济效益显著减弱，当地农民从项目中得到的经济收入减少，项目还贷难度加大。项目林的效益将主要体现在涵养水源、保持水土、减少自然灾害、调节气候、促进农业增产、保护生物多样性、优化人类生存生活环境、带动旅游业发展等生态和社会方面作用。

（一）财务和经济效益

"国家造林项目"财务内部收益率 13.7%，财务净现值 4281 万元，项目投资回收期 19.3 年。从 1998 年开始，国家在四川省开始实施天然林禁伐，启动天然林资源保护工程，全省约有 17 万公顷的项目林划入生态公益林，只有约 4 万公顷的项目林为商品林，导致项目林经济效益锐减。

（二）环境影响

林业世行贷款项目的实施使四川省森林覆盖率增加了 0.43 个百分点。同时，优化了森林生态系统，提高了森林生态系统在调节气候、涵养水源、保持水土、保护生物多样性等方面的功能。

从"国家造林项目"开始，项目就严格执行原林业部世行管理中心编制的项目《环境保护规程》。即在造林的树种选择上，做到树种的经济效益和生态效益兼顾；造林地选择上，主要选择立地条件好的无林地和少数疏林地，不能破坏现有森林，尤其是天然阔叶林。在树种配置上，设计混交林，"品"字形栽植。沿等高线整地，保留山顶、山脚的原生植被等，使营造林作业有利于保护生态环境的多样性、保持水土和防止土壤肥力退化以及预防森林病虫害和森林火灾的发生等。

（三）社会影响

1. 促进了农村经济的发展

项目县多分布在山区，经济基础薄弱，农户经济收入低。项目实施能为当地群众提供大量从事造林、抚育、森林保护、修建林道、采果、间伐主伐木材等活动的劳动机会，活跃当地劳动力市场，增加社区群众的经济收入。同时，农民从项目的一些木材和林果产品收获中获得经济收入，提高生活水平，促进山区农民尽快脱贫致富。

项目区农民通过项目的规划设计、经营决策、各类技术培训和信息交流等活动，从中掌握更多的科学技术知识。同时，项目造林实行有偿使用，"谁使用谁偿还"的原则，增强广大林农的商品意识和市场风险意识，人员素质得到有效提高，为山区经济建设与发展培养人才。

"贫困地区林业发展项目"采用社区林业评估方法（CFA），使社区群众积极参与到项目的决策中来，自主选择林种和造林树种，提高项目建设的积极性和责任心，为保证项目的顺利开展起着重要作用。同时，该项目的决策也非常重视农村妇女的意见，提高了当地农妇的社会地位。

项目区森林生态系统的优化，改善了小气候，减少自然灾害，促进了农业增产增收。

项目建设充分利用了现有土地资源，提高了土地生产力，实现了农林产业结构的调整。

2. 促进了林业对外开放

林业世行贷款项目从计划造林转向了以市场为导向的贷款造林，从以消耗天然林为主的粗放经营转向了以培育人工林商品材为主的集约经营，有利于我省林业的改革和开放。

（四）知识创新和管理制度影响

1. 知识创新

世行项目自始至终坚持高起点、高标准、高质量、高效益的原则，以种植材料和丰产栽培技术为重点，注重引进国内外先进的林业生产技术，尤其是围绕集约经营人工林、经济林、工业原料林及林产品加工等项目建设内容，把多项实用的技术组装配套起来，推广先进科研成果，有力地促进了林业生产由粗放经营向集约经营转化，提高了林业的经济效益。项目建设积累了较丰富的建设经验，建立了较完善的组织管理体系和科技支撑体系，为四川营造集约经营人工林探索出一套成功经验。项目应用的先进林业管理理念，为广大林业工作者注入了新思维、新观念，逐步培养了一支懂政策、会管理、通经济的外资项目管理队伍，提高了林业经营管理水平。

2. 管理制度

在项目实施过程中，改变了传统的管理方法，建立了项目组织管理体系，加强了项目的资金、物资、工程、信息和科技等管理，制定了各种规章制度，这些措施保障了项目的建设成效。

四、建议

（一）进一步提高认识，加强项目组织领导建设。各级干部、群众要重新认识林业世行贷款项目的目的意义，要树立还贷意识，认识还贷的必要性、紧迫性和重要性。省、市、县各级政府要加强项目组织领导建设，及时调整充实林业世行贷款项目领导小组成员，相对固定项目办财务人员和工程技术管理人员，保证项目实施的连续性。各级项目管理部门要采取切实可行措施，加强项目林的管理，践行承诺，保证贷款项目的顺利实施。

（二）对纳入天保工程生态公益林范围的项目林，核定后应豁免其贷款债务和予以经济补偿。四川地处长江上游，生态战略地位尤为重要。按四川省天然林资源保护工程规划，四川省约有17万公顷的项目林被划入生态公益林，这部分被划为生态公益林的项目林，其债务应由国家全额承担，项目建设单位的债务要予以全额豁免，并给予适当的经济补偿。

（三）对纳入商品林的项目林，应适当降低木材税费，改革现行采伐限额管理制度，真正让利给企业，让利给广大农民，确保经营者的利益不受损害。

（四）加强已建项目林的后续管理工作，把项目林的防火、防病虫害工作纳入县级林业部门的日常工作，统筹安排，科学管理。要加强对项目林地资源的保护和管理，严格项目林采伐审批制度，对密度较大的项目林，应按森林抚育政策和技术规定，及时进行抚育间伐，保证项目林健康生长。

（五）当前生态环境建设已得到国家的高度重视和广大人民的支持拥护，国家对林业生态建设的投入资金也在逐年加大，如正在实施的"天保工程"和"退耕还林工程"。地方实施部门或建设单位对国家无偿投资项目会更重视，利用外资建设林业压力加大，在申报新的外资项目时，充分论证各种不利因素，为项目实施做好准备。

（四川省林业厅世行办）

重庆市世界银行贷款多功能防护林项目成效显著

重庆市世界银行贷款"多功能防护林项目"是重庆市首次利用外资发展林业的一项重大生态建设项目。项目从 1992 年起开始作前期工作，1995 年正式启动，2000 年完成。在项目实施期间，重庆市做了大量工作，全面完成了工作任务，取得了明显成效。

一、项目概况

（一）投资规模：项目计划总投资 19120.32 万元人民币，其中世界银行贷款 11472.29 万元（折合 1318.65 万美元，933.95 万个 SDR），配套资金 7648 万元。

（二）建设规模：项目营造林计划面积为 102289 公顷，其中新造林 59604.6 公顷，封山育林 42693.4 公顷，治理生态经济沟 209 条。

（三）建设期限：自 1995 年 1 月至 2000 年 12 月，共计 6 年（其中建设期 4 年，管护期 2 年）。

（四）建设目标：通过项目的实施，恢复和扩大森林植被，增加生物多样性，保护天然林资源，优化防护林的经营模式，为重庆市林业工程造林提供样板，同时增加防护林的经济、生态和社会效益，改善生态环境，增加项目区人民的经济收入。

（五）建设内容：主要包括新造林 59604.6 公顷、封山育林 42693.4 公顷、管护棚建设、科技推广、种植材料的开发和建设、项目组织管理机构建设、环境保护等七个方面。

（六）建设模型：主要建设有马尾松、杉木、针阔、麻栎、板栗、梨子、杜仲、盐肤木和封育补植、封育不补 10 个造林模型。

（七）建设布局：该项目分布于重庆市綦江、合川、江津、万盛、铜梁、潼南、涪陵、丰都、武隆、万县、梁平、石柱、彭水、黔江 14 个县（市、区），实施项目的乡镇和林场等造林实体共 1 08 个。

（八）主要措施：通过造、封、管等措施，营造多林种相结合，生态、经济、社会三大效益相统一的多功能防护林。

（九）完成情况：项目共完成营造林 102679.85 公顷，其中：新造林 60091.87 公顷，封山育林 42587.98 公顷；完成投资 1 7327.04 万元，其中：信贷资金 9720 万元，配套资金 7607.04 万元。

（十）主要效益：新增了森林面积 102679.85 公顷，项目区平均增加森林覆盖率 6.7 个百分点；减少了水土流失；增加了木材产量，提高了产值；为项目区农民提供了就业机会，增加了劳务收入。

二、项目实施情况

(一)组织管理机构建设情况

为保证项目的顺利实施,各级政府均成立了项目建设领导小组(或指挥部)和项目办公室,领导小组(或指挥部)组长分别由政府主要领导或分管领导兼任,成员有农委(农办)、计委、林业、财政、审计、国土等部门的主要领导或分管领导。各级项目办落实了专兼职人员和目标责任制,市项目办主要负责对项目实施区县的领导和管理。区县级项目办主要负责对造林实体工作的指导和监督,保证了项目按计划和要求施工。

(二)计划调整情况

在项目实施过程中,根据各项目县(市、区)的具体情况,经报请同意,重庆市对项目县(市、区)的造林规模、报账单价、设计模型及造林进度作了适当调整。

1. 造林面积和投资计划的调整:1996年,原江北县自愿退出项目建设,经请示同意,原江北县建设任务和投资计划调整给了原重庆市的綦江、江津、铜梁、潼南、万盛5个县(市、区)。

2. 造林单价调整:1997年,国家林业局世行中心统一对项目造林模型的报账单价进行了调整,平均单价提高11.8%。

3. 造林模型调整:在造林设计和实施过程中,对总体设计中部分造林模型和树种进行了调整。

4. 造林进度调整:将原第一年至第四年分别为20%、30%、35%和15%的实施进度调整为14.2%、26.9%、32.4%和26.6%。

(三)任务完成情况

1. 营造林任务完成情况:该项目从1995年开始实施,1998年完成,共完成营造林102679.85公顷,其中:新造林60091.87公顷,封山育林42587.98公顷,分别占计划任务的100.8%和99.8%。

2. 幼林抚育完成情况:幼林抚育从1996年开始实施,截至2000年全面完成,经检查,累计完成幼林抚育合格面积为60091.87公顷,占计划任务的100%。

3. 管护棚完成情况:项目区规划建设管护棚284个,实际完成管护棚建设262个,占计划任务的92%。

(四)种植材料生产及使用情况

1. 种子:项目良种使用率为100%。除马尾松种子在本市的采种母树林或种子园采集外,其余种子由市苗木生产协调小组负责,市种苗站负责调剂供运,项目累计用种为120970.4千克。

2. 种苗:项目计划用苗20807.5万株,实际生产苗木22874.7万株,为计划的109.9%,其中I级苗17053万株。苗木标准均高于种植材料开发计划中所确定指标。

3. 穗条:扦插苗所用穗条全部采于优良无性系材料建立的采穗圃,经济林品种的穗条全部采于名优新品种,项目造林共选用优良穗条1828.5万株,共选用优良无性系23个,建立采穗圃2公顷。(年产穗条可达500万株)。

（五）科研推广执行情况

1. 科研计划制定情况：根据总体设计要求，科研推广紧紧围绕森林生态、树种选择、林分结构、造林密度、造林技术和防止水土流失等制定了科研推广计划，拟定了近30个科技推广项目，如新技术材料推广，优良种源和新品种推广，先进育苗、造林、营林技术推广等。

2. 推广体系建立情况：组建了有市林业局、市林科所、市种苗站、市病虫防治检疫站和市森林调查设计队等单位参与的科研推广领导小组，具体负责制定、部署、检查、督促全市的科技推广工作。各项目县（市、区）和造林实体从上到下均建立了林业科技推广体系。

3. 科技推广形式：主要采用了技术培训、科技赶场、印发资料、专家咨询等形式。共编印下发了《重庆市林业10项先进技术、20个优良品种推广技术手册》等资料约2500余册到各项目县（市、区）。各项目县（市、区）根据项目建设需要分别编印了综合的或专项的技术资料册子10余种约32345余册下发到各项目实施单位。

4. 科技成果推广情况：主要推广了有裸根苗切根育苗技术、根型培育器育苗、容器育苗、切根苗深栽技术、沿等高线带状清林、穴状整地和表土回填技术及ABT生根粉浸根造林、盐肤木速丰林丰产栽培技术、混农林业技术与优良品种丰产栽培技术等林业科技成果用于项目生产。

5. 科技示范林建立情况：建立了铜梁、开县两个示范县，在2个县内建立了共58.1公顷的综合治理示范沟，同时在綦江赶水镇黄泥村建立了马尾松切根苗深栽造林示范林（示范面积为200公顷），这些示范林在项目建设中均起到了很好的示范作用。

（六）物资采购执行情况。

自项目实施以来，共采购汽车45辆，办公设备35台（部），育苗设施2套，所购物资均实行了专项登记、专人管理，制订和执行了物资使用管理制度。

（七）培训和技术援助情况

1. 国内培训：一是参加上级业务培训，二是举办市级培训班，三是各项目县（市、区）举办县、乡、村各级培训班。据不完全统计，全市共举办了营林技术、苗圃管理、财务管理、科研推广、信息管理、环境保护等培训班1503期，培训人员119292人次。其中市（省）级培训102期，参训人员1930人次；县级培训班414期，培训人员16765人次；乡镇及造林单位987期，100567人次。同时还不定期地对广大林农开展现场技术培训指导。

2. 国外考察培训。参加了对英国、德国、美国、法国、荷兰等国家的育种、苗圃管理等方面的考察学习和培训，共计7人次。

3. 技术援助。专门聘请了中国林业科学研究院、西南农业大学、四川省林业科学研究院、重庆市林业科学研究院等大学和科研院所的专家、教授深入项目区县进行技术咨询和培训。

（八）资金使用情况

1. 投资完成情况：在项目建设的6年中，共完成投资17327.04万元，占计划资金的96.62%，其中：使用信贷资金9720万元，占世界银行贷款投资的84.43%，国内各级配套资金7607.04万元，占计划投资的99.5%（其中劳务折抵3016万元，占投资的17.4%）。

2. 信贷资金使用情况：项目累计使用信贷资金9720万元，占世行承诺贷款的84.73%，其中：营林劳务费用（直接生产费用）支出 9050.96 万元，占信贷总额的 93.12%；设备采购支出 643.64 万元，占信贷总额的 6.62%；技术援助、考察培训费支出 11.44 万元，占信贷总额的 0.12%；科研支出 13.97 万元，占信贷总额的 0.14%。

3. 资金配套情况：共配套 7607.04 万元，其中市级配套 709.14 万元，占实际投资总额的 4.09%，县级配套 2714.57 万元，占实际投资总额的 15.67%，造林实体配套 4183.33 万元，占实际投资总额的 24.14%。

三、实施成效

由于世行贷款"多功能防护林项目"借鉴和采用了"国家造林项目"以及当今世界先进的营造林技术和管理方法，从而使项目在生态环境保护和建设、土地合理利用、生物多样性保护和生态效益、经济效益及社会效益等方面都取得了较好的成效。

（一）保护了生物多样性

保护生物多样性，充分发挥森林的多种功能是多功能防护林项目的重要内容。重庆市在项目实施中依照项目环保规程，进行科学规划设计，并严格按设计施工。通过采用横山带状作业，品字形布穴，保留好了沟系内原生植被；通过对坡长较长的造林地，采取挖截水沟等措施减少了水土流失；通过适地适树和多树种的混交，使乔灌草有机地结合了起来，同时与原生植被形成了多功效的混交模式。由于多功能防护林项目采用了一系列有效的措施，从而有效地保护了生物多样性。

（二）呈现了三大效益

1. 生态效益显著

项目实施后，全市已增加森林面积 102679.58 公顷，项目区平均增加森林覆盖率 6.7 个百分点，项目区内的树种结构、林分质量也得到改善。根据项目区与非项目区的对比分析，项目营造林 102679.58 公顷，按 25 年一个周期计算，可增加水源涵养量 3.71 亿立方米，折合效益 1.6 亿元；可减少水土流失量 361.1 万吨，折合效益 2166.6 万元；在林木整个生长期内，吸收和固定的碳量可达 53.5 万吨，相当于吸收了 73.4 万吨标准煤燃烧后排放的 CO_2，由此可见，其生态效益十分显著。

2. 经济效益明显

根据项目建设规模，按 25 年的培育周期计算，预计可生产木材 626.8 万立方米、生产薪材 176.9 万吨、活立木蓄积 676.5 万立方米；经济林木可生产果品 6606.9 万千克，药材 6204.6 万千克，化工原料 13.2 万千克；林产品产量按现行价格计算，25 年的总产值可达 658826 万元（其中木材产值 267042 万元，占 40.5%，经济林产值 90883 万元，占 13.8%，药材 62046 万元，占 9.4%，化工原料 37 万元，森林活立木折价 238818 万元，占 36.2%）；总产值中扣除活立木价值后，销售收入可达 326357.7 万元，同时可提取各种税费 167095.9 万元，其中向国家交纳税金 91241.2 万元，收取林业两金 75854.7 万元。全市 102679.85 公顷，多功能防护林在 25 年内可收入 23413.2 万元，平均每公顷 2280 元。

3. 社会效益突出

由于项目的实施，据不完全统计，从育苗到采伐的 25 年间，估计总投工 791 万个，每年可为 32 万个农村富余劳动力提供就业机会，可增加农民劳务收入 11865 万元；项目建成后，所产的经济材、薪材、经济林等产品可为国家增加税收，也可缓解木材供需矛盾，丰富流通市场，提高人民物质生活水平；由于林副产品数量的增加，可带动交通、服务、商业等相关行业的发展；通过项目环保措施的实施，有效地提高了项目区人民的环保意识。

（三）开发了土地资源

多功能防护林项目以完整的小流域为治理单元，使土地在科学规划的基础上进行集约利用和综合治理，从整体上优化了土地资源，有效地调整了农、林、水、牧等方面的关系，使其协调发展。项目生态沟在采取保护和改善生态环境措施的同时，积极开展了多种经济活动，形成了生态与经济相结合的具有多种功能的防护林经营模式。例如綦江县可乐槽和三会生态沟、梁平县新开河生态沟、黔江区木林沟通过调整土地结构，治理区生态环境明显改善，水土流失初步得到遏制，既增加了农民收入，又实现了土地的合理利用。

（四）提高了科技含量

通过为项目顺利实施建立的组织管理，科技推广、环境保护、种苗供给、信息系统、质量监测等体系建设，大大地提高了项目的科技含量，特别通过育苗工作中的大力推广容器育苗、切根育苗、无性系育苗和根型培育器等育苗新技术的推广，更是大大提高了项目科技含量。通过广泛地推广先进科技成果，不仅有效地提高了造林质量，为项目的顺利实施提供了保证，而且对整个林业生产发展产生了极大的示范和辐射作用，促进了林业科技进步。

（五）提高了重庆市造林绿化总体水平

通过世行项目学习和借鉴了国外发达的先进技术、工作经验和管理办法，为重庆市营造林生产提供了好的管理模式，如实行报账制，实行严格的设计、施工和管理等，提高了重庆市营造林的设计水平和管理水平，使重庆市的林业经营管理水平上了一个新台阶。

（六）培养和造就了一批技术骨干和管理人才

通过对世行项目的实施，培养和造就了一批观念新、素质高、懂管理、有经验的领导干部和技术骨干，为重庆市林业发展提供了可贵的物质财富。

四、取得的经验和存在的矛盾与问题

世行贷款"多功能防护林项目"是重庆市引进的第一个林业外资项目，工程质量要求之高，组织管理之严，建设任务之重是过去的造林项目所无可比拟的。重庆市通过"多功能防护林项目"的实施，取得了一定的经验，但也存在一些问题。

（一）主要经验

1. 领导高度重视、部门大力支持、一切为群众着想是项目顺利实施的前提。领导重视主要体现在：积极做好相关部门协调工作，成立了项目建设领导小组（或指挥部）和项目办公室，把项目建设作为加强生态环境保护和建设的重要内容，如召开专题研究会，积极落实项目建设资金等。部门支持主要体现在：一是财政部门在加强对财务工作指导、完善转贷协议、强化资金管理的同时，千方百计筹集配套资金，保证了该项目配套资金的及时到位；二是审计部门加强了对项目资金的审计监督，及时发现项目资金使用和管理中存在的问题，提出改进方法，保证了资金的专款专用，督促配套资金的到位，确保了项目资金的投入。三是农业部门、水利部门、计委的生态环境建设项目与多功能防护林项目的有机结合。一切为群众着想主要体现在：一是广泛宣传，提高群众的思想认识。二是研究制定不同的投资政策，对以防护效益为主的造林实行无偿或减少还款金额，其信贷资金由政府偿还；三是对资金、还贷和林权等问题以合同的形式与群众签订合同。

2. 健全组织机构、建立规章制度、层层落实目标责任制是项目顺利实施的基础。健全组织机构主要体现在：市县两级政府都成立了以分管领导为组长，财政、林业、审计等部门为成员的项目建设领导小组，领导小组下设办公室负责日常工作。各项目乡镇也成立了相应的项目管理机构，并且明确了各级领导小组和项目办公室的职责。建立规章制度主要体现在：制订了《重庆市多功能防护林工程建设管理办法》并下发项目区县，根据这一管理办法，项目区县结合各自的实际情况制订了行之有效的项目实施办法，使整个工程建设有章可循，确保了工程管理的规范化和制度化。层层落实责任制主要体现在：市、县、乡（镇）各级都签订了行政、技术双向目标责任制。

3. 以科技为支撑、普及林业技术、严格技术规程是项目顺利实施的关键。以科技为支撑主要体现在：从项目开始就建立了市、区、乡（镇）三级科研推广支撑服务体系。并明确了各级的主要任务。普及林业技术主要体现在：明确技术标准、操作规程和具体的措施，强化技术培训，普及项目施工技术，保证了项目技术标准的有效贯彻。严格技术规程主要体现在：一是在年度作业设计中合理地确定造林树种、造林密度、整地方式、栽植方法、抚育等措施；二是严格执行环保规程；三是严格执行苗圃管理办法，统一造林苗木标准；四是严格执行分工序检查验收和造林单位自查、县级检查、市级抽查的分级检查验收办法。

4. 加强种植材料的开发，强化苗圃管理，严格造林质量是项目顺利实施的手段。加强种植材料开发主要体现在：一是建立项目管理、种苗生产与科研三部门密切配合、协调运作的种苗保障体系，变过去种苗多头管理为统一管理，并负责对使用的种（条）和定点苗圃严格把关，避免了以往种苗·供应方面的随意性。二是坚持种苗"三证"制度，实行种苗"三证"管理办法。强化苗圃管理主要体现在：一是按照培育优质壮苗的总要求，认真执行了项目"苗圃技术管理规程"；二是重点推广和执行大田裸根苗技术；三是在无性系苗培育上，扩大育苗面积，增加无性系个数；四是工程技术人员深入育苗地进行技术指导；五是实行优质优价，拉大 I、II 级苗的价差，以经济手段鼓励多产 I 级苗。严格造林质量主要体现在：在项目实施过程中，各个环节都严格按照造林的总体要求进行设计和施工，同时实行了严格的验收制度，从而确保了造林质量。

5. 严格资金管理、多方筹集资金、充分发挥经济杠杆调控作用是项目顺利实施的保证。强化资金管理主要体现在：一是制订了资金使用和管理办法；二是配备年轻化、知识化、专业化的财会人员；三是严把提款报账关，对报账提款实行计划、质量、财务三家会审制度。四是明确债权债务关系；五是发挥审计的监督作用，改善项目财务管理工作。多方筹集资金主要体现在：一是市级配套资金和区县级配套资金的提前到位；二是狠抓造林实体的配套，凡是造林实体不及时足额配套项目资金，将取消当年生产任务；三是采用集资入股的办法将社会闲散资金集中起来用于项目建设；四是采用投工投劳折资入股的办法和地方统筹解决劳力的办法解决项目用工；五是项目建设种苗费由世行办出面给苗圃赊欠的办法解决。这样通过农民自筹一点，投工投劳折抵一点，各级财政配套一点，吸引社会投资一点，向苗圃赊欠一点的办法保证了项目建设资金的投入。

（二）存在的矛盾与问题

通过世行项目的实施，主要有二大矛盾的四大问题：

1. 见效慢与还贷早的矛盾。虽然项目实施是成功的，从长远看，其经济、社会和生态效益都十分显著。但由于林业具有周期长，见效慢的特点，要按期还贷仍有困难。

2. 禁伐与还贷的矛盾。因国家实施天然林保护工程，重庆市有 96.4% 的多功能防护林项目区域被划入天然林保护工程，如果仅靠 3.6% 的非天然林保护工程区域内商品林的经营来还贷是不现实的。

3. 种苗方面问题。苗木生产仍然是项目实施中一个较薄弱的环节。从苗木个体看，达到了规定的标准，但从群体看，分化较大。

4. 资金方面问题。一是项目管理方面的间接费用由造林实体分摊，加大了项目单位的造林成本，势必影响造林单位的资金偿还能力。二是由于实行报账制，项目实施需要垫付前期费用，增大了项目实施的难度。三是世行信贷资金比例偏小，区县配套比例偏大，加大了基层财政负担；四是信贷资金拨付运转时间较长，影响了群众的造林积极性。

5. 物资设备方面问题。一是项目物资采购从下至上确认时间太长，手续较多；二是物资采购类型较少，与基层实际所需有较大差距；三是由于部分项目区县地处偏远山区，很难享受到必要的售后服务；四是该项目所采购的第一批丰田 1.25T 双排座客货两用车，系国家造林项目所采物资，由于项目之间未能很好衔接，该批物资债务至今未分割，给物资使用单位增加了一定的经济压力；五是物资价格偏高，增加了项目实施单位的经济负担。

6. 科研推广方面问题。一是由于科技推广的资金不足，项目推广的内容还不够全面；二是科技推广投入机制不十分健全；三是由于林业周期长，见效慢，群众接受有一定的难度，因而成效还不够显著。

五、项目后续工作及措施

在 2001~2019 年的 19 年间，对项目后期管理工作的总体要求是：以"质量、效益、还贷"为中心，以质量第一，效益优先为原则，把政策和技术有机地相结合起来，以造林单位为主，其他单位协助的方法搞好项目后续工作。

（一）目标与任务

目标：主要是巩固和发展项目造林的成果，力争 90% 以上的林分达到或超过项目造林模型规定的生长量指标，努力提高经济效益，确保按期足额还贷。

任务：主要是搞好项目林分的抚育管理和"三防"工作，筹集必要的资金以支撑项目后期工作，巩固造林经营实体，确保经济收益按计划分配给受益者，筹措好还贷资金以保证按时还贷。

（二）主要措施

1. 加强对项目幼林的经营和管护，切实巩固造林成果。一是实行分类经营；二是调整造林模型的后期技术措施，完善和制定有关技术操作规程；三是强化幼林的管抚，以"三防"，即：防火、防病虫害、防偷盗和牲畜破坏。

2. 进一步落实现有林业政策，使项目造林单位真正成为自主经营的实体。一是完善和稳定项目造林实体。重点对股份制林场和个体户进行完善，稳定其造林的土地使用权属及利益分配方案；二是鼓励项目林的有偿转让，允许和鼓励造林实体将项目林分进行活立木资产有偿转让，或者将其作为原料林与大型林产工业企业联合经营；三是加强木材市场动态监测，协助造林实体适时调整培育目标。

3. 筹措经费，保证项目后期管理工作的顺利开展。对于后期管理所需资金，将按照以造林实体为主，林业和财政部门补贴一点的办法进行筹措。

（重庆市世行贷款林业项目办郑兰春）

回顾历程　成果显著　展望未来　信心满怀

——贵州省世行贷款林业项目成效总结与展望

1990 年 7 月 14 日，贵州省人民政府同原国家林业部签订了《世界银行贷款国家造林项目转贷协议》，标志着世界银行贷款造林项目在贵州正式启动，意味着贵州省利用世行贷款加快建设速生丰产用材林基地拉开了序幕。

世行贷款林业项目经过 20 多年的实施，加快了贵州省速生丰产用材林工程的建设进程，储备了大量用材林资源，对改善贵州生态环境、调整产业结构和促进农民增收致富产生了极其深远的影响。

一、艰难起步、稳步发展

90 年代初，贵州省林业生产经营方式不合理，森林资源匮乏，总量不足，林分质量低，木材供需矛盾突出，生态环境十分脆弱。1990 年省委、省政府作出了关于"十年基本绿化贵州"的决定，全省各地掀起了绿化造林的热潮，大力实施造林绿化。但由于资金缺乏、管理水平较低等原因，全省集约经营人工林的规模很小。在原林业部、财政部的关心和大力支持下，贵州省积极抢抓机遇，借助世行贷款林业项目大力发展速丰林建设，从 1990 年到 2002 年先后实施了三期世行贷款林业项目，分别为"国家造林项目""森林资源发展和保护项目"和"贫困地区林业发展项目"。

国家造林项目是贵州省第一个利用世行贷款的造林项目。建设期为 1990~1997 年。完成总投资 16673.67 万元，其中世行信贷 9628.34 万元，国内配套 7045.33 万元。完成造林84.84 万亩，为规划造林任务 60 万亩的 141.4%，造林树种为杉木、马尾松。

森林资源发展和保护项目建设期为 1995~2001 年，完成总投资 8203.47 万元，其中世行信贷 4805.75 万元，国内配套 3397.72 万元。完成造林 42 万亩，为规划造林任务 37.5 万亩的 112%，造林树种为杉木、马尾松。

贫困地区林业发展项目建设期为 1999~2004 年，完成总投资 20982.05 万元，其中世行信贷资金 6498.60 万元，世行贷款资金 5035.87 万元，国内配套资金 9447.58 万元。共完成人工造林面积 86.3 万亩，建成林副产品加工项目 1 个（赫章县乌蒙山核桃系列产品加工厂）。造林树种按照农户意愿选择达 39 种之多，其中用材林树种有马尾松、湿地松等 14 个树种，经济林树种有核桃、板栗、银杏等 25 个树种。

世行贷款项目共营造高标准集约经营人工林 213.14 万亩，完成项目投资 45859.19 万元，其中世行贷款为 25968.56 万元，地方配套资金为 19890.63 万元。"国家造林项目""森林资源发展和保护项目"被世界银行评为非常满意和满意项目。

二、克服困难、狠抓落实

速丰林建设项目的特点是投资大、周期长，贵州省各级地方政府和部门的经济实力较弱，建设资金筹措困难，缺乏后期抚育管护资金。加之受到天然林保护工程影响，林业生产单位和林农经营商品林的积极性降低。为此，2003 年贵州省向财政部、国家林业局提出了请求调减世行贷款额度和减少造林任务的请示，停止了世行贷款项目。由于上述原因，"贫困地区林业发展项目"只完成协议造林面积 95.23 万亩的 90.6%（86.3 万亩）。

由于 2008 年贵州省遭受百年不遇的特大凝冻灾害，贵州省世行贷款造林项目重点实施区域的黔东南州、黔南州、铜仁市受灾最为严重，林地、林木、苗木和林业基础设施受到严重损害，给我省贵州省林业带来了巨大的损失，全省世行项目损失面积达 10 万公顷。在国家林业局的关心下，国家给予了相关受重灾债务的减免政策，豁免了贵州省一部分世行项目债务。

尽管遇到各种困难，贵州省不畏惧、不退缩，勇敢面对巩固世行项目建设成果。

一是提高认识，领导高度重视。20 世纪 90 年代初，贵州省林业发展较为缓慢，省委、省政府将世行贷款项目作为带动贵州林业发展的重要抓手，省政府成立了以分管省长为组长的领导小组。各级地方政府和林业主管部门给予高度重视，在资金和人员缺乏等情况下，提前、足额落实配套资金，落实办公条件，安排专人负责。

二是强化管理，完善服务体系。为了切实抓好世行项目建设管理，贵州省建立了组织管理、技术管理、科技推广、计划管理、环境管理、信息管理、种苗管理和财务资金管理等 8个支持体系，制定了相应的管理办法和运行措施。加强资金管理，确保资金的使用安全。出台速生丰产用材林抚育间伐的优惠政策，依法取缔各地自行规定的不合理收费项目。

三是加强宣传，尊重农民意愿。为了充分调动农民参与实施世行项目造林的积极性，稳妥有序的推进世行项目的建设。贵州省通过各种方式和渠道开展了项目背景、要求和意义等宣传报道，让各级干部、群众都知晓、了解世行项目的重要性和特殊性。在项目建设过程中通过问卷调查、家访座谈和召开村民大会等多种形式，充分征求村民对参加项目和选择造林树种的意见，目的是充分尊重农民意愿，有效地克服政府和主管部门盲目决策，使决策更加科学化和人性化。通过积极宣传进一步增强了农民的参与意识和主人翁意识，提高了农民的造林积极性，使农民从被动造林变为主动造林，从"要我造林"变为"我要造林"，继而为后期的造林工作夯实了基础。

四是加强培训，强化科技支撑。为了提高项目实施的技术含量，贵州省聘请贵州大学、省林科院等学校、科研机构的教授、专家成立项目科技推广组，并制订了项目的《科技推广与培训计划》，举办省、县、乡三级造林技术培训班，面向农户进行的现场技术培训等。同时，推广运用了火炬松、湿地松、马尾松、杉木、核桃、板栗等树种的速生丰产栽培和马尾松容器袋育苗等 10 余项科技成果，保证了项目造林质量。

三、世贷助推、成效显著

世行贷款造林项目的实施，加快了贵州省造林绿化步伐，提高了贵州省工程造林管理能力和技术水平，森林资源得到增加，生态得到改善。

一是生态环境得到明显改善。贵州省实施的三个世行贷款营造项目，共完成造林 213.14 万亩，造林质量居贵州省各类林业造林工程之首。通过世行贷款造林，将项目区昔日的荒山荒地，改变成了一片片速生丰产林，实现了项目的预期经济目标，发挥了良好的生态效益、经济效益和社会效益，成为群众看得见、摸得着、学得上的示范样板，示范和辐射带动作用明显，加快了全省造林绿化和速生丰产林建设进程，改善了项目区的生态环境，为推进贵州省木材战略储备基地建设打下了坚实的基础。

二是科技兴林力度得到明显增强。为了实现世行贷款营造速生丰产的目标，各级项目办在项目实施期间，聘请贵州大学、省林科院、省林业规划设计院、省林校和各地的专家、技术人员，组成了自上而下的项目科技推广组织，广泛开展了科技推广和培训活动，有力地促进了科研与生产的结合，为项目生产培训了大量的技术骨干和林业人才，为项目实施提供了技术保障。世行造林项目的实施有力地推动了贵州省科技兴林的进程。

三是林业管理水平得到明显提高。为了使项目管理与世行管理接轨，贵州省按照世行和国家林业局的要求，通过在项目实施过程中的不断探索和总结，制定出了一套科学的管理制度和行之有效的管理办法，确保了整个项目有条不紊地正常运转。世行贷款项目的实施，将贵州省林业项目的整体管理水平提升到了一个新的高度，为贵州省后来天然林保护、退耕还林等林业工程的实施和管理提供了成功的经验和模式。

四是林业对外开放力度明显加快。贵州省世行贷款造林项目取得的成绩，得到了世界银行、国家林业局和省级有关部门的好评，为贵州省林业赢得了良好的声誉，对促进贵州省林业的对外开放起到了积极的作用。贵州省林业在成功实施"国家造林项目"之后，又相继实施"森林资源发展和保护项目"、"贫困地区林业发展项目"，为后来的"韩援项目"，"德援项目"实施提供了成功的经验并打下坚实基础。同时也加快了贵州省林业与外国政府、国际金融组织的联系、交流与合作，为贵州省各级林业部门培养了一批懂得外资项目管理的人才。

五是民生林业建设取得明显成效。世行贷款造林项目的实施全面提升了贵州省生态林业和民生林业的发展水平，掀起了贵州省发展林业的热潮，成为了贵州省林业发展的助推器。世行造林项目的实施，取得了明显的生态效益、经济效益和社会效益，为贵州林区人民改善生态环境、防止水土流失、保障农业生产和实施天然林保护工程发挥着重要作用，为将来全面实现建成小康社会作出了积极的贡献。

四、展望未来、充满期待

建设木材储备基地，也是调整农村产业结构、促进农民增收的重要措施，是提高我国木材自给能力的重要举措，关系着我国的用材安全。

2002 年，贵州省停止了世行贷款造林项目以后，仍然把工业原料林、速生丰产林建设作为一项重要工作来抓，加大资金投入，加强项目整合和工程管理，通过整合退耕还林还竹、植被恢复费等项目资金加快发展工业原料林和速丰生产林。特别是 2009 年以来，为深入推进"两加一推"战略的实施，贵州省工业原料林和速生丰产林建设投入力度逐年加大，2009 至 2012 年，仅利用省级植被恢复费就累计投入 3.81 亿元建设速生丰产林、工业原料林和特色商品林示范基地 100 余万亩。

2011 年国家林业局组织编制《全国木材战略储备生产基地建设规划》后，贵州省组织编制了《贵州省木材战略储备生产基地规划（2011~2020 年）》。该规划分为前期（"十二五"）和后期（"十三五"）两个时段，规划建设木材战略储备生产基地 102 万公顷（新造 68.67 万公顷，改培 33.33 万公顷）。

近年来，省委、省政府高度重视木材战略储备基地建设，并把它纳入林业重点建设工作来抓。目前，贵州省速丰生产用材林和工业原料林建设已达到一定的规模，取得了明显成效，也为木材战略储备基地建设打下了良好的基础。今后，我们将认真做好宣传，强化项目支撑；科学编制规划，加大资金投入；强化科技支撑，加大技术培训；抓好贵州省速生丰产用材林、工业原料林基地建设，为贵州省木材战略储备基地建设做出更大的贡献。

［贵州省林业厅世行办（速丰办）］

实施国际组织贷款项目　开拓林业国际工作领域

——甘肃省国际组织贷款林业项目实施成效总结

一、项目概况

甘肃省完成或正在实施的国际组织贷款项目共 3 个。

（一）世界银行贷款林业发展项目

项目总投资 120 万美元。其中：申请世行贷款 60 万美元，省财政配套 60 万美元。项目建设期限 6 年（1985~1991 年），贷款期 20 年（包括宽限期 5 年），年利率 3%。项目建设内容主要是筹建甘肃省林业科学技术推广总站，使该站成为国内占地面积最大、设施最先进、科技人员最多的一流林业科技推广机构。

（二）世界银行贷款林业持续发展甘肃天水人工林营造项目

项目总投资 3021 万元人民币，其中：申请世行贷款 182 万美元（约合 1511 万元人民币），地方财政配套 755 万元，贷款农户自筹 755 万元。项目建设期限 8 年（2003~2010 年）。贷款期 16 年（包括宽限期 7 年），年利率为伦敦银行同业拆借基准利率，每半年浮动一次。项目分布天水市的秦安、武山、清水和麦积区等 4 个县区 27 个乡镇 71 个村 13500 个农户参与了项目建设，共栽植苹果、葡萄、桃、梨、核桃、花椒、杏等经济林 3128.21 公顷，培育优质果树嫁接苗木 412 万株，修建作业道 94.3 千米、管护棚 716 座、三级提灌 8 处、简易果品储藏库 190 座。

（三）亚洲银行贷款西北三省（自治区）林业生态发展项目

该项目由国家林业局组织陕、甘、新三省区打捆实施。甘肃总投资为 5929 万美元（折合人民币 40495 万元）。其中：申请亚行贷款 3334 万美元（折合人民币 22771 万元），占总投资的 56.23%；国内配套资金 16563 万元（其中：省级配套 5800 万元，市级配套 828 万元，县级配套 9935 万元），占总投资的 40.90%；全球环境基金（GEF）赠款 170 万美元（折合人民币 1161 万元），占总投资的 2.87%。项目建设期 6 年（2011~2016 年），贷款期 25 年（包括宽限期 5 年），年利率为伦敦银行同业拆借基准利率，每半年浮动一次。项目实施范围为庆阳、平凉、天水、陇南、定西、临夏等 6 个市州的 20 个县区。建设内容包括：营造经济林 27 万亩，生态林 5.5 万亩，建设果品贮藏库 8 个，核桃加工厂 1 个。目前，共完成造林 9838.40 公顷，占项目计划任务的 45%。其中：经济林 8776.64 公顷，生态林 1061.76 公顷。办公设备采购和合水县 3000 吨果库建设招标工作已完成，其他果库扩建工程正组织招标。围绕项目管理、采购管理、造林技术、财务管理及会计核算等内容举办省级培训班 12 期，培训人数 500 多人次。针对病虫害防治、经济林栽培、生态林管护等开展市县级培训班 68 期，培训人员 1.5 万多人次。其中：果农 13750 余人（包括妇女 4780 余人，少数民族 780 余人）。

二、主要做法

(一)高度重视，靠实责任

各级政府和林业主管部门都将管好用好项目资金、有效推动项目顺利实施上升到政治和全局的高度来把握，省里成立了以主管省长为组长，林业、发改、财政、水利、农牧、环保和扶贫等相关部门为成员的省级项目协调领导小组，成立了甘肃省林业外资项目管理办公室(亚行办)，核定7个事业编制，具体负责项目日常工作。市、县林业部门均成立了项目办，固定了办公场所，配备了素质好、能力强的骨干人员，专职项目实施服务，以落实责任为抓手，从项目实施开始，就层层签订明确"责、权、利"和项目实施要求的各级转贷协议(或合同)，使资金有偿使用得到了法律上的保证。建立了较完善的组织管理体系和科技支撑体系，保证了项目有力有序有效实施，在资金使用和工程质量上没有出现如何问题。

(二)统筹协调，资金到位

抓住争取与落实项目配套资金这一关键，充分发挥项目协调推进领导小组的职能作用，按照"配套资金主要由同级财政解决的原则"，力促发改、财政等部门将各自的配套资金列入年度资金预算，并督促逐年足额到位，纳入各级项目办年终考核内容。如亚行贷款林业生态发展项目，经省林业厅与省发改委、财政厅等部门反复衔接，并多次向省领导汇报，省政府专门发文批复，落实省级配套资金5800万元，市级配套828万元，县级配套9935万元。

(三)科学调度，有序推进

针对不同项目特点，从申报、签协议、规划设计、组织实施、检查验收等环节，坚持尊重科学，创新管理，实事求是，因地制宜地组织调度各项工作，严格遵守世行、亚行及国家林业局各项制度规定，建立健全了项目内控机制，并在项目整个活动过程中严格执行，有效地避免了实施项目时可能出现的主观随意性。

(四)严格把关，保证质量

按照项目建设标准，建立了村、县(区)、省三级检查验收制度，每次检查验收都统一制定方案，坚持"一把尺子"量到底。检查验收内容包括作业设计文件、造林面积、苗木质量、栽植质量、栽植成活率及保存率、幼树病虫害受害率、抚育管理等及资金使用管理和档案管理，对存在的问题及时要求限时整改，有效提升和保障了项目实施质量，同时也为项目提款报账提供了基本依据。

(五)汲取理念，注重创新

依托世行、亚行项目高起点、高标准、高质量、高效益的有利优势，充分发挥国际贷款在促进林业技术创新和管理模式创新中的引领、示范、辐射作用，结合项目实施不同节点的需求，适时组织开展各种培训，把汲取的先进思维理念、先进的林业技术和成熟的管理方法，及时用于实践指导实践。同时以"合作、互利、共赢"为目标，积极探索创新项目的组织管理、资金管理、物资管理、工程管理、信息管理和科技管理，加大了新技术在项目中的推广运用，重视项目后期的监管和维护林农的合法权益，保障了项目的建设成效。

三、建设成效

(一)弥补了建设资金不足,改善了区域生态环境

目前,全省林业系统共引进外资 1.84 亿美元(折合人民币 11.6 亿元),其中:国际组织贷款 2411 万美元,援助捐赠 15989 万美元。监测数据表明,世行贷款林业持续发展甘肃天水市人工林营造项目建成后,天水市森林覆盖率已净增 0.2 个百分点,每年可防止土壤流失7300 吨,减少 15% 土壤肥力损失,生物多样性得到有效保护,区域生态环境显著改善。

(二)汲取了先进理念,培养了外向型人才

通过项目实施,不仅引进了国外资金,培养了人才,更重要的是引进了国外先进的林业管理理念、方法和技术。如群众参与式规划、环境影响评价、资金报账制、采购招标制、供苗合同制、造林过程监理制等,已在全省林业生产建设中广为应用,有效提升了全省林业生态建设的能力和水平。

(三)优化了农业产业结构,增加了农民收入

在项目实施中充分尊重和考虑农民的意愿,以构建小康社会为目标,从调整优化农业产业结构入手,尽力使生态、社会、经济效益相得益彰,增强了广大农民参与意识和自主决策意识,使农民从项目建设中学到了实用技术,经济得到了实惠。如世行贷款天水人工林营造项目,累计给项目区农民提供了 780 多万个工日的就业机会,农民人均纯收入也从项目实施初期的 585~1003 元增加了 1816~2159 元,项目人均收入贡献 82.4 元。项目建立的果品市场、果业合作社、果品储藏、加工设施,带动了物流运输、包装制造、贮藏加工业、餐饮旅游等相关产业的发展。

(四)改善了基层工作条件,增强了可持续发展能力

各实施单位以项目为契机,办公设备、交通工具、科研装备等得到改善,信息化、科学化水平进一步提高。项目实施中新建、改建、扩建的一批苗圃、标准化果园、林区道路、灌溉管网、瞭望塔台、监测网站等基础设施,也为项目区的后续发展打下了基础。

(五)建立了多边合作机制,提高了甘肃林业公信力

经过长期的友好合作,目前我省与联合国、德、法、日、韩、加拿大等 18 个国家和世行、亚行、全球环境基金(GEF)世界自然基金(WWF)等 6 个国际组织建立了多边稳固的合作机制,合作的领域、范围、深度不断扩大,人员交流不断。如通过中德造林合作项目,德国巴伐利亚州农林营养部与我省林业厅达成了长期合作关系,现双方已草拟了"合作备忘录",正在为正式签署做准备。同时双方合作建立的天水市秦州森林体验教育中心,2011 年11 月被联合国教科文组织德国委员会授予联合国十年"可持续发展教育"奖。该奖项是中德合作 30 年来中国唯一获得的联合国奖项,在全国林业系统尚属首次,更是我省林业外资项目获得的最高奖项,为甘肃林业在世界赢得了荣誉。

〔甘肃省林业厅外事合作处(亚行办)连雪斌、吴建伟〕

三、亚洲开发、欧洲投资银行贷（赠）款项目

以创新的理念实施亚行贷款项目

——亚行贷款江西林业发展项目阶段总结

2007 年 3 月，为贯彻落实江西省委、省政府提出的"生态立省、绿色发展"战略，加快江西省速生丰产林基地建设和林产工业发展步伐，解决林业产权制度改革后广大林农和社会各界参与林业建设资金短缺的瓶颈，省林业厅向省政府提出利用亚洲开发银行贷款实施人工林资源培育项目。经省政府同意江西省林业厅与省发改委、省财政厅联合进行项目申报，并得到国家发改委、国家财政部批准同意实施项目。项目于 2011 年 3 月签约，至今已经实施 2 年多。现将项目阶段实施情况总结如下：

一、项目简介

亚行贷款江西林业发展项目目标和宗旨为：通过在雨雪冰冻受灾地区和具有生态环境重要价值地区，人工营造多功能森林和改造低质低效竹林，增加项目地区森林覆盖率，改善森林质量和功能，充分发挥森林生态效益、经济效益和社会效益，推动项目森林多种功能和多种效益的有机结合，增强森林对区域生态环境建设、地方经济发展、当地人民生产生活的服务和促进功能，提高项目森林生态系统自我可持续发展能力。

项目建设点包括：吉安、萍乡、赣州、九江、抚州、景德镇、新余 7 市的 20 个县（市、区）及景德镇市直属的枫树山林场。

项目总投资 45410.76 万元（折合 6639 万美元），其中亚行贷款 27360 万元（折合 4000 万美元），赠款 684 万元（折合 100 万美元）。省、市、县、实施主体合计配套 17366.76 万元（折合 2539 万美元）。贷款主要用于营林生产和建设期利息。国内配套主要用于管理、科研、培训、检查监测费及物价上涨等。

贷款部分建设内容为：营造林 50862 公顷（折合 762930 亩）。其中：多功能林造林 35649 公顷，经济林造林 4013 公顷，毛竹低产林改造 11200 公顷。此外，还包括可持续性森林经营管理的能力建设和森林保险试点的内容。赠款部分建设内容包括：营造 380 公顷示范林和示范森林碳监控和验证体系等。

建设期为 6 年（2011 年至 2016 年），其中前 4 年完成造林任务（大致比例约 2：3：3：2），幼林抚育顺延 2 年。

贷款条件为：贷款期 26 年，宽限期 6 年，贷款利率以伦敦同业拆借市场半年利率（LI-

BOR）加 20 个基点的浮动利率；收 0.15% 承诺费；无先征费。

转贷方式为：由省财政代表省政府作为借款人与国家财政部签订转贷协议，省财政厅再逐级往下转贷。债务以美元计算，以人民币支付，汇率风险由项目县承担。

二、项目工作开展情况

从项目申报到今，主要开展以下工作：

（一）项目申报

（1）征求意见。包括征求省政府、省发改委、省财政厅、各市、县意见；最终按照自愿参与、县级财政同意配套的原则确定项目县。调整则根据相关程序，通过亚行、省发改委、省财政厅批准。

（2）配合亚行考察。从 2008 年 4 月初进行项目预考察起，配合亚行官员进行了 4 次实地考察。

（3）编制可研报告和环评报告。2009 年 5 月和 9 月，分别委托中国林产工业工程咨询公司编制《亚洲开发银行贷款江西林业发展项目可行性研究报告》；委托江西省农业科学院环境影响评价中心编制"亚洲开发银行贷款江西省森林生态系统可持续发展项目"的环境影响评价报告。

（4）配合亚行开展技术援助活动。根据 2008 年 11 月正式批准的技术援助概念性文件，亚行技援咨询服务专家 2009 年 5 月 15 日开始，在我省进行了为期半年的技术援助活动，2009 年 12 月中旬结束，并提交最终报告后。

（5）落实配套资金。按照亚行要求，项目市县配套资金按照各自承诺分年落实。省级配套资金省发改委在省基建投资中预算安排 745 万元、省财政厅安排 600 万元、省林业厅从林业规费收入中列支 745 万元。

（6）签订贷款及转贷协议。财政部与亚行协议于 2011 年 3 月 3 日签署，江西省政府与财政部转贷协议于 2011 年 8 月签署，省财政厅与县财政局转贷协议于 2012 年 8 月完成签订。

（二）项目实施监管

（1）制定项目管理制度。制定了项目《管理办法》《营造林作业设计规程》《营造林检查验收办法》《环境保护规程》《财务管理办法》《提款报账办法》《会计核算办法》等有关项目技术规程和管理办法，并及时印发到各项目市、县。

（2）制定年度营造林计划。采取"一上两下"的办法制定年度营造林计划。即先根据项目的总体规划及各地项目实际情况等因素，下达年度预计划；再由各县（市、区）根据种苗、山场、人力、配套资金落实等情况，上报年度计划的反馈意见；最后根据各县反馈情况，经综合平衡，正式下达年度计划任务。

（3）进行年度实施方案评审。每年 10～11 月，由省亚行项目建设领导小组牵头，邀请省发改委、省财政厅的有关人员参加，对各县下年度项目实施方案进行评审，对其项目目标、实施内容、组织管理、项目布局、实施主体、配套资金筹措、资金发放以及债务偿还等方面的内容提出建设性的修改意见，确保项目实施顺利。

（4）项目核查：按照项目检查验收办法，每年 11 月由省林业厅项目办在各县自查上报的合格小班中，分别不同的项目实施内容随机抽定 10% 的面积或小班作为核查小班，并组织人员到实地进行核查，核查结果作为报账的依据。

（三）组织项目报账

项目报账专户设省财政厅外经处，组织报账工作由省林业厅项目办负责组织。收到项目市县报账材料后，先经省项目办项目管理科审核面积、工序是否与检查验收相符，再由省项目办财务科编制报账文件。审核无误后，向省财政厅申请提款报账。目前已组织报账二次，累计支付560万美元。

三、项目实施进度

（一）贷款项目

在贷款项目实施方面，主要抓了五个环节。即：计划、培训、施工、检查、报账。各项进度情况如下：

1. 项目工程进度

亚行贷款江西林业发展项目营造林完成情况表　　　　单位：公顷

年度	新造林		毛竹低改	
	计划	完成	计划	完成
合计	30093.6	27560.34	7210	7413.66
2010 年	3007.6	3007.6	1117	1117.1
2011 年	6547	6478.3	2041	2673.21
2012 年	12319	10195.74	4052	3623.35
2013 年	8220	7878.7	1980	未统计

备注：2010 年为追溯报账。

截至目前，累计完成营造林34974.2公顷，计划完成率为93.8%，占总任务50862公顷的68.8%。预计到2013年年底可以36954公顷，占总任务50862公顷的72.7%。目前，省项目办正在落实安排2014年营造林计划，预计2014年基本可以完成营造林总任务。

2. 项目投资和支付进度

按照亚行备案的各树种贷款投资和支付规定，项目实施至今已完成投资情况，详见下表。

（单位：万元人民币）

年度	面积	未完成工序	完成投资	需支付贷款
合计	34974.2		23566.91	15686.47
2010	4124.7	无	3213.02	2081.88
2011	9151.51	第3年抚育	6291.04	4185.30
2012	13819.09	第2、3年抚育	8417.55	5487.22
2013	7878.7	第1、2、3年抚育	5645.3	3932.07

截至目前，完成项目投资23566.91万元人民币，需要支付贷款15686.47万元人民币，折合2510万美元。现已完成支付560万美元，其余所需额度正在回补中。

3. 项目培训进度

培训进展情况见下表。

类别	培训对象	计划人次	完成	完成比例
农民培训师培养	员工和专业农民	2500	1600	64
出国考察	管理人员	24	0	0
国内考察	官员	600	300	50
管理培训	管理人员	500	248	49.6

(二)赠款项目

气候变化基金"江西省林业发展项目"中的赠款项目(赠款号 0229 – PRC)与亚洲开发银行签约时间为 2011 年 3 月 16 日，江西省与财政部签订转赠协议时间为 2011 年 12 月 11 日。目前进度如下：

(1)专账设置。省财政厅于 2012 年 6 月设立了赠款项目专用账户，亚行于 2012 年 6 月拨入资金 10 万美金。

(2)专家招聘。2012 年 11 月完成了国际咨询专家招聘，2013 年 6 月 3 日完成了国内咨询专家招聘。

(3)建立江西森林碳 MVRS 系统。2013 年 6 月 3 日完成了 MVRS 系统建设及调查机构的招聘工作。

(4)可持续性森林管理实践的示范。计划造林 380 公顷，分布遂川、安福、分宜、吉水 4 个县的 7 个经营主体。于 2013 年春季全部完成造林栽植。实施期间，聘请了江西农业大学的 5 位林业专家进行了为时一周的实地调查及指导。

四、项目创新实践

江西亚行项目与其他林业利用外资项目相比，在以下六个方面进行创新实践：

(一)坚持"以我为主、为我所用"理念

在项目规划期，我们根据市场需要和林农意愿，安排了项目活动内容和资金类别，实现了贷款资金使用效益的最大化，真正做到了从"被规划"到"为我所用"的理念转变。

(二)坚持民生和生态并重的理念

在江西省申报项目时，恰遭 2008 年特大雨雪冰冻灾害。面对如何利用外资项目进行灾后重建，我们坚持既注重经济效益，又要考虑生态因素的理念进行规划。不允许在生态区位重要地段开展经济林营造，也不规划完全没有还款能力立地恶劣地锻造纯生态林，所有造林必须遵守环保规程。

(三)坚持可持续协调发展设计理念

亚行贷款江西林业发展项目的所有设计，都以可持续协调发展为取向。在营造林内容上，包括了用材、经济和特用林；在营造林方式上，设计了混交方式，注重保持土壤肥力的维护；在实施主体上，允许包括国有林场、集体林场、联合体、企业、农民个体参加；在维护社会关系方面，不但注重各利益方的平衡，而且特别考虑性别平等因素，将促进性别公平方案纳入项目管理手册，纳入绩效考量。

(四)注重知识共享，引入最佳实践和做法

首次在江西林业外资项目中引进技术援助内容，并得到亚行无偿资金78.6万美元(含气候变化)支持。技术援助按照重要性、先进性和实用性相一致的原则，为我省引进了多种新的方法：

一是在项目认证时，采取问题树分析，注重影响——成果——产出之间的关系。

二是在项目调查时，采取了问卷法、座谈法、案卷法、直观法、表单法等方法，了解流程意识、做事习惯、学习频率、沟通方式、常用表格、工作瓶颈等评估需要的信息。

三是技术援助免费为我省举行了十余场项目技术、财务、管理培训，实现了知识共享和扩大各层次知识合作伙伴关系。展示项目的创新性，提升我省实施项目能力。

四是技术援助还探讨全球环境基金(GEF)对受害野生动植物保护区重建工作，提供资金支持的可能性。为我省争取到了100万美元的应对气候变化赠款。

(五)实施"支持创业"理念

一是放开林农和其他社会主体参与项目的资格，使林农和其他社会主体在项目实施上具有与国营单位一样待遇，消除了对私营部门准入门槛的壁垒。

二是降低入选面积规模。一般外资项目要求每块实施地块最小面积50亩以上，亚行项目根据林改后林农人均面积情况，规定用材林面积30亩既可以参加项目、营造油茶等经济林7.5亩即可以参加项目。

三是认可林权抵押贷款。由于外资项目强调落实债务人，并且要求对贷款要进行抵押。林改前，由于大部分林农没有抵押物而被排斥在实施外资项目之外；林改后，因每块山场都有林权证，可以以山场经营权作为抵押物。因此，亚行项目明确可以与林权证作为实施项目的抵押物，极大地扩展了林农参与项目的面。

四是实行了建设期利息本金化。解决了贫困主体项目建设期即要建设，又要付息资金筹措的压力。

(六)注重抵御风险能力建设

项目从头到尾都希望创新森林资源保护自防自治机制，探索森林保险机制，研究进一步加强林业保险服务，扩大林业保险品种的可能，对促进项目实现目前90%以上面积参加森林火灾保险提供了方法。

[江西省林业厅利用外资项目办(速丰办)]

亚行助力栽树　豫西林农摘果

——亚行贷款豫西(林果业)项目回顾

为大力发展民生林业，促进河南贫困地区的经济增长，增加农民收入，河南省林业厅积极争取亚行贷款豫西农业综合开发(林果业)项目。2001年至2005年，项目成功实施，在嵩县、新安、灵宝、陕县、孟州、鲁山、淅川、西峡、内乡、镇平、荥阳等11个县(市)营造杜仲、猕猴桃、银杏等高产示范园和苹果、大枣等低产园改造8609.6公顷。项目总投资15460.5万元，其中利用亚洲开发银行贷款5326.4万元。项目由省财政厅负责组织实施，省林业厅负责技术管理工作。

一、成效显著：富了林农绿了荒山

亚行贷款豫西农业综合开发(林果业)项目完成经济林开发和中药材种植8609.3公顷。其中完成苹果改造及其他3511.0公顷，大枣改造及其他922.5公顷，猕猴桃种植及其他1178.2公顷，银杏种植及其他1138.7公顷，杜仲种植及其他665.7公顷，完成红梨、红杏、软籽石榴、柿子、核桃、梨、优质苗木繁育、中药材等1177.3公顷及日光温室240座(16公顷)。生产各类经济林产品209117.4万千克，项目总收入300601.5万元，其中纯收入148833.0万元，使11个县(市、区)的37904户农民直接受益。根据2007年河南省抽样社会调查结果，项目农户的实际人均收入增加2倍多，从2000年的1825元增加到项目完工时的4354元，有15664户农民通过项目脱贫。项目改善了生态环境及农业生产条件，带动了运输、加工、销售等二、三产业的发展，促进了农村产业结构的调整，提高了农民生活水平。

项目实施不仅取得了巨大的经济效益，对项目区的生态环境和社会进步也产生了积极的影响。项目区森林覆盖率得到提高，对于改善当地的自然条件、保持水土、涵养水源、防风固沙、提高土地利用率和生产力，起到了重要作用。在项目实施期间，每年约提供30070人的就业机会，吸收了农村剩余劳动力，减少了农民工进城带来的双向压力，提高了当地农民的经济收入，促进了社会稳定。

二、经验可鉴：务实合作灵活规范

把好入选关，严格选择项目单位。河南省林业厅严格按照条件筛选项目单位，确定的11个项目县(市)自然条件优越，气候适宜，雨量充沛，适宜项目造林的宜林地面积较大，土壤条件良好，为项目造林提供了理想的立地条件；项目区人口众多，劳动力资源充足，群众基础良好；项目单位配套资金有可靠来源，还贷信誉度高，还贷能力有保证，有丰富的营林技术和经验，为项目成功实施把好了入门关。

把好计划关，适时调整项目计划。科学的计划，能够起到事半功倍的作用。在项目设计中，项目设计人员能够及时听取群众意见，完善设计方案。如在各县设计造林树种前，听取林农意见，列出了建议树种，提高了营林效果。在项目执行过程中，随着林产品市场化进程加快，原项目以农户为主设计方案的不足和缺陷逐渐凸现出来。如林业产业化经营水平较低，出现了林产品销售困难、价格下降等新问题；以农户为主的项目设计无法形成生产、加工和销售一体化产业链条，造成项目组织化程度低，降低了农民收入。为此，河南省林业厅及时与亚行协商进行中期调整，完善优化了项目设计，按照市场经济原则和产业化发展方向，加强基地建设，对项目进行整合，使项目集中连片，相对集中，突出特色，进一步推进了农户项目的区域规模经营，提高了规模效益，促进了林产品升级加工。

把好技术关，规范造林技术措施。项目对造林地选择、整地、栽植、抚育、施肥、补植、管护等技术环节，制订了详细明确的技术措施，并严格按照技术标准抓好落实，保证了项目实施质量。通过加强项目县、乡林业站建设，为技术推广提供了组织机构保证；通过技术承包和技术入股，让基层技术人员参与到农户经营中；省、县、乡三级通过专家授课和现场示范指导、营造示范林、印发科技推广技术资料等手段，让农户掌握了需要推广的新技术、新成果。

把好合作关，创新合作经营模式。在亚行项目中，公私合作经营创新了项目经营模式，为私人资金注入林业国际合作项目提供了合作平台。在公私合作中，私人可以通过直接参与、建立合作伙伴关系，以及在初始投资中与政府合作，成为项目受益和风险分担者，强化了私人投资者，以及所有项目参与者（包括项目受益人和管理人员）的责任感，确保了项目的成功实施。在各种形式的私人投资参与中，"公司＋农户"模式成为项目私人投资合作的主要模式，这种模式在亚行项目中得到成功实践，推动了林业规模化生产和合作经营，对林业专业合作社发展产生了积极的影响。

把好资金关，严格项目资金管理。亚行项目资金，包括亚行贷款和各级配套资金，单列账户专款专用，单独核算，各项资金统筹安排，不留缺口，执行亚行规定的"先行支付报账制"。报账程序由县项目办组织检查验收汇总，编制财务报账单据，经县财政局会签后上报省项目办，经省项目办审核同意，到省财政厅予以报账提款；报账提取的亚行贷款和省级配套资金由财政部门逐级下拨，拨款单据在转给收款单位的同时，抄送同级林业部门项目办。严格的财务管理制度保证了资金为项目使用，促进了项目建设质量的提高。

把好检查关，建立绩效评价监测体系。项目以提高林业综合生产能力和促进农民增收作为绩效目标，自始至终围绕绩效目标不断完善投入机制，规范制度办法，创新开发方式，切实提高了资金使用效率。项目实施过程中，坚持对绩效目标的实现程度进行实地考核，实行项目竣工验收考评制度，并认真做好后期项目监测评价工作。每年造林后，通过现地抽取一定比例的造林小班调查，获得包括整地、栽植、施肥、苗木成活率、保存率、人员技术培训情况等信息；定期监测市、县配套资金的到位率和造林成本核算，资金是否按时逐级下拨到达农户手中并用于造林，手续是否齐全、规范，报账单据是否真实、完备、合乎要求等。严格的项目监测，保证了项目按设计标准进行施工，按计划进度组织实施。

　　河南省亚行贷款豫西农业综合开发（林果业）项目的实施目标是提高豫西地区的经济增长，增加该地区的农民收入。亚行项目取得的显著效益，充分说明在满足人民群众生产生活需求方面，林业大有可为。项目的成功实施，不仅为其他林业工程建设提供了宝贵的经验，也启发我们，借力外资兴林富民，充分发挥林业改善民生的作用，高举生态林业和民生林业两面大旗，才能赋予林业国际合作更强的生命力。

[河南省林业厅项目办（速丰办）周三强、韩宏伟]

亚行贷款项目助推陕西林业经济发展

2006 年，国家林业局提出利用亚洲开发银行贷款，在陕西、甘肃和新疆丝绸之路沿线实施西北三省区林业生态发展项目（原名为丝绸之路生态植被恢复项目），项目的建设，将对修复该区域日趋恶化的生态环境，有效控制水土流失和土地退化，减少自然灾害，增加群众收入，促进当地经济的发展与繁荣发挥非常重要的作用。

一、陕西省项目基本情况

西北三省区林业生态发展项目是一个打捆项目，项目涉及陕西、甘肃、新疆三省区，项目主管部门为国家林业局，三省区林业厅为项目执行机构。陕西项目总投资 6000 万美元。其中，亚行贷款 3333 万美元，占总投资的 55.6%；GEF 赠款 170 万美元，占总投资的 2.8%；国内配套 2497 万美元，占总投资的 41.6%。项目贷款给农户的期限为 25 年，贷款给国有林场的（森林公园）期限为 10 年。贷款利息率根据伦敦同业拆借利率计算，约 3%；未支付资金部分按每年 0.15% 的比例支付承诺费。

陕西省项目区包括西安、宝鸡、咸阳、铜川、渭南、延安、汉中、安康 8 市 23 个县 7 个森林公园。

项目计划营造以核桃、花椒、柿子、苹果、蚕桑、茶等经济林 22.5 万亩，建设国有林场生态旅游基础设施 7 处，进行必要的培训、办公设施以及车辆购置等能力建设，开展资源型碳汇项目试点研究等。项目建设期 5 年，即 2011 ~ 2015 年。

项目自 2011 年底启动实施，现已完成项目造林总任务的 80%（18 万亩）。经县级自查，造林成活率达 90% 以上，生长良好。森林公园基础设施建设招投标工作全面展开，3 个森林公园招标工作已经完成，进入施工阶段。其他各项建设任务全面有序推进。

二、陕西省项目特色亮点

陕西省在亚行贷款项目建设中，总结吸收其他外资项目的经验和教训，在项目建设内容、布局上结合陕西林业发展战略规划，因地制宜，突出特色，积极顺应群众需求，把农民增收放在首位，取得了很好的效果，突显出了以下几个特色亮点。

（一）围绕当地特色产业，布局发展基地，助推农户增收

石泉县地处秦巴山区，属典型的山区农业县，国家贫困县。该县兴桑养蚕历史悠久，素有"蚕桑之乡"美称。改革开放以来，特别是"十一五"实施"一县一业、蚕桑产业突破发展战略"以来，蚕桑产业跨越发展，"十一五"末，年养蚕量达 11 万余张，桑园面积 7 万亩，养蚕农户 1.5 万户，茧丝绸加工企业 11 个。

该县亚行贷款项目的建设，主要是发挥项目资金优势，积极推广新技术，创建新模式，

为全县蚕桑建设树立示范样板。该县项目总投资 1282.68 万元，利用亚行贷款 759.5 万元，地方配套资金 523.18 万元。项目区涉及 2 个镇、20 个村、21 个作业区、269 个造林小班、1746 户农户，新建高标准桑园 8490 亩，新建小蚕共育室 1415 ㎡ 蚕台 889 ㎡。

在栽桑建园方面，该县积极推广优良品种农桑 14、强桑一号和金十等，亩植密度因地制宜，保证桑园高产、桑叶优质、养蚕丰产和效益。充分利用新建桑园幼龄期开展桑园套种和推广桑园养鸡示范，并利用桑枝袋料栽培食用菌，示范农户亩桑园蚕桑综合收入（包括养蚕、套种、桑园养鸡和桑枝食用菌等）超过 1.2 万元，蚕桑资源利用开发规模呈逐年递增的良好势态。

在小蚕共育上，项目区形成了"小蚕集中共育、大蚕分户饲养、养蚕高产丰收和蚕桑生产集约化"的现代高效蚕桑发展模式，实现了由过去发蚕种到户向现在发小蚕到户的转变。项目区培育标准化小蚕共育点 4 处，累计共育小蚕 4820 张，平均提高张产茧 10 斤、张种增收 200 元、张种省劳等节支 400 元，为蚕农增加直接经济收入 96 万元、节支间接增收达 193 万元，实实在在的惠及养蚕农户。这种经营发展模式正辐射引领着全县小蚕共育化及商品化，带动了县域蚕桑循环经济的发展。2012 年蚕桑产业总产值达到 9.67 亿元。其中，农民蚕桑产业综合产值 2.67 亿元。石泉县成为名副其实的西北蚕桑第一大县，国家级蚕桑标准化示范区。

（二）借助林权改革、土地流转，给规模经营带来良机

镇坪县位于陕西省最南端巴山腹地，是一个九分山、半分水、半分地的山区县，可利用土地资源很少，林权改革后、土地流转给规模经营带来了良机。亚行项目建设要求项目区必须集中连片，上规模，高起步。种植大户从 570 余户以每亩 500 元租赁 2100 亩土地，栽植茶叶。在土地流转收益保障上，推行"土地租金 + 劳务收入"的分配方式，保障农民在土地上的实际收益。在经营模式上着力推行"公司 + 基地 + 农户"的生产经营模式，吸引带动农户种植茶叶 5000 亩，核桃 1.1 万亩，培育各类产业大户 16 户。经过几年的建设，茶园的建园任务已全面完成。为科学合理、高效使用土地起到了良好的示范带动作用。为当地提供了大量的就业机会，尤其是当地妇女就业在 60% 以上，有效地增加了农民的收入。

（三）利用项目优惠贷款，助推农民灾后重建

5.12 汶川地震，宁强县是陕西省受灾比较严重的区域。在灾后恢复重建中，主要开展了以基础设施为主的建设，在促进农户增收，培育农村优势产业方面几乎没有安排项目，农民渴望资金支持。宁强县亚行贷款项目的启动，为宁强县农村农民灾后恢复重建注入了活力。

宁强县地处秦巴山区，核桃栽培历史悠久，是最佳适生区之一。并且该县坡耕地面积大，土地资源丰富，核桃深受广大山区农民喜爱，发展核桃产业的条件得天独厚。由于核桃建园投入高，但该县是国定贫困县，财政困难，从而严重制约了该县核桃产业的快速发展壮大。

核桃，70 年代曾是该县出口创汇的拳头产品，为山区农民增收发挥了重要作用。截止 2012 年，全县核桃经济林面积达 20 万亩，但主要以大树、老树为主，粗放管理，树体老化等多种因素制约，产量低且不稳，2012 年全县产量仅 4000 多吨，林农人均收入仅 200 多元，远远不能满足市场需求，是典型的核桃资源大县，产值小县。

亚行贷款项目计划给宁强县的总投资 1277.28 万元，其中亚行贷款 758.81 万元、政府配套 518.47 万元。该县将项目资金全部用于核桃基地建设，群众参与积极性很高，3 年不到就已全部完成建设任务，栽植核桃经济林 8850 亩，有 2 个镇、6 个行政村的 1478 户 7658 人受益。其中妇女 3936 人，占到总受益人口数的 51.4%。

项目建成进入盛果期后，预计年产核桃 885 吨，年产值 2655 万元，人均增收 3318 元，农民收入将大幅提高。

宁强县亚行贷款项目建设的核桃经济林示范基地，以其标准化栽培、规范化建园、精细化管理、高投入、高产出的发展模式，带动吸引了民间资金发展核桃产业，民间累计投资 800 多万元，新建核桃园 3000 多亩，建立起了以香林、鲁光、元丰、元林核桃良种为主的核桃采穗圃 50 亩。以合作社的形式带领村民新建核桃园 6000 多亩，并注册了"燕子砭"、"智桃山"2 个核桃商标。

亚行贷款项目的实施，顺应了群众的要求，为灾后恢复重建注入了活力，有力推动了全县核桃产业的发展，对调整农业产业结构，促进农民增收，改变农村传统经济发展模式具有十分显著的示范意义。

（四）项目贷款投向森林旅游，扶持朝阳产业

1998 年，我国全面停止天然林商品性采伐，实施天然林保护工程。陕西林业面临产业转型，面临发展方向的重新定位。而保护利用好现有森林资源，充分利用大自然赋予我们的青山绿水开发森林旅游是陕西林业发展的最佳模式之一。纳入亚行贷款项目的 7 个森林公园，大多是在这时期开始开发的，经过十多年的滚动发展建设，公园初具规模，有了一定的接待能力，但发展仍属缓慢，满足不了社会的快速发展和人们回归大自然的需求，要想做大做强，资金成为了发展的瓶颈。亚行贷款项目向 7 个森林公园总投入 1061.9 万美元，其中亚行贷款 756 万美元，企业融资 235.9 万美元。项目建设的主要用于建设景区管理设施、客房、服务设施、科普教育设施、景区干道和旅游步道。极大改善了公园旅游基础设施落后，接待能力差的局面，有效提升旅游品位，增加旅游收入，为森林公园可持续发展奠定了基础。

三、项目采取的几个关键措施

（一）成立了项目建设领导小组及实施机构

为了加强项目领导，从 2009 年开始，陕西省就成立了政府主管领导任组长，发改委、财政、环保、林业、农业、审计等部门领导为成员的省、市、县各级项目建设领导小组，负责协调解决项目建设中的资金、土地、环保、审计等重大问题。并且明确了项目建设的实施机构，配备了专门人员，组织项目实施工作。从近几年实施情况看，由于领导重视，组织机构健全，人员得力，保证了项目顺利实施。

（二）制定了相应的项目管理办法，保证项目规范实施

项目开始实施以后，我们按照国家林业局要求，结合陕西省项目实际，与省财政厅、审计厅一起研究制定了《亚行贷款陕西林业发展项目管理办法》《亚行贷款陕西林业发展项目财务管理办法》《亚行贷款陕西林业发展项目提款报账办法》《亚行贷款陕西林业发展项目检查验收办法》等多个规章制度，各项目市、县也制定了相应地实施细则，严格执行、规范操作，

保证了项目高起点运行、规范化实施。

（三）搞好了项目培训，为实施项目奠定良好基础

针对项目要求严格，很多市、县项目单位没有实施经验的现状，我们加强了项目培训工作。举办了项目设计、技术操作、项目采购、项目管理，以及财务报账等4次培训班，培训各级项目实施管理人员265人次。同时，有针对性地开展专题培训，专门到安康、渭南、咸阳、汉中等市县进行调研，现场解决项目实施中的疑难问题，利用网络进行在线培训指导，快速解答实施中的各种问题。通过培训，使大家明确了项目要求，掌握了项目操作规范，普遍提高了实施人员的管理和技术水平，保证了项目少走弯路，高水平实施。

[陕西省林业国际合作项目管理中心（亚行办）和军、白立强、吕茵]

加强协调　密切合作
促进新疆亚行贷款项目顺利实施

《亚洲开发银行贷款西北三省区新疆林业生态发展项目》（以下简称"亚行项目"）是新疆首个林业外资贷款项目，也是被自治区列为"十二五"重点工程的项目。自项目准备阶段工作启动以来，我们充分发挥自治区项目办的协调职能，做到上情下达，下情上传，对上加强了与国家林业局亚行办、自治区发改委、财政厅的协作与沟通，对下加强了与项目实施区各级政府的沟通，加强了对项目实施区各级林业部门的支持和指导，促进项目顺利实施。

一、加强组织领导，健全管理机构，为项目实施提供重要保障

建立完善的组织管理机构，是亚行项目顺利实施的重要保证。亚行项目是综合性很强的生态工程，所涉及的领域比较广泛，管理部门比较多。按照自治区人民政府要求，我们积极协调自治区各有关职能部门，建立自治区层面的项目领导管理机构。经过努力，2009 年 1 月，成立了以自治区分管副主席为组长的"新疆维吾尔自治区亚洲开发银行贷款西北三省区林业生态发展项目新疆协调领导小组"，自治区发改委、财政厅、林业厅、农业厅等 11 个相关部门作为领导小组成员单位，领导小组下设办公室，承担项目实施管理的具体工作。为了加强项目主管部门协调力，自治区林业厅成立了以厅长为组长的"林业厅亚行贷款林业生态发展项目协调领导小组"，机关 8 个业务处室作为成员单位。各项目地州、县市也按照自治区的要求，成立了各级政府项目协调领导小组和办公室。自治区上下建立了管理体系，统一领导、协调当地政府项目管理工作，为项目的顺利开展提供了重要组织保证。

二、加强协调沟通，破解工作难题，确保项目前期工作质量

亚行项目以营造生态经济林为主，受水资源的制约，项目审批政策限制较多，加之政府外债项目申报、审批牵扯的部门多、手续杂、周期长，而国家林业局、新疆维吾尔自治区又都是第一次实施亚行贷款项目，对亚行贷款的许多规定和程序比较陌生，这一切使项目从准备阶段开始就面临许多困难，对此我们坚持边学习、边摸索、边实践，通过方方面面的积极协调沟通，破解各种难题，保证了项目准备阶段工作顺利完成。

（一）积极加强与亚行技援组及项目经理的协调和沟通，破解由于理念、语言不同、项目实际与亚行相关规定之间的差距等方面带来的难题。在亚行贷款项目准备阶段工作启动初期，国内项目官员、专家与亚行项目组及技援团专家对项目实施规程及技术数据的理解差距比较大，沟通也比较困难。为此，我们抓住亚行项目技援团到项目县、市调研考察机会，积极协调技援团专家与项目实施县市的相互理解和沟通，既使国外专家及时掌握第一手资料，又使各县市初步了解亚行贷款基本技术规程，并初步形成共识。在实地调研考察的基础上，

我们又及时召集技援团专家、项目县市、相关部门专家召开座谈会进行沟通，在更广泛的层面上达成共识。但是，在之后几次与亚行项目组的商谈中，对项目许多重要内容的理解和认识出现了反复，差距仍然比较大。面对这种状况，我们反复与亚行项目组经理及财务专家、采购专家磋商、沟通，不厌其烦地做好解释工作。经过近一年的工作，亚行项目组最终认可了国内确定的技术数据，与我们达成了共识，"项目可研报告"和"亚行行长建议书"、"亚行项目管理手册"得到了双方认可，为推进项目准备工作发挥了重要作用，同时为项目最终谈判奠定了良好基础。

（二）积极加强与自治区相关部门的协调和沟通，破解相关政策规定的门槛给项目审批带来的难度。亚行项目实施内容46%属于宜林荒地开发营造经济林，62%属于弃耕地、撂荒地造林，新疆地广人稀，干旱少雨，土地资源丰富，但水资源严重短缺，土地开发项目因受水资源的制约，政府相关部门在审批中，政策限制较多，门槛较高。为了进一步强化对土地开发的管理，保持全区水土平衡，自治区发改委于2010年5月出台管理办法，明确规定，土地开发项目审批必须具备区、地、县三级国土资源部门的土地利用预审意见，水利部门的水资源评估意见，城建部门的选址意见，环境保护部门的环评意见，特别是自治区国土资源厅、水利厅明确规定塔里木河流域严禁土地开发，而5个项目实施县市中有3个县市地处塔里木河流域，属于土地零开发区，这使项目审批难度远远超出我们的预期。面对这些难题，我们积极协调，认真应对。一方面，分层次加强同自治区各相关部门的协调和沟通，由林业厅主要领导和主管领导找项目领导小组各成员单位主要领导进行高层协调、沟通和推进，区项目办分别找各成员单位相关处室进行协调和沟通，积极征求具体的指导性意见，同时不厌其烦地向他们说明实施项目的意义和可行性，经过三个多月的努力，项目可研报告和环评报告获得相关部门的审批，使项目区内各项工作全面完成。另一方面，指导督促地县林业部门协调相关部门出具项目审批所需要的各类文件，避免由于相关文件准备不足而影响项目审批。在《项目建议书》《可研报告》编制和报批阶段，我们及时与自治区发改委、财政厅等相关部门进行沟通，及时向他们通报项目准备过程中出现的问题，认真听取他们提出的意见和建议，通过相互协调和沟通，极大地提高了《项目建议书》《项目可研报告》及《项目初步设计》的编制质量，为项目审批奠定了良好基础。

（三）积极加强与项目实施县市林业部门的协调和沟通，破解基层林业部门对国内政策和亚行相关规定程序缺乏理解给审批带来的难题。亚行贷款项目对于各项目县市来说是前所未有的新事物，项目管理人员大都没有从事外资项目管理的经验，而且多是兼职。项目准备阶段初期，有些县市项目办比较盲目，工作不能正常开展，不少县市上报的材料与要求相差甚远。对此，我们一方面积极组织项目地州县市项目办领导及专业人员参加财政部、国家林业局、亚行，自治区发改委、财政厅、林业厅组织的有关外资项目管理培训班，组织参加项目技援期间的各类研讨会和谈判会，逐步提高基层项目管理人员的业务水平。另一方面，我们通过现场指导、召开协调会、电子邮件和电话联系加强与项目县市的沟通。在保持与基层日常性联系的同时，每到项目准备阶段的关键时期，都要"请进来"召开协调会、"走出去"现场调研以解决项目准备中遇到的问题。在项目可研报告上报区发改委前，通过"请进来"及时召开协调会，就项目审批期间各县市的主要工作进行部署，特别对项目审批需要提供的各种材料提出了具体要求。在项目谈判之前，及时召集各县市林业局领导召开协调会，就谈判中需要亚行解决的问题进行讨论和沟通，项目谈判后又及时召集会议，就项目启动前的工作进行安排和部署；在财政部与亚行草签《项目协议》《贷款协议》及《赠款协议》后，我们又深入项目县市，就项目采购招标工作和项目启动前的准备工作进行调研。还积极加强与技术部门的协调和沟通，破解行政管理理念与技术规程之间的差距给项目技术文件编制带来的难题，确保各类技术文件既符合国家政策，又符合各类技术规程。在财政部与亚行正式签署《项目协议》《贷款协议》及《赠款协议》后，我们召集国际招标代理公司和项目县市，就委托招标代理合同进行讨论和沟通，同时与财政厅共同召集项目县市对转贷协议签署前的重点工作——各县市采购计划和资金使用计划的编制进行沟通和安排；在国家林业局和亚行初步确定各省区采购计划和资金筹措计划后，我们"走出去"深入项目实施县市，对各县市采购计划和资金筹措计划进行通报和沟通，对各地项目实施前期准备工作进行了全面的调查研究，了解掌握了项目实施前期准备工作的第一手资料，并及时协调解决各地在项目实施前期准备工作中遇到的问题，确保了项目实施前期准备工作顺利进行。

通过加强统一领导，积极与各有关部门沟通协调，我们机构能力建设有了很大的提高，外资项目管理整体水平进一步提升，为项目的实施提供了保障。今后，我们将继续加强领导协作，弥补项目管理经验不足，努力实施好新疆首个林业外资贷款项目，把亚行贷款项目作成新疆林业的示范项目，为新疆林业发展实现科学跨越做出新贡献！

［新疆维吾尔自治区林业厅外经办（亚行办）李晓明］

彰显特色　质量优先　推进欧洲投资银行贷款
江西生物质能源林示范项目规范有序实施

江西是我国南方重点集体林区，从 20 世纪 90 年代实施世界银行贷款国家造林项目开始，江西连续不间断地实施林业外资项目，对于缓解林业建设资金不足、引进国内外先进技术和管理方式、培育森林资源、促进林业生态建设、增加项目区农民收入和推动经济社会可持续发展都发挥了重要作用。自 2009 年欧洲投资银行贷款江西生物质能源林示范项目（以下简称"欧投项目"）启动实施以来，江西结合地方实际，主动策应国家政策，严格把握项目质量，推进项目规范、有序、高效开展。

一、明确目标，欧投项目实施成效初显

中国利用欧洲投资银行应对气候变化框架贷款的 20 个子项目中，林业项目包括江西生物质能源林示范项目和内蒙古碳汇造林项目。欧投项目以国家能源发展战略为契机，利用江西优越的自然地理条件和丰富的林地资源，建设生物质能源林示范基地，从而更好地落实中国节能减排的责任，在应对全球气候变化中充分发挥中国林业的重要作用。

2008 年至 2009 年上半年，在完成项目立项前摸底调研、编制项目预可研及环评、完成欧投行评估及可研环评修改报批、签订项目贷款协议等一系列前期工作后，项目于 2009 年正式启动实施。项目规划从 2009~2013 年 5 年内，在瑞金、石城、广昌等 21 个县（市、区、市直林场）建立生物质能源林示范基地 28.05 万亩。

截至目前，已全部完成项目营造林任务，并修建林道 2735 千米，修建管护棚共 3630 平方米，培训人员 2 万多人次；项目贷款资金 2500 万欧元全部到了项目专户，并且大部分资金已经支付给了项目实施主体。现已为项目区提供 400 万个工日的劳务，为农民增收 2.8 亿元；今后每年还将提供约 150 万个工日劳务、为农民年增收 1.05 亿元。今年 6 月份，将进行最后一次项目营造林检查验收，并根据检查验收结果将项目贷款资金全部支付给项目实施主体；同时，将部署项目竣工验收工作。

二、结合实际，欧投项目实施彰显特色

（一）把欧投项目与江西优越的自然地理条件有机结合起来。江西地处长江中游南岸，属中亚热带温润季风气候区，气候温和、雨量充沛、日照充足，优越的光热水气条件极适宜木本油料植物的生存繁衍，为油茶、光皮树等生物质能源林树种的生长发育提供了优越条件。森林土壤偏酸性，土层厚，土质肥，油茶、光皮树、省沽油、东京野茉莉、乌桕、刺槐等生物质能源树种均适合在这里规模化发展。油茶在江西广为分布，而且栽植历史悠久，栽植技术成熟，而且一年栽种百年受益；光皮树油、材两用。选择这两个树种实施欧投项目，

是促进农民长期增收、推进社会主义新农村建设的一件大实事。

（二）把欧投项目与国家生物质能源发展战略有机结合起来。继 2005 年颁布的《中华人民共和国可再生能源法》之后，国家通过补贴、税收优惠等政策，积极扶持生物质能源发展。国家林业局也十分重视林业生物质能源的开发利用，在《全国能源林建设规划》中，确定了江西等一批能源林培育基地。抓住这一契机，2007 年 12 月，我们积极申报实施欧投项目，并把该项目提到国家能源发展的战略高度，高标准、高起点、高要求实施好项目，打造发展生物质能源产业的典型和样板。

（三）把欧投项目与江西优越的林业政策环境有机结合起来。继 20 世纪 80 年代江西"灭荒"造林基本结束后，近年来江西林业先后实施了林业产权制度改革和造林绿化"一大四小"工程，大张旗鼓地推进让利于民、还权于民的工作，农民造林护林的积极性得到极大提高。特别是 2008 年实施造林绿化"一大四小"工程以来，省财政连续 6 年投入 18 亿元用于造林补助，大大刺激了企业、大户投资造林的积极性。江西林业发展的良好势头，为欧投项目的顺利实施提供了可靠环境和浓厚氛围。反过来，通过实施欧投项目，发展生物质柴油、发展木本油料产业，也为巩固集体林权制度改革成果、促进农民增收致富作出了积极贡献。

（四）把欧投项目与江西蓬勃发展的油茶产业有机结合起来。江西是全国油茶的主产区，面积和产量均居全国前列。全省现有油茶基地 1120 万亩，常年产油量 5 万吨以上，油茶产业年均总产值已突破 30 个亿。油茶产业成为江西传统特色林业产业，全省上下达成共识，坚定了加快油茶产业发展的信心。欧投项目具有贷款利率低、还款期限长、转贷程序简便等特点，建设内容主要发展油茶，与江西产业发展环境和政策高度统一。

三、强化措施，欧投项目规范高效运行

欧投项目为江西林业可持续发展，特别对林业生物质能源的发展作出了示范，成为江西林业生物质能源产业的示范工程。为确保项目高质量、高效益，我们推行了五项措施来规范项目实施。

（一）抓组织领导，确保项目顺利实施。项目实施，组织领导是保障。从省到市到县，我们都层层设立由同级党委或政府领导任组长的项目建设领导小组及其办公室，决策、指挥和协调项目建设。项目实施之初，省政府高度重视本项目的实施，发改、财政、林业、环保等各部门通力协作，省政府成立了"江西省欧洲投资银行贷款生物质能源林示范项目建设领导小组"，由分管副省长担任组长，省财政厅厅长、省林业厅厅长、省政府分管副秘书长担任副组长，成员由省发改委、省财政厅、省审计厅、省环保厅、省外汇管理局、省林业厅分管领导组成。领导小组办公室设在省林业厅，具体负责项目建设日常管理工作。同时，省政府明确从省级林业资金中解决省级配套资金，省财政每年还落实省级项目管理经费 100 万元，有力地推进了项目的顺利实施。

（二）抓项目质量，夯实项目成功基础。外资项目工作涉及面广、要求高，我们将造林质量管理作为关系项目成败的关键措施。一是特别注重学习引进先进的项目管理手段和方法，积极将现代工程管理技术运用到外资造林项目之中，建立了组织管理、计划管理、科研推广、环境保护、检查验收、资金财务、技术、信息档案等八大项目支持服务体系，制定了一整套相互关联、紧密衔接的外资项目规章制度。对关系项目造林质量的设计、施工、验收

各个环节以及种苗、清山、整地、栽植、抚育、施肥、管护各个工序，提出了具体的质量指标与要求。二是严格实行"报账制"，将提款报账与营造林质量挂钩。每年对造林质量、造林面积、抚育质量、抚育面积和年终保存率、生长量进行全省统检，对不合格的一律不予报账。此外，我们还在欧投项目管理中首次实行"项目县年度实施方案评审机制"，对不合格或不完善的要求重新编制，督促了项目县重实施主体选择、重造林山场选择、重质量、重管理。

（三）抓资金管理，提高项目管理水平。资金管理是外资项目管理的核心。关键要抓好建章立制，严格监管，规范运作。欧投项目启动前，我们便根据项目要求，制定了项目资金财务管理办法、会计核算办法、报账提款办法等一系列规章制度，省、市、县各级至少举办2－3次培训班，提高财务人员的业务素质和能力，确保项目财务管理规范运作。加强资金报账监管，紧紧围绕"报账制"这一核心，严把信贷资金报账关，对报账审查实行工程技术管理与财务管理人员联审制。同时，注重报账资金支付监管，要求各项目县每次报账需提供前次报账资金拨付主体签字凭证，防止资金滞留，确保项目财务规范运作。

（四）抓科技推广，提高欧投项目效益。科技是第一生产力，没有先进的科技支撑，就不可能有项目的高效益。我们始终将外资项目造林作为科技兴林的样板。一是与省林科院及高等院校合作，建立省、市、县项目科技推广网络和服务体系，使科研与生产从过去的"体外循环"转变为"体内循环"，实现一体化。二是油茶种苗全部采用国家级良种及省林业厅公布的省级良种，并推广芽苗砧嫁接法育苗，确保了项目良种良苗。三是为实现高标整地的同时防止水土流失，我们使用小钩机代替传统大挖机，平整条带并保存外沿植被，且在外沿洒下草籽、内沿开挖竹节沟。四是加强油茶精深加工技术研发，不断提高茶油附加值。

（五）抓风险控制，确保欧投项目如期还贷。主要是做到"两完善"。一是不断完善项目合同管理，不仅要求有转贷关系的各级财政之间要逐级签订贷款协议，而且要求项目实施主体与财政或项目办签订贷款实施合同。二是不断完善项目贷款抵押担保机制，采用实物或信用抵押担保的方式。抵押物以林权证为主，也可以是可作贷款抵押的资产及信用担保。项目贷款实施合同签字生效前，应办好抵押或担保手续，在实施主体还清全部贷款本息之前，抵押物由林业或财政部门管理。实施主体对作为贷款抵押物的森林进行流转、采伐更新、征占用时，必须征得抵押物管理部门同意，所得资金应首先用于还贷。当项目实施主体不能及时足额偿还贷款时，项目县（市、区）政府可依法拍卖用于贷款抵押的林权及其他权证，所得资金优先用于偿还贷款。

〔江西省林业厅利用外资项目办（速丰办）〕

四、速丰林工程与特殊林木后备资源培育项目

福建省速生丰产用材林工程建设
经验及若干问题的思考

一、福建省速丰林工程概况

福建地处东南沿海，气候温和，雨量充沛，光照充足，土壤肥沃，非常适宜林木的生长，具有发展用材林得天独厚的自然条件。福建省委、省政府历来高度重视速生丰产用材林基地建设，先后出台了一系列促进速生丰产用材林发展的政策措施。特别是在2002年，国家启动速生丰产用材林基地建设工程以后，福建省速丰林工程建设进入一个快速发展时期。随着省委、省政府各项惠农政策的出台和实施，有效地降低了税费、放宽了低产林改造标准，放活了采伐管理，大大地调动了速丰林造林的积极性。

"十五"期间，福建省速丰林造林面积逐年增加，全省新造速丰林249万亩，是计划造林面积的168%。2005年全省速丰林新造林首次超过100万亩，之后连续5年新造速丰林面积达100万亩。"十一五"期间，速丰林发展进入稳定阶段，全省累计营造速丰林484万亩，其中国有82.3万亩，集体15.6万亩，个体308.7万亩，企业61.3万亩，外资17.6万亩，非公有制投资造林占79.8%。造林树种以杉木、桉树、松类为主，其中杉木造林201.4万亩，占"十一五"速丰林造林面积的41%，桉树造林179.8万亩，占37%，松类造林82.5万亩，占17%。树种分布上，全省速丰林基本形成"南桉北杉"的格局，闽西北以杉木、马尾松及少量的阔叶树为主，闽南以桉树为主。"十一五"末，全省速生丰产用材林保存面积1536.1万亩，比"十五"期末新增245.7万亩，达标面积1011万亩，占全省人工用材林面积2893.8万亩的34.9%。

进入"十二五"，福建省速丰林建设迎来了新的机遇，为"加快森林福建"建设，继续保持森林覆盖率全国首位，2010年，福建省委、省政府印发《关于加快造林绿化推进森林福建建设的通知》（闽委〔2010〕37号），下达2010~2011年全省650万亩造林绿化任务，造林任务是往年的3倍，通过本次大造林，全省基本消灭了宜林荒山荒地。2011年，国家林业局启动了全国木材战略储备基地规划编制工作，标志着福建省速丰林工程进入以全国木材战略储备基地建设为主要内容的新阶段。2013年初，国家林业局印发《全国木材战略储备生产基地建设规划（2013~2020年）》（简称《规划》），根据《规划》，2013~2020年8年间，安排福建省木材战略储备生产基地建设任务117.47万公顷，占全国木材战略储备生产基地建设总任务的

8.39%，位居全国 25 个规划省（自治区、直辖市）第二位，《规划》的实施必将促进福建省速丰林工程建设进入新一轮的快速发展期。

二、速丰林工程建设所取得的成效

（一）促进了林产业的发展和生态改善

据统计，至 2012 年底，福建省实有速生丰产用材林基地 1538 万亩，占全省人工用材林面积的一半左右。一方面，通过大力发展速丰林，培育了大量的人工林后备资源，建立了一大批短周期工业原料林基地，促进了以木材利用为主的林业产业的发展。另一方面，大力发展速丰林基地，有效增加了木材供应，缓解了天然林保护的压力，而速丰林本身也发挥着森林所具有生态保护功能。速丰林工程在改善生态和绿化美化中发挥了重要作用，工程建设正在朝着"产业建设生态化"的目标迈进，它不但有效推动了林业产业的快速发展，而且产生了良好的生态效益。

（二）提高了林业的科学经营管理水平

通过科学规划、合理布局，福建省速丰林战略布局渐趋科学、树种配置逐步合理，造林技术日益成熟，实现了科学经营。通过选育新品种，运用无性系造林，实行集约经营和定向化培育，缩短了林木培育周期，提高了营造林质量，形成了完整的适合福建省林业实际情况的技术保障体系。全省速生丰产用材林培育技术和管理水平从总体上有了很大的提高。

（三）优化了林业发展机制

工程建设通过收购、租赁、联营、合资、合作、承包等形式，使分散的各种生产要素向市场化程度高、有实力的企业和林农大户集中。龙头企业采用"公司 + 基地 + 农户"、"公司 + 农户"与"公司 + 林场"等有效形式，与农户形成利益共享、风险共担的利益联结机制，既解决了企业发展所需要的建设用地问题，又为农民增收提供了有效途径，实现了经济效益与社会效益的有机结合。

（四）丰富了资源培育经营模式

在速生丰产用材林的经营上探索出具有特色的模式，由单一的组织形式向多元化的组织形式转变。一是以国有林场、林业采育场为主体的速生丰产用材林基地建设，在技术辐射和示范中起到了很好的作用。二是以大中型林纸、林板、林化企业为龙头的企业建基地，已成为林纸（板、化）结合的有效实现形式；三是县（市）级营林投资公司以提供木材加工原料为主的基地建设，经营积极性高，发展势头强劲。全省 30 多个县（市）级营林公司的速丰林基地已成为各地林业部门的一笔重要财富。四是个体私营经济成分、外资企业参与建设基地已成为后起之秀，具有很强的生命力。总之，当前发展速生丰产用材林的经营模式呈现出多元化的新格局，给基地建设注入了生机和活力。

三、主要做法和经验

（一）以示范建设带动速丰林快速发展

2002 年，福建省林业厅制定了《省级速丰林示范片实施方案》，由省林业厅与省财政厅联合下文对列入省级示范片的速丰林实行"以奖代补"，2003 年列入省级示范片的速丰林面积达 30 万亩，"以奖代补"资金达 1100 多万元，由省财政分别于 2003 年、2004 年给予全部兑现，大大调动了群众营造速丰林的积极性。几年来，共建立高质量的优良速生树种科技示范片600片，食用菌原料林示范片84片。示范片建设使人们深切感受到通过科学造林也能获得较高的经济回报，蕴藏着无限的商机，从而引发了社会投资速丰林的热潮。

(二) 以政策激励促进速丰林的持续发展

为保障林农能从速丰林造林中获得较高的经济收益，福建省出台了一系列放活采伐管理、减免税费、增加投入、拓宽融资的政策措施。如《福建省人民政府关于加快人工用材林发展的若干规定》《福建省人民政府办公厅关于调整商品林采伐管理政策的意见》《福建省林业厅、国家开发银行福建分行开发性金融合作协议》《福建省林业厅关于鼓励企业办工业原料林基地的若干意见》等，在这些政策措施中，对1998年以后营造的速丰林，仅育林基金、维简费两项就由原来的20%降为3.6%，加上统一免征特产税，让利于民达30%以上。全省各地也主动适应市场经济需要，结合当地实际，积极调整不适应林业生产力发展的林业生产关系，纷纷出台了一些加快森林资源培育的优惠政策，有力地促进了速丰林工程建设。

(三) 以林地规划促进速丰林的科学经营

为避免林农盲目跟风，不适地适树而导致出现新一代低产林分，福建省林业厅组织工程技术人员，在实地调查的基础上，编制了《福建省用材林地利用规划》，引导林农造什么林、用什么种(种源或无性系)，并对现有林业科技成果进行组装配套，形成系列技术措施，通过层层举办培训班、利用广播、电视和报纸以及印制各种技术手册等形式，将林业科技送到林农手中，提高了林农造林营林的技术水平，林木生长量有了较大提高。

(四) 以搭建合作平台促进林纸一体化和规模经营

为实现规模经营和集约经营，福建省林业厅自2004年起每年举办一场林企对接会，为纸板企业和林地使用者搭起沟通的桥梁，林业部门主动为业主提供林地规划图表等资料，加快了林纸一体化步伐。同时，加强引导，促进林农以亲情、友情、资金或技术为纽带，发挥能人的带头作用，建立各种造林合作组织，提高组织化程度，解决了林农单打独干所面临的资金、技术短缺和市场、信息不灵等问题，提高了集约经营水平。

四、速生丰产林建设面临的主要问题

速丰林是满足国民经济和社会发展对木材、林产品及非木质原材料日益增长需求的重要基础产业，是缓解天然林保护压力、有效保护生态公益林的最直接途径，是农村产业结构调整、促进农民增收的重要载体，同时，科学集约经营的速丰林本身就具有显著的生态环境保护功能。因此，从其性质、特点、地位和作用等多方面考虑，速丰林都属于应该重点加强和扶持的经济生态型产业。但从总体上看，发展速丰林的环境并不优越，当前，存在的主要问题如下：

(一) 林地短缺正在成为制约速丰林快速发展的"瓶颈"

一是林改使集体区林地经营单元变小分散，同时林改后随着林农对林地使用自主性的提高和林业主管部门对林地的制约能力降低，给速丰林规模经营带来严重影响；二是南方集体林区林改后，林农高效经营林地的意识不一致，营造速丰林的积极性不同，部分林农缺乏科学营林思想，有地就种，严重影响速丰林的整体造林质量；三是速丰林规模经营与现行林政制度所规定的林地皆伐面积控制之间，仍未找到一条合适的解决途径，规模经济效益难以实现。

(二)速丰林建设对生态影响成为社会各界关注的问题

一是长期大面积不科学地使用无机化肥、农药等已经造成土壤板结、退化、水系富营养化和环境污染等问题;二是为片面追求速生、短轮伐期和高产量,单个无性系大面积纯林现象较为严重,给森林病虫害、森林火灾的发生增加了几率,也给当地水系和生态环境带来了严重的影响,特别是部分林农和林纸板加工企业违反速丰林区域布局、在沿江、沿一面山和部分生态重要区位的大力发展短周期工业原料林,已给当地经济、生态造成较大的负面影响影响;三是部分企业和地方林业主管部门违反良种繁育推广程序和规律,未经生产性、适应性试验,就大面积推广外来新品种,生物安全防患意识淡薄,同时由于不适应当地的极端气候,造成极大的经济损失。

(三)现行的商品林采伐和林改配套政策严重抑制速丰林建设的积极性

一是尽管国家林业局对人工用材林采伐管理政策已进行了调整,但总的看,调整的幅度不大,商品用材林的采伐管理仍未突破,至今出台的文件强调较多的仍是限额采伐、编制经营方案、造林面积达一定规模的木材采伐指标给予单列等模糊性陈述,可操作性不强。在采伐年龄、采伐限额、木材生产计划等方面仍强调由省级、中央林业主管部门审核、审批,经营者林木资产的处置权受诸多限制,主动性不大;二是低产林改造采伐指标控得过死,使许多生长不良的林分得不到及时改造,也不利于集约经营;三是在总采伐指标限制下林改后为解决采伐指标分配的公平性,各地采取的抽签分配的方法造成了年度采伐迹地极度小块化和分散化,难以实现速丰林规模化、集约化经营的目的。

(四)资金投入不足也是直接影响速丰林建设的主要问题

一是山区林农原始积累不足,而为林农提供小额造林信贷资金,因受种种限制,很难兑现,林农自身难以利用自有资金开展速丰林建设;二是国家对外资企业和林纸板加工企业原料林基地林权证的管理政策不明确,限制企业原料林基地建设的信心。如虽然《福建省林权登记条例》已经颁发,但省林业厅2007年2号文件的规定仍然在执行,限制企业取得合法的林权证,严重打击企业建设原料林的信心;三是部分国有林纸板企业缺乏长远战略,企业建设原料林基地仍热衷于购买现有林,使得企业热衷于利用国家给予的贴息贷款用于收购现有资源和进行资本的经营投资新造林的规模偏小;四是财政资金扶持不够。在国家启动实施的林业六大工程中,唯有速生丰产用材林基地建设工程是一项以生产木材及其林产品满足国民经济和社会发展需求为主的且具有生态效益的产业工程,而速丰林工程的实施主体是各类企业,强调以市场融资为主。从速丰林工程启动以来实施情况看,国家对这项工程的投入相当有限。

五、制约速丰林发展的主要原因

(一)对速丰林发展的重要性认识不足

随着经济发展、生活水平提高和社会文明的进步,生态问题引起社会广泛关注,国家对天然林和生态公益林保护、沿海防护林和生物多样性项目建设等以生态效益为主的工程,投入了大量资金,这是社会生态意识觉醒的具体体现,也是林业社会地位提高的重要标志,更是林业社会化、生态化的必然。但是,我国是一个森林资源匮乏的国家,每年要进口大量的木材，仅仅依赖进口，不仅风险极大，而且会引起国际社会对我国以牺牲他国的生态环境来弥补国内木材不足的严厉批评。因此，缓解木材供需矛盾的关键必须依靠国内的森林资源，而这一重任自然地落在以较少林地、在较短时间内能最大地发挥林地生产潜力的速生丰产林身上。可见，不能将速丰林简单地看成是一般的商品生产，也不能将速丰林单纯地看成是木材生产；而应该将速丰林看成是一种在实现经济利益最大化的同时、兼具生态效益的特殊商品生产，看成是一个在提供木材及其林产品为主满足社会多种需求的同时、实现天然林和生态公益林有效保护的重要基础工程，看成是一个在保护国家战略资源安全的同时、维护我国重视生态环境建设和负责任大国的良好国际声誉的振兴产业工程。

速生丰产林虽列入新世纪林业六大工程，但自 2002 年全国重点地区速生丰产用材林工程启动实施以来，从国家林业局到地方林业部门、从社会到林业内部，都将速丰林看成是纯木材生产，属于纯市场推动型的产业，对速丰林的作用认识明显不足，进而对速丰林的重视明显弱化，对速丰林的扶持明显减少，与此同时，速丰林的生态问题被片面放大，导致有些地方避谈发展速丰林、限制发展速丰林，即使在主要林区，也不敢理直气壮地抓速丰林。

速丰林面临着巨大的认识偏失。

（二）主管职能部门调控手段严重缺乏

福建省水热资源丰富，非常适宜发展速丰林，20 世纪 80 年代，速丰林建设成为全国的典型，90 年代，在实施世行贷款营造速丰林的过程中，省林业厅充分认识到速丰林建设的重要性，为推动速丰林健康发展，在全国率先成立了专门的速丰林管理机构，挂靠在厅世行办。在机构成立之初，各级领导对速丰林建设高度重视，省财政对速丰林的支持在全国也是首屈一指的，可是，这一优势没有保持。随着食用菌原料林项目从省财政专项预算中被删除后，速丰林的省级财政专项预算（含食用菌原料林、工业原料林）常规的每年 300 万元、最高年份达到 600 万元，减少到现在的 40 万元。由于经费锐减，速丰林的规划、建档、科技推广、质量监督等工作难以落实，造成各级速丰办的调控手段失灵，进而严重影响了速丰林的建设成效。

速丰林面临着巨大的管理缺失。

（三）政策性激励政策和措施明显弱化

速丰林被定位为依靠市场行为来推动的产业，但又不能遵循市场准则来进行交易和处置，在当前国家仍实行严格的森林采伐限额制度下，必须有扶持性的优惠政策来吸引社会各界投资速丰林，如以林权证进行抵押贷款，但随着林改的深入，由于担心农民失地，主管部门又出台了限制林权证变更、发放的一些规定，这些规定使通过合法手段进行林地流转、并进行造林的业主短时间内难以办理林权证，无疑引起了许多业主的不满，也制约了速丰林的规模经营。

速丰林面临着巨大的信心流失。

六、进一步推动速丰林工程建设的思路

森林是可再生资源，是国家可持续发展不可缺少的基础，大力发展速生丰产林，是我国林业建设的基本方针。速丰林工程以集约经营、高效培育森林为目的，既为产业发展提供资源保证，又能效缓解生态林的保护压力，有利于建设环境优美、生态良好的生活环境，还能

促进林农增收，有利于林农脱贫致富，建设社会主义新农村，具有重要的现实和历史意义。速丰林是国家六大林业重点工程之一，其发展理应像其他五大工程一样得到政策、资金的扶持。

（一）制定优惠政策，激发造林热情

一是进一步放宽商品林采伐政策，放宽用于营造速丰林的林地采伐面积控制，制定优惠和明确的速丰林采伐规定、指标，推行规模经营；二是在低产林改造营造速丰林取地时，给予更加优惠和宽松的审批政策，根据林木的工艺成熟来确定速丰林的采伐年龄。建议根据不同的经营主体进行分类管理、区别对待：即对外资、私营业主、个私等非公有制新营造的林分进入砍伐时，实行不受采伐限额指标控制的"单报单批"，但第二年申报采伐时必须提供前一年采伐迹地更新造林合格证明。而对国有、集体新营造的林分，为避免个别领导追求政绩和短期行为进行超量砍伐，造成国有森林资源破坏和国有资产流失，可实行与过去按蓄积控制不同的"按人工林面积轮伐"的新办法；三是低产林分改造的标准修改为亩蓄积低于4立方米的林分可以实施低产林改造，低产阔叶林采伐不受阔叶树比例控制；四是妥善解决企业和外资营造林的林权证问题，解除企业造林的后顾之忧，提高投资营造速丰林的积极性。

（二）加大财政扶持，完善信贷政策

速丰林建设，不仅是林业自身的需要，而且是满足社会和人们对森林和森林产品日益增长需求的客观要求。但林业建设周期长，林业部门、林农在社会上属于经济力量相对薄弱的行业和阶层，要促进林业弱质行业的发展，必须要在投入方面制定优惠政策，给速丰林建设给予一定投入，同时要制定长周期、低利息、匹配资金的优惠信贷政策，才能真正做到鼓励社会各方面力量和资源投入到速丰林建设中。一是建立速丰林政府补助机制。速生丰产林在提供木材及其他林产品的同时，对改善局部生态环境具有明显效益。速生丰产林既有经济效益，又能产生生态效益。对速生丰产林提供的"社会公共产品"，政府作为受益人，应予合理补偿，实行补贴政策，并区分树种和材种确定补贴金额，专项用于良种补助、防火及病虫害防治。将速生丰产林补助资金全额纳入政府预算，并根据建设规模适当增加补贴金额；二是创新银行贷款模式。将速生丰产林项目贷款纳入国家政策性银行贷款范畴，积极创新速生丰产林商业贷款组织架构和运行模式，允许企业在获得保险公司承保后，以其拥有合法产权的林地使用权或林木所有权作为抵押，在保险金额内向银行申请贷款。对个人营造速生丰产林，要适当简化审批手续，面向农户和个人的小额贷款和联保贷款，建议采取更低的汇率，并延长贷款期限为8－10年；三是争取外资投入。密切与国外金融机构的合作交流，争取国外金融组织特别是世界银行、亚洲开发银行、欧洲投资银行的贷款支持，构建稳定、顺畅、便捷的国际资本融资渠道。国际金融组织贷款具有资金稳定、配套率高、还款期限长等优点，是速生丰产林建设的一条重要资金来源渠道。

（三）重视科技投入，强化示范带动

一是加强示范、推广和培训，建设一批示范项目，充分发挥先进典型在工程建设中的示范和引导作用。针对存在的树种、材种结构单一、科技含量不高、环保措施不落实等问题，实行林业科技成果和实用技术组装配套，形成系列栽培技术措施，在示范片中推广应用。着重建立外来与优良乡土树种、不同模式混交林、大径级用材林、配方施肥、高世代良种和优良无性系、生态化经营模式和复层林经营等各种类型的示范片。以新树种新品种示范片、环

保示范点和新技术应用示范区等示范片的辐射和带动作用，引导林农科学经营速丰林。二是以大径级用材林为突破口，推动速丰林结构优化。大径材有市场、有效益，制定速生丰产树种大径级用材林专项规划，提出栽培技术要点，建设一定规模的大径级用材林基地。培育大径级用材林既可为国家提供多种用途的木材战略资源贮备，也可避免对林地的掠夺性利用，但由于培育大径材周期长，有管护、病虫害、市场价格波动等诸多不可预见因素，需要积极扶持。当前国有林场、采育场、试验林场、合作林场和林业投资公司等的经济实力明显增强，已经对大径材培育的意义达成共识，应当予以重视和引导，增加资金投入，加大示范片建设，以大径级用材林培育为突破口，实现速丰林工程的可持续发展。

（四）实施森林经营，提高林分质量

由于长期以来森林的粗放经营，特别是重造轻管，造成低产低效，目前一个轮伐期单位面积的立木蓄积仅有 6~10 立方米，森林经营的潜力还很大，率先建成一批速丰林森林经营示范单位，辐射带动森林经营工作。一是对于新造林，要高起点、高标准、科学化造林，避免出现新的低产低效林分。二是对中幼林开展森林科学经营示范建设，针对多数速丰林当年达标，但造林后的中幼林抚育、间伐等经营管理跟不上，造成当年的速丰林有可能变成低产林的现象，建立中幼林抚育示范片，让林农或业主看得着，摸得到，有效地激发林农或业主科学经营速丰林，提高林地生产力，真正做到速生、丰产、高效。三是避免大面积营造纯林，采取混交造林、培育异龄复层林、增加阔叶树比例、培育大径材等措施，依靠科技，经营速丰林，不断提高单位面积的立木蓄积。

（五）调整树种结构，重视环保措施

在福建省速丰林"南桉北杉"造林树种分布格局基本形成后，要进一步优化区域树种品种结构，制定各县市区的主栽树种，扩大优良无性系的种植面积，培育特色产业。要加大混交林比例和增加阔叶树种的种植，如增加速生乡土树种，闽粤栲、拟赤杨、乳源木莲、枫香、樟树、楠木、福建柏等。科学引导，多树种多品系结合、营造混交林或复层林等环保措施，避免大面积纯林带来的病虫害和火灾隐患，防止单一树种连栽造成的林地地力衰退。同时，在推进原料林基地建设的过程中必须坚持山顶戴帽、阔叶树隔离、山脚穿鞋，加强生物多样性和生态多样性的保护，保持林业绿色生态的可持续发展。

（六）探索合作模式，实现规模经营

一是走"企业（公司）+基地+农户"，如"林纸一体化造林"等培育速丰林的路子。建设好林纸一体化基地造林项目，减少林改后林农单家独户造林的困难，避免林地流转后林农再次失山，化解村级增财与林农增收的矛盾，加快森林资源培育的步伐。走"企业（公司）+农户"办基地培育森林资源的路子，既解决了企业找地难的问题，提高林地利用率和林地的产出效益，增加森林资源总量，又能稳定林农收入；二是建立"林业专业合作组织"。林业专业合作组织在产权明晰的基础上，把分散的林农有机地联合起来，集中经营分散的林地，优化配置了林业生产要素，有效解决了林改后造林取地的问题及山林小户所有权与林业规模集约经营的矛盾，实现分山到户家庭承包经营基础上的规模经营效益，解决千家万户小生产与千变万化大市场矛盾，提高了林业规模化集约化经营水平。

〔福建省林业厅世行办（速丰办）〕

创新思路谋发展　江西速丰林建设步入快车道

江西林业用地面积为 1.61 亿亩，占国土总面积的 64.2%，活立木蓄积量 4.45 亿立方米，森林覆盖率 63.1%。据不完全统计，全省现有速丰林基地 1550 万亩。速丰林基地面积 500 亩以上的经营主体中，有国有林场 249 个，速丰林面积 758 万亩；企业 439 家，速丰林面积 440 万亩；大户 918 户，速丰林面积 157 万亩。速生丰产林基地建设，已经成为维护木材安全、保护生态、应对气候变化和促进农民增收的重要举措。在政策、资源、人才、机制等各方面不断完善的基础上，江西速丰林建设逐步走上了快车道。

一、统一认识　坚定发展速丰林的信心和决心

历届江西省委、省政府对林业工作非常重视，始终把林业建设放在全省经济社会发展的大局中来研究和谋划。从江西的实际来看，林业要担负起改善生态和发展经济两副担子，就必须发展既有生态效益又有经济效益的双赢产业。发展速丰林不但具有很高的综合效益，而且符合江西的客观实际。一是自然地理和土地条件优越。江西属中亚热带温润季风气候区，水热光合条件优越，山地资源丰富，非常适宜杉、松等速生树种的培育，是全国林业发展"南用"战略规划区。二是森林资源单位面积蓄积量提升潜力大。江西用材林林地质量不高，产出率低。用材林林地平均每公顷活立木蓄积只有 44.66 立方米，是全国平均水平的 53%。如将全省林分单位面积蓄积量提升到全国平均水平，森林蓄积量可翻番。三是树种资源优势突出。杉木、马尾松、湿地松是江西主要的速丰林建设树种。一方面，杉木、马尾松是乡土速生树种，湿地松在江西是最佳适生区；另一方面，杉、松（松脂、木材两用）均具有较高的经济效益和生态效益，在发挥生态功能的同时，可以有效提高农民收入。四是栽植管理技术成熟。杉、松在江西速生丰产林建设中有广泛应用，具有多年的栽植历史，其栽植、管理、利用等各方面技术非常成熟，林农对其具有广泛认同。并且江西速生丰产林的项目管理经验丰富，特别是自 20 世纪 90 年代以来，通过连续实施利用国际金融组织及外国政府优惠贷款项目，形成了一整套项目工程管理、提款报账的良好模式。五是惠及面广。全省都适宜发展速丰林，林农通过速丰林建设，不仅可以享受林地分成（地租），而且可以获取劳务收入。特别是通过自营速丰林，可显著增收。

二、明确目标　全面实施速丰林"1111"工程

为大力发展速丰林产业，江西从 2010 年起启动了速丰林建设"1111 工程"，即培育 10 个 10 万亩以上规模的速丰林龙头企业；培育 1 万家速丰林建设企业和大户；力争到 2020 年，新建 1000 万亩速丰林基地。围绕速丰林建设"四个一"工程，主要采取了以下几项措施：一是制定全省速丰林建设规划。明确全省速丰林建设内容、规模与实施进度，主推速丰林树种

主要是杉木、湿地松、杨树、泡桐、桉树和毛竹，落实了速丰林建设用地。二是大力整合建设资金。整合退耕还林、长（珠）防林、血防林、森林抚育试点等工程项目资金，以及利用外资优惠贷款资金2亿多元，集中扶持速丰林建设。三是资金拨付推行申报制。参照外资项目造林申报制的做法，企业、大户、林农先造林，然后提出申请，由省统一组织验收，根据合格面积兑现补助，资金直接拨付到林户，利益直接落实到林农。四是放活采伐政策。对速生丰产林特别是企业和大户造林的采伐指标实行单列，并把森林采伐改革试点的政策延伸到所有发展速丰林的企业和大户。对发展速生丰产林过程中，涉及少量的阔叶树采伐给予特殊政策，省里单独给指标。对在非林地上营造的速生丰产林，免征育林基金。五是建设样板示范林。江西每年通过建设示范林10万亩，以点带面推进速丰林向纵深发展，示范性推广种苗、科研等方面的研究成果。

三、推进配套改革 深化速丰林发展的内在动力

江西集体林权主体改革已经圆满完成，林业发展政策环境日趋优越。当前，全省社会造林特别是营造速丰林的积极性空前高涨，近几年每年造林面积均在300万亩以上。当前正积极推进林权制度配套改革，为速丰林发展营造良好环境。一是林权抵押贷款深入开展。省林业厅与中国农业银行、农村信用合作社等达成合作，大力推行林权抵押贷款。目前，全省有86个县开展了林权抵押贷款业务，2009年新增林权抵押面积82.2万亩，新增贷款10.18亿元，贷款余额达到33亿元。二是森林保险广泛施行。实行了全省生态公益林火灾统保、林木综合灾害保险试点以及商品林保费补贴三项森林保险政策，极大地化解了森林经营风险，有效调动社会特别是林农投资造林育林的积极性，同时促进了保险业拓宽服务领域、优化业务结构、培育新的业务增长点，实现保险业务发展与林业改革发展的"双赢"。三是林权交易普遍实施。开展集体林权制度改革以来，江西建立了53家县级林业产权交易所，累计吸纳社会资本24亿元投入林业。近年，省厅又整合各县级林业产权交易所成立了南方林业产权交易所，组建林业产权交易网站和远程网上拍卖大厅，实现了森林资源网上交易。过去，无偿供苗都没有人造林，现在，每逢造林季节，菜市场都有苗木销售，陈山红心杉等优质苗木供不应求。

四、创新机制 推动企业和林农建设速丰林基地

江西发展速丰林，主要有这样几种模式：一是租赁模式。公司采取租用农民林地建立原料林基地，企业直接与农民签订租赁合同，约定租期、租金，将林地、林木流转给企业，由企业直接经营森林，生产的木材完全归企业所有。一般租期30年到50年，租金因获取年度、林地位置、支付方式（逐年或一次性支付）的不同而各不相同，从十元到几十元不等；采取一次性支付、每年支付、几年支付一次分期付完等形式支付租金。二是合作模式。由农民提供林地，企业投资造林和管护。双方按照合同约定以3∶7或2∶8的比例分享林木收益。或者是企业给农民种苗、肥料、资金等造林前期投入，农民按照企业造林类型和标准经营森林，定向为企业提供木材。或者是农民以林地与企业合作，由企业支付林地使用费，林地采伐后，按约定比例给农民分红。三是股份模式。林场以林地、林木折价入股，引进战略投资者共同经营森林，公司负责采伐销售，林权持有人负责管护，以股份分红的形式共享企业发

展带来的经济收益。四是合作社模式。农户们以林地入股，自发组织成立的合作社，社员个个是股东，最大程度地调动了社员们的积极性。不仅在自有林地上享受分成，而且在合作社衍生产业上的利润也享有红利。宜春市上高县 2007 年 5 月，由最初 48 户林农自愿参与成立的"上高县林业经济合作社"，在不到两年的时间，已发展到一个拥有入社林农 317 户，林地 15.3 万亩的大规模合作组织。

五、依靠科技　全力提高速丰林的质量和效益

发展速丰林，必须依靠科技。在良种繁育、丰产栽培技术、病虫害防治、经营管理及木材加工利用等方面集中力量开展技术研发与推广，提高科技在速丰林建设中的贡献率。一是严格种苗管理，做到不合格苗木不上山，实现林木种苗生产基地化、造林良种化、质量标准化、苗木产业化。重点突破林木种质资源保护、引种驯化、品种选育、区域试验、审定推广、种子基地维护、种子贮备等工作。二是加强技术指导，对造林面积 500 亩以上的大户专门安排技术员上门服务，实行一对一指导。三是严格验收，实行一个县一套图纸、一班人马验收，包干负责，终身负责。四是示范推动，在速丰林建设区内建立一批科技兴林示范区、示范点，发挥辐射带动效益，形成速丰林科技推广与示范网络。五是宣传培训，定期举行技术培训班，培养农村林业技术能手。六是强化合作，加强与科研单位和大专院校的密切联合，引导林业科研单位和大专院校的科技人员面向生产实际开展科技攻关，鼓励科研单位和人员以知识产权等参股合作，真正实现"科研面向生产、生产依靠科研"，全力提高速丰林的质量和效益。

六、组建协会　创新速丰林产业行业管理新机制

长期以来，在速丰林建设中，一直采取政府林业主管部门行政方式管理，这种方式在市场经济条件下逐步显现了种种弊端，如对市场的敏感性不强，与企业的沟通联系不多，社会服务水平不够等。为最大限度地发挥企业和大户发展速丰林的积极性，江西于 2008 年成立了江西省速丰林协会，这是全国林业系统第一个由企业、种植经营者等自主联合、自主谋划、自我调节、自我服务、共谋发展的社会团体。会长、副会长全部由企业负责人担任，理事成员也都是民主选举产生。速丰林协会的组建，为政府、企业、大户、科研部门之间沟通搭建了平台，在加强行业协作与交流、开展技术研究推广等方面发挥了重要的作用，也为速丰林发展提供了系统的专业化服务。协会成立以来，开展了一系列卓有成效的工作，如建立了速丰林网，编印了《速丰林》期刊，举办培训班，在宣传国家及省有关产业政策、传递行业信息、促进行业交流等方面做了大量工作，为政府、企业、大户、科研部门之间沟通搭建了平台，在维护速生丰产林生产经营者合法权益、加强行业协作与交流、培育和规范市场、开展技术研究推广、促进行业发展等方面发挥了重要的作用，受到有关各方的充分肯定和广大会员的普遍赞誉。目前协会正日益壮大，会员单位从成立之初的 32 家发展到现在的 340 余家，会员单位经营林地面积已达 1050 万亩，成为江西速丰林建设的主力军。

七、广开思路　推进江西速丰林建设进入快车道

为推进江西速丰林建设，下一步，江西将力求做到"五个结合"：一是与中央决策结合

起来。江西速丰林发展，按照胡锦涛总书记在联合国气候大会上作出的"到 2020 年我国森林面积比 2005 年增加 4000 万公顷，森林蓄积量增加 13 亿立方米"的庄严承诺，在保证江西到 2020 年建成速丰林 1000 万亩的"量"的同时，确保速丰林建设"质"的提升，同时千方百计做大做强碳汇林业，积极应对气候变化、树立良好的国际形象。二是与编制林业"十二五"规划乃至 2020 年林业发展规划有机地结合起来。按照"东扩西治，北休南用"的总体要求，"十二五"期间，南方应成为我国速丰林发展的重点区域，江西正未雨绸缪，全力做好木材战略储备基地试点建设。三是与深化林权制度配套改革结合起来。着力解决发展资金匮乏这一瓶颈。一是把林地林木资本化操作，在成立了南方林业产权交易所的基础上，积极筹划上市。二是大力推行林权抵押贷款，对符合条件的速丰林抵押贷款给予 3 个点的贴息。三是组建江西省林业投资公司，募集资金，孵化一批拟上市公司，培养龙头企业。四是与国有林场改革结合起来。江西已经全面启动国有林场改革，全省国有林场面积 2570 万亩，希望通过改革，合理划分公益型林场和商品型林场，真正做到管好公益林，放活商品林。作为国有林场的商品林经营，就是要通过整合资源、股份合作，充分利用周期长、财政担保风险小的外资贷款项目发展速丰林，做大做强国有林场。五是与推进城镇化进程结合起来。国家把推进城镇化作为扩大内需的一个抓手，这对林业又是极好的机遇。推进城镇化，一要发展森林城市；二要培育价值高的大苗。在这两方面，速丰林建设都将大有可为，切实做到既积极响应国家建设和谐社会、生态文明的号召，同时也让老百姓实实在在地享受到林业发展的成果。

［江西省林业厅利用外资项目办（速丰办）］

抓住机遇　调整思路
大力促进山东速生丰产用材林建设

自 2002 年国家六大工程之一的速生丰产用材林基地建设工程在全国启动实施以来，山东各地结合自身实际，抓住木材价格上涨的时机，积极调整工作思路，迅速掀起了营造速生丰产用材林的高潮。各地科学规划，严格施工，加强引导，拓宽资金来源，实现了"五个结合"，即政府与企业、市场需求与工程建设、林业产业结构调整与经济发展、重点建设与稳步推进、定向培育与综合利用相结合。据统计，工程启动以来，山东速生丰产林良种使用率达到了 100%，造林成活率达到了 95% 以上，林分小班生长达标率达到了 85% 以上。工程的启动实施，全面带动山东木材加工业的发展，使山东速生丰产林基地建设步入了快速、有序、健康的发展新阶段。回顾多年来的工作，我们既取得了一定的成绩，也存在不少问题，现总结汇报如下：

一、山东省速生丰产用材林建设历程

早在上个世纪 70 年代，山东就率先开始了杨树速生丰产用材林建设的尝试。但由于历史的原因和认识的局限，速生丰产用材林一直处于试点和探索阶段，没有形成规模效益。随着农村产业结构调整的不断深入进行，打破了长期以来束缚杨树速生丰产用材林发展的政策障碍，有力地促进了山东杨树速生丰产用材林的发展，全省杨树速生丰产用材林基地建设从此迈入了快速、有序、健康的发展阶段。山东省速生丰产用材林的发展可以划分为 3 个阶段，速生丰产用材林发展初期、发展兴盛期和集约经营期。

（一）发展初期

20 世纪 50 年代到 70 年代，这一阶段主要培育了一批杨树优良无性系，引进了部分良种，利用杨树在风沙危害严重地区营造防风固沙林和农田林网，初步形成了一个杨树速生丰产用材林营造的高潮。

（二）发展兴盛期

20 世纪 80 年代，这一阶段大范围的进行抗逆性优良的良种推广，抓住中国林业科学研究院在我国北部进行了较大规模的引种和抗寒筛选试验，筛选优良杨树品种的时机，在济南长清建成中国第一个黑杨派杨树良种及其无性系基因库。1986 年林业部颁布《关于速生丰产用材林基地建设若问题的暂行规定》，对基地的规划设计、施工、管理和检查验收都做出了明确规定，山东省以此规定为标准，严格杨树速生丰产用材林的建设标准，营建了高质量的杨树速生丰产用材林。

（三）集约经营期

从 20 世纪 90 年代至今，这个阶段可以细化为三个阶段：1990~2000 年，随着世界银行贷款造林项目的启动实施以及国外杨树集约栽培的先进经验和国外杨树优良品种的无性系的引入，在各种不同生长条件下试栽和区域试验，使杨树集约栽培日益深入人心，各杨树栽培区都培育出了一批高标准的杨树速生丰产用材林，面积 200 万亩；2000 年到 2008 年，抓住木材价格上涨和国家实施速生丰产用材林基地建设工程的时机，山东大力推进速生丰产用材林建设，面积达到 1500 万亩；截至 2012 年年底，山东速生丰产用材林基地建设工程累计保存面积达 900 万亩，主要分布于菏泽、聊城、济宁、潍坊、临沂、日照、淄博、德州、滨州、东营、泰安、枣庄等市。

二、推动速生丰产用材林建设的主要做法

山东在项目实施过程中，坚持政府引导、企业参与、科学规划、精心实施、提高质量的原则，走出了一条具有山东特色的工程建设新路。

(一)科学规划，确保速丰林建设质量

速丰林工程启动会议之后，山东根据国家林业局速丰办编制的全国速生丰产用材林基地建设工程总体规划，布置安排了 17 个市进行工程总体规划编报工作。在规划编制过程中，各地按照自身条件，选取适合的项目实施地，确定适宜的良种及来源，合理规划施工面积，细化工程建设的具体技术；施工过程中，采取以点带面，重点突破，全面推进的工作方式，严格按照规划开展工程建设，建立工作档案，严格资金使用，根据工程建设目标分别采取不同的技术措施，从技术、资金、管理等各个方面保障了项目的顺利实施。

(二)政企联姻，提升速丰林建设水平

山东是木材生产经营税费最低的省份之一。随着国家速生丰产用材林基地建设工程的启动实施，特别是相关配套政策的出台和木材价格的不断攀升，吸引众多的企业来山东参与速生丰产用材林的建设。为做好企业引进工作，省林业外资与工程项目管理站先后考察了几家企业的资金实力和投资方式。经多次与企业接触，最后选定与上海禾阳生物科技发展有限公司进行合作。省林业外资与工程项目管理站与上海禾阳生物科技发展有限公司在 2002 年签定了在山东省营造 200 万亩杨树速生丰产用材林协议书。经过多年运作，省林业外资与工程项目管理站与上海禾阳生物科技发展有限公司联合成立了山东禾阳速丰林管理办公室，在 3 个市的 8 个县(市、区)成立了相应的管理公司，并与这 8 个县(市、区)签订了营造杨树速丰林合同书，合同面积达 170 万亩，完成造林面积 9 万多亩，约占全省 30 余家企业造林总面积的三分之一。企业的加入，既弥补了工程建设资金方面的不足，又将工程建设与市场需求通过企业紧密结合起来，实现了产、销链的有机结合，提升了速丰林建设质量。

(三)科技引领，提升速丰林建设科技含量

项目实施过程中，在对山东速生丰产用材林建设情况开展调查的基础上，针对复合经营模式、适宜栽植密度、林地抚育等内容开展了相应的技术研究，先后组织实施了"黄河故道沙地林业生态综合治理技术研究""杨树优质种质资源开发利用""杨树林分资产评估"以及"农、林、牧复合经营模式"等多项专题研究，考虑到杨树生产、农民的长远收入，同时又兼顾了粮食生产、畜牧业生产及农民的近期收入，总结提炼了 6 种保水性能强、土壤蓄水量大、林木生长快的优化配置模式，并针对黄河故道沙地实际，研究出适合该区域的经济、生态防护、复合经营、旱作保水等 4 种治理模式，筛选出黄河故道沙区防风固沙性能强、经济

效益大的窄林带、小网格、适宜密度的最佳农田防护林网等研究成果，并在立地条件相同或相似地区推广 10 余万亩，取得了显著的生态、社会和经济效益。

（四）市场拉动，促进速丰林建设进程

进入 21 世纪以来，世界人造板产量以年均 7% 的速度持续增长，2007 年产量超过 2.8 亿立方米。受全球金融危机的影响，2008 年人造板产量下挫 6.36%，但随着新兴经济体、特别是金砖四国经济在全球金融危机中逆市强劲发展，人造板工业在亚洲、特别是中国的强劲拉动下，2009 年全球产量回升了 5 个百分点，重新步入快速发展轨道。2010 年世界人造板产量再创历史新高，超过 3 亿立方米。强大的市场需求，有效地刺激了速丰林的建设，加快了速丰林的建设进程。

三、速丰林建设对山东区域经济的促进作用

（一）调整了农村产业结构

调整农村产业结构是时代的要求，也是农民利益自身的要求。社会的进步，经济的飞速发展，人民生活水平得到了显著改善，城乡装饰行业迅速崛起，人均用纸也由上个世纪 80 年代初的几千克提高到现在的 20 多千克，社会对木材的需求量急增，现有森林木材生产量，远远不能满足现有加工企业的需求，木材价格的持续走高，木材生产成为农村种植业结构调整，替代传统粮食生产的重要产业。各级党政领导"像抓农业那样抓林业"，农民"像搞农业那样搞林业""林业由另册入正册，由副业变主业，由四旁进大堂"。单县以推广林粮间作模式为突破口，使农村产业结构调整取得了突破性进展。在大田实行大小行 4 米 ×（5 + 15）米配置，或单行（3 米 ×10 米）配置，1 亩地种植 20 株左右，10 年左右采伐，每株蓄积 1.1 立方米，仅杨树一项每年给农民带来的收入就达 600 多元，远远高于种粮食收益。加之大小行配置、深坑间作，前 5~6 年林下作物生长受影响很小，而瓜菜粮的精耕细作反而起到了以耕代抚、代水、代肥的作用，极大地促进了树木的生长，同时林木后期生长基本不需要投入，实现了农民种植业和收入的长短结合。正是这些种植模式的采用，增加了土地利用率，改变了单一种粮或营林模式，使杨树产业成为农民脱贫致富的主导产业，推动了农村产业结构调整迈上新台阶，也正是各级政府以农村产业结构调整为契机，带动了杨树速生丰产用材林工程建设的开展。

（二）促进了农民就业致富

项目实施期间，在建设速丰林的同时，也注重农林复合经营模式的研究和推广，增加了农民收入途径。项目实施期间，为了充分利用土地，在大田杨树实行 3 米 ×6 米、3 米 ×8 米、4 米 ×（5 + 15）米配置，前 4~6 年套种一些矮秆、肥田、非攀缘的农作物，林地郁闭后，再套种生姜、蘑菇、中草药等耐阴的经济作物或放养羊、牛、猪、鸭、鹅、鸡等；形成了杨树—花生、杨树—地瓜、杨树—土豆、杨树—西瓜、杨树—牧草、杨树—蘑菇、杨树—小麦、杨树—蔬菜等种植模式。通过杨粮间作，实行了以耕代抚，促进了杨树生长，与对照比较其树高生长量呈逐渐增加的趋势，1、2、3 年分别增加 50.7%、53.7% 和 57.2%；胸径生长量相对呈下降趋势，分别提高 75.0%、73.4% 和 66.7%。经济效益分析：按活立木木材 500 元／立方米计算，到间作第 3 年经济效益为：木材收入 27300 元／公顷，3 年作物净收入总计 10257 元；对照木材收入 6279 元／公顷。杨粮间作仅木材收入就比对照高 335%，总收入

是对照的 5.98 倍。

（三）加快了杨树产业化步伐

杨树产业是以杨树资源为基础，山东省近年来大面积的发展杨树速丰林建设，为杨树的产业化奠定了基础，在山东省形成了苗木、栽植、管理、加工、销售的产业链，加快了杨树产业化步伐。目前全省的苗木生产专业户达上万家，为全省的速丰林建设提供了充足的苗木资源；各地根据实际，组建了专业的施工队上千支，有效缓解了施工环节的人力不足问题，也为农村富余劳动力提供了新的就业途径；通过对杨树皮、树叶及枝丫材的利用研究，全省各加工单位注重杨树的整体利用，仅莒县林产化工厂就具有年生产能力为 40 吨酯和类酯畜禽饲料添加剂 1200 吨的生产能力，需要消耗杨树树皮 1300 多吨。杨树树皮的开发生产，使过去一文不值的杨树皮收购价为每千克 0.3~0.4 元，仅此一项，可为当地的杨树速生丰产林经营者每亩增加收入在 200 元以上。

（四）拉动了木材加工业的快速发展

目前，除新疆和西藏自治区外，全国其他省区都有人造板生产企业。近万家人造板生产企业主要分布在我国华东、中南地区，拥有产业工人 110 万。2010 年，产量超过 700 万立方米的 8 个省区共计生产人造板 11922 万立方米，占全国总产量的 77.6%。其中山东突破 3000 万立方米。但山东是一个森林资源较为缺乏的省份，这就决定了山东人造板企业生存的艰难性，由于资源不足，我国胶合板、刨花板和制浆用材原木的价格甚至高于国际市场平均水平，严重制约了人造板工业企业的发展。山东胶合板生产较多的临沂市，年采伐量控制在 17 万立方米，2/3 的生产用杨树主要从邻近的江苏、安徽、河南等省份购入，少量的有东北材。该市木材资源实难支持众多小厂的发展，加上周边省份自身胶合板工业也发展很快，原料来源已难以为继。通过项目的建设，林木蓄积可达 2.5 立方米/亩，可为山东省木材加工提供原材料 2250 立方米，在一定程度上缓解了原材料紧张的局面，带动促进了山东木材加工业的快速可持续发展。

四、山东杨树速丰林建设展望

（一）面临挑战

1. 经济效益下降，农民积极性降低

近年来杨树原木价格低的原因有三：一是受国际金融风暴和国家降低、取消出口退税的影响，木材生产加工企业的流动资金短缺、企业利润大幅下滑；二是随着国际社会对环境保护的日趋重视，美国、欧盟等国家对进口板材和木制品的质量要求更加严格，如要求板材和木制品不能含有甲醛，现在加工用的胶已经达到无甲醛，但是，杨树的原木、枝丫材等自然含有甲醛，而且近期还没有办法去除，致使加工的产品出口美国、欧盟等国家受到较大的限制；三是受国际间木地板拼接技术专利问题困扰，影响了木地板的出口。鉴于上述原因，进入 2008 年以来，国内杨树原木和枝丫材的价格持续低迷，截至目前下降 30%~50%，需求量也在进一步下降。以上因素导致了农民经营杨树速丰林的直接经济收入降低，而国内物价呈上升趋势，成本增加，收入下降，降低了农民积极性。

2. 病虫害影响严重，速丰林建设质量降低

近几年，由于杨树造林的经济效益较好，农民基本上是按农业的管理方式对杨树林进行

经营，杨树栽植面积在一些地方已占据绝对优势，栽植品种也单一，造林密度偏大，纯林面积过大，生态比较脆弱，有害生物的天敌种类少且种群数量增殖慢，再加之美国白蛾等外来物种入侵，近年来杨树食叶害虫的发生危害呈加重趋势，成为山东省林业有害生物防治重点。除美国白蛾外，杨小舟蛾、杨扇舟蛾等杨树食叶害虫在山东部分地区发生较重，局部暴发成灾，个别地方出现树叶被吃光吃残现象，受灾杨树速丰林面积达 500 余万亩，减缓了速丰林生长速度，降低了速生林建设质量。

3. 政策扶持力度偏弱，影响速丰林建设进程

为了加快各地速丰林建设，国家林业局先后出台了《国家林业局关于加快速生丰产用材林基地工程建设的若干意见》等相关文件，各地也制订出台一系列支持速丰林发展的政策，保障速丰林建设进程和质量。但从目前来看，部分政策没有得到全面落实，在资金投入、融资机制建设等方面缺少必要的政策支持和政府引导，严重阻碍了山东速丰林建设进程。

4. 新品种更新慢，降低速丰林建设质量

目前山东省栽植的杨树品种主要为 107、中林 46、T66 等，部分品种出现了老化和退化现象，不仅影响山东速丰林建设进程，降低林分质量，也给苗木市场带来一定的误导，导致部分苗木卖不出去。近年来，山东省引种和筛选了部分优良的抗逆性较强的杨树新品种，例如耐盐碱的光兆 1 号杨等，这些新品种已在部分地区得到了推广应用，表现出了良好的适应性，但是范围相对较小，新品种更新速度相对较慢，阻碍了山东速丰林的健康可持续发展。

（二）主要对策

1. 进一步加强政府引导作用，完善与企业的联合运作体制

十八大政府工作报告中明确提出建设美丽中国，大力推进生态文明建设，要加大自然生态系统和环境保护力度，推进荒漠化、石漠化、水土流失综合治理，扩大森林、湖泊、湿地面积，保护生物多样性。速生丰产用材林建设通过编写项目规划，可实现林地的可持续利用，保护环境。工程实施过程中，将进一步深化政府对工程的引导作用，提高农民、集体对木材市场价格变化的应对能力，实行定单林业，政府为企业和农民联姻，让农民按照企业的要求，对丰产林实行标准化栽植和管理。通过企业的加盟，加上政府的调控引导，实现契约化经营，规模化发展，将农民的市场风险降到最低，实现利益最大化。

2. 进一步拓宽投资渠道，实现多种资本共同经营

国家出台的速生丰产林补助政策中规定，凡是企业立项的基地，国家在防火、病虫害防治、科研推广、品种繁育推广方面给予资金补助，主要资金由银行、企业和个人筹集。山东民营资金在银行存款高达 1 万多亿，如果能吸引其中的 1% 参与到速生丰产用材林建设中，将极大提高山东速丰林的建设进度和质量。下步省林业外资与工程项目管理站将积极探索，引导各级政府应制订相关的丰产林投资优惠政策，吸引多渠道的投资资金，实现多种资本共同经营。

3. 进一步加强资源利用，提高林地利用率

农区林业和混农林业是山东林业的特色，将速生丰产用材林建设与农田防护林网建设相结合，既可以实现速丰林建设目标，又能达到防风增产、保护农田的效果。在林地内开展农林复合经营，既可以充分利用林地空间，又能为农民创收，实现资源利用与经济增收的双赢。下步将继续针对山东农林复合经营现状，有针对性地开展相关研究，进一步加强资源利

用，实现林地最大利用率。

4. 进一步调整林业结构，保障速丰林体系生态安全

在前期山东速生丰产用材林建设中，杨树速丰林面积达到了96%，且多为纯林。而维持森林复杂性、整体性和健康状态、是现代林业思想的核心。因此，山东的速生丰产用材林建设应尊重自然规律，合理规划，进一步调整林业结构，积极引入优良的乡土树种，营建混交林，即增加木材多样性，也提高速生丰产用材林体系的生态安全。

（山东省林业科学研究院房用、梁玉）

林茂业兴富中原

——河南省速丰林工程建设总结

速丰林工程的实施，不仅具有显著的经济效益，还对增强水源涵养、水土保持、防风固沙、防汛防灾，改善区域环境具有重要的生态效益。同时，对于优化林产品结构，提高木材和林产品的供给能力，保证木材及林产品供需的基本平衡，推进农业种植结构和农村经济结构调整，扩大国内需求，拉动经济增长，增加就业，加快区域经济发展具有重大而深远的社会效益。

一、河南速丰林工程建设增绿中原

河南省速丰林工程，从 2002 年起，在国家林业局"系统整合六大林业工程，实施以大工程带动大发展，实现林业跨越式发展"思路指导下，各地加快工程建设，实施分类经营，突出质量效益，提高整体水平，大力营造速生丰产林，取得了明显的成效。截至 2012 年年底，以杨树、泡桐、杉木、火炬松、刺槐等为主的速生丰产林面积已由 2002 年底的 24.7 万公顷增加到 58.9 万公顷，净增 34.2 万公顷，扩大了森林面积。蓄积量也由 2002 年底的 978 万立方米增加到 3065 万立方米，净增 2087 万立方米，增加了森林蓄积。特别是 2007 年河南省人民政府出台《河南林业生态省建设规划》以来，进一步激发群众营造速丰林的积极性，焦作、濮阳、南阳、驻马店等市的许多县近 5 年每年种植的速生杨树都在 1000 万株以上，对生态河南、美丽中原建设起到巨大的推动作用。

二、河南速丰林工程建设的特点及成效

自 2002 年速丰林工程正式启动实施以来，河南省按照"建绿色中原，创高效林业"的目标，大力推进速丰林工程建设，全省呈现出前所未有的发展势头，成效斐然，对促进林业产业发展、巩固林业生态建设成果起到了根本作用。

一是特色突出。河南是一个农业大省，山地、丘陵占全省总面积的 44.3%，平原和盆地占 55.7%，按照河南省速丰林工程规划，速丰林建设工程主要营造在"两河一沟一道一村旁"。"两河"即黄河、淮河流域的滩地、黄河故道沙区、黄河背河洼地等，这些地区面积相对集中连片，是河南省速丰林工程的重点发展区域；"一沟"即黄河、淮河和海河流域的主要支流和沟河两侧，以及山区丘陵地区土壤深厚的沟凹地带；"一道"即国道、省道等道路两侧的通道绿化，全省通道绿化总长度已超过 16 万千米；"一村旁"即河南省黄淮海平原地区村镇周围的围村林，全省所有村镇全部达到覆盖率 40% 以上的绿化水平，形成林中有村，村中有林的独特景观，已初步形成豫北黄河滩区丰产林区、豫北黄河故道丰产林区、豫南淮河滩区丰产林区、大别山和桐柏山丰产林区、豫东平原农区丰产林区和南阳盆地丰产林区等六大

丰产林区。

二是成效显著。速丰林工程实施十年来，对河南省林业产业起到重大的推动作用，林业产值由 2003 年的 209.15 亿元增加到 2012 年的 1088.74 亿元，净增 879.59 亿元，增加了农民收入。其中第一产业产值由 2003 年的 163.54 亿元增加到 560.63 亿元，净增 397.09 亿元；第二产业产值由 2003 年的 42.23 亿元增加到 436.34 亿元，净增 394.11 亿元。木材加工及木质品制造由 2003 年的 27.38 亿元增加到 2012 年的 282.77 亿元，净增 255.39 亿元。速丰林工程的快速发展，也使生态防护林资源得以保护，对巩固林业生态建设成果起到了根本作用；同时，随着速丰林工程的发展和商品林资源的逐步快速扩张，也带动了林纸、林板一体化项目的实施兴建，形成了一批人造板及林产品加工集聚区，目前全省有木材加工企业 1.4 万多家，省级龙头企业 65 家，已建成 3 个林纸一体化基地，年木浆生产能力达到 36 万吨，对林业产业发展起到了基础性作用。

速丰林工程还具有十分巨大的经济、生态和社会效益。据粗略统计，按比较保守的每亩每年林木生长增加 100 元计算，河南省每年此项增加收入 88 亿元，经济效益十分显著，对农民增收致富起到了重要作用。以濮阳龙丰纸业公司为例，公司年产 10.8 万吨漂白杨木化机浆项目，采用杨树枝丫材作为生产原料，不仅提高了杨木的利用率，同时也带动了当地林业产品加工的迅速发展，周边地区成立杨树枝丫材商品木片加工厂 240 多家，从业人员 4000 余人，仅商品木片一项每年可增加农民收入 1 亿多元。在豫北黄河故道沙区、黄河滩区、豫南淮河两岸滩区，由于长期荒芜和垦沙种田，风沙危害较重，农作物产量低而不稳，生态环境恶性循环。在这些地方营造杨树速丰林基地后，可固沙保水、减少风沙危害，对当地农民增收致富和改善生态环境起到了重要保障作用。据河南省林科院观测，平原农区速丰林平均可降低风速 20%~56.8%；夏季平均气温可降低 0.4~2.6℃，冬季可提高 0.5~1.5℃；空气相对湿度提高 6%~29%。2007 年河南省林业科学研究院在新乡、开封速丰林区观测，按 250 米×300 米（112 亩）、350 米×400 米（210 亩）配置的农田林网，小麦减产区占 8.6%~18.1%，平产区占 12.8%~18.1%，增产区占 63.8%~78.6%，平均增加单产 12.3%~15.2%。

三、河南速丰林工程建设的经验及作法

一是政府高度重视。2002 年 12 月，河南省林业厅成立了"河南省林业厅速生丰产用材林基地建设领导小组"和"河南省林业厅速生丰产用材林基地建设工程管理办公室"；2003 年 7 月下发了"河南省林业厅关于进一步加强速生丰产林基地建设的通知"；2007 年河南省人民政府印发了《河南林业生态省建设规划》，原河南省委书记徐光春、省长李成玉等领导多次对生态省建设做出重要批示。河南省政府将发展速生丰产工业原料林基地建设，纳入政府年度目标考核体系。

二是营造林模式多样。林业主管部门的指导和林农的探索为当前速丰林建设提供了新的造林模式。在黄河、淮河流域滩地、黄河故道沙区及黄河背河洼地，由于这些地方土地相对集中连片，造林模式以片林、大型林带及宽窄行造林为主；在黄河故道沙区主要是片林和宽窄行造林；在平原农区由于林业用地少，不适宜大面积连片造林，主要推行在沟河路渠两侧营造带状丰产林、农田林网、农林间作和发展围村林。特别是河南省近几年大力推广的宽窄行造林模式，一方面单位面积造林总株数与一般造林密度一样，另一方面，还可以保证农民

长期间作农作物，实现持续收益，也利于大型机械化作业。同时这种造林模式由于效益明显，加之间作农作物时实行以耕代抚，林木生长量大大高于片林模式。实现了短期收益靠农业、长期收益靠林业，这对于人多地少平原农区来讲，这种模式深受农民欢迎。如温县南张羌乡，营造的杨树按 1 米×2 米×10 米宽窄行模式设计，夏季小麦亩产 400 千克，秋季花生亩产 150 千克，农作物不减产，农业年收入 1020 元，2 年生杨树平均胸径达 12 厘米，生长量高于片林造林模式 50%。河南省还探索推广林下围网养殖、林下间作牧草、蔬菜、药材等模式，最大限度地提高林地利用率，增加林农收入，真正实现了林草禽、林草牧一体化协调发展。

三是积极营造企业自有林。2008 年，河南重点林纸林板企业加快企业营造自有林的步伐。河南省投资集团通过投资与合作方式，使近 10 万亩的杨树速丰林成为企业自有林。新乡新亚集团积极在周口、驻马店营造企业自有林，目前该企业已拥有自有林 5 万亩。APP 旗下的河南金太阳公司，已在南阳、信阳等地营造企业自有林近 30 万亩。原阳宏达等一批中小林板企业也纷纷加入营造企业自有林的行列，截至目前，河南省各类林纸林板企业共营造自有林超过 120 万亩。

四是营造林机制灵活。当前河南省速丰林造林企业普遍存在着后续经营资金不足的困难，极大地阻碍了速丰林的持续发展。随着集体林权制度改革的逐步深入和活立木市场的建立，在营造速丰林过程中，全面推行"树随地走，谁栽谁有"和"谁投资、谁受益"。通过承包、租赁、拍卖、合作等多种形式，采取集体、企业或个人筹资造林、政府适当补助的办法，林业部门落实有关政策，及时确权发证。在平原农区，许多地方采取拍卖路（河）段、树坑的方式，农民营造速丰林积极性空前高涨。据初步统计，河南省有 200 亩以上的造林大户近 3000 个，部分地市已涌现出了万亩以上的造林大户。在平原地区，杨树速丰林 90% 以上为个人或企业所有，大户造林（造林面积在 200 亩以上）占近 3 年速丰林造林面积的 30%以上。

十二五期间，河南省将继续在省委、省政府的正确领导和国家林业局的精心指导下，紧紧围绕生态省建设，按照"创效益林业，建生态河南"的目标，大力发展速生丰产用材林。在"十二五"期间将规划建设木材生产基地 209.4 万亩，其中短周期原料林基地 81.45 万亩、中长期用材林基地 97.95 万亩、珍贵树种培育基地 30 万亩，力争使单位面积木材产量达到一般人工林的 2 倍左右，缓解木材供需矛盾，维护国家木材安全。

［河南省林业厅项目办（速丰办）冯慰冬、肖建成、杨玲］

探索速丰林湖北路径　助推平原林业发展

多年来，湖北省充分利用得天独厚的自然条件，结合世行贷款造林项目等相关林业工程项目的实施，因地制宜全面开展速生丰产用材林基地建设。通过加强政策引导，创新经营新机制，实施林业科技服务新模式，着力培植造林大户、造林企业和林业专业合作组织等新兴造林主体，使全省速生丰产用材林基地建设得到新的发展。目前，湖北省江汉平原的杨树、鄂中和鄂北的国外松、鄂东南的楠竹、鄂西南的日本落叶松等为主要树种的速生丰产用材林基地已逐步形成，总面积达到120多万公顷。特别是，湖北省平原地区结合农田水利基本建设和路网建设，探索出一条"林水结合、林路结合"的平原林业发展新路径，使湖北省平原地区林业发展迅猛，平原林业形象和地位得到了极大提升，使江汉平原这个林业欠发达的地区成为我省林业发展新的增长极。

一、速丰林工程建设成效显著

（一）速丰林基地建设激发了平原林业增量提质

湖北省把以杨树为主的速丰林发展作为建设资源大省和产业强省的支柱产业和新兴产业来抓，各级政府高度重视，社会各界积极参与，掀起了造林高潮。实现了森林面积、木材蓄积和森林覆盖率三增长，极大地加快了全省林业的健康快速发展。据统计，2001年以来，湖北省22个平原县（市、区）累计完成速丰林基地超过500万亩，森林蓄积由1844万立方米增加到3017万立方米，森林覆盖率由2001年的7.52%提高到现在的16.98%，增加了9.46个百分点，平原地区已经成为湖北省木材供给的主力军，森林资源的大幅度增加带动了以木材为主要原料的加工业和第三产业的蓬勃发展。

（二）速丰林基地建设充分发挥了林业的生态与民生功能

速丰林工程结合平原绿化，大力开展绿色通道建设，绿色家园建设及农田林网建设，促进了城乡绿化一体化进程，极大地改善了平原地区的人居环境，为农业的稳产高产提供了生态屏障。据统计，农田防护林折合成造林面积110.2万亩，保护面积1495.7万亩，农田林网控制率由52.7%提高到现在的68.1%，提高了15.4个百分点。在一定程度上减轻了自然灾害对农作物的影响，对我省三大主栽作物平均增产效应在15%以上。同时，大力开展林水结合、林路结合、湾子林建设，不仅为速丰林基地建设拓展了空间，而且极大地改善了农村人居环境，"汉宜"、"京珠"、"武黄"等高速公路的绿化框架已经形成，先后共有100多个村被评为"全国绿色小康村"。

（三）速丰林基地的迅速发展有力促进了平原地区林业产业的快速发展

近几年，通过大力发展速丰林，培育了大量的林业后备资源，建立了一大批短周期工业原料林基地，促进了以木材利用为主的林业产业的发展。全省有各类木材加工企业3000多家，其中产值过亿元的龙头企业有 17 家，全国林业百强人造板企业中，湖北就有 8 家；产品品种有人造板、细木工板，中纤板、刨花板、装饰板、家具等近 20 种，人造板年产量达190 多万立方米，居全国前列，其中：平原地区产能占到了 88.4%。目前，以杨树为主的速丰林的种植和加工已成为不少地方的支柱产业。石首市在世行贷款造林项目的带动下，在长江故道洲滩大力营造杨树基地，目前基地总规模已达 39 万亩，占该市陆地总面积的 1/3，成为两湖平原商品林基地建设的重点区域。正是因为有了这样的资源基础，该市成功地引进外资，建立了湖北省木材加工行业的龙头企业——湖北吉象木业公司，公司年产人造板 47 万立方米，产值达 10 亿元，为当地的财政增收和农民致富作出了巨大贡献，成为当地的经济支柱。

（四）林业建设质量效益明显提高，优化了农业生产结构，促进了农民增收

速丰林工程是林业六大工程中唯一的产业工程，以最大限度获取木材及其林产品为目标，以市场需求为导向，通过市场配置资源进行融资，主要发挥林业的经济效益。所以，从项目实施开始，就打破了传统的林业生产模式，把质量和效益放在了第一位。不断强化造林质量管理，制定了一系列保证林业建设质量的工作规范。各项目建设实体认真贯彻各项造林规程，成立造林专业队伍，聘请专业人员对造林过程进行监理、指导，确保了造林质量和造林成活率。在造林树种的选择上，坚持适地适树和速生高效的原则，全省筛选了 50 多种适合湖北生长的杨树、湿地松以及楠木、檫木等优质乡土树种。通过速丰林工程的实施，林地生产力、林木蓄积及经济效益都有了大幅度提高。

二、主要措施及经验

（一）实施"林水结合"新模式，力促平原绿化突破转型

从 2002 年开始，湖北省把以杨树为主的速丰林发展作为建设资源大省和产业强省的支柱产业和新兴产业来抓，速丰林基地建设面积迅速增加，造林质量明显提高，极大地加快了全省林业的健康快速发展。一是通过大力推广"林水结合"模式，以对河渠沟汊的疏挖维护置换两岸的造林收益权，既疏通了水系，又实现了造林增绿，并作用于乡村修路、村湾改造、河滩治理等多个方面，实现水网、路网、林网三网共建，一举多得，深受群众欢迎。二是推广洲滩招租模式，引导和鼓励社会各界开发洲滩造林，开发低产芦苇地、低洼滩坡、废沟废渠和难利用地造林，既使森林覆盖率大幅提高，又使滩地钉螺滋生面积明显降低。三是通过推广湾子林改造的村庄绿化模式积极引导和鼓励农户将"四旁"地采取承包或租赁给造林公司的方式，连片更新改造湾子林，营造杨树速丰林小片林，既拓宽了造林空间，提高了"四旁"地利用率，又增加了农民收入，促进了村容整洁，改善了新农村面貌。石首、公安、潜江等一大批平原县市实现了高标准绿化目标。

（二）搭建现代林业科技产业平台，使速丰林基地与产业良性互动

速丰林的迅猛发展，积累了大量林业后备资源，为林业产业发展提供了原材料保障。在此基础上，湖北省先后建立了咸安森工、东宝森工、石首杨树、荆州拍马林浆纸等 10 个省级林业科技产业园区和汉口北中国家具 CBD 大市场，入园企业达 124 家。全省采取贴息贷款、项目倾斜、以奖代投等多种方式，对每个园区支持 5000 万元。当年实现销售收入100.02 亿元。最近，省委、省政府出台了实施农产品加工"四个一批"工程的意见，对林业科技产业园将从资金、项目、政策等方面予以大力支持，进一步促进生态与产业、科技与产业、兴林与富民相结合。现代林业科技产业园正在为推动区域经济快速发展崭露头角。预计到 2015 年，园区将达到：销售收入过 10 亿元的龙头企业 25 个；销售收入过 30 亿元的龙头企业 6 个；销售收入过 50 亿元的产业园区 6 个，林业产值过 100 亿元的县市区 6 个以上。力争中国名牌数量由现在的 3 个增加到 6 个以上，中国驰名商标数量由现在的 2 个增加到 5 个以上。通过龙头企业的反向带动，最大限度地激发了全社会参与速丰林建设的热情，形成原料林基地建设与产业发展的良性循环。

（三）着力培育新兴造林主体，引导投资多元化

按照集体林权制度改革要求，通过租赁、承包、拍卖、转让、股份合作等多种形式，确定经营主体，明晰产权，加快集体林地有序流转，调动了造林大户、企业、专业合作组织投资林业建设的积极性，在平原地区率先推行了"公司化经营，民营化造林"这一独具湖北特色的经营形式，使全省造林绿化走上了公司化、专业化的发展之路。据统计，全省企业、林业专业合作组织、造林大户（面积大于 100 亩）等三类造林共有 4093 家（户），总投资 80 亿，占新造林面积的 70%，其中：平原地区 2072 家，占一半还多。同时，湖北省大力开展招商引资，吸收省外、境外资金投资我省林业建设。仅 2009 年以来，通过开展"金林搭桥·银企对接"及一系列招商活动，引资近 300 亿元。

（四）注重强化科技支撑，促进工程建设提质增效

全省速丰林工程中，不断强化科技支撑。一方面，大力开展林业科技推广工作，选择一批实用、先进的林业技术成果，特别是速生丰产用材林的新品种、新模式和新技术，采取试点、示范的方式进行推广。全省建立了一批杨树良种基地，省国有林场管理站与中国林业科学研究院合作建设的杨树良种繁育示范基地，引进了山哈杨、鲁山杨等 10 多个杨树新品种；中日合作湖北省林木育种中心经过 5 年的努力，引进了 900 多个杨树无性系，初步筛选培育出适合江汉平原的 20 多个杨树新品系。另一方面，大力引进、培养林业高科技人才，抓好技术培训工作。省林业厅每年都与有关科技推广单位联合举办速生丰产用材林培训班，参加培训的除各市县林业局的技术管理人员外，还吸引了造林企业、个体和私营业主的积极参加，参加培训的人员学习热情很高，培训效果很好。

三、速丰林发展与展望

虽然湖北省速丰林的发展基础条件较好，发展势头迅猛，但由于种种原因，目前速丰林的发展还存在不少困难和问题，直接制约着速丰林的发展，有待进一步破解。

（一）紧扣国家木材战略储备，着力开展特殊林木和乡土树种的培育

虽然湖北省大面积营造速丰林，主要还是杨树种、日本落叶松为主的工业原料林，树种相对单一，木材质量不高，森林病虫害易发，结构不合理，培育目标不明确，忽视了珍稀乡土树种的培育，忽视了高规格大径级木材的培育，无法有效缓解我省高质量珍稀木材供应压力大的矛盾。今后，全省将按照国家木材储备战略，在基地建设过程中积极调整树种结构与培育模式，着力培育乡土树种和珍稀树种，特别是大径级材的培育。

（二）进一步深化改革，落实优惠的税费扶持政策

严格控制速丰林的税费征收，除国家和省政府规定征收的税费外，其他收费一律取消，

尽量为速丰林发展减负。新建的速丰林基地，育林基金由企业、林农自提自用，专项用于速丰林基地建设，全部取消维简费和林业建设保护费。同时，对采伐政策与审批程序进行适当的简化，更好地服务企业。

（三）进一步挖掘林地潜力，由单一人工造林向造、管、封、改并举转变

随着全省造林绿化进程的推进，宜林荒山荒地面积不断减少，单纯地通过人工造林来增加森林资源已不再是唯一选择。湖北省林业用地面积 1.29 亿亩，在全国排第 13 位，活立木蓄积量在全国排第 17 位，林地产出率在全国却排在第 27 位。全省有低产林约 2100 万亩，一亩地的平均产出仅有 22 元。近年来，湖北省的实践也证明实施的低产林改造大有可为。下一阶段，全省速丰林基地建设将在高标准高质量实施人工造林的同时，注重向以低产林改造、封山育林为主的可持续经营转变，充分利用林地资源，提高林地产出率，全面提质增效。

（四）进一步推进速丰林基地建设的科技化与机械化

速丰林能否实现速生、丰产、高效的目标，关键取决于集约化经营水平，取决于科技成果的创新和推广应用。在发展速丰林上，要紧紧围绕质量和效益这个中心，在良种繁育、栽培管理、病虫害防治和木材加工利用等方面开展技术攻关和推广应用，同时还要注重施工、管理全过程的机械化使用程度，提高科技在速丰林建设中的贡献率。

（五）进一步强化速丰林基地与新农村建设的紧密结合，实现农民的居住环境改善与致富增收兼得

党的十八大提出建设生态文明的新要求，湖北省提出了建设美丽湖北的新目标，速丰林基地建设要紧紧围绕大局，结合乡村绿化与农民致富增收，创造性地开展速丰林建设，培育树种搭配有序、结构合理的原料林、风景林，既要保障全面美化、绿化农村居住环境，又要确保有较好的经济收益，真正发挥林业的生态与民生两大功能。

（湖北省林业厅外资办）

发挥优势资源 强化政策引导
加快广东速生丰产林基地建设

广东省位于热带北部和亚热带南部，是我国光、热、水资源最丰富的地区之一，森林植物生长快，发展速生丰产林具有得天独厚的自然条件。近年来，广东省以建设高效的林业产业体系为目标，以科技进步为手段，以吸纳社会投入为主，政府适当扶持，活化造林机制，实施分类指导、分区突破战略，大力推进速生丰产林基地建设，全省速生丰产林基地建设成效显著，为林业产业发展奠定了坚实的基础。目前，全省已建成速生丰林基地 2500 万亩，其中：以桉树为主的短轮伐期速生丰产林 1200 万亩，以松树为主的工业原料林 1300 万亩。速生丰产林基地建设，有力地推动了荒山造林绿化和低产低效林改造工作，增加了森林面积，提高了森林覆盖率和森林质量，改善了生态环境，对建设发达的林业产业体系，促进林业增效、农民增收，推动区域经济发展，改善区域生态环境具有重要意义。

一、建设成效

(一) 速生丰产林工程建设有效缓解木材供需矛盾

广东自改革开放以来，社会经济高速发展，以木材为原料的林产工业迅猛发展，木材供应缺口越来越大，木材供需矛盾越来越突出，解决木材供应问题已刻不容缓。国内外实践证明，建设优质木材生产基地是提高木材有效供给能力的根本途径。广东省山地资源十分丰富，气候条件得天独厚，非常适合种植速生丰产林和短周期工业原料林。速生丰产林工程开展以来，建设了一批速生丰产林基地和工业原料林基地，极大地提高了广东省的木材自给率和活立木的储备，减轻了生态公益林保护的巨大压力，对社会营造速生丰产林和短周期工业原料林起到了引导、促进作用。

(二) 速生丰产林工程建设拉动了内需扩大了就业

林业六大工程之一的速生丰产用材林基地建设工程，自 2002 年国家发改委批复之后，中央把林业作为实行积极的财政政策、进一步拉动内需的重要领域，也为林业重大灾害恢复重建、解决林业自身的民生问题开辟了新途径。速生丰产用材林基地建设工程是当时林业六大工程之中唯一的商品林工程，具有独特的举足轻重的作用。速生丰产林工程发展林业、发展生态保护事业就是扩大就业的一条重要出路。速生丰产林工程建设工程量大，涉及范围广、建设时间长、投资规模大，发挥了劳动力密集、产业关联度高，示范和拉动作用显著的优势，创造了数以百万万计的工作岗位，大量吸纳企业富余人员和农村剩余劳动力，对缓解农民工返乡就业压力、增加农民收入、应对国际金融危机冲击和扩大内需起到了重要作用。

(三) 速生丰产林工程建设为构建广东和谐社会作出贡献

广东作为改革开放的前沿，经济得到快速发展，但区域发展不平衡现象仍然存在，特别粤东西北山区农村经济仍较落后，"山区不富，广东难富"，没有山区的和谐发展，就没有广东的和谐发展。兴林是治山治穷之本。林业既是农村实现绿水青山的重要基础，又是农民创造金山银山的重要载体。林业作为一项重要的公益事业和基础产业，与农业和农村经济的发展紧密相关，对解决"三农"问题，帮助山区农民脱贫致富具有重要意义。大力发展速生丰产林，把山区林区巨大的资源优势转化为现实的经济效益，可以让广大农民实实在在地分享到林业发展的成果，有效地实现农民增收致富的愿望，为促进区域经济发展、建设和谐社会作出贡献。

二、主要经验做法

（一）政策引导，促进多元发展

通过政府政策引导，鼓励多种所有制经济成分投资造林，做到国家、集体、个体一起上，形成政府扶持、社会参与、群众投入和外资补充四个方面相结合的速生丰产林投入新机制。为鼓励多元主体投资造林，广东省对非公有制投资造林实行政策优惠和鼓励措施。2009年全省育林基金均降到10%以下，缓解了因金融危机导致的资金困难状况，大大减轻了林农负担，促进了造林投资者的积极性。各地还根据当地实际情况，在简化林地转让、租赁手续，稳定经营权，扶持信贷资金，补助种子、苗木，减免部分税费等方面，制订了相关的优惠政策，引导多种经济成分投资造林，发展速生丰产林。

（二）深化林业改革，强化行业服务

加快推进集体林权制度改革，进一步明晰产权，减轻林农负担，激发广大群众参与速生丰产林建设。加快处理历史问题进程，妥善解决产权不清，合同不合理等问题，在保持其现有经营形式不变的基础上，采取积极有效的措施，正确处理农民群众与林地经营者的利益关系，放活森林经营，规范森林、林木所有权和林地使用权流转，促进速生丰产林规模发展。速生丰产林基地建设是一个涉及面很广的系统工程，需要多部门协调，多领域发展，多层次展开，多途径探索。林业行政主管部门围绕产业链中的各个环节，建立社会化服务体系，扩大服务内容，完善服务制度，增强服务功能，为产业化发展提供产前、产中、产后的服务，做好规划、组织、协调、指导、监督、服务工作。广泛建立各种不同类别的协会、联合体等行业中介组织，充分发挥它们的桥梁和枢纽作用，加强各级政府与广大林农企业的联系，共同促进发展。切实搞好林业科技推广和技术服务工作，为速生丰产林的发展提供更好的服务。

（三）龙头带动，推进林业产业化经营

建好一个龙头企业，就能带动一个产业，振兴一方经济，富裕一方农民。广东省把发展龙头企业作为推进速生丰产林发展，促进林业产业化经营的突破口，按照"扶大、扶优、扶强"的原则，筛选一批有实力、有市场潜力的企业，从政策、资金、资源等方面采取综合配套措施重点扶持，支持龙头企业快速发展，实施以龙头企业带动为主要特征的速生丰产林发展经营模式。开展省级林业龙头企业评选，新评定32家省级林业龙头企业，进一步辐射带动速生丰产林发展企业提升整体素质。协调国家开发银行等金融机构落实贴息贷款3亿元，争取中央财政贴息资金1306万元，主要扶持梅州威华、广东绿洋、湛江晨鸣等3家大型林业企业做大做强，辐射带动全省林业企业发展。为推动林纸一体化、林板一体化的进程，广

东省鼓励企业建立自己的原料基地，走林工贸一体化、产加销一条龙的产业发展路子，着力在解决木材销路上做文章，大力发展林木加工业。目前，全省木材加工业已取得了突破性发展，基本解决了广东省林木的销路问题。同时全省木材市场日臻完善，前景广阔，有效拉动营造速生丰产林的投资增长，速生丰产林基地建设资金得到了有效保障。

(四)选用良种壮苗，夯实速生丰产林发展基础

发展速生丰产林，良种壮苗是基础是关键。近年来，广东省多方筹集资金，共建设了15个良种繁育基地和以珍稀树种为主的17个优良乡土树种采种基地，重点建设了1个省级种苗示范基地和13个中心苗圃，形成比较健全完善的林木种苗繁育体系，每年可以提供优良树种苗木3亿株以上。通过大力推广应用优良树种良种基地或采种基地的种子，推广优良无性系先进繁殖技术，加快优良品种的工厂化生产，强化苗圃田间管理，多培育优良树种优质苗木，增加优质种苗的供应量，确保速生丰产林多元化发展的种苗需求。

(五)充分科技支撑，提高速生丰产林发展水平

近年来，广东省不断加强林业科技投入力度，推动科技进步和创新，深化速生丰产林领域科学研究，大力提升速生丰产林发展的科技含量，提高速生丰产林发展的效益。省财政首次设立林业科技创新专项资金，用于开展良种选育、高效栽培及生态建设等关键技术研究与示范。充分发挥科技的先导作用，把科技支撑贯穿于速生丰产林发展的全过程。一是加强了林木遗传育种和良种选育工作。充分发挥重点良种繁育基地作用，保护好现有的速生丰产林树种种质资源，进行种源收集、鉴定、保存和评价，加强抗逆、抗虫、高产和优质新品种选育，推广先进繁殖技术，加强技术指导。加快优良品种的工厂化生产，增加优质种苗的供应量，确保了速生丰产林建设的种苗供应。二是加大系列加工的科技研发力度。加强了纤维素、木质素研究，推进结合纳米技术和分子改良技术开发的新型木基(木塑)复合材料、竹木纤维新材料等，加快人工林木材增值利用的步伐，提高了木材资源综合利用率和附加值。三是建设速生丰产林科技平台。加强产业技术工作人员的技术培训，提高人员素质；健全科技推广体系。形成了以各级林业科研单位为骨架，以科技人员、科技示范户为主体的科技推广网络。加强与国内外科研单位的交流，培养了一批高技术人才，引进了一批先进木材加工技术和加工设备。

(六)加大资金扶持，拓宽融资渠道

按照广东省做好集体林权制度改革与林业发展金融服务工作五点指导意见的要求，营造有利于支持林改与林业发展的金融政策环境。建立起以社会投入为主、政府补助为辅的速生丰产林发展投资机制。加大林业科技支撑的资金投入，重点支持林木良种培育、科技示范推广、新产品开发、林业资源的高效利用、林业标准化、林业科技推广服务体系建设。根据林业建设的特点，对速生丰产林基地建设实行长期限、低利息的信贷扶持政策。对群众造林育林，给予信贷支持，并适当放宽贷款条件，扩大面向农户的小额信贷和金融服务。推行林权抵押贷款，允许林业经营者以产权明晰、经具有资质的评估机构评估后的林地、活立木作抵押贷款。建立政策性林业保险制度，加快建立林业巨灾风险分散机制，降低农民经营林业的风险，提高林业抵御自然灾害的能力。在林木管理上，按照"管住公益林、放活商品林"的原则，改革现有的采伐管理，优先或单列安排速生丰产林采伐指标，保障经营者的财产处置权。

（七）优化树种结构，大力发展珍稀树种

在发展速生丰产林工作过程中，广东省特别注重优化树种结构，大力促进黎蒴等乡土阔叶树种、降香黄檀等珍贵用材树种的发展。省财政拨出专款支持珍贵树种繁育基地建设。通过送珍贵苗木下乡和开展万村绿大行动，推广种植珍贵树种，近年发展珍贵树种 32 万亩。通过广泛深入宣传，掀起了全省种植珍贵用材林的热潮，逐步改变广东省速生丰产林树种发展过于单一的状况，形成多树种共同发展，既具经济效益又有生态效益的新格局。广东省种植珍贵树种的特点：一是种植品种数量多，主要有印度檀香、降香黄檀、红椎、樟树等 20 多个品种。二是单个品种规模化种植面积较大，如高要市金龙水库区域印度檀香种植面积 4000 多亩，是目前全国规模较大的檀香人工林基地。三是发展模式多样化，有林业部门、国有林场兴办的示范点，有个体经营业主、造林大户投入营造的集约化经营基地，有林区群众房前屋后种植的零星树种。四是种植方式多种多样，既有无林地上连片造林，也有林中空地、生态公益林中补植套种，更有"四旁"栽植的，将绿化与"庭院经济"紧密结合、融为一体。

（广东省林业种苗管理总站）

广西速丰林建设回顾与展望

广西壮族自治区位于祖国南疆，地处亚热带，光热水丰富，雨热同期，区位优势突出，林业发展条件优越。进入新世纪以来，广西按照国家"分类经营、分区突破"和以大工程带动大发展的发展战略，依靠政府推动、产业拉动、科技带动，突出发展速生丰产用材林，逐步形成了"以林兴工、以工促林、林工一体"的林业产业化发展新格局，速丰林建设进入了高速发展的阶段。

一、广西速丰林建设取得显著成就

"十五"以来，广西牢牢抓住国家实施"东扩、西治、北休、南用"林业发展战略的机遇，围绕林浆纸、林板一体化产业建设目标，积极调整林种树种结构，突出抓速丰林基地建设，广西林业实现了森林面积、森林覆盖率、森林蓄积量的"三增长"，呈现越采越多的良好发展态势。

自 2000 年以来，广西速丰林以每年 180 万亩左右的速度增加。至 2011 年，广西速丰林总面积达 3800 万亩，居全国第一位。2011 年，全区森林面积由 2000 年的 1.47 亿亩增加到 2.16 亿亩，森林覆盖率由 48.22% 提高到 60.52%。速丰林的快速发展，使得森林资源显著增加，2011 年广西活立木总蓄积量达到 6.2 亿立方米，全区森林采伐限额大幅增加，由"十五"期间的 1622.8 万立方米增长到"十二五"期间的 3681 万立方米。"十一五"期末，人工商品林木材产量 1260 万立方米（出材量），与"十五"相比，翻了一番多，木材产量占全国的 1/7。速丰林初级林产品产值突破百亿元大关。速丰林经营水平明显提高，林木单产稳步增长。"十一五"期末，广西人工商品林成熟林分蓄积量每亩平均为 6.14 立方米，较"十五"净增 0.54 立方米，增幅为 10%。近十年，广西获得林业科技成果 80 项，人工造林良种使用率达到 65%，林业科技贡献率达 45%；马尾松、湿地松、杉木、桉树等良种选育、栽培技术研究取得长足进步，桉树无性系快速繁殖技术全国领先，引种改良技术达到国际先进水平。

二、政府推动，产业拉动，科技推动，开放合作，全面快速推进广西速丰林建设

广西速丰林的发展，得益于政府的引导、政策的支持和林业部门的服务。2003 年，中共中央、国务院出台《关于加快林业发展的决定》，自治区人民政府批转了《自治区计委、财政厅、林业局关于加快广西速生丰产林发展的意见》，先后出台了《关于沿海地区林浆纸业原料林基地建设的若干意见》《关于加快农业优势产业发展的意见》，把以速丰林作为农业优势产业来支持发展。在具体政策上，对速丰林林木采伐计划单列指标专项安排，减半征收林业"育林基金"，对获得国家政策性贷款的速丰林造林项目，自治区按年利息额的 30% 进行贴

息。优惠政策的实施，极大地调动了广西全社会参与营造速丰林的积极性，形成了多元化发展速丰林的良好格局。

"十五"期间，广西通过对现有的林业科技成果进行组装配套，形成了一整套的速丰林集约经营技术体系，通过实施科学造林、集约经营，推动了森林经营水平的不断提高，保证了速丰林的优质高产，带动了林农种植速丰林。在近年开展的高产示范林建设工作中，广西桉树、杉树、松树的年生长量每亩分别达到了 3.3 立方米、2.18 立方米、2.61 立方米，而且部分松、杉树的采伐期缩短至 15 年左右。

为深入推进农村经济结构调整，培植广西新的经济增长点和支柱产业，"十五"期间，广西提出"大力发展林浆纸结合工业，建设造林制浆、造纸和加工一体化的产业体系"，将林浆纸结合项目作为重大工程项目来建设，带动了沿海林浆纸一体化项目原料林基地建设，有力地促进了速丰林基地的发展，实现了资源培育与产业建设共同发展。

广西得天独厚的自然条件、广阔的市场前景和优越的投资环境吸引了芬兰斯道拉恩索公司、印度尼西亚金光集团、香港理文公司、中国地板控股有限公司、广州力恒集团、浙江翔盛集团、江苏阳光集团等一大批国内外知名企业到广西投资速丰林建设。从 20 世纪 90 年代起，广西引进世界银行贷款资金实施了 4 期以营造速丰林为主的造林项目。国内外大企业的投资和国际金融组织资金的引进不仅为广西林业发展注入了大量资金，带动了广西林业经济发展，更重要的是引进了先进的管理理念，使广西走出了一条可持续发展的生态经济和低碳经济之路。

三、广西速丰林建设面临的机遇与挑战

近年来，自治区党委和人民政府出台了《关于建设林业强区的决定》《推进生态文明示范区建设的决定》《关于打造农业千百亿元产业推进农业产业化的意见》，提出打造造纸和木材加工千亿元产业，把速丰林建设作为今后林业发展的重点方向，为继续推进速丰林发展创造了有利的社会环境条件。广西速丰林建设存在着巨大机遇也面临着许多问题和挑战。

一是集约经营程度较低，经营水平参差不齐。虽然我区的速丰林已有相当规模，但集约化程度较低，特别是农户、部分个体经营的林地，由于受资金、技术的制约，管理较为粗放，林木生长量普遍偏低，达不到速生丰产的要求。

二是林木良种供应不足。目前广西造林良种数量不足，平均良种使用率仅为 65%，除桉树外，松树和杉木的良种使用率只有 50% 和 70%。

三是基本建设投入不足，支撑保障力度不强。当前广西林业基本建设投入严重不足，林木种苗基地、林区公路建设、林业"三防"体系建设以及林业科研、技术推广、林业机械化研发和推广使用、资源与环境的监测和保护等设备和手段比较落后，难以适应现代林业发展的要求。

四是树种、材种结构不够合理。广西速丰林面积虽大，但造林树种、材种结构不够合理，存在"三多三少"现象，即桉树多，乡土树种少，小径材多，大径材少，短周期多，长周期少，而且林分结构比较简单，生态稳定性较差，抗病虫害和自然灾害能力弱。

五是生态保护意识增强给速丰林发展提出了更高的要求。当前，广西速丰林以纯林居多，对生物多样性的保护不利，在营造林过程中存在不执行环保规程的现象，在一定程度上

影响了生态环境。

四、今后广西速丰林建设的主要工作

大力推进速丰林建设是建设生态文明的战略举措，是促进农民增收的有效途径，是打造广西造纸与木材加工千亿元产业和维护木材安全的有力保障，是应对气候变化、增加森林碳汇的客观要求。自治区党委和政府在广西"十二五"发展规划纲要中提出要实现富民强桂新跨越，对广西林业发展提出了新的要求，也对广西速丰林建设提出的更新更高的要求，要实现富民强桂新跨越这一目标，广西速丰林建设必须要进一步明确发展思路，认真落实各项工作措施，开拓创新，探索新的建设机制和模式，努力推进广西速丰林建设又快又好地发展。

进一步理清新时期广西速丰林建设的发展思路。"十二五"期间，要通过良种良法，合理选择造林地和造林方式，实施科学经营，实现定向、速生、丰产、优质、稳产和高效的目标。通过加强对现有林更新改造和管护，全面提高森林经营水平和森林资源质量，提高森林的生态功能和生物多样性，使速丰林建设走上可持续发展的道路。按照这一思路，速丰林建设要实现由数量扩张向提升质量、由粗放经营向集约经营的转变。根据我区的林地资源状况，充分考虑生态环境建设与相关工程建设、林地的承载力及适宜发展速丰林基地的林地资源总量，"十二五"期间，广西速丰林总面积将可以发展到4500万亩，继续保持全国第一。

切实坚持五项原则发展广西速丰林。一要坚持政府引导，市场推动；二要坚持适地适树，良种良法，三要坚持分类经营，保护生态；四要坚持依靠科技，合理规划，五要坚持集约经营，质量优先。

科学规划速丰林发展布局。广西速丰林建设要充分考虑自然地理特点和社会经济条件，林地利用情况和传统种植习惯，规划速丰林基地的造林树种和建设规模，在桂北、桂东北和桂西北重点培育中、大径材，在桂中、桂南、桂东和桂西南重点培育浆纸纤维材，兼顾培育脂材两用林和大径级用材林。

明确速丰林建设工作任务。要紧紧围绕林浆纸一体化产业发展，大力推进原料林基地建设，结合造林绿化良种需求，稳步推进重点种苗工程建设，通过典型示范，加快推进高产示范林建设，不断提高森林经营水平，同时加快发展速生乡土阔叶树，促进林业产业结构调整。

强化政策支持，完善政策支撑体系。一要建立健全财政补贴制度，设立木材发展专项储备基金，提高中央财政造林、森林抚育补贴标准；建立林木良种补贴制度；二要完善木材生产金融扶持政策，减免短周期工业原料林和中长周期用材林的育林基金，降低采伐设计及木材检疫的征收标准；三要建立和完善森林保险机制，把森林保险纳入政策性农业保险统筹安排，并积极争取扩大中央财政对森林保险的补贴规模和范围，提高各级财政对森林保险保费补贴标准。

加强基础设施建设。完善的林区基础设施是推进速丰林建设的基本条件，应加大林区基础设施建设投入力度，将国有林场水、电、路、林区村级公路建设等基础设施建设纳入国家和地方的建设规划。

[广西壮族自治区利用外资林业项目办（速丰站）李孝忠]

五措并举助推河北省特殊林木项目建设

2011~2012 年，河北省共承担国家林业局下达的特殊林木培育项目 11 个，总投资 1990 万元，其中，中央投资 1200 万元，地方配套 790 万元，完成新造林 20000 亩、改培 6668 亩。详见表一。

河北省的主要做法是，突出组织保障，强化制度约束、优化资源配置、确保资金安全，推动立体经营。

一、建立完善的适应特殊林木培育特点的领导、运行、监督机制

一是各有关区市林业主管部门和项目实施单位都成立了以主要负责人为组长的项目工作领导小组及其工作机构，加强了对项目建设的统一领导、检查、督促和协调管理。二是落实了项目法人责任制和营造林施工责任制，层层严格考核，强化责任追究。塞罕坝机械林场还实施了总场领导包林场，分场领导包营林区的责任制，在林场内全面推行生产人员工程建设保证制度，将项目建设主要指标与奖惩和考核晋升挂钩。三是细化任务分解。木兰林管局采取了由"三员"（管理员、施工员、技术员）填写"三卡"（施工卡、完工卡、验收卡）下达"两书"（指导意见书、整改通知书）的办法进行施工质量管理控制，以确保按时高质量完成项目任务。

二、切实加强项目宏观管理的制度和机构约束

一是以河北省林业厅的名义印发了《河北省特殊林木培育项目管理办法》，对项目实施的总体要求、项目管理权责、项目申报、项目实施方案和作业设计、项目实施、项目管理、检查验收提出明确要求，规范项目管理，强化项目建设制度约束，促进项目健康发展。二是严格按照《速生丰产用材林工程大径级材培育试点项目实施方案编制指南》的要求，编写《实施方案》和《作业设计》，组织专家论证，林业主管部门把关审批。对区市审批的项目，省厅按照"事先指导，事后把关"的原则进行再审核，提高项目方案质量。三是建立了省、市、县林业主管部门分级年度检查和日常监督制度，将标准从高、制度从严的理念贯穿方案编制、作业设计、工程实施等诸多环节。要求各项目实施单位必须达到"财务经得起一笔一笔地算，树木经得起一棵一棵的数，面积经得起一尺一尺的量"的工作标准。四是定期组织项目单位联查和相互观摩，交流经验，模式借鉴，成果共享，要素合作和联合攻坚。

三、采取有效措施，确保营造林成效

一是结合培育的树种，合理选择集中连片、土层肥厚、便于施工和后期管理的地块进行

营造林作业，保证培育的树种具有较高的成活率和保存率。二是选择根系发达、抗旱抗寒的两年生或三年生壮苗作为项目造林用苗，保证造林成活率。三是培训施工作业人员，按照要求精心施工。四是根据本地实际情况，研发运苗筐、培土铲、扩穴机，设立遮阴棚、苗木处理器等，提高苗木保水保湿效果。五是容器苗造林严把苗木出圃前浇底水、装车、搬运、苗木选优等环节，确保上山造林的苗木土球湿润、不松不散，苗木健壮。六是用生根粉浸根、保水剂与泥浆混合蘸浆造林，提高苗木成活率；七是改造挖坑机，加大钻头直径扩穴，用挤实铲，划开容器苗侧面、清除盘结根系、培土撤桶栽植等，提高苗木成活率；八是修建围栏与管护沟，防止人畜危害新造林。九是实行档案专人管理。建档内容主要包括项目申报、组织管理、任务下达、作业设计及审批、技术培训、施工合同、检查验收、资金使用、成效监测等文件、图片及相关电子资料等。

四、严格资金管理，确保资金使用安全

一是力保资金到位。县财政要求项目单位先行垫付或先拨付一部分，施工验收合格后再行全额拨付。各单位积极采取办法筹措资金，保障各项资金及时到位，保证项目顺利进行。二是严格资金管理。建立"三专一单"（专人管理、专户存储、专款专用、单独建账）的封闭运行机制，保证资金使用效率和安全。三是加强内部和外部监督，发挥审计、监察及项目管理部门的作用，强化资金使用监督检查，杜绝挤占、挪用资金。

五、积极探索，推广特殊林木立体经营模式

一是实施集约化管理，加强水肥管理，缩短培育周期。二是处理好主栽树种和伴生树种关系，促进短周期、中长周期和特殊林木用材的协调发展。塞罕坝阴河林场，依托生态园林用特殊树种苗木及需求，探索实施林苗间作或林苗一体化栽培。木兰林管局北沟林场、隆化林管局茅荆坝林场选择优质速生的用材树种作为伴生树种，以获取阶段性收益。三是大力发展林下产业。许多林场根据项目实施区基本条件，结合特殊林木改培项目作业，积极推进林下采集、林下种植、林下养殖业发展，增强自我发展的能力。

特殊林木培育项目的实施，为河北省调整人工林树种结构，维护森林生态功能，增加国有林场资源储备，增强国有林场发展后劲，增加林农就业机会和增收渠道，推进木材战略储备基地建设产生了积极的作用。鉴于特殊林木培育周期长、见效慢，存在后期管护仍需投入大量的人力物力，物资和劳动力等生产要素价格上涨快，技术、种苗准备不足等问题，建议国家林业局在后期管护期间，继续给予一定的资金扶持，加大育苗基地的指导和引导，加强项目培训投入，确保计划建设成效。

表一　河北省特殊林木培育项目建设情况表

年度	建设单位	投资（万元）			树种	建设内容（亩）		完成时间	造林成活率
		总投资	中央投资	地方配套		新造	改培		
合计		1990	1200	790		20000	6668		
2011	隆化县茅荆坝林场	166	100	66	辽东栎	2000		2012 年完工	90% 以上
	丰宁县黄花岭林场	166	100	66	蒙古栎	1000	1667	2012 年完工	97% 以上
	丰宁县大滩林场	100	60	40	椴　树	1200		2012 年完工	95% 以上
	平泉县宋营子林场	64	40	24	蒙古栎	800		2012 年完工	90% 以上
	乐亭县姜各庄林场	166	100	66	毛白杨	1000	1667	完工后涝灾风灾项目受损	98% 以上
	涞水县赵各庄林场	166	100	66	蒙古栎	2000		2012 年完工	85% 以上
	塞罕坝阴河林场	166	100	66	青　杆	1000	1667	2012 年完工	96.4% 以上
	木兰管局北沟林场	166	100	66	辽东栎	1000	1667	2012 年完工	97% 以上
2012	丰宁县干沟门林场	332	200	132	樟子松、辽东栎	4000		2013 年完工	
	承德县红旗林场	166	100	66	樟子松	2000		2013 年完工	
	万全县万全林场	166	100	66	樟子松、蒙古栎	2000		2013 年完工	
	木兰林管局孟滦林场	166	100	66	樟子松、辽东栎	2000		2013 年完工	

〔河北省林业厅产业办（速丰办）孟宪平、浦建民〕

山西省特殊林木后备资源培育项目建设总结

一、实施概况

2011 年，山西省安排培育特殊林木 19332 亩，其中新造林 6000 亩，改培 13332 亩；投资 1160 万元，其中中央基建资金 700 万元，地方配套 460 万元 。2011 年特殊林木培育任务已全部完成，并通过了省级验收。

2012 年，山西省安排培育特殊林木新造林 6000 亩，投资 390 万元，其中中央基建资金 300 万元，地方配套资金 90 万元。2012 年任务已全部完成，正在开展省级验收工作。

两年累计完成特殊林木培育任务 25332 亩，其中新造林 12000 亩，改培 13332 亩，累计投资 1550 万元，其中中央基建资金 1000 万元，地方配套 550 万元。

项目实施主体为国有林场。两年共有 6 个省直国有林管理局的 8 个林场实施了培育项目。即管涔林局的水门林场，五台林局的豆村林场，黑茶林局的河口林场，太岳林局的好地方林场、小涧峪林场、大南坪林场，中条林局的中村林场，吕梁林局的康城林场。坚持适地适树的树种选择原则，选择了辽东栎、青杆、核桃楸等作为主要培育对象。

二、主要做法

(一)提高认识，完善组织领导

各级林业主管部门，建立了项目实施工作领导小组，明确了职责，加强项目组织协调和检查督促。各有关国有林场组成项目实施工作小组，专人负责相关生产、技术和管理工作，确保项目实施方案和作业设计科学合理。落实项目法人负责制，严格考核和奖惩。保持项目人员的稳定性，适应项目管理连续性要求。

(二)编制了《山西省特殊林木后备资源培育项目实施技术方案》

以高标准、严制度的理念，编制了项目实施技术方案，作业设计等。积极探索特殊林木培育新技术、新思路。

(三)规范技术管理档案

按照项目实施的不同阶段，定期收集、整理各类资料，指定专人对项目文件、《实施方案》、《作业设计》以及项目实施的一些影像资料进行建档，专柜存放。

(四)全面把握，重点突破

一是严格执行苗木"四证一签"制度，要求大苗壮苗上山造林，杜绝不合格苗木造林，苗木合格率达 95％以上；二是实行专业队伍造林，专业队与实施单位之间签订责任状，交纳风险金，实行定目标任务、定质量标准、定时间要求、定奖罚措施，保障栽植质量；三是自查自纠，认真整改。对项目造林中存在的极个别面积不实、质量不高的造林地，认真制定整改方案，及时进行补造补植，确保造林质量。

（五）包片督查，定期核查，跟踪问效

项目实施全面推行了营造林实物量评价管理办法，加强对造林的验收、考核和奖惩。首先，山西省项目办不定期对项目实施情况进行检查和督查；其次，各林局积极发挥督促检查职能，局领导包片，组织相关业务人员组成督查组，对各项目区进行不间断不定期地督查，对发现的问题及时整改，定期通报全局各单位营造林进度和质量；第三，各实施单位主管领导现场指挥造林，施工员全程跟班作业，严把苗木、整地、栽植环节，反复检查造林的每一道工序，逐项验收，确保质量。

（六）突出管护，巩固成果

各单位将每块新造林地抚育管护责任落实到人头，采用人工巡护、设施封禁、技术管护三位一体的措施，将新造林地管护与辖区森林资源巡护、天保围栏建设有机结合起来，适时开展扩穴、松土、除草、割灌等，提升抚育管护效果，巩固营造林成果。

三、取得的成效

特殊林木培育项目的实施，丰富了造林树种，提高了林分质量；增加了生物多样性，提高了森林保持水土的功能，增强了生态系统的稳定性；增加了林场职工和周边群众的就业机会；苗木需求的增加，拉动了当地苗木市场，扩大了受益群体；增加了碳储量。如山西省太岳林局新造白蜡 4000 亩，目前保存率 91.6%，森林蓄积量按 10 立方米/亩计算，增加蓄积 4 万立方米，按每公顷碳储量 39.53 吨计算，增加碳储量 10541 吨。

四、思考

（1）提高特殊林木后备资源培育项目单位投资，加大资金投入，确保项目目标的实现。

（2）加强育苗、栽培、抚育等环节技术培训，让一线实施人员掌握必要的知识、技术，提高项目实施效益；加大项目宣传力度，让参与者和农户充分认识到项目实施的重要性和特殊性，积极参与项目建设。

（3）借鉴外资造林项目的经验，促进项目优良发展

借鉴并整合实施外资造林项目积累的经验和先进的管理理念、方法，为特殊林木后备资源培育项目服务，使项目更加健康地发展。

（山西省国际金融林业项目管理办公室丁振海）

绘就大径级用材林和特殊林木培育新蓝图

——黑龙江省大径级用材林和特殊林木培育项目追踪

　　自 2007 年起，国家林业局先后启动了大径级用材林和特殊林木的试点培育项目，以解决我国珍稀大径级用材林资源总量不足、后备资源严重匮乏、结构矛盾十分突出的问题。黑龙江省在国家林业局的大力支持和指导下，坚持以增加林木资源储备为核心，以优化资源结构、提高资源质量为主线，以发展珍稀树种为重点，以培育大径级材为目标，以异龄、复层、混交、永久覆盖为目的，为培育后续储备特殊林木进行了探索和创新。截至 2012 年底，黑龙江省在哈尔滨、通河、汤原、宾县、鹤岗、嘉荫等 17 个县市 22 个国有林场培育珍稀树种及大径级木材 6.2 万亩。其中集约人工林造林 0.8 万亩，现有林改培 5.4 万亩；总投资 2915 万元，其中国家投入 1770 万元，地方配套 1145 万元。

一、数字，折射出地域资源多种优势

　　从新中国成立初期开始，黑龙江省累计向国家提供了全国同期用材总量近 1/3 的木材，为共和国的建设和发展做出了很大贡献。目前，全省有林地面积 2080.3 万公顷，森林蓄积量 17.67 亿立方米，森林覆盖率 45.7%。有林地面积占林业用地的 80.8%。其中，用材林面积 638.3 万公顷，占林业用地面积 30.7%，且较低龄级的近熟林占用材林总面积的 20%，如经抚育和定向培育，这部分林分可在相对较短的时间内培育出大规模的珍稀大径级材储备林。繁多的乡土珍贵树种为规模性培育特殊林木提供了得天独厚的自然条件。黑龙江省有红松、云杉、水曲柳、胡桃楸、黄波罗、紫椴、柞树、樟子松等利用价值较高的珍稀树种 30 余种，其中列入全国珍稀树种名录的乡土树种有 11 种。仅黑龙江省地方林业珍贵树种面积达 175.5 万公顷，占有林地面积的 14.3%。

　　这些数字使我们欣喜地看到：黑龙江省已经具有建设国家木材战略储备生产基地，培育特殊林木后备资源得天独厚的基础条件和资源优势。

　　水曲柳、胡桃楸、黄波罗和紫椴是黑龙江省东北部林区乡土珍贵阔叶用材树种，为红松阔叶林的伴生树种。其中水曲柳、胡桃楸和黄波罗被通称为北方林区的"三大硬阔"，是著名的军工用材和高档家具材，紫椴是优良胶合板材。

　　黑龙江全省林木资源大多为国有，且权属清晰，实施大径材、特殊林木培育及拟建的木材战略储备生产基地可全部落实在国有林场，国有林场成为特殊林木培育的储备军。这样有利于国家进行宏观调控，统一调度和使用。多年来国有林场已经形成长期稳定的森林资源采储制度，可完全适应国家战略储备的需要。

　　黑龙江省林业厅一贯重视科技在资源培育中的主导作用，多年来，承担大量科研和成果推广项目，具有承担科技项目的能力和丰富的管理经验，能充分满足特殊林木培育技术保障的需要。如东北林业大学自"七五"期间开始承担原国家林业部重点项目"水胡黄椴人工营造技术研究",经过高校、科研和生产单位的联合攻关,提出在低价次生林内开拓效应带,采用双重窄带混交的方法营造珍贵阔叶树种与针叶树种的混交林,采用立地控制、林分组成结构控制、林分密度控制等手段,实现珍贵阔叶树种的速生丰产,并在特殊林木培育中推广应用。

二、培育,双管齐下见成效

黑龙江省自 2007 年开始承担大径级材培育项目以来,共有 7 个国有林场实施了项目,完成培育面积 1.7 万亩,投资 415 万元,其中国家投入 270 万元,地方配套 145 万元。

2007 年,通河县乌拉浑林场培育水曲柳、胡桃楸等。面积 2667 亩,投资 60 万元,其中国家投入 40 万元,地方配套 20 万元;汤原县石场沟林场培育红松 2667 亩,投资 60 万元,其中国家投入 40 万元,地方配套 20 万元。

2008 年,宾县万人欢林场培育红松、樟子松 3333 亩,投资 75 万元,其中国家投入 50 万元,地方配套 25 万元。

2009 年,鹤岗十里河林场培育落叶松 1500 亩,投资 45 万,其中国家投入 30 万元,地主配套 15 万元;鸡东宝泉林场培育落叶松 2000 亩,投资 45 万,其中国家投入 30 万元,地方配套 15 万元。

2010 年,桦南向阳林场培育红松 2000 亩,投资 65 万元,其中国家投入 40 万元,地方配套 25 万元;木兰东风林场培育落叶松 2667 亩,投资 65 万元,其中国家投入 40 万元,地方配套 25 万元。

2011~2012 年,黑龙江省共有 13 个县(市),15 个林场实施了特殊林木培育项目,面积 4.5 万亩,其中改培 3.7 万亩,新造林 0.8 万亩;主要培育树种为红松、水曲柳、胡桃楸、柞树、椴树;总投资 2500 万元,其中国家投入 1500 万元,地方配套 1000 万元。

2011 年,宾县万人欢林场、延寿玉河林场、牡丹江三道林场、林口楚山林场、海林海林林场、铁力东升林场、集贤七星林场、汤原黑金河林场和萝北的二十里河林场共 9 个国有林场实施了特殊林木培育项目,培育面积 2.7 万亩,其中改培 2.3 万亩,新造林 0.4 万亩;总投资 1500 万元,其中国家投入 900 万元,地方配套 600 万元。

2012 年,哈尔滨丹青河林场、宾县青阳林场、林口柞木林场、桦川横头山林场、集贤太平林场和嘉荫马连林场共 9 个国有林场实施了特殊林木培育项目,培育面积 1.8 万亩,其中改培 1.4 万亩,新造林 0.4 万亩;总投资 1000 万元,其中国家投入 600 万元,地方配套 400 万元。

三、管理,科学合理统筹推进

国家林业局特殊林木培育项目计划下达后,黑龙江省林业厅速丰办组织实施单位认真编制实施方案。项目县(市、区)林业局由生产局长牵头,生产、资源、调查队及林场技术人员共同承担调查设计和实施方案编制工作。编制前,对所有参加调查设计的人员进行项目责任教育和技术培训,并按《黑龙江省特殊林木培育项目实施方案编制指南》进行编制,实施方案编制完成后报省林业厅,由黑龙江省林业厅计划处牵头组织相关专家对实施方案进行评审,提出评审意见，经修改合格后，统一批复、印刷，报送国家林业局备案。针对作业设计，采取了现场审批的方法，坚持对照设计文本现场检查，现场修正，对不符合要求的一律不预审批。

在特殊林木培育项目实施过程中，按照国家林业局速丰办的要求，加强领导，统筹规划，科学管理，提高培育和管理水平，充分发挥项目示范作用，对全省培育大径级材和珍稀树种工作起了积极的推动作用。

黑龙江省林业厅成立了木材战略储备生产基地建设领导小组，分管厅长任组长，各有关处室为成员，加强对基地建设和特殊林木培育工作的组织领导和综合协调。领导小组办公室设在省林业厅外资处，认真编制规划、实施方案，做好项目实施的具体工作。各项目县(市)也相继成立了项目实施领导小组，县局一把手任组长，主管项目副局长及林场场长为副组长，成员有经营股长、业务副场长和工程技术人员，负责项目设计、施工、监测、管护和检查验收工作，确保基地建设有序开展。

项目实施过程中，按照"分工序检查验收、分级检查验收"的质量监督办法，强化检查验收和监督。同时，加强档案管理，推行分级管理制度，黑龙江省特殊林木培育项目是在木材战略储备生产基地规划基础上进行的。一是规划了黑龙江省地方林业木材战略储备生产基地主要行政区域，共计 10 个地市、30 个县(市、区)195 个林场为黑龙江省木材战略储备生产基地建设区。二是在木材战略储备生产基地规划基地上，以培育珍稀树种种源、保护生物多样性，采取新造、现有林定向培育等方式，重点培育国防军工、装备制造和家具制造等所需的战略资源，增加珍稀树种种源，维护生物多样性。全省培育树种为水曲柳、黄波罗、胡桃楸、红松、云杉、樟子松等。规划 120 万亩特殊林木培育基地，分布在 27 个县(市、区)。三是在特殊林木的发展上，采取定向培育，重点突出，宜造则造，宜改则改，坚持和全国木材战略储备基地建设衔接好的原则。①人工林特殊林木培育重点选择在商品林区发展，主要有佳木斯、桦川、桦南、勃利、林口、汤原等县(市)，人工林面积大，资源好，经营水平高，采取以短养长，长短结合的方式培育红松、云杉、樟子松、水曲柳等。②天然林特殊林木培育重点选择在商品林、一般公益林区域发展，主要在哈尔滨、五常、宾县、通河、延寿、依兰、牡丹江、宁安等县(市)，天然林面积大，资源好，特殊林木比重大，交通方便，森林经营水平高，以培育珍稀树种，保护生物多样性，重点培育国防军工、装备制造等特需的水曲柳、黄波罗、胡桃楸等。③新造林地重点选择水热条件好、立地条件优越、交通方便，集中连片的荒山荒地和退耕还林地，一个林场年造林规模不小于 1000－2000 亩，主要营造红松、云杉、樟子松和三大硬阔。

为了实现项目建设集约化、规模化、标准化的预期目标，黑龙江省制定了《黑龙江省国家木材战略储备生产基地特殊林木后备资源培育项目管理办法》，同时，编制、修改了与项目相关的《黑龙江省特殊林木后备资源培育项目实施方案编制指南》《黑龙江省特殊林木后备资源培育项目作业设计规定》《黑龙江省特殊林木后备资源培育项目检查验收办法》《黑龙江省特殊林木现有林分培育技术规程》《黑龙江省特殊林木资源培育造林技术规程》等管理办法，形成了一套行之有效的调查设计、审批、抚育作业验收、森林经营质量检查、森林经营质量责任追究等管理制度，为全省特殊林木培育基地建设提供了有力的保障。

四、创新，特殊林木培育创佳绩

实施大径材和特殊林木项目，使我们认识到，必须彻底抛弃以往片面追求经济效益的发展模式，改革重采伐轻育林观念，转变森林经营理念和轻育林的管理体制，森林经营向"增资源、提质量、促发展"的目标转变，积极推进森林经营的"四个转变"，即工作重点由单纯注重经济效益转向生态、社会和经济效益并重，经营方式从无序经营转向定向培育，管理方式从粗放经营转向集约经营，生产方式从一季采伐转向四季采伐。

汤原县重点培育红松人工林，采取的技术模式是对现有的人工红松林分采取透光抚育和定株培育相结合，根据林木动态竞争规律和森林生态经济学的原理，在"小群体相对分级"的基础上，提出培育目标树，间伐辅助木，清除砍伐木的间伐模式。首先通过林分调查，选定长势良好，干型优良的珍稀树种为培育目标树，对每株被选定的目标树进行标记、编号和登记。依据目标树确定辅助木和被砍伐木，达到培育珍稀大径级材的目标。下图为汤原县石场沟林场2007年培育的红松大径材林分与对照林分生长状况比较。

宾县万人欢林场，7年的实践证明，采用"多树种大径级用材林目标树"作业体系培育的林分，质量得到大幅度提高，林分的增值资源和贬值资源的株数比，由培育前的6∶4增加到9∶1，蓄积比由5∶5增加到8∶2，中、幼林平均净生长率由培育前的6.6%提高到12.9%，是培育前的1.9倍。该场培育优质林分10万亩，新增蓄积18万立方米，价值1.8亿元。同时，7年来共收获以红松籽为主的林果350吨，价值400万元，生产绿化苗木8800株，价值200万元。

集贤县七星林场特殊林木培育项目实施前，水曲柳、胡桃林、黄波罗比例只占五成。项目实施后，3树种比例达到七成。宾县万人欢林场，珍稀树种数量由项目实施前每公顷不足1000株，增加到每公顷5000多株，生物多样性显著增加。

2012年11月11日~14日，黑龙江省大部分林区遭受到特大暴雪袭击，损失惨重。汤原县的落叶松、樟子松、白桦等林分，损失严重，有的林分已经达到不能继续经营的程度。然而，实施过珍稀大径材培育项目的林分，相对稳定，抗冰雪、风灾等能力强，只受到了轻灾，没有影响树木的生长。

龙江人欣喜地看到，有国家政策的正确引导，有国有林场典型示范的带动，在依靠科技、缩短培育周期、提高产量、科学管理等方面，黑龙江省特殊林木培育已经迈出了坚实的一步。未来，我们有理由相信：只要方向正确，做法科学，以集约化、基地化、规模化、标准化经营为根本，努力探索建立实现"立木储备增资源"的技术、管理和保障体系，黑龙江省全面推进木材战略储备基地建设的梦想一定会实现。

[黑龙江林业厅外资办（速丰办）程少侠、孙淑芬]

浙江省特殊林木后备资源培育项目实施情况总结

"十二五"期间，浙江省把特殊林木后备资源培育项目建设作为促进森林资源培育、创建"森林浙江"的基础工作来抓，全省特殊林木培育工作呈现出良好的发展态势。

一、项目建设情况

"十二五"开始，浙江省开始实施特殊林木后备资源培育项目。

2011年，在遂昌、文成、临安、庆元、安吉、开化等6个县（市）实施特殊林木后备资源培育项目。新造樟树、楠木等示范基地4000亩，新造红豆杉、毛红椿等珍稀树种示范基地4800亩，总投资1100万元，其中中央投资440万元，地方配套资金660万元。

2012年，在建德、桐庐、龙泉、文成、景宁、遂昌、松阳等7个县（市）实施项目。新造南方红豆杉、榉木、马褂木等示范基地7000亩，新造和改培杉木、光皮桦等大径材示范基地9333亩。总投资1500万元，其中中央投资600万元，地方配套900万元。

2013年，计划在临安、莲都、瑞安、建德、龙泉、安吉、开化、松阳等8个县（市）实施项目，项目计划新建（或改培）大径材培育示范基地9000亩，新建（或改培）珍稀树种示范基地15000亩。项目计划总投资2250万元，其中中央投资900万，地方配套资金1350万元。目前，项目投资建设计划已上报国家林业局速丰办，项目的前期准备工作正在有计划、有步骤地开展。

二、主要做法

（一）加强组织领导

各项目县（市）成立项目实施领导小组，领导小组组长由林业局局长或分管副局长担任，小组成员由各县林业局营林科、财务科、项目林场单位负责人组成。项目领导小组按照工作职责分工，对项目实施的各个环节进行指导、检查和监督管理。

（二）加强技术质量管理

一是做好实施方案。各项目县（市）依据国家林业局和省林业厅下达的计划，组织编制《特殊林木培育示范项目实施方案》（以下简称《实施方案》）。实施方案要求达到作业设计的深度，内容包括地点、面积、树种、造林模型、抚育技术等内容。省厅组织专家对各县（市）的作业设计进行评审，提出修改建议。《实施方案》经审批后，项目方可实施。二是加强技术管理。各实施单位严格按照《实施方案》确定的技术规范和要求实施，并把各项技术措施落到实处。三是加强质量管理。各项目实施单位对项目实施小班进行全面的自查，省、市、县（市、区）林业部门及时进行质量检查。

(三)重视树种选择

按照"因地制宜、适地适树"的原则，选择适应性强、造林技术成熟、培养前途大的乡土树种，并使用良种壮苗造林，精心施工，精细管理，确保造林质量。

(四)完善规章制度

制定了项目管理、资金管理、检查验收、质量奖惩等方面的管理制度，并落实到项目实施的各个环节。同时，各实施单位围绕项目造林质量，制定和落实生产责任制，确保项目实施质量。

(五)强化资金管理

在工程施工和物资采购上，实行公开招标和协议邀标相结合的方式；在项目管理费用上，实行单列科目建账；在项目资金的支出上，由各县(市、区)财政局派人监督、审核，做到专款专用。

(六)加强档案管理

各实施单位普遍重视项目档案管理，对项目计划文件、项目实施方案、作业设计、批复文件、项目施工合同、质量检查验收、固定样地监测等技术资料进行统一的建档保存，保证项目实施的连续性和可查性。

三、项目实施成效

(一)经济效益

由于资源稀缺，近年来大径材和珍贵用材的价格不断上涨，未来价格长期向上的趋势还将持续，经济效益十分可观。根据龙泉市林场杉木固定监测样地调查数据分析，杉木林分平均胸径年增加可达0.8厘米，预测培育后第15年，林分平均胸径可增至26厘米，即亩均增加木材15立方米，按现行市场每立方米木材销价1000元计算，亩均产值达到1.5万元，扣除木材生产成本后，亩均净值为12000元左右。

(二)社会效益

营造林劳务投入比例大，项目实施及后期的抚育、管护需要大量的劳务用工，从而带动林场周边地区农民收入的提高。以龙泉市林场3500亩特殊林木培育项目建设实施为例，从项目建设开始至林木皆伐结束，共需劳动力12000工，不但可解决50个农村劳动力一年的就业机会，为林农增加劳务收入150万元。同时，项目建设还能起到示范辐射作用，带动项目区森林经营管理水平的提高。

(三)生态效益

一是增加了森林面积，提高了森林覆盖率，改善了森林质量。二是增强了水源涵养和固土保肥能力，减少了水土流失。三是项目具有巨大的固碳释氧功能。据有关资料，林木生长过程中，每生长1立方米蓄积，可吸收1.83吨二氧化碳，释放1.62吨氧气，则已建的项目示范林年可吸收二氧化碳15700吨，释放氧气13900吨。

〔浙江省林业厅世行办(速丰办)潘江灵〕

建立健全技术和管理办法
夯实木材战略储备项目实施基础建设

——安徽省特殊林木培育项目实施工作总结

根据国家批复的《全国木材战略储备基地建设规划》，安徽省被纳入全国木材战略储备基地省份，规划面积69.4万公顷，其中集约人工林栽培4.7万公顷，现有林培育45.0万公顷，中幼龄林抚育19.7万公顷。特殊林木后备资源培育是木材战略储备生产基地的重要内容，按照国家林业局下达的安徽省自2011年起实施中央预算内投资特殊林木后备资源培育项目，及为启动实施国家木材战略储备示范项目提供经验和做法的要求，扎实做好特殊林木后备资源培育项目的建设工作。

一、项目实施情况

2011年度，国家林业局安排安徽省中央预算内林业基本建设投资600万元，用于建设特殊林木后备资源培育项目，项目建设面积16117亩，其中：新造5900亩，培育10227亩，由潜山县国有驼岭林场、黟县国有林场、青阳县国有西华林场、泾县国有小溪林场、旌德县国有南关林场、休宁县国有西田林场等6个林场实施。树种包括檫木、光皮桦、苦槠、麻栎、马褂木、青冈栎、楸树、香椿、香樟、枫香、杉木、黄山松等。

2012年度，国家林业局安排安徽省中央预算内林业基本建设投资600万元，用于建设特殊林木后备资源培育项目。由滁州市南谯区红琊山林场、休宁县岭南林场、黄山市黄山区洋湖林场、祁门县大洪岭林场、东至县梅城林场等5个林场实施。2012年底，安徽省林业厅组织相关专家对各单位项目实施方案进行审查通过后，行文批复项目实施方案，目前5个林场正按照批复的实施方案认真组织实施。

全省2011年度经检查验收，共完成94个小班，面积15497亩，其中：新造5280亩，培育10217亩。任务完成率96.2%，剩余部分在2012年底前完成。建设林道56.5千米，防火道（带）25.4千米。造林成活率93%，良种使用率100%，苗木合格率95%，培育施工合格率100%，抚育合格率90%。2011年度项目总投资1018.5万元，其中：中央预算内基本建设投资资金600万元，地方配套418.5万元由各项目林场配套到位。

二、项目管理措施

（一）制定项目管理办法

为规范和加强中央预算内林业基本建设投资特殊林木后备资源培育项目的管理，安徽省林业厅于2012年6月制定了《安徽省中央预算内林业基本建设投资特殊林木后备资源培育项目管理办法》，规定了项目必须安排在《安徽省木材战略储备生产基地规划》确定的建设范围内，地方政府积极性高、自然条件好、集中连片、示范辐射能力强、速生丰产林培育经验丰富的林场优先安排。项目建设单位要聘请具有乙级以上（含乙级）设计资质的林业调查规划设计单位，按照国家林业局《大径材培育试点项目实施方案编制指南》和安徽省林业厅《特殊林木后备资源培育项目实施方案编写提纲》的要求，编制项目实施方案，实施方案要具有作业设计深度。项目建设单位所在县林业局将项目实施方案行文上报省林业厅，省林业厅组织专家对项目实施方案进行审查，审核通过后批复实施，同时，将批复的实施方案报国家林业局速丰办备案。项目建设单位必须严格按照批复的实施方案施工，不得随意更改，按时按质按量地完成建设任务。

（二）设置项目监测样点

每个项目林场在项目规划的范围内，选择具有代表性的地段和小班，设置固定监测点，连续监测项目建设成效。2011 年度 6 个项目林场共设置 14 个监测点，每个监测点设置 5 个固定样地和 1 个对照样地，每年定期复位调查，并对数据进行整理和分析后上传到安徽省林业厅速丰办。

（三）加强项目示范作用

项目共竖立宣传牌 15 块，展示项目建设新模式、新技术。在项目实施过程中，加强对项目林场周边农民培训，使他们熟悉特殊林木的营、造林技术，更新营林观念，增强保护珍贵硬阔叶树种及乡土树种的意识，带动本地区营林方向向针阔混交、注重珍贵树种保护方向发展。

（四）做好档案管理工作

对项目建设的重要批文、实施方案、相关合同、设计文件、工程验收、资金管理、项目总结等资料进行分类归档管理，登记成册，专柜存放，专人管理。

三、经验与做法

（一）成立项目机构，加强项目领导。

建立健全项目管理机构，明确各部门职责，项目管理以省林业厅速丰办为主，负责项目的业务管理，厅计财处配合负责项目的资金管理，厅资源处配合负责项目培育所需间伐材指标的落实。

项目实施县均成立了由分管副县长任组长，林业、财政、审计等相关部门负责人组成的项目建设领导小组，下设办公室，负责落实配套资金，检查监督项目专项资金的使用与管理，研究解决项目建设的主要问题，协调各方关系，保证项目顺利实施。

项目实施单位也成立了由场长为组长的建设项目施工小组。明确了工作目标、任务和职责，严格执行上级项目管理机构制定的各项规章，按批复的实施方案进行施工，上报项目的实施进度。对项目实施的质量和数量进行检查验收，对项目实施的成效和环保进行监测评价。

（二）严格技术标准，确保项目质量

在项目实施中，坚持"质量为先"的原则。严格按照《造林技术规程》《安徽省造林技术规程》《安徽省中幼林培育间伐技术规程》和《安徽省造林苗木标准》以及国家林业局《林业建设项目管理办法》等工程项目管理办法进行管理。

项目林场严格按照批复的实施方案，坚持高标准、高质量实施好项目。在施工中，林业技术人员严格按照实施方案组织实施，按营造林技术规程操作，作业前组织现场培训，同时实行跟班作业，现场指导，严把设计、整地、苗木、栽植、抚育、深翻、间伐等工序质量关。

县林业局根据国家林业局速丰办2009年印发的《速丰林工程大径材培育试点项目检查验收办法(试行)》，组织技术人员对造林、抚育、施肥、密控等各个生产环节实现全过程质量监督，造林前验收整地、挖穴质量，造林结束验收苗木质量、造林质量，秋季验收当年造林成活率、抚育质量、生长量和水土保持措施；第2～3年秋季检查幼林保存率、抚育质量、生长量和环保措施等。现有林培育验收间伐质量、林地清理、修枝、深翻、环保措施等质量。

省林业厅速丰办会同厅计财处、厅资源处组成联合检查组，对项目实施质量、项目资金使用等建设情况进行核查，发现问题及时解决。

(三)建立支撑体系，加强技术培训

安徽省建立起由安徽省林科院、安徽农业大学、黄山学院等科研院校的教授、专家和林业部门技术人员组成的科研培训推广支持体系，研究制定专门的技术规程和标准，编写了《安徽主要用材树种造林与经营》技术用书，2年举办省级培训班4期，培训240人日，县级培训林业技术干部480人日。

(四)健全财务制度，严格资金管理

安徽省在项目实施中，始终本着管好钱、慎用钱、用好钱的原则，严格执行国家林业局《林业重点工程资金违规责任追究暂行规定》、安徽省基本建设财务管理等项目资金财务管理的有关规定，建立健全项目财务管理制度，确保资金使用安全。项目林场配备项目财务人员，对项目资金实行单独建账，独立核算，根据施工质量验收合格凭证，及时拨付工程款，确保专款专用和资金的使用效益。

(五)建立管护机制，巩固项目成果

建立项目森林管护机制，根据项目区护林的路途、易难程度，划分护林责任区，确定专职护林人员。明确森林管护职责，项目实施单位与管护者签订责任状，实行利益与管护成效挂钩，做到赏罚分明。同时，向周边群众宣传项目建设内容、范围和作用，要求民众协同管护，确保项目建设成效。

[安徽省林业厅外资办(速丰办)]

用珍贵树种绿化云南城镇

　　2012 年，云南省委省政府作出"保护坝区农田、建设山区城镇"的战略决策，这是云南经济社会发展的必然选择，但如何坚持"生态立省，环境优先"的发展战略，如何走出一条包括林地在内的集约节约利用土地的新路子，摆在了全社会眼前，最佳决策就是采用珍贵树种因地制宜对全省城镇实施高水平、高品质园林绿化。本文从生态、民生、景观、区位、资源及经济价值等多角度分析研究了珍贵树种作为云南城镇化建设的必要性、重要性、可行性、战略性，为我省城镇绿化提出百年树木的建设发展思路，论述了适宜全省的主要珍贵树种及培育重点技术。建设珍贵树种绿化景观，将成为云南城镇旅游发展又一张走向国内、走向世界的独特名片。

一、积极推进城镇上山是云南的战略选择

　　云南省确定，以建设美丽乡村为总抓手，实施城乡一体发展、特色农业壮大、基础设施完善、农村民生改善、扶贫开发攻坚、综合改革深化、森林云南建设和社会管理创新"八大工程"，不断加快农业现代化进程，扎实推进社会主义新农村建设。云南是典型的山区省份，全省总面积中山地占 94%，平坝仅占 6%。在城镇化进程中，从 2000~2010 年，云南省城镇化率由 23.4% 升到 36%，各类建设占用耕地达 271 万亩，2012 年，全省城镇化率提高到39.3%，保护耕地与保障建设用地的矛盾日益突出。按照《云南省城镇体系规划(2011~2030年)》，全省城镇化水平到 2015 年达到 45% 左右，2030 年达到 65% 左右。上述"八大工程"按照"守住红线、统筹城乡、城镇上山、农民进城"的思路，走具有云南特色的新型城镇化路子。2012 年，云南省委、省政府作出了"保护坝区农田、建设山区城镇"的战略选择，提出"城在山中、山在城中、房在林中、人在绿中"的理念，使云南省未来城镇发展真正能做到土地资源节约、经济文化繁荣、生态环境优美、人与自然和谐。要彰显城镇特色和品位，解决发展中面临的人口拥挤、住房紧张、交通阻塞、环境污染、生态破坏等一系列问题，使云南实现"山水田园一幅画、城镇村落一体化、城镇朝着山坡走，良田留给子孙耕"。这就要求城镇建设进入林区，如何在城镇建设中实施好绿化，就成为摆在我们面前的重要论题，实施高水平、高品质园林绿化，因地制宜，选用珍贵树种对城镇进行全方位绿化，更能彰显云南的特色和品位。

二、城镇绿化种植珍贵树种一举多得

　　传统的园林绿化大都提倡种植树形优美、花香色艳、抗性较强的观赏树种，而往往忽视树种本身的经济价值。近 10 多年来，降香黄檀、沉香、柚木、楠木等珍贵树种木材资源日益紧缺，木材价格成倍提升，"金条换木头""百万购一床"演绎了珍贵树种一个个传奇。在当

前全国大规模的城乡园林绿化运动中，大力推广应用珍贵树种，对解决珍贵树种发展林地资源短缺，提升城镇绿化水平，发展农村经济均具有重要意义。

(一)高储备价值的绿化增值资产

珍贵树种林木，除绿化价值外，更重要的是本身带来的高额经济价值，可以说是绿色的银行，是高储备价值的绿色增值资产，随着社会经济的发展，各类木材消耗增加，红木木材价格不断攀升，因此，培育红木类珍贵用材树种，其经济效益将更为可观。如河口县河口镇河口农场机关办公楼前的一株 80 年左右的印度紫檀，树高 32 米，胸径 120 厘米，现估价 120 万元。景洪市普文林场内，20 世纪 60 年代引种了一株印度紫檀，现胸径 94 厘米，高 36 米，估价 60 万元，单株树木年均增值 1 万元左右。据报道，一段海南黄花梨(降香黄檀)原木料，其规格长 65 厘米，上口径 26 厘米，下口径 23 厘米，价格是每千克 69000 元；直径 12 厘米的檀香紫檀，报价 60 至 90 万元/吨；2013 年 5 月，柚木板材料的最新报价是 8000 元/立方米。种植珍贵用材树种具备高储备价值和高增值特性，城镇绿化栽培珍贵用材树种将成为珍贵木材培育的新的突破点。

(二)具有绿化美化价值的景观主角

很多珍贵树种，树型优美、花色绚丽、枝叶多姿，有许多已经在园林植物景观中担当"主角"，如香樟(Cinnamomum camphora)、铁刀木、银杏、香椿、滇润楠等。但有相当一部分珍贵树种苗木培育滞后或者推广种植不够，在城市园林、道路绿化、小区庭院中鲜为人见，如降香黄檀、印度紫檀、铁力木、黄檀等。规模化推广珍贵树种种植，扩大珍贵树种景观效应，如望天树树体高大端庄、雄伟、优美，枝叶繁茂，四季常青树种，可作为行道树、庭荫树、风景树种植。黄连木树冠开阔，叶繁茂而秀丽，入秋变鲜红色或橙红色，对二氧化硫、氯化氢和煤烟的抗性较强，是优良的"四旁"绿化树种。建设珍贵树种绿化景观，将成为云南旅游景观的又一张名片。

(三)宣传森林生态文化的重要载体

树木是文化的载体，那么珍贵树种更是寓意深刻、内涵丰富。云南多个少数民族至今仍旧保存祭祀天地的古老习俗，主要内容之一就是立木祭树，这与《论语》中"夏后氏以松，殷人以柏，周人以栗象征社稷"记载一致，为探索边疆与中原，云南民族与中原民族的历史源流提供了实物线索。砚山县八夏乡大蚌岔村生长着一株高 30 米，胸径 264 厘米，树龄 680 年的榉木，在云南榉树中最高、最粗、最古老，被当地村民视为"龙树"、"神树"保护，定期祭祀。双江县沙河乡千海村缅寺后的铁力木，树龄约 500 年，相传为 15 世纪当地首领派人去缅甸接佛像时带回的种子，被当地群众奉为"佛树""友谊树"，为文化流向提供了历史信息。西双版纳望天树古树群为标志的原始森林，向世人宣告，云南确有热带雨林。

(四)具有长寿命的历史见证特性

历史长河，悠悠岁月，古木苍劲，弥足珍贵。这些古树名木昂首苍穹，历经百年千载，阅尽人间沧桑，与当地的社会、经济、自然、文化水乳交融，折射出环境变迁、世事兴衰和人间的悲欢离合，铭刻着丰富的历史文化内涵，它们是大千世界的绿色奇葩，森林中的明珠，更是大自然"活教材""活档案""活标本"，深得人民群众的喜爱及文人墨客的钟情。如威信县扎西镇扎西会议纪念馆院内的红豆杉，树高 18 米，树龄约 220 年，1935 年 2 月，中国共产党在此召开了著名的"扎西会议"，院内此树作为历史见证加以保护。1993 年，云南省古树名木调查显示，兰坪县河西乡玉狮村两株云南榧树，国家二级重点保护植物，村东的一株树高 24 米，胸径 108 厘米，树龄 390 年，村南的一株高 22 米，基径 239 厘米，树龄 510 年，是乡村绿化长寿树的见证。

（五）具有特佳的生态功能效果

珍贵树种特别是珍贵阔叶树种，一般都具有发达的根系、高大的树体、宽大的冠幅，常绿阔叶珍贵树种四季常青、枝繁叶茂、郁郁葱葱，在涵养水源、保持水土、遮阴避雨、美化环境、改良土壤、净化空气、改善景观等方面都具有比一般树种更强的功能。

三、用珍贵树种在云南进行城镇绿化条件得天独厚

（一）优越的自然条件

首先是气候条件优越。云南气候兼具低纬气候、季风气候、山原气候的特点，一是气候的区域差异和垂直变化十分明显；二是年温差小，日温差大；三是降水充沛，干湿分明，分布不均。云南的这种气候特点，符合珍贵树种自然条件的多样化需求，为发展珍贵树种资源提供了有利的气候条件基础。其次是自然地理条件优良。云南地形地貌复杂，拥有从海拔 75 米至海拔 6740 米各种类型的高山、峡谷、丘陵、坝子、山地等，为多种珍贵用材树种的适宜生存创造的独特的地理条件。第三，云南具备多种类型的土壤。由于独特的地形地貌和特殊的气候条件，形成了自高海拔至低海拔的暗棕壤、棕壤、黄棕壤、红壤、赤红壤、砖红壤等各种类型的土壤，为多种珍贵用材树种生存培育奠定了物质基础。

（二）丰富的树种及种质资源

云南地处云贵高原，生物区系关键。生物种类及特有类群数量均居全国之首，是我国乃至世界的物种和遗传基因宝库。全省已知高等植物 17000 余种，约占全国植物总数的 47.6%，是世界上树种及遗传资源最为富集的地区之一，也是全国珍贵树种种质资源最丰富、分布较集中的省份之一，其中列入《中国主要栽培珍贵树种参考名录》的就有紫檀、黑黄檀、降香黄檀、榧木、柚木、铁刀木、铁力木、云南红豆杉、清香木等 105 种，其中：红木类珍贵树种云南 5 种；常绿硬木类珍贵树种 50 种。落叶硬木类珍贵树种 39 种，华盖木、云南石梓、望天树、秃杉、山桂花、心叶树等珍贵用材树种均为云南珍稀特有，珍贵树种种质资源极其丰富。

（三）营造珍贵树种林积累了丰富的实践经验

经过多年努力，云南的良种基地建设、种苗繁育技术日趋成熟，在培育珍贵用材林苗木等方面处于全国领先地位，已选育出一批以乡土树种为主的优良种源和种源区，建立了相应的良种繁育基地。在人工林培育方面，建立了一定规模的降香黄檀、云南红豆杉、柚木、沉香、秃杉、西南桦等珍贵树种基地，总结了一整套栽培技术和栽培模式，并在生产中得到推广应用，积累了丰富的珍贵树种资源培育经验。

（四）强大的市场拉动力和良好的国内发展契机

云南是全国木材加工大省，由于边境木材的进口及本地木材的生产，云南成为木材加工的主要生产地。随着人民生活水平不断提高，对高档家具、装饰材料和工艺品需求快速增长，价格日趋提高，红木价格年增长 30% 以上。近年来，世界各国保护森林资源力度加大，立足自身培育珍贵用材树种后备资源已成燃眉之急。

(五)良好的政策氛围

一是国家形势极其有利,实施西部大开发战略以后 10 年是承前启后的关键时期,必将给云南林业发展带来重大历史机遇。2011 年 5 月,国务院批准并出台了《国务院关于支持云南省加快建设面向西南开放重要桥头堡的意见》,明确了云南省是我国重要的生物多样性宝库和西南生态安全屏障的战略定位,建设以降香黄檀、铁刀木、西南桦、柚木、沉香、榧木等为主的珍贵用材林,国家政策形势极其有利。

二是省委省政府高度重视林业,制定出台了建设森林云南、改善金融服务支持林业和集体林改、林权抵押贷款暂行办法、林地林木流转、森林资源资产评估、推进林农专业合作社、推进森林保险体系建设等政策,随着森林云南建设的深入,云南珍贵树种绿化建设将会凸现越来越重要的作用。

四、珍贵树种选择

以国家主要栽培珍贵树种名录为基础,通过对现有珍贵树种的自然分布、乡土树种培育、引种栽培、栽培技术、建设规模等进行归纳总结,参照当前珍贵用材市场发展前景,选择红木类、硬木类、次硬木类、针叶类 4 个类别,红木类、常绿硬木、落叶硬木、常绿次硬木、落叶次硬木、针叶类 6 树种组,36 个树种,具体如下:

(一)红木类树种,红木类树种组,7 个树种。紫檀(*Pterocarpus indicus*)、檀香紫檀(*Pterocarpus santalinus*)、黑黄檀(*Dalbergia fusca*)、黄檀(*Dalbergia hupeana*)、降香黄檀(*Dalbergia odorifera*)、印度黄檀(*Dalbergia sissoo*)、铁刀木(*Cassia siamea*)。

(二)硬木类树种,常绿硬木树种组,6 个树种。榉树(*Zelkova schneideriana*)、刺栲(*Castanopsis hystrix*)、麻栎(*Quercus acutissima*)、多毛坡垒(*Hopea mollissima*)、望天树(*Parashorea chinensis*)、铁力木(*Mesua ferrea*)。

(三)硬木类树种,落叶硬木树种组,7 个树种。蚬木(*Excentrodengdron hsienmu*)、紫荆木(*Madhuca pasquieri*)、顶果树(*Acrocarpus fraxinifolius*)、苏木(*Caesalpinia sappan*)、黄连木(*Pistacia chinensis*)、清香木(*Pistacia weinmannifolia*)、云南石梓(*Gmelina arborea*)。

(四)次硬木类树种,常绿次硬木树种组,7 个树种。大叶木莲(*Manglietia megaphylla*)、云南拟单性木兰(*Parakmeria yunnanensis*)、黄樟(*Cimamomcom porrectum*)、云南樟(*Cinnamomum glanduliferum*)、土沉香(*Aquilaria sinensis*)、滇润楠(*Machilus yunnanensis*)、银木荷(*Schima argentea*)。

(五)次硬木类树种,落叶次硬木树种组,6 个树种。旱冬瓜(*Alnus nepalensis*)、西南桦(*Betula alnoides*)、香椿(*Toona sinensis*)、红椿(*Toona ciliata*)、柚木(*Tectona grandis*)、滇楸(*Catalpa fargesii f. duclouxii*)。

(六)针叶类树种,针叶类树种组,3 个树种。秃杉(*Taiwania flousiana*)、三尖杉(*Cephalotaxus fortunei.*)、云南红豆杉(*Taxus yunnanensis*)。

上述 36 个树种,已经广泛种植的有:云南樟、旱冬瓜、西南桦、香椿、红椿、柚木、滇楸、秃杉、榉树、麻栎、铁刀木、银木荷、云南红豆杉等十余种。其余树种具有十分广阔的培育和发展前景。

按栽培范围分:滇南南亚热带、热带中山地区以红木树种为主,辅以落叶和常绿硬木类树种。滇东南以硬木类树种为主，辅以次硬木类树种。滇中以落叶和常绿次硬木类树种为主。滇西北以针叶类树种为主。

五、关键培育技术

(一)适地适树，突出重点

云南省具有丰富的生物多样性和环境多样性，也充分显示了云南珍贵用材树种的多样性及广域性，最突出的特点就是云南省的各个气候区都可发展珍贵用材树种，因此，在城镇化建设进程中，要因地制宜、适地适树，突出重点地选择好适合本地的珍贵优良绿化树种，把握好树种的生态生物学特性，促进林木立地条件与树种特性相互适应。

(二)高标准选地整地改土

珍贵树种种植，首先要在选定的种植位置对土壤进行深翻细作，仔细清除建筑垃圾、石块砖头、铲除杂草等，在种植穴回填林区内生土，并辅以有机肥、农家肥、复合肥等，以改良土壤结构、保持土壤的通透性，增强保水保肥性能。必要时，要采取科学技术措施改良土壤，如对土壤进行杀虫和灭菌处理，一些菌根树种种植时加入部分菌根土等，真正做出"百年树木"的地。

(三)注重苗木质量

确定好种植树种后，苗木培育的关键在于选择好种源和掌握育苗技术，种源以就近选择或者种子园所产种子为佳。珍贵树种育苗要注重种子的采集与贮藏，并取得相关合法手续，通过种子检验后，采用基质育苗，城镇园林种植时应尽可能采用容器大苗，对露地培育的珍贵树种苗术移植，推广运用高效栽培技术，如绿化大苗切根技术，提前半年到一年断根，促进大苗须根生长，休眠时期移植技术，落叶树种在休眠期进行树冠重剪后裸根移植技术等等。

（云南省林业厅查贵生）

科技引领　先试先行
大力拓展安徽林业血防工程新空间

安徽省地处亚热带向暖温带过渡地带，四季分明，雨水丰沛，尤其是长江两岸，河湖密布，滩涂众多，天气温润，空气湿度大，这样优越的地理气候条件使沿江地区成为鱼米之乡的同时，也为钉螺的繁衍生息提供了绝佳的环境。由此，安徽成为血吸虫病流行较严重的"湖区五省"之一，全省疫区涉及9个省辖市的50个县（市、区）和4个县级农场，受威胁人口2113万人，其中634.8万人直接受到危害。作为全国林业血防建设的发源地，20多年来始终坚持科技引领、先试先行，突出以点带面、示范引导，扎实推进林业血防工程建设。尤其是国家抑螺防病林工程正式启动以来，安徽的林业血防工程建设得以如火如荼地向更广的空间拓展。昔日血吸虫病的重灾区，变成了绿树成海，空气清新，鸟语花香，众多候鸟栖息的场所；昔日毫无生机的庭院，变成了"梧阴匝地，槐荫当庭，插柳沿堤，栽梅绕屋""四季常绿，三季花开"的庭院，处处浓浓绿意，生机无限。多年的林业血防工作不仅为沿江地区血防工作闯出了一条新路，更为国家林业重点工程建设积累了丰富的宝贵经验。

一、源起安徽的林业血防开创了血防综合治理的新路

早在1986年，为了寻求"三滩"血吸虫病防治的有效途径，安徽农业大学彭镇华教授在安庆市新洲乡开展"兴林抑螺"造林试验，通过以林为主的综合治理措施，建设以森林代替芦苇、荻柴等新的滩地生态系统，营建一个钉螺难以生存的生态环境。通过造林三年后的监测结果，林地活螺出现率由造林前的48.2%下降到2.92%，活螺平均密度由6.3只/平方米下降到0.2只/平方米，钉螺阳性率由0.05%下降到零，抑螺效果十分显著。随后，彭镇华教授课题组在南埂林场建立了260公顷实验林，深入系统地进行了抑螺防病林的试验研究，成功探索了一条兴林、抑螺、防病、脱贫的成功之路，取得了一个又一个丰硕成果，获得国家卫生部的首肯，先后荣获国家林业局科技进步一等奖，国家科技进步二等奖。从此为沿江地区血防工作开创了以林为主、抑螺防病、综合治理的新路。

二、典型示范引导推动了林业血防工程健康发展

及时总结典型的成功经验，有效发挥典型的示范效应，加快推进工程建设的健康发展一直成为安徽林业血防工作的重中之重。

从"八五"开始，安徽省把"兴林抑螺"作为血防区域林业发展的一项重要内容和血防综合治理工作的一项重要措施，开始有组织地扩大地点与面积，加大对"三滩"进行血防综合治理和开发。1992年全国血防工作会议在安徽召开之时，不仅是安庆的新洲乡，东至县的七里湖也成为会议主要参观的另一个亮点。"十五"以来，全省又紧紧以退耕还林、长防林等林业

重点工程为依托，血防区"兴林抑螺"造林面积迅速扩大。

2007 年，国家林业局批复建立安徽省长江下游江河滩地和低丘抑螺防病林试验示范区以来，我们在以沿江滩地示范为重点的同时，立足创新，把低丘示范区建设作为林业血防的亮点来抓，通过不同植物材料选择，建立各种栽植模式、管理模式和经营模式，进行跟踪监测，积极开展科学研究和实践探索。目前，示范区建设共完成抑螺防病林造林 9400 亩，示范区内人群平均感染率由项目实施前的 3.65% 下降至 2.33%，并收集保存了 240 多份具有优良性状的植物材料，筛选出主要抑螺防病林模式 20 多种，各项建设指标达到了规划设计标准，成为全省林业血防工程建设的科学试验基地、宣传教育基地、技术推广示范基地、定位观测研究基地，起到了较好的抑螺防病和宣传示范效果。

安徽通过林业、血防、农业、水利等部门的密切协作和各级领导、科技人员、疫区群众的共同努力，在试验示范的基础上，孜孜不倦地探索创新，推行"六个结合"和"三个集中"，全省林业血防建设渐渐迈上了持续健康良性发展的快车道。"六个结合"是：坚持综合治理与综合开发相结合，开发时有治理措施，治理时有开发项目；坚持长期效益和短期效益相结合，在发挥森林长期效益的同时，充分发挥农、牧、副、渔的短期效益；坚持项目建设与经济发展相结合，因地制宜选择各具特色的治理开发经营模式，促进当地经济社会发展；坚持经济、社会和生态三大效益相结合，运用经济生态学原理，实现三大效益协调统一；坚持多部门多学科相结合，林业、卫生、水利、农业、畜牧、水产等部门相互配合，各有关学科互为补充；坚持科研、教学、生产相结合，不断强化工程建设科技支撑。"三个集中"为：推进农、林、水、卫项目整合集中，血防的科技人员综合治理服务集中，疫区的土地向规模经营集中。通过资源共享、项目互补、信息互通，进一步加大血防的共同防控力度，发挥项目的复合效益，走林业血防的可持续发展健康之路。

三、日臻完善的管理体系确保了林业血防工程建设质量

安徽在推进林业血防工程建设中，强化组织保障，突出科技攻关和成果应用，加强技术指导和培训，确保工程建设质量。

规范管理是安徽林业血防质量保证的前提，省林业厅专门成立了林业血防工作领导小组，厅长任组长，分管厅领导任副组长，有关业务处室和厅直属单位负责人为成员。2011 年又专门成立了省林业血防专家指导组，由省政府副秘书长任主任、省林业厅厅长任副主任，厅相关处室负责人以及安徽农业大学、省林科院、省血防所等相关专家为成员，聘请彭镇华教授为顾问。实行规范化、标准化管理，先后制定了相应的工程建设管理办法，使工程项目的规划设计、整地、种苗选择、造林以及管护等一系列环节的建设和管理工作做到有章可循，切实组织实施好工程项目。

在工程建设过程中充分发挥规划的先导作用，全省先后制订了《安徽省"十五"兴林抑螺造林规划》《安徽省林业血防工程中长期规划纲要（2004~2015 年）》《安徽省兴林抑螺实施方案（2012~2014 年）》，努力做到重点突出、布局合理、目标科学、任务明确。

为了树立安徽林业血防的标杆作用，安徽省林业厅会同中国林业科学研究院、安徽农业大学实施科研项目，认真做好科研攻关工作，破解技术难题，在林种、树种及种植材料、植物多样性分析、经营技术等方面取得了一批科研成果。包括：通过对不同无性系苗期生长的

研究，为滩地杨树造林无性系选择和苗木培育提供了依据；通过对枫香等 3 种植物水浸液灭螺效果的研究，为抑螺造林树种的选择、提高植物材料的灭螺效率提供了参考。同时，在彭镇华教授指导下，总结探索出了工程建设的一整套技术方法。如：低洼地挖沟抬垄，改变小地形，减少淹水时间，提高造林成活率；路路相连，沟沟相通，减少人畜接触疫水的机会；降低地下水位，消除积水，促进林木生长，提高抑螺效果；宽行窄株，行向顺水流方向的定植方式，林下间种，以种代抚，抑制钉螺，提高效益；大苗种植、截干造林，提高造林质量；栽植对钉螺有他感作用的枫杨、乌桕等树种抑制钉螺孳生。技艺渐佳的成果为工程建设的质量提供了强有力地科技支撑。

加强适用技术的推广应用也一直是安徽林业血防毫不松懈之处，省林业厅举办了两期全省林业血防培训班，专门邀请国家林业血防专家授课，着力提高全省林业血防队伍业务素质。各项目区林业部门针对广大林农对林业血防的概念和原理理解不够透彻，对《滩地抑螺防病林营造技术规程》不够熟悉的现象，采取层层举办技术培训班。据统计，全省共培训人员 1000 多人次。通过培训，培养了一批基层血防骨干，提高了项目区林农的科技素质，促进了林业血防新成果、新技术、新模式的推广应用，实现了科研与生产、林业与血防、科技与经济的紧密结合，工程建设的良好效果日益显现。

四、思路创新有力地拓展了林业血防的发展空间

安徽林业血防的发展空间之所以越来越广阔，首先得益于思路上的创新，从单纯的造林向综合治理转变，从抑制钉螺到主动预防转变，从单一目标向多重目标转变。随着"三滩"造林空间越来越有限，及时确立了"预防为主，标本兼治，综合治理，群防群控，联防联控"的工作方针和多部门联动的协调机制以及"兴林、抑螺、利民、富民"四位一体的发展目标。其次得益于区域上逐渐拓宽。从 80 年代中后期的小面积试验造林到"八五"期间全省"兴林抑螺"工程的实施，工程建设范围由原来的安庆市部分乡镇扩大到 7 个设区市 16 个县（市、区），到 2005 年，血防区共完成"兴林抑螺"造林 32.3 万亩。特别是 2006 年国家启动实施抑螺防病林工程后，工程建设范围又扩大到现在的 9 个设区市 33 个县（市、区）。治理区域从"三滩地"全面拓展延伸到平退圩垸和支流岗冲的低洼地、丘岗等，预防与防治成为安徽林业血防的又一显著特点。而经营机制上的突破进一步助推了林业血防向更多领域扩展。以利益为纽带，充分发挥市场机制的作用，加强政策扶持，创新林业经营主体。企业、单位和造林大户等各种社会主体纷纷通过拍卖、租赁、承包或出资购买等形式承包造林，林业血防工程建设活力进一步显现，林苗一体、林经一体、林经一体、林禽一体、林游一体等新型造林模式不断涌现，开辟了农民致富的新途径。全省共兴办"兴林抑螺"乡村林场 90 多个。机制创新后的规模经营加快了农林复合高效经营模式的建设，发展林下经济，开展林下间作，努力增加农民收入，绿与富也渐渐成为每个血防区密不可分的代名词。

安徽省林业厅在林业血防取得优异成果的同时亦时刻谨记自身的使命，当前，安徽省委、省政府正积极打造生态强省，全面实施千万亩森林增长工程，确定到 2016 年新增森林面积 1000 万亩，森林覆盖率达到 33% 的目标。作为千万亩森林增长工程重要组成部分的林业血防工程，今后将紧紧围绕新目标，加快综合治理步伐；认真总结经验，开创林业血防的新起点；积极争取项目，引导资金投入林业血防建设；兴林富民，推进造林与抚育经营并

重；加强宣传，掀起新一轮林业血防建设的高潮。作为省地方病领导小组成员单位，又是全国"兴林抑螺"的发祥地，安徽省林业厅一直在探索，不断在进步。前方，林业血防成果惠及万民，一片一片的森林越来越茂密，一座一座的庭院越来越美丽，血吸虫的危害渐行渐远，人民健康富足的生活越来越近。安徽省林业厅在林业血防工作中将再接再厉，更上一层楼。

（安徽省林业厅程中才）

扎实推进林业血防工程建设
助力鄱阳湖生态经济区绿色崛起

江西是南方集体林区的重要省份之一，境内的鄱阳湖是我国最大的淡水湖，也是长江中下游重要的水源。江西也是我国血吸虫病流行最严重的省份之一。早在1958年7月1日，毛泽东主席欣闻江西省余江县消灭了血吸虫病后，"浮想联翩""夜不能寐"，创作了著名的《七律二首·送瘟神》。鄱阳湖地区属中亚热带温润季风气候区，水热光合条件优越，但是鄱阳湖疫区缺林少绿，成为血吸虫病高危感染区域，范围涉及南昌、九江等8个设区市的40个县（市、区），受威胁人口达470余万人。近年来，江西省立足林业改善生态、改善民生，在鄱阳湖区大力实施林业血防工程，取得了较好效果。2006~2012年完成实施营造抑螺防病林128万亩，总投资6.59亿元，其中中央资金2.99亿元，地方配套资金3.6亿元。

一、抓谋划，把林业血防工程摆在重要位置

历届省委、省政府对林业血防工作非常重视，始终把它放在全省经济社会发展的大局中来研究和谋划，将其作为德政工程、民心工程。2006年实施林业血防工程以后，省委、省政府将林业血防工程抑螺防病林建设与退耕还林等几大林业工程同部署、同推进，取得了较好成效。2009年建设鄱阳湖生态经济区上升为国家战略后，省委、省政府又把林业血防工程列入鄱阳湖生态经济区的六大工程建设中，与江西省造林绿化"一大四小"工程、五河流域治理工程有机结合。2012年11月3日，省委、省政府出台了关于实施"森林城乡、绿色通道"建设的意见后，又将林业血防工程作为鄱阳湖疫区造林绿化的重点工程、输血工程来抓。

二、抓管理，确保林业血防工程建设质量

为确保抑螺防病林造得下、管得好、出效果，关键在于管护。在实际操作中，充分借鉴林业外资项目的管理模式，着重把好"五关"。一是组织领导关。要求各项目县市在林业血防项目实施之初成立领导小组，每年定期召开林业血防项目建设工作专题会议，强化与卫生、水务等相关部门的沟通协调，落实工作责任，保证县级配套资金及时到位，为林业血防工程建设顺利开展提供组织保障。二是规划设计关。按照"全面规划、突出重点、稳步推进"的原则，围绕抑螺防病这个中心，将营造抑螺防病林与农、牧、副、渔业有机结合，进行合理布局。同时结合退耕还林、长防等林业重点工程以及"森林城乡、绿色通道"等工程建设，明确疫区的总体造林规模。三是主体筛选关。首先摸底调查，了解到哪些造林企业、大户既有实力又有积极性。然后主要依托有实力有经验的林业龙头企业和造林大户，签订责任状，落实造管责任，确保造林成活率。再召开工作会，总结做法、交流经验、树立典型、鼓舞干劲。四是地段选择关。在造林地段的选择上，原则上优先考虑传统血吸虫发病区或者是发现过钉

螺的地方，湖区造林必须考虑高程问题，尽量减少水淹。主要是鄱阳湖周边海拔 18 米以上的湖滩洲地、湖汊周边以及沟渠两侧等，海拔 18 米以下地段禁止造林。五是督导验收关。每年 4~5 月份，由省林业厅牵头组织对全省林业血防项目造林实行督导检查，11 月份采取各设区市交叉检查的方式进行验收，要求抽样比例在 20% 以上，对面积 500 亩以上的造林小班全查。

三、抓机制，增强林业血防工程建设后劲

江西省在实施林业血防工程建设中，紧紧扣住省委、省政府战略部署，结合全省林业中心工作，不断探索完善机制，主要表现在"三个相结合"上。一是与城乡绿化建设相结合。当前，全省上下正在大力实施"秀美乡村"和"森林城乡、绿色通道"建设。一方面，在"森林城乡、绿色通道"建设中，大力实施通道绿化，整合各种资金，高标准打造鄱阳湖地区的通道绿化带。另一方面，在"秀美乡村"建设中，选择了一些乡土树种，加强对荒滩荒地、房前屋后、四旁空隙地、河渠等地进行造林，在改善生态环境的同时，让广大人民群众得实惠。二是与林业产业建设相结合。近年来，江西省速丰林、绿化苗木、油茶等产业蓬勃发展。从验收数据来看，每年的血防林任务中有约 1/3 以上种植的是杉木、泡桐、杨树等速生树种，通过营建速丰林基地，既达到抑螺防病的要求，又增加了林地产出。例如：永修县引进战略投资者参与血防林项目建设，采取苗林一体化模式，发展连片上万亩规模的苗木花卉基地。不少项目县也利用血防林项目发展油茶、茶叶等经济林产业，深受广大林农欢迎，取得了较好的效果。通过工程建设与产业有机结合，较好地解决了项目用地、栽植、管护等问题，实现了工程建设的可持续发展。三是与复合农业有机结合。在有钉螺分布、水肥条件较好的低山丘坡耕地，实施混交造林、防蚀保土、林农间作，提高抑螺防病林综合治理效果；在湖沼型和山丘型血吸虫病流行区，选择抑螺树种，减少钉螺孳生；在受环境影响较大、短期内无法阻断血吸虫病传播的江湖洲滩和有螺山地，营造抑螺防病林，有效压缩钉螺孳生面积。此外，还充分利用土地平整及田园化项目，对山、水、田、林、路进行综合治理，形成路成线、林成网的防护体系，强化抗旱排涝能力，缓解疫区自然灾害发生，实现田园化、水利化、生态化和谐统一。

四、抓科技，提升林业血防工程建设效益

林业血防工程是一项科技含量较高的生物系统工程。在抑螺防病林造林设计、施工和经营管理中，坚持依托已有的科技成果进行集成示范，不断提升林业血防项目建设效益。一是选择造林树种。按照适地适树的要求，积极尝试、实验、选育不同造林树种。省林科院对引种栽培的 11 个不同乌桕品种进行了灭螺活性比较，从中筛选出灭螺效果较好的 3 个乌桕品种。根据不同杨树在鄱阳湖滩地造林后的生长表现，筛选出了湘林和南林系列的杨树，还在试验示范区引进了夹竹桃、桑树等抑螺植物材料 20 余种。二是加强技术推广。我们要求所有造林企业和有规模的造林大户与科技人员"结对子"，通过企业、大户与科技人员签订服务协议，聘请科技人员负责全过程的科技服务，提高抑螺防病林的经营水平。同时，大力推广使用轻基质容器育苗，鼓励发展速生丰产林。三是建设试验示范林。截至目前，全省已完试验示范林建设规模 4890 亩，开展了林农复合经营造林试验。建设种质资源收集保存区 200

亩、良种扩繁圃 180 亩。通过典型示范，以点带面全面推开。四是加强效益监测。我们购置了近地层通量观测设备，对抑螺防病林进行效益监测，深入研究钉螺分布与水位、植被的关系，进一步掌握了螺情、疫情变化。根据血防部门对林业血防示范区抑螺防病林建设前后监测对比，活螺平均密度下降 87%，感染性钉螺密度下降 95.5%，钉螺感染率由 3.72% 下降为 0.19%，人群感染率和耕牛感染率等都有明显的下降，抑螺防病效果非常显著。

（江西省林业厅阎钢军）

大力开展林业血防　致力造福三湘人民

湖南省穿江抱湖，水系复杂，长江流经省际数百千米，洞庭湖面积达 2820 平方千米，江湖洲滩广阔，钉螺分布广泛。血吸虫病流行区主要分布于洞庭湖区及周边丘陵地区，包括常德、益阳、岳阳、长沙、株洲及张家界市的 41 个县(市、区、场)、354 个乡镇、3706 个行政村，现有流行村人口 642.5 万，受威胁人口 1928.2 万，现有钉螺面积 263.7 万亩，占全国的 1/2，是全国血吸虫病流行最严重的省份之一。经过几十年的努力，全省血吸虫病疫情得到有效控制。特别是 2006 年全国启动林业血防工程以来，通过广大林业工作者和疫区人民的共同努力，林业血防工程建设取得了可喜成绩，带来了良好的生态、社会和经济效益，有力地推动了全省血吸虫病防治工作，给湖区人民带来了福祉。

一、重科学、明责任、强管理，确保工程建设质量

(一)加强领导，落实责任

林业血防工程建设是生态林业、民生林业的重要组成部分，是实现我国林业"双增"目标的重要途径，是建设"绿色湖南"的核心内容之一，同时是抑制钉螺生长、防治血吸虫病的重要手段。省林业厅成立了以厅长为组长，分管副厅长为副组长，有关处室主要负责人为成员的林业血防工作领导小组。厅长亲自调研指导，分管副厅长先后深入到项目县检查，其他厅领导多次到岳阳、常德、益阳等地检查督促。疫区各级政府把林业血防作为林业发展全局来谋划，作为血吸虫病防治工作的重点来考核，实行"一把手"负总责、分管领导亲自抓，林业局局长具体负责的责任制度。常德、益阳市政府主要领导亲自指挥、现场督导，岳阳市政府、人大经常督查。华容、沅江、安乡等县市的主要领导亲自办点示范，全省共建设示范样板林 2.5 万亩。

(二)科学布局，分类施策

严格把握"四项"原则，即以防控血吸虫病为主要目标，将抑螺防病与林业生态建设有机结合，实施绿色防治；以抑螺防病林建设为重点，将造林抑螺与化学灭螺有机结合，提高综合治理效果；以科技创新为手段，将生物抑螺与工程灭螺相结合，实施科学防控；以质量效益为中心，坚持生态、经济、社会三大效益相统一。在布局中，按照先急后缓，集中治理的总体要求和自然条件，做到宜林则林，宜农则农，农林结合，建立以林为主的复合生态系统。在垸外有螺分布区，采取开沟筑垄的方法营造抑螺防病林，配合建设隔离设施，阻断人畜接触疫水，实现高效抑螺防病；在垸内人口集中住居地，采取翻耕套种的办法，改变钉螺孳生环境，同时结合村庄绿化美化工程，加快推进新农村建设。在计划安排上，将任务重点安排在治理任务大、急需治理的重点疫区，特别是一线防洪大堤外侧、低产芦苇地、高海拔洲滩和大型沟港渠道等人畜活动频繁的易感地带。

（三）强化管理，确保质量

一是搞好规划设计。始终坚持"三不准"原则，即不准在基本农田、不准在自然保护区核心区、不准在防洪道上造林；严格按照《滩地"抑螺防病林"营造林技术规程》《湖南省林业血防工程"抑螺防病林"项目建设管理办法》编制实施方案和作业设计，在充分征求卫生、发改、农业、水利等部门意见的基础上分级审核把关。二是开展技术培训。采取集中讲授、分片培训、现场展示、上门指导等多种形式，加强了技术培训工作。省林业厅举办了6次集中培训，各地多次开展培训。全省累计培训工程技术人员、林农和造林大户共5800多人次，发放各类宣传资料2万多份。三是严把种苗关。要求造林树种必须是良种和一级苗造林。四是抓好整地与造林。对芦苇地进行全面翻耕，整地后达到"路路相连、沟沟相通、林地平整、雨停地干"。严格按照造林技术规程栽植，逐株验收。五是强化检查督促。2006~2012年，省林业厅共组织15次重点督查和省级检查验收，及时通报，并下发整改通知书，限期整改，并将检查结果纳入了省政府"湘林杯"考核内容。六是加强抚育管理。确定专人管护，及时培蔸、割灌除草，适时修枝间伐，严防人畜破坏，加强森林病虫害防治，巩固造林成果。

（四）讲究实效，科技兴林

一是开展了科技示范。开展了抑螺防病林造林技术与优化模式建设示范，进行了抑螺防病林植物材料收集保存与选育示范，开展了抑螺防病林工程技术示范，开展了抑螺防病林效益监测体系建设。成立了"湖南省林业血防工程建设效益监测站"及"中国林业科学研究院兴林抑螺工程技术中心湖南分中心"。二是加强了科技推广。试验与推广了低水位洲滩挖沟抬垄工程造林抑螺模式，中水位洲滩宽行窄株异龄林持续抑螺模式，高位洲滩林农复合生态经济型经营模式，河湖堤岸易感地带抑螺防病林体系建设模式和低山丘区低产林改造型抑螺防病林体系建设模式。

（五）创新机制，增加投入

省政府加强了基础设施建设力度，并与卫生部签订了部省联动协议，增强了技术和资金优势；林业与农业、水利、卫生等部门密切配合，在行业血防项目上集中实施，提高了建设效果。有的还采取了贴息贷款、优先纳入项目、优先纳入中央财政森林抚育和造林补贴，以及优先发放采伐指标等措施，吸引社会资金投入林业血防建设。泰格林纸、森华公司、中冶集团、华林公司、长元人造板、天运公司等一批大型林纸林板加工企业和个人纷纷参与林业血防工程建设。全省林业血防项目建设中，社会投入比例达62%。

二、讲实情、顺民意、重效果，确保疫区人民福祉

2006~2012年，湖南省完成林业血防工程建设任务186.87万亩，其中"抑螺防病林"151.93万亩，退耕还林34.94万亩，主要在沅江市、安乡县等20个县市区实施。项目建设总投入9.01亿元，其中国家投资3.23亿元，地方和社会投入5.63亿元。在重点疫区累计建成隔离网渠73.6万米，采取生物与化学相结合的办法治理有螺面积45.6万多亩，采取农林间作翻耕套种的方法治理有螺面积81.3万亩，试验示范区造林4000亩。

（一）改善了生态环境，提高了群众生活质量

一是有效地抑制了钉螺的滋生。据血防部门对岳阳君山2年生、益阳沅江4年生抑螺防病林内螺情监测表明：活螺框出现率、活螺密度、感染螺密度分别比造林前降低92.9%、

96.3%、94.3%和94.7%、97.7%、100%。2012年与2004年相比，全省人群血吸虫感染率下降了68.42%，家畜血吸虫感染率下降了82.9%，钉螺面积下降39.48%，感染螺面积下降75.07%。

二是优化了生态环境。2006~2012年通过林业血防工程建设，为疫区增加森林面积186.87万亩，提高了森林覆盖率3.4%，增强了农田林网的防护功能，保护了防洪大堤安全，遏制了土地沙化蔓延，增加了碳贮量。7年来，为疫区增加碳贮量2072.9万吨，每年的生态服务价值达62.3亿元。

（二）提高了经济效益，促进了社会快速发展

一是提供了大量木材，促进了林产工业发展。林业血防工程启动以来，洞庭湖区共营建杨树抑螺防病林186.87万亩，每年可为林农增加木材收入15.69亿元。同时，促进了造纸、林产品加工企业发展，有利于调整湖区农村产业结构，推动了区域杨树产业的发展。

二是开展林下间种，提高了综合经营效益。2006年以来，在洞庭湖区林业血防工程建设中，林农间种面积达80余万亩，年间种收入就达4.8亿元。

三是通过综合治理，增加了间接经济收益。通过抑螺防病、防浪护堤的作用，带来了相当可观的间接经济效益。洞庭湖区营造抑螺防病林，并结合卫生、农业、水利等血防综合配套措施应用，据血防部门调查林业血防工程建设期内少增加血吸虫病人5.4万人，按血吸虫病人因病丧失的劳动力价值和治疗费用计算，则洞庭湖区每年防病效益为6.25亿元。此外，沿防洪大堤等易感地带全长1445.2千米，工程造林100多万亩，每年可节约灭螺成本2亿元，节约防汛经费4335.6万元。

（三）提高了社会效益，促进了社会和谐发展

项目的实施有效地带动了当地农村经济的发展，提供了就业机会，带来了劳务收入，维护了当地社会稳定。按每年营造26万亩抑螺防病林计算，可为当地提供7800个就业机会，增加林农劳务收入1.9亿元左右。

（湖南省林业厅龙新毛、王中超，湖南省林业科学院汤玉喜）

坚持六个强化　注重统筹协调
努力建设生态与民生相得益彰的四川林业血防

四川省是我国长江上游血吸虫病流行较重的省份之一。血吸虫病曾流行于11个市（州），63个县（市、区），流行区人口3171万人，历史钉螺面积2.76亿平方米。近年来，四川血防工作认真贯彻落实中央要求，充分发挥林业优势，坚持统一规划、分类指导、科学防治、综合治理特别是生态与民生有机结合的原则，努力推进林业血防工作有效开展。2006～2012年，全省共完成血防林任务71.32万亩，实现了兴林、抑螺、防病、增收的综合治理目标，取得了较好的综合防治成效。如仁寿县郁江河流域，林地活螺框出现率由林业血防工程实施前的65.4%下降到3.32%，活螺平均密度下降率为28.7%，钉螺阳性率由0.05%下降到零，感染钉螺密度下降了88%。四川的做法是：

一、强化规划编制，推进统筹防治

坚持把建设规划编制作为推进林业血防工程的基础工作抓好抓实。按照国家林业局统一部署，在全面总结"十一五"期间林业血防工程建设成效、经验及存在问题的基础上，根据新的形势和全省血吸虫病防控态势，实事求是地编制"十二五"林业血防工程建设规划，进一步明确了"十二五"林业血防工程建设思路、原则、布局以及任务和内容等。

二、强化科技支撑，提升建设效益

四川属山丘型血防区，环境复杂，防治难度大。为了建设好林业血防工程，四川始终把科技支撑放在突出位置，积极开展抑螺防病林营建技术试验研究、山丘型林业血防工程综合治理示范以及高原、山地、丘陵区林业血防生态安全体系构建技术研究与示范，不断提升山丘型兴林抑螺科技含量。通过深入研究，总结提炼并推广了3类10个抑螺防病林建设模式，真正实现了兴林、抑螺、防病、增收的协调发展，取得了很好的成效。2012年6月，中国林业科学研究院首席科学家彭镇华教授一行莅临眉山市调研林业血防工作时，现场查看了仁寿县大华麻竹抑螺防病林、方家花椒抑螺防病林和东坡区复盛乡巨桉抑螺防病林。看到林业血防工程建设给当地群众带了很好的经济效益，彭教授给予了高度评价：眉山林业血防工作真正把防病治虫和治穷有机结合到了一起，是很好的模式，值得在全国推广。

三、强化工程管理，严把建设质量

坚持把质量管理放在首位，严把作业设计关、苗木质量关、造林实施关、检查验收关，确保林业血防工程保质保量按时完成建设任务。雅安市名山区在项目建设中，提前一个月完成造林技术培训和施工作业指导，片区林业技术人员深入实地指导，认真组织开展清林、整地打窝、施肥、回填，并对整地、打窝、栽植等情况作好阶段检查验收和记录，把好种苗、栽植和验收关，确保了造林成效。喜德县在项目建设中，强化全过程管理，明确职责，加强质量控制，由专业技术人员跟班作业，严格执行事前指导、中间检查、成果验收，保证了种苗质量、造林质量。据统计，全省2010~2012年林业血防工程建设人工造林合格率达到90%以上，保存率达到85%以上。

四、强化项目整合，巩固建设成效

四川结合新农村建设、林业产业发展等，将天然林保护、退耕还林、野生动植物保护、湿地保护、城乡绿化、造林补贴等林业工程建设项目以及义务植树等与林业血防结合起来，实行"山下营造抑螺防病林、山腰实施退耕还林、山上建造重点防护林"，全面改善生态环境，有效地减少了地表径流、减少了人畜与疫水接触，提升和巩固了血防林建设综合效益。据调查，各项目区江河流域林地活螺出现率、活螺平均密度、钉螺阳性率、感染钉螺密度迅速下降。血防林建设项目被四川卫生部门誉为阻断防治效果好、不反弹的最佳血吸虫综合治理方法，受到各疫区农民群众的普遍欢迎。

五、强化组织领导，确保顺利推进

林业血防工程不同于一般林业建设项目，关系到血吸虫病防治，更关系到农村群众生产、生活环境改善及农民群众身体健康，是生态林业与民生林业最集中体现的林业工程之一。四川历来重视血防林建设工作，各级林业部门均成立了由主要领导任组长，相关科（股）室负责人为成员的林业血防工作领导小组，将钉螺疫区林业生态建设纳入对乡镇的目标考核，层层签订责任书，做到有任务、有检查、有考核、有评比，有效促进各乡镇认真履行兴林抑螺职责，确保生态灭螺取得成效。

六、强化宣传发动，营造良好氛围

林业血防工程建设，事关造林绿化和生态环境改善，事关抑螺防病和农民群众健康，事关农村经济发展和农民群众增收，对促进各地新农村建设有着重要推动作用。各地充分利用广播、电视、标语、板报、报刊等媒体，大力宣传国家血防工作政策，宣传林业血防工程建设的机理作用以及生态与民生的地位，进一步营造推进林业血防工程建设的社会氛围。成都青白江区大力宣传营造抑螺防病林、建立以林业为主的复合生态系统、改变钉螺的孳生环境，是达到降低钉螺密度和阻断传播途径的有效途径，使各级领导干部和广大群众进一步提高了认识，参与、支持和监督血防林建设的积极性高涨。

四川血防林工程建设成效显著，工作任重道远，在党中央的正确领导下，通过四川疫区人民的共同努力，四川林业血防工程将在中国梦四川篇章、林业篇章中，谱写出新的美丽篇章。

（四川省林业厅邓远志）

下篇
典型示范

综　述

　　木材战略储备基地建设项目不是凭空想象出来的，它是速生丰产林基地发展到一定历史阶段的产物，具有深厚的理论与方法根基。它不仅要以速生丰产林基地建设、国际金融组织贷款、林业血防工程建设中被证明的正确理论和方法为指导，还要大力推广各项目在实施过程中创造的实用技术和管理经验，发挥典型案例的示范和引领作用。

　　国家林业局在谋划项目时，就将木材战略储备基地建设定位为示范项目，要求各项目省（自治区）层层建立精品示范片，各项目实施单位（林场）认真落实"做示范、树标杆、出经验"的项目总体要求，选择最好的林地和最具潜力的林分作为项目新造林地和现有林改培对象，选择最优的种苗用于项目造林、补植和套种，加强对项目实施全过程的质量监控，建立了以现有最新林业科技成果和实用技术优化组装配套的示范林和试验林，涌现出许多先进典型和精品案例，这些典型案例对于推动木材战略储备基地建设科学发展具有现实指导意义。

　　我国在速生丰产林基地建设中的一个重要抓手是建立各级领导示范林和科技试验林，这些示范、试验林曾发挥着很好的示范带动作用，有的至今仍保留着，经过多代林业科技工作者的不懈努力，已经成为速生丰产林、大径级用材林和珍贵树种培育的典型样板，挖掘并加以大力推广对于提高木材战略储备基地建设质量具有重要意义。

　　国际金融组织贷款林业项目的一个显著特点是注重环保和科技的应用，营造的项目林普遍达到速生丰产林标准，一些精品示范片长期作为参观现场，经受住了时间的考验，继续借鉴这些典型案例对于高质量实施木材战略储备基地建设意义重大。

　　林业血防工程在特定立地条件和生产背景下形成的经验和精品样板林，对于在全国全面实施木材战略储备基地建设项目具有特殊的借鉴意义。

〔国家林业局世行中心（速丰办）李海涵、马藜、韩璐〕

一、木材战略储备生产基地示范项目案例

中国林业科学研究院热带林业试验中心
红椎大径材培育示范林

一、林分基本情况

树种名称：红椎（*Castanopsis hystrix* A. DC）。

林地所有权单位：中国林业科学研究院热带林业试验中心。

林地地点：热林中心伏波实验场 5 林班 3 经营班 2 小班。

林地立地指数：22。

树种组成：红椎。

培育面积：31.5 亩。

林分起源：人工林。

种植年份：1983 年。

保留密度：24 株/亩。

平均胸径：28.9 厘米。

平均树高：24.5 米。

树种蓄积量：17.3 立方米/亩。

平均年生长量：树高 0.85 米，胸径 1.0 厘米。

二、示范林经营情况

培育模式：人工纯林培育。

经营方式：单株目标树经营。

主要措施：造林后连续抚育 3 年，以全面铲抚及松土为主。郁闭成林后，第 7 年，进行透光伐抚育，保留 100 株/亩。从第 11 年开始，根据林木生长进程，每隔五年进行一次以疏伐为主要手段的抚育，截至目前已进行 4 次调节林分密度的间伐抚育，间伐强度（株数）第 1 次为 40%，以后 3 次均约为 30%，从第 2 次开始采用近自然经营的目标树作业法。

培育目标：培育目标胸径 50 厘米以上的高价值大径材，并逐步将林分由单层同龄林导向异龄复层林，实现森林可持续经营和多功能效益。

预期年生长量：树高 0.85 米，胸径 1.0 厘米。

三、科技支撑及预期效益

优良种苗使用情况：采用广西浦北优良种源。

先进技术使用：单株目标树管理技术。

科研成果的应用：珍稀树种目标树选择和修枝整形技术。

示范总结推广：已总结出红椎大径材定向高效培育技术体系，该技术体系在我国南方具有广阔的应用前景和良好的经济效益。

项目预期效益测算：林分年均生长量可达到0.79立方米/亩，29年生林分的树高年均生长量达0.85米，胸径年生长量近1.0厘米，是同地带人工林的最高水平。现林分密度为24株/亩，立木蓄积量17.3立方米/亩。红椎径级50厘米以上的原木，市场价格约为6000～8000元/立方米。据估算，该林分培育至胸径50厘米需要40年，每亩可产大径材10.4立方米，加上期间4次间伐累计出材3.46立方米/亩，总价值达6.3万元/亩，相当于一般松杉用材林经济效益的5～10倍。

红椎大径材培育示范林

福建省洋口国有林场杉木大径材培育示范林

一、林分基本情况

树种名称：杉木 [*Cunninghamia lanceolata* (Lamb.) Hook.]。

林地所有权单位：福建省洋口国有林场。

林地地点：南山工区月山寺后。

林地立地指数：16 ~ 18。

树种组成：杉木。

培育面积：250 亩。

林分起源：人工林。

种植年份：1985 年。

保留密度：60 株/亩。

平均胸径：27.0 厘米。

平均树高：22.3 米。

树种蓄积量：35 立方米/亩。

平均年生长量：树高 0.8 米，胸径 0.9 厘米。

二、示范林经营情况

培育模式：杉木人工纯林。

经营方式：人工林集约经营。

主要措施：造林后连续抚育 3 年，每年两次，共 6 次，第 11 年(1996 年)进行透光伐，间伐强度(株数)30%，保留株数 160 株/亩，第 15 年(2010 年)进行第一次抚育间伐，株数强度为 30%，保留株数 110 株/亩。第 26 年(2012 年)进行一次间伐抚育。

培育目标：培育杉木大径材

预期年生长量：树高 0.8 米，胸径 0.9 厘米。

三、科技支撑及预期效益

优良种苗使用：采用林场营建的 1.5 代杉木种子园的种子。

先进技术使用：杉木大径材定向培育技术

示范总结推广：目前已总结杉木大径材定向培育技术推广示范项目技术体系，已推广示范 1000 亩，对周边地区起到科学经营的示范作用。

项目预期效益测算：现有林分平均树高 22.3 米、平均胸径 26.8 厘米，亩蓄积量高达 35

立方米，大径材基地建设起到了很好的示范带动效果。按林场建设目标 3 万亩的杉木大径材基地测算，到林木成材时，杉木年平均生长量以 0.8 立方米/亩计，蓄积量达 2.4 万立方米，出材率以 75% 计，出材量为 1.8 万立方米，每年可产生直接收益 2100 万元，木材成材时（按主伐年龄 26 年计算）总价值可达 5 亿多元。与一般杉木人工林经营收入相比较，其净利润高达 1.5 倍。

杉木人工林抚育前

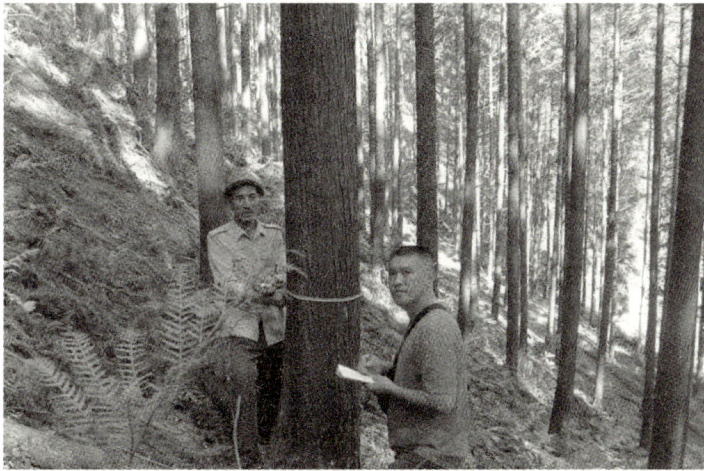

杉木人工林抚育后

湖南省永州金洞林场楠木—香樟等混交培育示范林

一、林分基本情况

树种名称：楠木。

林地所有权单位：湖南省永州市金洞林场。

林地地点：湖南省永州市金洞镇仙人岭34林班92小班。

林地立地指数：16～18。

树种组成：楠木（*Persea pingii*）、木荷（*Schima superba*）、香樟（*Cinnamomum camphora*）、阿丁枫（*Altingiachinensis*）。

经营面积：480亩。

混交模式：株间混交、块状混交。

林分起源：人工林。

种植年份：2002～2003年。

保留密度：100株/亩。

平均胸径：9.8厘米。

平均树高：7.3米。

蓄积量：6立方米/亩。

平均年生长量：树高0.66米，胸径0.89厘米。

二、示范林经营情况

培育模式：多树种同龄混交林。

经营方式：人工集约经营。

主要措施：选用优良种苗，新造林的初植密度为167株/亩，挖穴规格50厘米×50厘米×30厘米，每穴施钙镁磷肥0.5kg作基肥，实行3年5次（即第1、2年各2次，第3年1次）抚育模式。2009年进行第一次透光伐抚育，保留株数100株/亩。2013年进行第二次抚育间伐，间伐强度（株数）为20%～30%。

培育目标：主要培育乡土珍稀树种大径材，形成经济价值高、生态稳定性强、森林多功能效果突出的阔阔混交用材林。

预期年生长量：树高1.1米，胸径1.2厘米。

三、科技支撑及预期效益

优良种苗使用：采用本地优良种源。

科研成果的应用：GGR－6 号应用于造林技术。

示范总结推广：已总结 GGR－6 号楠木造林的应用，楠木育苗与造林技术。

项目预期效益测算：楠木年生长量树高 0.7 米/年，胸径 0.9 厘米/年。林木生长环境得到显著改善，目标树胸径年生长量超过 1 厘米，比未进行近自然林抚育改造林分提高 85%。

楠木人工混交林（一）

楠木人工混交林（二）

云南省双江县国有林场西南桦大径材培育示范林

一、林分基本情况

树种名称：西南桦（*Betula alnoides* Buch. Ham. ex D. Don）。

林地所有权单位：云南省双江县国有林场。

林地立地指数：18。

树种组成：西南桦。

培育面积：300 亩。

林分起源：人工林。

种植年份：1993 年。

保留密度：50 株/亩。

平均胸径：24.2 厘米。

平均树高：21.6 米。

林分蓄积量：10.2 立方米/亩。

平均年生长量：树高 1.1 米，胸径 1.2 厘米。

二、示范林经营情况

培育模式：人工林集约经营。

主要措施：1 年生营养袋苗造林，初植密度 111 株/亩。造林后连续抚育 3 年共 6 次，其中第一年 3 次、第二年 2 次、第三年 1 次。第 7 年进行透光伐抚育，保留郁闭度 0.7 左右。第 11 年进行第一次抚育间伐，保留郁闭度由 0.9 调整到 0.7 左右。第 16 年进行第二次抚育间伐，间伐强度（株数）25%～30%，保留密度 50～70 株/亩。

培育目标：西南桦大径材。

预期年生长量：树高 1.0 米，胸径 1.0 厘米。

西南桦中龄人工纯林

江西省天台山林场石罗分场国家储备林划定示范片

一、示范片划定情况

1. 划定主体：本次划定主体是江西省崇义县天台山林场，县林业局主要负责组织技术指导和质量监督。

2. 划定面积：示范片总面积 238 亩。

3. 林地地点：崇义县天台山林场石罗分场横坑工区 6 号小班。

4. 立地指数：14 以上。

5. 树种组成：10 阔。

6. 林分起源：天然林。

7. 栽植年份：林龄 40 年。

8. 混交模式：天然混交。

9. 保留密度：45 株/亩。

10. 平均胸径：30 厘米（最大胸径 45 厘米）。

11. 平均树高：20 米（最高树高 26 米）。

12. 示范片林分蓄积：7254 立方米。

13. 示范片年均生长量：0.75 立方米。

二、示范片经营保障情况

1. 培育目标：到 2018 年，亩平胸径达 32 平方米/亩，平均树高 21 米，亩平蓄积达 36 立方米/亩；到 2023 年，最终保留株数每亩 40 株左右，平均胸径 36 厘米以上，平均树高 23 米，亩平蓄积量达 45 立方米/亩以上，并形成稳定的复层林结构。

2. 培育模式：复层异龄林。

3. 经营方式：现有林改培。

4. 主要措施：采取"开通一条路，砍掉霸王树，调整疏密度，留下目的树，封山加管护"的措施，即开通公路后，除樟、楠、南酸枣等珍贵树种禁伐外，其他兜径 40 厘米以上的霸王树和成、过熟林全部砍掉，并捡净木材和纤维材；第二步遵循"砍劣留优、砍密留稀、砍萌留实"的原则，调整林分结构和均匀度，捡净小径木材和纤维材，形成多树种混交林；第三步斩杂抚育和林间空地补种；然后全面进行封山，封山 8～10 年后，再安排一次抚育间伐、密度调整，建立"两层林"的循环经营模式。通过更新，促进增产增效，培育大径材林分。

5. 预期生长量：林木年生长量达 0.9 平方米。

6. 种苗使用：补植补造苗木采用本地优质种源，全部选用一类苗木上山造林。

7. 技术使用与推广：大力推广应用了"开通一条路，砍掉霸王树，调整疏密度，留下目的树，封山加管护"的天然阔叶林改培技术。

8. 预期效益：平均实现产值40000元/亩以上。

三、示范片图片

图1 楮树等珍稀大径级国家储备林划定示范片标识牌

图2 楮树等珍稀大径级国家储备林划定示范片

图3 楮树等珍稀大径级国家储备林划定作业现场

河南省商城黄柏山国有林场国家储备林划定示范片

一、示范片划定情况

1. 划定主体：河南省商城黄柏山国有林场。

2. 划定面积：1450 亩。

3. 林地地点：国有商城黄柏山林场九峰尖林区 6 林班 12 小班(515 亩)、13 小班(450 亩)、14 小班(485 亩)。

4. 立地指数：15。

5. 树种组成：黄山松纯林。

6. 林分起源：人工林。

7. 栽植年份：1975 年。

8. 混交模式：单层同龄林。

9. 保留密度：70 株/亩；(初植密度 380 株/亩)。

10. 平均胸径：21.2 厘米(其中最大胸径 34.5 厘米)。

11. 平均树高：13.2 米(其中最大树高 14.8 米)。

12. 示范片林分蓄积：16.6 立方米/亩。

13. 平均年生长量：树高 0.5 米，胸径 0.6 厘米。

二、示范林经营保障情况

1. 培育目标：培育黄山松大径材，形成营林生产集约化、经济效益显著的针叶大径级用材林，短期实现林木生长和林地利用最大集约化。

2. 培育模式：黄山松人工单层同龄林。

3. 经营方式：人工林集约经营。

4. 主要措施：采用 2 年生移植苗造林，初植密度 380 株/亩。造林后连续抚育 3 年共 5 次，其中第一年 2 次、第二年 2 次、第三年 1 次。第 7 年进行第一次抚育(透光除萌修枝抚育)，保留株数 320 株/亩，保留郁闭度 0.7；第 11 年进行第二次抚育间伐，保留 260 株/亩，保留郁闭度由 0.9 调整到 0.7 左右。

5. 预期生长量：树高 0.5 米/年，胸径 0.6 厘米/年。

6. 种苗使用：采用黄山松母树林基地优良种源。

7. 技术使用与推广：黄山松是鄂豫皖一带栽植的优良的珍叶树种，材质优良、经济价值高、开发利用前景广阔，结合 1978 年河南省林业规划院和黄柏山林场联合开展的"黄山松人工林间伐试验综合效益研究"课题得出的黄山松研究数据成果及营林指标，采用人工林集约经营模式，定向培育黄山松大径材技术。目前，应用该技术体系在黄柏山及周边乡村大面积人工栽植培育黄山松人工林面积达 12 万亩。

8. 预期效益：一是提高了林分质量和经济效益。可大大提高黄山松的商品材径级，生产大比例的中大径级材；二是经过多次连续抚育经营，显著改善了林分环境，促进了林木的生长。目前，林分平均高 13.2 米，平均胸径 21.2 厘米，最大胸径为 34.5 厘米，蓄积量 16.6 立方米/亩。三是实现了持续经营，森林生态系统的健康度和稳定性大幅提高，生态、经济和社会效益非常显著。

三、示范片图片

图 1 黄山松大径级国家储备林划定示范片标识牌

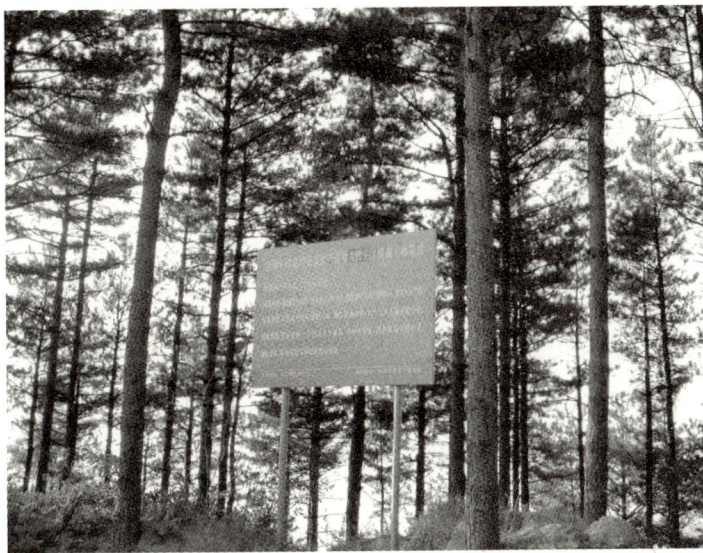

图 2 黄山松大径级国家储备林划定示范片培育模式现状

广东省西江林业局仙菊林场国家储备林划定示范片

一、示范片划定情况

1. 划定主体：广东省西江林业局仙菊林场。

2. 划定面积：682 亩。

3. 林地地点：广东省西江林业局仙菊林场茶塘工区 7、16 小班。

4. 林地立地指数：19。

5. 树种组成：火力楠。

6. 林分起源：人工林。

7. 栽植年份：1983 年。

8. 混交模式：火力楠纯林。

9. 保留密度：80 株/亩。

10. 平均胸径：20 厘米（其中最大胸径 28.2 厘米）。

11. 平均树高：13.8 米（其中最高树高 16.2 米）。

12. 分树种蓄积量：5123 立方米。

13. 平均年生长量：树高 0.5 米/年，胸径 0.6 厘米/年。

二、示范片经营保障情况

1. 培育目标：长期火力楠大径材。

2. 培育模式：珍贵树种大径材培育。

3. 经营方式：集约经营。

4. 主要措施：前三年每年割灌除草各一次，强度 100%；前两年追施复合肥，2kg/株，在春季进行。

5. 预期生长量：0.8 立方米/年，胸径 1.0 厘米/年。

6. 优良种苗使用情况：采用本地优良种源。

7. 科研成果的应用：前期采用针阔混交，形成良好干形。示范总结：采用杉阔混交造林，前期能为杉木的生长提供一定的荫庇环境，促进杉木生长，阔叶树也能减少病虫害的发生，形成良好干形；20~30 年后当阔叶树的生长抑制杉木时，将杉木间伐，形成阔叶纯林，再经两次疏伐，培育优质大径材。在树种连作地力衰退的林地尤其适合这种模式。

示范推广：在 20 世纪 80 年代，西江林业局各林场在科研院校的配合下不同程度开展这方面的研究尝试，总结了不少的经验。目前，这种经验营模式已在全局推广应用，仅 2012 年就有 3000 多亩。

8. 项目预期效益测算：一是提高了林分质量和经济效益。充分利用不同树种不同时期的生物特性，缩短优质材的培育周期，总体经济效益比一般针叶纯林或阔叶纯林有较大的提高。二是调整了树种结构。林木生长环境得到显著改善，地力得到恢复，目标树胸径年生长量超过0.6厘米，比阔叶纯林分提高80%，有利于培育大径级用材林；森林生态系统的健康度和稳定性大幅提高，生态、经济和社会效益非常显著。

三、示范片图片

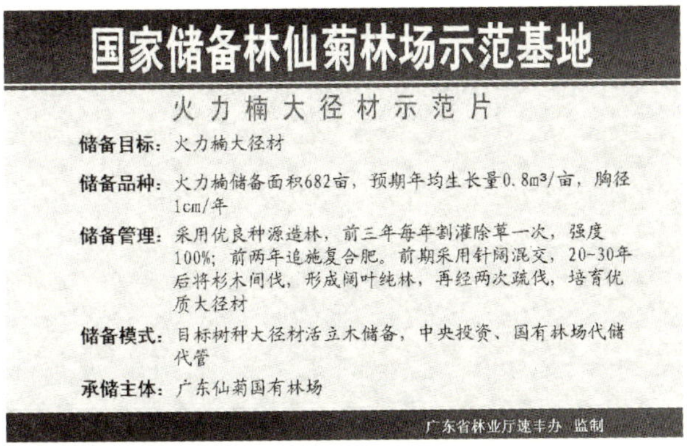

图1　火力楠大径材国家储备林划定示范片标识牌

图2　火力楠大径级国家储备林划定示范片

图3　火力楠大径级国家储备林划定示范片

二、世界银行贷款项目案例

河北靠世行贷款发展杏扁　带动了一方经济发展

河北省张家口市涿鹿县历史悠久，是"华夏三祖"圣地。五千年前，黄帝、炎帝、蚩尤在这里征战、融合，这块土地便逐渐有了"中华第一帝都"的美誉。该县 1999 年开始实施"世界银行贷款贫困地区林业发展项目"，到 2004 年底结束。从项目实施到现在，十多年过去了，世行项目的成效日益显现。项目区农民选择的栽植山杏，发展杏扁产业的道路越走越宽，老百姓的收入逐年增加，带动了一方经济的持续发展。

涿鹿县世行项目区属于典型的冀北丘陵干旱区，土地贫瘠，农民基本上靠天吃饭。降水多的年份农民的收入会高一些，如果遇到干旱，粮食减产绝收，农民的温饱问题都难解决，根本谈不上生活品质，更谈不上享受生活。为了开辟生活来源，过去该村曾经发展过杏树栽植，但是由于栽植面积小，没有形成规模，加之管理粗放，杏扁产量低，经济效益差。

刚开始实施世行项目时，涿鹿县林业局世行办公室的干部职工实行包乡包村包户制度，吃住在老百姓家里，动员和指导农民参与项目。项目启动的第一年就在大堡镇、栾庄乡、矾山镇、卧佛寺乡等乡镇完成杏扁栽植 28500 多亩，为全县杏扁规模种植奠定了基础。

根据形势发展，涿鹿县政府为健康推进杏扁产业发展，印发了《加快杏扁产业发展的意见》，明确了杏扁的发展目标、工作重点和相关措施，进一步明确了关于大力发展杏扁产业的相关意见和措施，从而在发展县域经济、特别是促进贫困地区农民增收等方面发挥了积极作用。

为了推进工程区杏扁产业化，建设具有一定规模的生产基地，使项目区杏扁产业发展实现基地建设规模化、龙头企业集群化、生产经营市场化和综合服务社会化，涿鹿县采取了以下几项措施：一是认真严格按着世行贷款造林项目的原则办事，打好组织建设的基础，成立由政府县长任组长，有关乡镇和业务部门为成员的杏扁产业开发工作领导小组，全面负责工程区杏扁产业开发的组织协调工作，调整充实了行政领导人员和专业技术人员，专门负责杏扁产业开发有关具体事务和技术服务，统筹解决项目区乡镇、村以及农民群众种植杏扁过程中遇到的难题。二是注重宣传、引导和培训工作。为了促进杏扁产业在项目区同步推进，县林业局多次组织村干部和村民代表到发展快的辉耀乡实地观摩，开阔视野，借鉴经验，不断启迪和完善杏扁产业开发建设思路。三是加强实用技术的普及，推行杏扁密植栽培，无公害标准化生产。项目区所建的杏园普遍提高了产量，同时也保证了果品质量安全。四是加大杏扁基地建设力度，典型带动发展。该县精心培育了矾山镇北坡、辉耀石门沟及大堡镇等 5 处杏扁集中种植区，被省政府确定为"省级农产品加工示范基地县"。五是加强科技培训，提高杏扁管理水平。林业局技术人员积极深入到各杏扁生产大区，培训杏扁的花期管理技术、整形修剪技术和病虫害防治技术，提高了农民杏扁生产的管理技能。项目实施后，根据杏扁的生物学和生态学特性，在不同的生长季节，如早春修剪、开花、结果以及各个时期的病虫害防治方面都举办技术培训班。以 2012 年为例，林业科技人员到项目区举办各种类型的培训班 25 场次，印发技术资料 5000 余份，受训人员达 0.6 万人次。积极开展杏扁防霜冻措施的推广。杏扁的花期霜冻是制约杏扁产业发展的瓶颈。为了保持杏扁栽培的生态效益，必须将提高其经济效益放在首位。河北省林业技术推广总站在该县开展了"防除杏扁花期霜冻综合技术示范与推广"项目，同时，县政府制定了"杏扁防霜冻应急预案"，提高了杏扁防霜冻紧急反应能力，实现了迅速、高效、有序地采取杏扁防霜措施，最大限度地降低了霜冻危害，提供了政策和制度的保障。扎实有效地推动了杏扁防霜冻工作。在 2012 年的杏扁防霜冻工作中，项目区实施了"万亩杏扁防护林建设""百里薰烟增温"和"万亩嫁接改造"三大工程，杏扁防控面积达 5 万多亩，实现了有效的防护效果。六是筹建杏扁生产协会，狠抓产业扩张。涿鹿县积极发挥杏扁专业合作社的有生力量，项目区共有杏扁专业合作社 4 家，正在动作和筹建的杏扁农民专业合作社 2 家，2012 年，由杏扁专业合作社牵头进行杏扁加工销售杏仁（杏核）达 800 吨，占项目区杏扁产量的 16% 以上，带动农户 1000 多户，从而有力地促进了杏扁生产者直接走向市场，参与全国的市场竞争。

该县的大堡镇蟒禅村地处丘陵区，全村总耕地面积 2450 亩，总人口 282 人，主要种植谷黍、土豆及豆类等农作物，由于耕地全部为陡坡山地，穷乡僻壤，当地人们形象地称为"墙上挂地图"，产量很低，收入微薄，人均年收入 1150 元，每年除了春季春播开支以外，可支配收入微薄，个别农户还得靠政府救济、帮扶维持生活。1999 年该村实施世行贷款扶贫林业项目后，全村大部分土地上都栽植了杏树，通过县林业局技术人员的指导以及老百姓的精心管理，现在杏树长势良好、枝繁叶茂、挂果率高、品质优、产量高、效益好，现在人均年收入 2120 元，几乎比项目实施前翻了一番，村民的生活得到了极大的改善。由于村庄坐落偏僻，过去出门靠步行，现在各家各户几乎都买了摩托车，赶集上店也方便了，购物和销售果品也方便了。由于钱多了，做生意的小贩经常光顾这个过去几乎没人来的小山村。无论做蔬菜生意还是服装、水果生意，只要去了就有生意可做。人们说，蟒禅寺人富裕了，靠的是那年用世行贷款的钱发展起来的。

今天，涿鹿县世行项目区已经成了全县最大的杏扁集散地，形成了产加销一条龙、贸工农一体化的产业化格局，杏扁成为世行项目区主导产业之一，杏仁产量达到 5000 多吨。杏扁的社会产值 1000 多万元，杏扁产业的产值已占乡镇农业总产值的 30%，项目区杏扁加工、购销企业发展到 5 家，年加工能力达到 2000 吨，实现增值 1000 万元。

涿鹿县通过世界银行贷款贫困地区林业发展项目发展杏扁产业，不但增加了项目区的林木覆盖率，增加了老百姓的经济收入，为老百姓带来了实实在在的实惠。当地人说起这些事情的时候常常说，世行贷款林业项目就像一个杠杆，撬动了涿鹿县杏扁产业的快速发展。

（河北省林业外资项目管理中心冯小军，河北省涿鹿县林业局董石柱、杨慧忠）

山西省中阳县世行贷款
贫困地区林业发展项目案例

基本信息

项目名称：中阳县暖泉镇正卜咀村世行贷款贫困地区林业发展项目。

省/自治区/直辖市：山西省。

项目目标：发展林业促进农户脱贫增收。

项目资金来源：世行贷款和国内配套。

实施日期：1999~2005 年。

案例研究提供者：任元英。

摘　要

中阳县暖泉镇正卜咀村世行贷款贫困地区林业发展项目已经成功实施，其目标是发展林业促进农户脱贫增收。在项目建设期间，主要处理好自主发展与世行导向、科学栽植与严格管护、当前发展与可持续发展之间的关系，充分利用世界银行贷款项目的优势，推动中阳县乃至黄土丘陵沟壑区山地经济林业发展，实现经济、社会、生态三方面效益共赢。

一、原先的发展挑战

中阳县暖泉镇正卜咀村位于县城西部 40 千米处，该村梁峁起伏，沟壑纵横，属典型的黄土丘陵沟壑区，自然条件恶劣，水土流失严重。全村共有 46 户 198 口人，传统农业和外出务工为群众主要收入来源，大部分村民长年累月生活在温饱线上，脱贫致富成为当地政府和全村老百姓的头等大事。

二、项目设计

1999 年，世行贷款《贫困地区林业发展项目》在正卜咀村开始实施，在县、镇各级政府的指导支持下，村委组织村民采取自主自愿的形式开展了项目的建设，全村有 44 户贫困户190 口人参与了项目的实施，共参与项目造林 300 亩，全部为优质核桃。如今参与项目造林的 300 亩核桃树生长旺盛，已全部挂果受益，正常年份亩均核桃产量 180 千克，亩均产值达5400 元，项目造林已成为大部分村民经济收入的主要来源。

三、项目交付

为了使农民群众了解种植优质核桃的好处，县镇两级政府支持村委利用传单、广播等形式大力宣传，还成立了领导小组，包组到户，与农民沟通，营造发展优质核桃的氛围，动员全村农民积极投入到项目建设中来。

在世行贷款资金不足的基础上，县财政加大了核桃建设资金的投入力度。对新栽核桃每亩每年补助 400 元，对评为县级核桃示范园的每亩每年补助 100 元；对核桃地套种低秆作物的，除享受国家粮食直补政策外，再给予 50% 的累加补贴；对购买挖坑机、微耕机等林果业机械的，除享受国家农机补贴政策外，再给予 10% 的累加补贴。

在项目建设的同时，该村积极争项目、筹资金，努力完善基础设施建设，先后硬化了村通核桃园区路 6 千米，实施了旱井集雨工程，建设旱井 120 眼，全村核桃园区基础设施条件得到了大力改善，大大激发了村民栽种核桃的积极性。

为实现项目造林"在持续发展和参与的基础上，发展森林资源，改善生态环境，加快脱贫致富"的造林宗旨，该村采取了一系列措施：一是对苗木精心栽培选择。结合当地的气候条件、土壤性质，选择了晋龙、晋丰两种适合当地生长的核桃品种进行种植。苗木调运由镇政府聘请林业技术人员把关，要求苗径达到 1.2 厘米，在运送苗木过程中要防止受损；栽苗木时，要在水中浸泡 8 小时左右，做到"根展、苗正、栽紧、踏实、不窝根"。二是对新栽树苗进行科学管护。扒土放风，确保苗木不受早霜危害；浇水覆膜，保证土壤墒情；修筑苗木禁耕带，组织农民对幼树进行中耕、除草、剪枝、定干、追肥、病虫害防治，确保幼树正常生长。在黄土冷凉地块选用晚实品种，在黄土丘陵地块选用早实品种。在树苗栽植上，严格按照春季整坑、夏季蓄水、秋季栽植的要求进行。三是加强核桃林管护力度，聘请县技术人员采用传、帮、带的形式进行核桃树的整形修剪并实地培训种植户，通过多次的培训学习，全村现有掌握核桃管理技术的土专家 80 余人。基本达到全村家家懂技术，户户有能手，大大推动了核桃产业的稳定发展。同时购买了核桃专用肥，采用"专业队和个户施肥"相结合的方法，对现有的核桃树，大树每株施肥 1 千克，小树施肥 0.5 千克，条件好的地块施加了农家肥。

四、取得的成果

（一）经济效益增长

1999 年起，正卜咀村积极参与项目建设，按照村民志愿和项目建设标准要求，高标准、高质量栽植优质核桃，十余年来全村大大受益于世行项目。在项目造林的带动下，全村村民积极参与核桃建设，目前全村核桃栽植面积已达 750 亩，户均 16.3 亩，人均 3.8 亩。2011年核桃产量 5 万千克，全村核桃收入达到 120 万元，其中收入 4 万元以上的有 6 户，2 万元以上的有 26 户，核桃万元户占全村总户数的 80%，人均核桃收入 6000 元，比 1997 年未参与项目前人均收入增长了 5703 元，从根本上改变了农户的生活状况，核桃产业已经成为全村致富的支柱产业，也成为全镇乃至全县核桃产业发展的样板工程。尤其是一批种植大户，参与项目后，认真学习实践综合丰产管理技术，全面管理管护核桃树，取得了喜人的成果。村民杨银元是施肥专家，他管护的核桃新梢年平均生长量达到 61 厘米，近三年平均亩产量达到 186 千克，亩收入达到 5580 元。村民杨照元是修剪高手，他管护的核桃新梢年平均生长量达到 56 厘米，近三年平均亩产量达到 178 千克，亩收入达到 5340 元。

（二）社会效益明显

项目实施后，农户们参与项目，耕地减少了，剩余劳力增加了，全村有160多个青壮年在外打工，人年均收入达到15000元。由此可见，项目的实施不仅仅可以让农户从项目中获得直接利益，更加可以通过项目效益间接受益，充分说明这一项目建设是深得人心的。

（三）生态效益良好

项目实施后，正卜咀村以往的荒山秃岭基本被大片的核桃林所覆盖。有效地保持了水土，基本达到水不下山、土不出沟的治理效果，生态环境得到明显改善，成为全县生态保护的真实写照。

（四）可持续性和可靠性

正卜咀村世行贷款林业发展项目的成功实施，给全县乃至黄土丘陵沟壑区发展山地林业提供了良好典范。所属的暖泉镇建成涉及9个村委15个自然村的万亩核桃生态园区，现有优质核桃林16500亩，其中挂果面积12000亩，2011年园区核桃产量47.5万千克，园区人均单项收入近1000元。2005年，县委县政府认真总结正卜咀村林业增收、农民致富的新思路，在分析县情、反复论证的基础上，果断将核桃确定为全县农业的主导产业，并以每年筹资1000余万元以上新栽1万亩、嫁接改造1万亩的力度推进，到2012年全县核桃面积达到20万亩，实现山地核桃林全覆盖，所有核桃园区全部实现道路硬化绿化、旱井集雨配套，如今的中阳核桃建设及管理管护经验已成为全省兄弟县市学习的样板与楷模。

（五）经验和教训

总结正卜咀村世行贷款林业发展项目实施以来的做法，最重要的就是两点：一是要尊重农民意愿，要让农民认识到项目实施对自身带来的切身好处，特别要注重典型引路，通过培养核桃大户、宣传核桃大户，通过活生生的事例教育引导民众，让民众自发参与项目实施。二是要强化后续服务，要将更多的精力投入到核桃管护、核桃增产上，组织技术员采取"以聘代训"形式为农民修剪核桃树，并帮助农民掌握核桃管护修剪技术。同时要大力推行"企业＋基地＋农户"的经营模式，使其形成紧密的利益共同体，从而形成市场托企业、企业带基地、基地连农户的产业发展链条。

（山西省中阳县林业局高红丽）

安徽省世行贷款"国家造林项目"案例

基本信息

项目名称：安徽省世界银行贷款国家造林项目。

项目目标：广泛筹集资金，建设集约经营人工林，缓解木材供需矛盾，维护和改善生态环境，提高林业经营管理水平。

项目资金来源：项目总投资 2.83 亿元人民币。其中：世行信贷 1695.6 万个特别提款权（SDR）（折合人民币 1.75 亿元）；国内配套资金 1.08 亿元，其中：省级财政配套资金 0.33 亿元，县级财政和育林基金配套资金 0.31 亿元，造林单位劳务投入折抵 0.44 亿元。

实施时间：1990 年 8 月至 1997 年 12 月。

案例研究提供者：安徽省林业外资项目办公室。

摘　要

为缓解森林资源短缺和生态保护的双重压力，安徽省利用世行信贷资金建设 9.73 万公顷集约经营人工林，通过加强项目机构建设，建立规范的财务管理制度、全面的质量管理和有效的科技支撑体系，选用优良的种植材料，制定科学的环境保护规程，项目实施取得了显著的生态、经济和社会效益，促进了森林资源的培育，促进了科技兴林的进程，促进了林业管理水平的提高，促进了林业的对外开放。

一、原先的发展挑战

自 20 世纪以来，由于过量采伐和过度开发利用，安徽省森林资源遭到持续破坏，可利用的森林资源逐渐萎缩。到 20 世纪 80 年代末，安徽省森林面积为 226 万公顷，森林覆盖率为 20.09%，森林蓄积量为 9487.9 万立方米，单位面积蓄积为全国平均水平的 49.5%，人均林地面积 0.044 公顷，人均蓄积量 1.84 立方米，相当于当时全国平均水平的 41.6% 和 18.6%，皖南和大别山两大林区的森林面积呈逐步减少趋势，森林生态环境日益恶化。同时，由于社会经济发展，木材需求量增长较快，木材供需矛盾日显突出。面对资源短缺和生态保护的双重压力，20 世纪 90 年代初，安徽省政府决定利用世界银行贷款建立高标准、高质量、高产出的集约经营人工林，加速培育后备资源，缓解木材供需矛盾，扭转森林资源危机，让天然林休养生息，积极保护生态环境，推动林业由粗放经营向集约经营转变，全面提高林业经营管理水平。

二、项目设计

（一）项目具体目标

营造 7 万公顷集约经营人工林。

开发优质种植材料，推广容器育苗等育苗新技术。

开展全面的技术培训，推广应用先进科技成果。

设立环境保护监测点，积极落实环境保护措施。

（二）项目主要创新

实践并传播了可持续发展理念，在转变发展方式上实现引领与突破。项目着力改进森林资源培育和管理手段，实现人工林建设由数量型、粗放型向效益型、集约型转变。积极加强与社区的互动，提高林农参与项目的意愿和对项目可持续发展理念的认识，增强社区自身"造血"功能和持续发展能力。

建立并拓展了科技支撑体系，在推进科技兴林上实现引领与突破。落实项目管理、科研、财务、生产"四位一体"，坚持以科技为先导，用科学技术推动项目按照高标准、高质量的要求实施，成为全省科技兴林的样板工程。

建立并创新了科学管理机制，在强化项目管理上实现引领与突破。在项目实施中吸收、建立并完善了项目招标制、提款报账制、年度审计制、参与式管理、后评估等管理制度。项目成功的管理模式被引入到其他重点林业工程建设中，取得了明显成效。

探索并提供了森林经营示范，在可持续经营方式上实现引领与突破。项目积极借鉴了国际上森林经营的先进理念和技术，总结推广项目区群众创造出来的森林经营抚育的好经验、好做法，为全省开展森林经营提供了理论依据和良好示范。

（三）项目参与机构

项目主办单位：安徽省林业厅。

项目承办单位：安徽省林业外资项目办公室。

项目建设单位：黄山市的祁门县、黟县、休宁县、歙县、黄山区、徽州区，宣城市的郎溪县、广德县、泾县、绩溪县、旌德县、宁国市、宣州区，池州市的东至县、石台县、青阳县、贵池区等 17 个县（市、区）。项目区均位于皖南山区，自然条件优越，土地资源丰富，交通较方便，劳动力充裕，经济基础较好，林业技术力量较强，具有长期、丰富的人工林经营经验。

项目设计单位：安徽省林业调查规划院，具备林业工程咨询和工程设计甲级资质的单位。

三、项目交付

（1）建立健全的项目管理机构。为做好项目的准备和顺利实施，省政府和相关项目市、县专门成立了由政府分管领导任组长，发改委、财政、林业、审计、科技、扶贫、妇联等有关部门负责人参加的林业世行项目领导小组，负责研究决定项目建设的方针、政策，协调解决项目重大问题。在省林业厅和项目市、县林业局专门组建了项目办公室，具体负责项目的组织实施工作。建立起组织保障、计划制定、资金和财务管理、种苗供应、质量检查、科技推广、环保监测、信息系统八大支持体系，建立了一套上下联动、完整的项目管理架构，为项目顺利实施提供了组织机构保障。

（2）建立规范的财务管理制度。省、市、县和施工单位层层签订责、权、利明确的《转贷协议》《造林合同》，增强项目实施单位的"质量意识""效益意识"和"还贷意识"。项目财务管理严格实行"省、市、县、乡四级管理"和"省、市、县、乡、村（林场）五级核算"的财务与资金管理制度。以资金为手段进行质量调控，项目实行报账制。严格执行"三表一合同"报账手续，较好地发挥了资金杠杆的调控作用，保证了项目建设稳步推进。

（3）建立全面的质量管理体系。坚持质量第一的原则。首先是严把选地关，做好立地控制；其次是严把设计关，以造林总体设计为基础，做好年度造林作业设计；第三是严把监督关，造林前进行施工队伍培训，造林时技术人员跟班作业，进行技术指导与监督，造林后采取"分工序检查验收和分级检查验收"相结合的方法，进行严格的检查验收。

（4）选用优良的种植材料。制定"项目苗圃管理规程"和"项目种植材料开发计划"。项目种植材料开发严格执行"定点采种、定点育苗、定向供苗"的"三定"原则。认真抓好项目示范苗圃、中心苗圃和临时苗圃建设，为每个苗圃提供技术辅导和科技支撑。项目造林良种使用率达97.8%，一级苗使用率达97.9%，造林成活率和生长量两项指标综合达标率达93.4%，项目竣工时一、二类林面积占97.8%。

（5）组建有效的科技支撑体系。专门组建了由省内科研院校各学科一流专家、教授组成的项目科技推广支持组，作为项目科技支撑单位。组建了不同类型的科研推广与培训课题组，开展科技培训推广活动。共举办各类技术培训班1100多期，培训4.2万名技术人员和林农。建设各类示范林47公顷，让林农"看得见、摸得着、学得了"。开展了20项实用技术的研究推广，使项目科研成果转化率达85%以上，项目科技普及率达95%以上，科技对项目建设质量的贡献率达55%。

（6）制定科学的环境保护规程。制定了《安徽省"国家造林项目"环境保护规程实施细则》。把环保工作贯穿到项目营林活动全过程。配置"水土保持带、生物防火林带、作业道"为主体的环保措施，保持生物多样性，项目环保措施合格率达98.1%。

四、取得的成果

国家林业局赵树丛局长在2011年召开的"全国林业利用国际金融组织贷款工作会议"上指出"安徽省把世行贷款项目作为林业的重点工程，放到促进区域经济又好又快发展的大局中去谋划，放到林业转型发展中去把握，工作很有成效，保障了生态和木材安全，增加了森林资源储备，促进了减贫增收。"这是对安徽实施世行贷款林业项目成就的最好解读。

（1）显著的生态效益。通过项目的实施，使项目区森林覆盖率提高了3.25%，有效地改善项目区生态环境，保护现有森林资源，为野生动物提供了生存环境和繁衍场所，增强森林调节气候、涵养水源的功能。据测算，项目林可减少7437万吨土壤流失，蓄水4.06亿吨，减灾效益可达2.14亿元，增加了碳汇。

（2）可观的经济效益。由于项目实施期间的汇率变化，项目累计完成造林9.73万公顷。项目林可累计生产木材1470万立方米，总收入将达80.47亿元，净收入可达36.38亿元，还本付息后内部收益率为18.29%。

（3）广泛的社会效益。项目累计投入劳动力 10.96 万工日，每年提供 1.5 万工日的就业机会；通过林业科技的下乡、进村、入户，举办各类培训及项目实践的锻炼，提高了林业从业人员的经营管理素质和技术水平，促进了项目区整体林业经营水平的提高，为林业可持续发展增添后劲。有力地促进了同期安徽省政府实施的"五年基本消灭荒山、八年绿化安徽"造林绿化规划的如期完成。

（4）促进了森林资源的培育。项目共营造的 9.73 万公顷速生丰产用材林，对缓解安徽省木材供需矛盾、减轻天然林资源利用压力、有效保护现有森林资源，具有十分重要的战略意义。

（5）促进了科技兴林的进程。按照项目技术标准所规定的技术要领，结合实际情况，实行集约经营，科学管理，造一片，成一片，促进了全省科技兴林的进程。

（6）促进了管理水平的提高。通过项目实施，对改变林业粗放经营的传统模式，以及将项目管理办法和技术措施推广应用到其他工程造林，都起到了不可替代的作用。

（7）促进了林业的对外开放。项目是安徽省首次大规模利用世行贷款造林的建设项目，世行官员和专家多次考察项目现场，项目成功的合作模式和实施取得的显著成效引领了安徽省林业的进一步对外开放。2009 年 9 月 3 日，时任世行行长佐利克先生在池州市青阳县沙济林场实地考察安徽省国家造林项目时指出："安徽的经验取得了示范效应。"在世行造林的国际舞台上为安徽争得了一席之地，为安徽、为中国在国际上树立了良好形象。

五、项目的可持续性和可靠性

世行贷款"国家造林项目"开创了安徽省大规模利用外资的先河，以此为开端，截至 2013 年 6 月底，安徽省先后实施 5 期世行贷款林业项目，利用世行资金 1 亿美元，营建多功能人工林 35 万公顷，为安徽林业健康、快速、持续发展注入巨大活力，为其他林业工程项目的实施提供了有益借鉴。

林业项目经营周期长，在项目实施期结束后，要经过漫长的管护和经营期后才能最终收益，项目林的后期管理工作，将直接影响项目造林成败和建设目标的实现。为了实现项目建设目标，安徽省认真整合组织、行政、政策、技术、资金等资源，积极做好项目的后续管理工作。

一是加强项目后续组织。各级政府始终高度重视对项目后期管理工作的领导，项目领导小组继续发挥组织协调和领导决策作用，统一各方面的思想认识，使组织、行政、政策、技术、资金形成合力，各级项目单位继续保留项目管理机构，并配备必要的和稳定的工作人员。

二是认真抓好抚育管护。各级项目办按造林小班制定后续经营方案，认真做好抚育、间伐、修枝、施肥等技术指导工作，适时开展项目林抚育活动，巩固和提高项目造林成果。

三是整理完善项目档案。项目完成建设期工作后，及时整理完善与项目实施有关文件资料，保证项目文件资料准确、完整，长期完好保存。

四是后续工作归口管理。项目竣工后，各地及时将项目林的后期培育和管护工作归口管理并提供相应的服务，确保项目建设目标的实现。

五是切实抓好项目还贷。建立健全还贷准备金制度，建立还贷激励和约束机制，确保按时足额偿还世行贷款到期债务。

六是积极应对自然灾害。2008年初，中国南方遭遇特大雨雪冰冻灾害，及时制定了项目林"雪灾补救技术措施"，提出了针对性的补救意见。财政部对遭受雨雪冰冻重度灾害的世行项目债务进行减免，安徽省共减免"国家造林项目"本息合计2000多万元。

七是享受生态补偿政策。国家造林项目部分项目林，因国家林业政策变化调整，被划入生态公益林范围，财政和林业部门及时减免或挂账世行贷款债务，享受生态补偿政策。

八是改革完善采伐政策。单独编制项目林森林经营方案，实行项目林抚育间伐和主伐优惠政策。

九是推进林权制度改革。坚持"谁造谁有"的林业政策，引导项目单位和个人进行林地、林木合法有效流转。

六、经验和教训

增加森林资源、改善生态环境、帮助农民增收致富，是实施好世行项目的原动力。

政府高度重视、部门密切配合、专家悉心指导、群众积极参与，参与式管理办法贯穿于项目全过程，确立机制与技术措施并保证其落实，是实施好世行项目的支撑与保证。

从实际出发，借鉴、吸收与创新，是实施好世行项目的科学精髓。

科学化、市场化、实用化、制度化，是实施好世行项目的前提。

〔安徽省林业厅外资办（速丰办）〕

福建省实施世行贷款"国家造林项目"
推进人工造林生态化管理

为加速速生丰产用材林基地建设步伐，大力培育后备森林资源，缓解木材供需矛盾，推进林业产业体系和生态体系建设，福建省于1991年正式启动实施了世行贷款"国家造林项目"。项目计划总投资22051.5万元，其中世行信贷2149.5万个SDR（约合2803万美元，13233.5万元人民币），配套资金8818.0万元。实际完成项目总投资3.66亿元，其中世行信贷2.03亿元（折3047.21万美元，2136.88万个SDR），国内配套1.63亿元。项目分布在5个市25个县（市、单位），共营造速生丰产用材林185万亩，于1998年完成建设任务，并顺利通过竣工验收。

福建省在世行贷款"国家造林项目"实施中，推广了全面质量管理方法，建立了组织机构、科研推广、良种壮苗、质量监测、财务管理、环境保护、计划管理、信息系统等8个质量保证体系，确保了项目造林质量。项目林的各项生长量指标均达到或超过部颁、省颁标准，被林区群众誉为"人工林精品"，世行官员在竣工验收时指出："福建省项目林是我们所见的最好的项目林"，他们认为："世行项目只要能达到世行评估报告（SAR）的评估目标就可以认为是非常成功的项目，而福建省的世行造林项目超过（SAR）的10%~20%，这是非常了不起的成就。"在对福建等3个省份的竣工检查验收后，世界银行对中国"国家造林项目"的综合评价为"十分满意"。

世行贷款"国家造林项目"的成功实施，达到了五个促进的目的，即促进了速生丰产林基地建设，促进了林业管理水平的提高，促进了科技兴林的进程，促进了林业对外开放和对外合作，促进了林业经济实力的增强。而人工造林全面落实环境保护措施更是世行贷款造林项目的杰作，对改进福建省人工林栽培模式、维护和恢复地力、保护自然生态环境产生深远的影响。

一是引进了人工造林重视环境保护的先进理念。在实施世行贷款"国家造林项目"前，在人们的脑海里，造林、绿化几乎是保护环境的代名词，根本还没有人工造林要落实环境保护措施这个概念。表现为：造林树种单一，针叶化严重，被形象地称为只种"两棵树"；在幼林抚育时特意把天然散生的阔叶树全部劈除，以保持造林树种的整齐单一；造林植株采取正方型排列，目的是从山下看林木一列列比较整齐，但对造成的地表径流量增加和水土流失缺少考虑。而世界银行对人工造林营林过程中可能造成的环境破坏十分关注，要求在项目造林中全面落实环境保护措施，在国际开发协会与我国政府签订的《开发信贷协定》中明确提出："在丰产林中，贯彻环境保护规程，包括：保持生物多样性、树种混交、病虫害防治、水土保持、防火和监测"，强调"人工林的营造和维护应按照林业部颁布的《造林环境保护规程》和国际开发协会可接受的环境标准和惯例"；对项目造林地的选择有严格的限制，规定："如该立地属以下情况的，不得选作用于项目中营造人工林：（a）造林地的林木覆盖率在30%以上，现有人工林除外；（b）对借款人来说有着历史和文化意义的；（c）是稀有动、植物栖息的地区"。

实施世行贷款"国家造林项目"，使各级林业主管部门第一次意识到人工造林也要采取有效的环境保护措施，而且由于世行官员、专家每次到福建省考察，都把项目造林落实环境保护措施情况作为检查的重点，这对各级项目办的促动很大，感到项目造林不抓环境保护不行。为了保证项目造林严格遵守环保规程，福建省充分利用报账这一经济杠杆，规定不符合环保规程的小班不予报账。通过多种形式的宣传、培训和经济调控，在项目实施过程中逐步树立起人工造林应重视并落实环境保护措施的这一先进理念，为人工林的科学经营管理提供了新的思路。

二是促进了人工造林落实环境保护措施各项制度的建立和完善。为了做好世行贷款"国家造林项目"的环境保护工作，福建省根据原林业部制订的《中国国家造林项目管理办法》《世界银行贷款国家造林项目造林施工设计工作方法》《中国国家造林项目环境保护规程》《中国国家造林项目环境监测实施方案》《中国国家造林项目组织和管理》和《速生丰产用材林检查验收办法》等技术规程和技术标准，并结合本省实际，制定了福建省《中国国家造林项目环境保护规程实施细则》《福建省省级环境监测样点设置计划》、福建省《中国国家造林项目造林总体设计工作方法》、福建省《世界银行贷款国家造林项目扩充造林总体设计工作方案》、福建省《国家造林项目造林施工设计实施细则》、福建省《世界银行贷款国家造林项目速生丰产用材林检查验收实施办法》《福建省世界银行贷款国家造林项目年度考核评比办法》、福建省国家造林项目《造林（抚育）施工合同书》、福建省国家造林项目《小班质量检查验收卡》、福建省国家造林项目《小班档案卡》、《福建省世界银行贷款国家造林项目森林病虫害监测工作方案》和《福建省国家造林项目林木施肥技术要点》等。在这些管理办法、技术规定和技术标准中，对人工造林营林过程中的环境保护措施提出了具体要求和检查考核办法，有力地促进了福建省世行造林各项环境保护措施的落实，取得了较好的效果。1992年11月，世行检查组在邵武市检查项目实施情况后，在备忘录中写道："林业部世行中心应考虑利用福建省作为国家造林项目造林环保管理的示范模式"。

同时，福建省还开展了《杉木世行贷款造林水土流失监测及试验》《主要造林树种施肥、土壤营养诊断的研究》等科研课题研究，于1991年在邵武、尤溪、泰宁、上杭、武平等县（市）项目林中设立6个环境监测点，努力探索人工造林环境保护的新技术、新办法。通过试验研究和监测结果表明，采取"穴垦整地、品字形排列植穴、沿等高线扩穴连带进行幼林抚育、所除杂草沿等高线堆积于林木行间，形成水土滞留带"的世行造林模式营造的杉木人工林，比传统造林模式即"正方形排列植穴、全垦整地、挖穴、全面劈草翻土"等措施营造的杉木林减少土壤侵蚀量6.08%、水分流失量6.6%、养分（N、P、K）流失量10.36%、有机质流失量10.26%。这些研究成果，为进一步完善福建省人工林环境保护措施提供了强有力的基础资料。

三是推进了人工造林全面落实环境保护措施的进程。世行贷款"国家造林项目"的成功实施，为人工造林落实环境保护措施积累了宝贵经验，形成了一系列人工造林与环境保护有效结合的技术规范和标准，并经实践证明这些技术标准的实施是有效的，不仅减少了水土流失，维护和恢复了地力，而且促进了林分的生长，提高了项目造林的成效。因此，在1995年开始实施世行贷款"森林资源发展和保护项目"时，福建省全面推广了"国家造林项目"环境保护措施，从设计、造林、幼林抚育等环节狠抓环境保护措施的落实，如作业设计时，要求把保护的阔叶树等原生植被与营造防火林带等防护设施在施工设计图上标明，并督促严格按设计进行施工；整地时根据林地植被情况采取相应的清理方式，穴垦整地并沿等高线品字形排列；保留山顶、山脚等原生天然植被，当坡长超过150~200米时，要在山腰保留3~5米原生植被作为水土滞留带；栽植时提倡营造混交林，并在造林同时营造常绿阔叶树防火林带；幼林抚育时要把杂草平铺于林木行间，有意识保留林中散生的天然阔叶幼树。

福建省世行贷款"森林资源发展和保护项目"的环境保护成效，给世行官员、专家留下了深刻印象。2002年，世行竣工检查组来到南靖县永溪采育场杉木项目林进行考察，当看到项目小班的山顶保留的天然阔叶树乔木巍然挺立，山脚人工种植的木荷防火林带结队成群，苍绿青翠的杉木林枝繁叶茂，林隙中一株株形态各异的阔叶幼树嫩叶初绽，形成一派生机盎然的景象时，在场的世行官员和专家赞不绝口，他们对福建省采取的"山顶戴帽、山腰扎带、山脚穿靴"的做法十分满意。当他们来到另一考察点火炬松山场，看到林中樟树、楠木等珍贵树种天然下种的幼树也保护得很好，形成了针阔混存、人工与天然互促的林分结构时，他们对这一经营方式给予充分肯定，检查组组长刘瑾说："我认为这种做法比在人工针叶林中低比例混交阔叶树更为有效"。曾多次到中国考察世行项目林、参加过"国家造林项目"竣工验收的布鲁默先生在谈到对福建省"森林资源发展和保护项目"的总体印象时，非常诚恳地说："我们所看到的林子大部分在山顶、山脚和山中间保留天然森林植被，生物多样性保护很好，这对水土保持、环境保护以及资源培育相当有好处，应该继续运用这些好的方法。"

从1997年开始，福建省又把世行贷款"国家造林项目"的环境保护措施推广到速生丰产林基地建设中。一是针对大量使用农药防治白蚂蚁和化肥的实际，加强了对人工造林使用农药的管理，要求在当地群众直接饮用取水源头的造林地减少或不使用农药，提倡采取机械、物理或生物的方法灭杀害虫；严格执行穴施、覆土等施肥技术要求，坚决杜绝撒施行为，提倡使用有机肥。二是在规划速生丰产林林地时，要求保留山顶、山脚农田边、河边、沟边、悬崖峭壁或具典型小生境等地段的天然植被，从源头上维护生物多样性。三是在树种设计时，提倡营造混交林，保留人工林中天然散生的阔叶幼树。通过这些措施，达到培育树种搭配合理、结构稳定、针阔交错、常绿和落叶镶嵌、珍贵与一般用材交相辉映的人工林，着力提高速生丰产林和工业原料林的生态保护功能。

目前，在人工造林时采取环境保护措施的理念已得到社会的广泛认同，山顶戴帽、沿等高线品字形挖穴、保留林中天然散生的阔叶树和营造针阔混交林等有利于环境保护的营林措施已被广大业主所接受，林业主管部门也将人工造林落实环境保护措施作为管理的重要内容和检查监督的重点。随着全面树立和落实科学发展观的深化，坚持世行贷款"国家造林项目"倡导的人工林生态化管理方法，将有力推进福建省绿色海峡西岸建设。

〔福建省林业厅世行办（速丰办）〕

福建省德化县世界银行贷款
"森林资源发展和保护项目"案例

基本信息

项目名称：德化县世界银行贷款"森林资源发展和保护项目"。

省/自治区/直辖市：福建省德化县。

项目目标：造林 3500 公顷，其中杉木 215.5 公顷，马尾松 420.2 公顷，火炬松 402.7 公顷，阔叶树 249.2 公顷，桉树 55.4 公顷，毛竹新造 391.6 公顷，毛竹垦复 1765.4 公顷。

项目资金来源：计划总投资人民币 1095.4 万元，其中世行贷款折合人民币 542 万元，国内配套资金 553.4 万元。

实施日期：1995~2000 年。

案例研究提供者：德化县林业局

摘　要

项目实际完成造林 3500 公顷，其中杉木 215.5 公顷，马尾松 420.2 公顷，火炬松 402.7 公顷，阔叶树 249.2 公顷，桉树 55.4 公顷，毛竹新造 391.6 公顷，毛竹垦复 1765.4 公顷；实际完成总投资 1095.4 万元，其中世行贷款 5423 元，（SDR467629.91，USD653891.23）；省、地、县配套资金 553.4 万元，其中省级配套 125.64 万元，地（市）级配套 32.46 万元，县级配套 259.2 万元，造林单位自筹 136.1 万元。项目贷款人为福建省德化县人民政府，项目受益方为德化县竹木投资经营有限公司与乡村合股创办的股份林场。造林单位自筹资金由德化县竹木投资经营有限公司筹集，该公司作为项目实施单位负责项目建设和债务偿还，公司资产纳入县国有资产管理。

一、原先的发展挑战

为加快德化县速生丰产林基地建设，扭转木材供需矛盾，弥补林业投资不足，吸引更多的外资来加快林业发展，德化县实施世行贷款"森林资源发展和保护项目"。

二、项目设计

德化县世行贷款造林"森林资源发展和保护项目"规划集约经营人工林 3500 公顷，营造杉木、马尾松、火炬松、桉树、其他阔叶树、毛竹新造、毛竹垦复等树种。为确保世行贷款资金有偿使用和减少贷款资金的借贷风险，经德化县人民政府批复（德政〔1994〕189 号），成立了德化县竹木投资经营有限公司。该公司作为项目实施单位，承担世行贷款资金的使用和偿还。该公司与乡村积极开展联营合作造林，既减少世行贷款资金的借贷风险，又保证了联营乡村获得丰厚的回报，达到多赢的效果。

三、项目交付

（一）机构方面

福建省于 1993 年 11 月完成世行贷款"森林资源发展和保护项目"可行性研究报告，并通过了正式评估。1994 年国家财政部与福建省签订信贷转贷协议后，福建省财政厅与泉州市于 1995 年 7 月签订省市转贷协议，1996 年 10 月泉州市财政局与德化县签订了市县转贷协议，1997 年 3 月德化县财政局与德化县林业局、德化县竹木投资经营有限公司签订转贷协议。

（二）资金方面

德化县竹木投资经营有限公司负责对世行信贷资金的管理和使用，并参照世行贷款资金对省、市、县配套资金进行管理，建设单位自筹资金由该公司负责筹措。

（三）激励措施

德化县成立了德化县竹木投资经营有限公司，公司实行自主经营、独立核算、自负盈亏，公司利用世行信贷资金和自身的技术优势，积极与乡村联营创办股份林场。公司以资金、技术、管理入股，乡村以山场和林木入股，经营利润按一定比例分成，既有利于世行项目顺利实施，又确保世行贷款资金按时偿还，使项目造林在德化县起到了较好的示范作用，提高了集约经营和管理水平。

（四）创新方法

为确保项目顺利实施，成立了以县政府分管副县长任组长，财政、林业、审计、农行等有关部门领导组成的项目领导小组；县林业局成立了以副局长为主任的项目办公室，建立起了完整的项目管理体系，协调项目各项工作。筹建公司作为项目实施单位，明确了项目建设和债务偿还主体。

（五）存在问题

有极少部分项目造林质量不合格、不达标，项目林后期抚育未能及时到位。项目实施筹集资金，加强项目林后期抚育和管护，及时补植和返工，加强项目质量管理，确保项目林建设质量。

四、取得的成果

（1）项目始终坚持严格的科学管理，大力推广应用先进的科技成果，确保了项目林的高标准、高质量和高效益。经测定，17 年生火炬松人工林平均胸径 18 厘米，单位面积蓄积量 8.5 立方米/公顷；毛竹林单位面积立竹株数从项目实施前的 750 株/公顷增加到现在的 2700~3000 株/公顷，目前，年单位面积可采伐毛竹 600 株/公顷，年单位面积可挖竹笋 5250 千克/公顷。该项目预计可生产木材 201879 立方米，松脂 875.3 吨，竹材 237535 吨，项目总产值 23672.01 万元，其中：木材产值 7983.16 万元，松脂产值 962.8 万元，毛竹产值 9628.83 万元，竹笋产值 5097.22 万元，项目财务内部收益率为 16.7%。

（2）项目充分考虑到林业建设"以林养林、以短养长、长短结合"的经营理念，除营造速生丰产优势树种外，还结合德化县实际，重点发展周期短、效益好的毛竹等，保证能及时还贷。

（3）项目实施对德化县速生丰产基地建设起到了较好的示范、带动和辐射作用，促进德化县森林集约经营水平的整体提高。

（4）德化县财政、审计、农行、林业等部门加强对项目资金层层监管和审计，确保资金专款专用，提高项目资金使用效率。

五、可持续性和可靠性

德化县林木投资经营有限公司通过竹林的经营收入，贴补项目林的日常管护、"三防"体系建设和林分的后续抚育管理等，及时开展中幼林抚育，确保项目林成林成材和丰产高产。

六、经验和教训

德化县世行贷款造林"森林资源发展和保护项目"建设，通过组建公司来实施，减少了贷款资金的借贷风险，促进了乡村林业的发展；同时，债务主体明确，按时还本付息有保证。但由于森林培育周期长，经营成本高，利润低，德化县竹木投资经营有限公司既要对项目建设和后续资源培育投入，又要按期还本付息，公司资金压力较大。

[福建省林业厅世行办（速丰办）]

江西省世界银行贷款"国家造林项目"绩效评估分析

项目名称：江西省世界银行贷款"国家造林项目（NAP）"绩效评估

省/自治区/直辖市：江西省

项目目标：掌握江西省世行贷款"国家造林项目"所营造的林木资产总价值量和分析项目投资效益，为今后利用外资提供决策依据。

项目资金来源：江西省林业厅及项目县

实施日期：2006 年 8 月~12 月

案例研究提供者：江西省林业厅利用外资项目办公室

摘　要

2006 年 8 月组织开展的江西世行贷款"国家造林项目"绩效评估工作，摸清了该项目林的保存现状，评估了森林资源资产现有价值，分析了项目还贷款能力，评价了项目生态、社会效益，总结了林业项目绩效评估工作经验。

一、绩效评估背景

江西省世行贷款"国家造林项目"1991~1995 年共利用世界银行贷款 20975.75 万元，实际完成造林 12.82 万公顷，验收合格面积 12.58 万公顷，项目造林各项指标均达到或超过部颁标准。2004 年，江西省开始推行"明晰产权、减轻税费、放活经营、规范流转"等林权制度改革，"国家造林项目"营造的项目林经营权通过流转，正由原来的国有林场经营为主向多元化主体经营转变，新的经营权拥有者为了及早收回投资，已开始对中龄的项目林进行采伐，使项目保存的完整性越来越差。为了对该项目有一个比较全面、系统的评价，江西省林业厅项目办决定在项目竣工后第 10 年，对项目进行一次绩效评估。

二、绩效评估设计

（1）评估目标。按照国家项目建设有关规定，准确掌握江西省世行贷款"国家造林项目"林木资产的总价值量和分析项目投资效益，客观评价项目立项、决策、审批的科学性，项目管理的有效性及项目执行结果的实效性，如实反映项目的还贷能力，为今后实施新的外资项目提供决策依据和借鉴。同时，通过评估发现项目后期管理中存在的问题，并在今后工作中加以改正。

（2）评估范围及对象。江西省 24 个世行贷款"国家造林项目"实施县（市、区、场）营造的 12.82 万公顷项目林。

（3）参与机构和人员。江西省林业规划院及 21 个县林业调查队的 339 名技术人员，分成

132 个外业工组，26 个质检组。

（4）调查方法及内容。设置标准地，实测保存面积、蓄积及经营利用状况。

三、绩效评估成果

（一）摸清了项目林的保存现状

经统计，全省世行贷款 NAP 项目造林保存面积为 12.31 万公顷，占项目造林完成面积的 12.79 万公顷的 96.25%，其中，原造林单位经营面积 8.78 万公顷，已流转面积 3.26 万公顷，其他经营主体经营面积 0.27 万公顷，火灾损失及改变林地用途面积 0.47 万公顷，占项目造林总面积的 3.7%。此外，NAP 林划入国家公益林的面积为 1.19 万公顷，占项目造林总面积的 9.3%。保存面积（不含流转和其他经营主体部分）活立木总蓄积 943.77 万立方米，已间伐出材 44.48 万立方米，折合蓄积 83.93 立方米，两者相加平均生长量 118.2 立方米/公顷。按树种面积加权平均，是国家造林项目主要树种生长量指标 13 年标准（树种面积加权平均，未考虑赣南、赣北因素）116.95 立方米/公顷的 101.1%，项目达到设计标准。按项目县统计，有 9 个县生长量指标超过设计标准，有 3 个县生长量指标在设计标准的 95% ~ 100% 之间，有 1 个县生长量指标在设计标准 90~95% 之间，有 7 个县生长量指标在设计标准 90% 以下（很大原因是林分平均年龄偏低），有 3 个县因项目林全部流转未作调查。

（二）评估了项目林现有资产价值

以 2006 年 12 月 31 日为评估基准日，按《森林资源资产评估技术规范（试行）》规定的方法，经评估，江西省世行贷款 NPA 项目所保存林分的资产总价值为 509598.25 万元（含已流转和划转给林地所有者经营的林木资产价值，不含评估基准日前间伐、采脂所得收入）。

不同经营主体，①原造林单位经营林分的总资产价值为 362323.50 万元，其中：木材价值 299145.40 万元，松脂价值 61738.88 万元，毛竹（含竹材和竹笋）价值 1439.22 万元；②已流转林分的总价值为 134830.24 万元；③其他经营主体经营林分的资产价值为 12444.52 万元。其他经营主体是一些县在林业产权制度改革过程中，按联营造林协议，将林分按一定比例直接分给林地所有者经营，如信丰、永丰等县。

（三）分析了项目还贷款能力

据统计，项目造林总成本为 53278.88 万元，其中需偿还的资金为 41323.17 万元（含贷款本息、省级配套资金和利息），市、县配套和建设单位自筹资金 11955.71 万元。从 1998 年开始，到 2006 年已偿还 23232.74 万元，还需偿还 18090.43 万元。经折算，已还资金现值为 29875.84 万元，加上仍需偿还资金和市、县配套及建设单位自筹资金，项目造林总成本现值合计为 59921.98 万元。

管护成本按造林后第 5 年至主伐前的护林防火、病虫害防治和日常管护费用，每公顷每年 60 元计算，为 10077.88 万元（净值为 7386.15 万元）。

项目总成本现值为 69999.86 万元。项目林资产总价值现值为 526273.44 万元，总净值 456273.58 万元，为总成本现值的 7.6 倍，项目具备还贷能力。

（四）评价了项目生态、社会效益

经估算，NAP 林分的蓄水保土、改善环境、固碳释氧等生态服务价值约为 864473 万元/年；从造林到采伐，该项目需支付各项劳务费用近 18 亿元，相当每年为 1.5 万人提供了就业机会。另外，项目推广应用新技术、新方法，有力地推动了全省造林绿化事业的发展。

四、可持续性

本评估人力、财力消耗巨大，评估成果仅对决策层和项目后期管理有帮助。

如评估中发现的森林火灾等问题，建议经营主体在项目后期实施中，购买森林火灾保险，减少损失；加强项目县级档案管理，持续经营的项目。

五、经验与教训

（1）林木资源调查方法原始。本次调查没有应用现代数理统计的抽样或遥感技术，而是进行全面调查，费时、费力又费财。

（2）调查内容不全面。由于这次对林业外资项目首次进行绩效评估，没有成功的模式参考，调查重点放在林木、林地资源上，没有进行相关社会、经济情况调查，有些情况如盗伐木材、火灾保险赔偿等如何在绩效中反映，没有很好的定论。

（3）改进意见。一是要制定一套适合林业绩效评估的调查抽样、评估方法，规范标准；二是要加强培训，提高相关人员评估技能；三是要加强项目档案管理，准确记录项目成果，为评估提供基础材料。

[江西省林业厅利用外资项目办（速丰办）]

山东省乳山市世界银行
贷款"山东生态造林项目"案例

基本信息

项目名称：世界银行贷款"山东生态造林项目"乳山市分项目。

省/自治区/直辖市：山东省威海市乳山市。

项目目标：在退化山地营造生态防护林 3457.8 公顷。

项目资金来源：世界银行贷款和国内配套资金。

实施日期：2010 年 7 月至 2015 年 7 月。

案例研究提供者：杨龙飞。

摘　要

目前，乳山市已完成生态造林面积 3457.8 公顷。按照四种模式造林，树种主要有黑松、刺槐、臭椿、核桃、板栗、黑杨、茶树等。新造生态防护林对改善环境、净化空气、防止污染、调节气候、保护生物多样性，有效地防止海风、海雾、海潮内侵，对控制水土流失，涵养水源，防风固沙，保护水利设施，保障农业稳产、高产，改善生态环境，促进山区经济和旅游业迅速发展具有重要意义。

一、原先的发展挑战

新造生态防护林可增加林地 3457.8 公顷，与原有林地一起形成多林种，多树种，高标准、高层次的生态防护林体系，可扩大林地面积，增加森林覆盖度。一是抵御沿海地区重大自然灾害需要，乳山市濒临黄海，海岸线总长 185.6 千米，由于特殊的地理位置以及气候条件影响，每年极易遭受海雾、风暴潮、灾害性海浪、旱涝、风沙等自然灾害的危害，生态环境比较脆弱。二是加强林业生态建设的需要，由于历史原因，致使乳山市的荒山面积较大，因为荒山植被覆盖较少，水土流失严重，汛期极易引起滑坡或泥石流。三是加快经济社会可持续发展的需要，人们的生态保护意识有了很大提高，对生态环境的要求也越来越高，这些有利条件为推动林业向现代化发展，构建绿色生态屏障奠定了很好的基础。

二、项目设计

项目目标：①增加森林资源，改善生态环境；②改善农村生态环境，推动社会主义新农村建设；③吸收国内外先进的造林营林技术和经营管理经验，提升全省林业的管理水平，实现林业发展机制和经营管理体制的创新。

项目主要建设内容及规模：规划 4 年内在全市 9 个乡镇的 50 个村集体和 36 个个体农户中，完成 3457.8 公顷的生态造林任务。规模为：一是沿海岩质岸线以及山中上部瘠薄山地造林 3028.5 公顷，以黑松、刺槐、黄连木、臭椿为主要树种，营造生态防护林。二是土质较肥沃的山中下部造林 429.3 公顷，以黑杨、板栗、茶叶为主要树种，营造有经济收入的生态林。

三、项目交付

（一）机构方面

乳山市林业局成立了世界银行贷款山东生态造林项目乳山分项目办公室，由分管业务副局长任项目办主任，林业站站长任项目办副主任，成员有财务科科长、林业站长副站长、苗圃主任及相关技术人员。

（二）资金方面/新型筹资方式

世行项目采用了资金报账制的做法，即先施工后报账，先使用配套资金造林、营林，经检查验收合格后再申请贷款资金的独特运作模式。世行项目的实施，彻底改变了传统的造林经营管理方式，造林实体得到了很高的投资回报，政府也从中很好地协调了林业的经济利用和生态保护的矛盾，激发了全社会投资造林的积极性，拓宽了林业发展的融资渠道。

（三）采用的激励措施

威海市设立 100 万元林业产业发展奖励资金，专项用于奖励干杂果经济林产业基地建设、林下经济示范基地建设等。2012 年 3 月，威海市财政局和林业局联合下发了《威海市林业产业发展奖励办法》的实施细则。

（四）使用的创新手段

坚持混交改造，改善区域生态。本着"绿化与美化兼顾、生态与经济并重"的原则，坚持混交造林理念，优先绿化生态环境脆弱和生态区位重要的区域，做到常绿树种与阔叶树种、乔木与花灌木、乡土树种与外来优良树种、绿化树种与经济林树种"四个结合"。

坚持示范带动，扩大改造影响。每年春季，市级领导都带领广大干部积极参加生态造林活动，直接参与高标准混交造林现场建设，营造出全社会参与植树造林和生态保护的浓厚氛围。2011 年，乳山市在海阳所镇杜家岛村西山规划了近 40 公顷的混交林造林样板工程，采取了块状、株间、带状等不同混交方式，实行了乔灌混交、针阔混交、阔阔混交，栽植各类苗木 6 万多株。

坚持以科技为支撑，促进林业发展。进一步建立健全林业技术推广和培训支持体系，加快推进现代林业发展。充分利用垛山林场国家良种基地的资源优势，依托省林科院、山东农业大学，自行选育出刺槐优良品系。省林业厅项目站与林科院联合在市正华山庄建立了 13.3 公顷核桃科研试验基地，在市国有垛山林场建立乡土树种科研实验基地，收集各类优良树种 33 个。在技术培训方面，多次邀请省林业厅、威海市林业局有关专家举办"生态造林项目"培训班，至 2012 年，先后举办各种类型的培训班 178 期、培训人员 48858 人次，包括县、镇、村三级人员，保证了项目实施的质量和效果。

（五）项目实施中遇到的问题及解决方法

在项目实施过程中，项目区有的集体、农户有意向参与到该项目中来，因项目总体设计限制，不能够满足所有有意向的集体和农户。为此，项目办工作人员专门进行了解释，鼓励群众以多种形式进行生态林的营造建设。

四、取得的成果

经过 4 年的努力，项目建造的人工生态防护林已成为乳山市林业资源的重要组成部分，达到了改善林相、提高抵御自然灾害能力的目标，对今后林业可持续发展提供了有益借鉴。项目完成后，乳山市将新增造林面积 3457.8 公顷，森林覆盖率提高 2.1 个百分点，能够有效改善林农生产生活环境，增加群众收入，对我市林业经济结构调整影响重大、意义深远。同时，项目的实施使乳山市良种繁育、栽培技术、经营措施等方面的科研成果得以集成、组装，加快了科技成果向生产力转化的速度和提高转化率。此外，项目实施过程中培养和建设了一批现代化专业技术队伍，为乳山市今后的林业建设提供了人才保障和智力支撑。

五、可持续性和可靠性

坚持可持续发展，转变造林方式。按照"生态优先发展、农民优先致富、林地优先提质"的方针，以增强项目区自身造血功能和持续发展能力为目标，在项目建设中严格执行环境保护规程和世行有关规定，引导权益人自愿参与生态造林项目，探索出一条具有乳山特色的造林新路子。一方面，尊重双向发展，提高林地收入。为确保项目顺利实施，成立了由林业局、造林区域所在镇组成的参与式磋商协调小组，分别与全市 9 个镇、52 个村共 1200 名村民代表协商造林具体事宜。另一方面，依托管理优势，提升森林质量。借鉴国际先进理念和实用技术，结合"营、造、管"经营抚育的实践经验，依托世行造林项目实现了种源区划，种苗分级管理，并严格苗木标准，对使用的造林种苗实行定点把关。

六、经验教训

世行项目混交林的营造，彻底改变了以往乳山市遇到毁灭性病虫害、山火时营造的黑松等纯林一面山或一座山就变成光秃秃荒山的现象。主要表现有：农户在山底营造世行项目选定的杨树、板栗、茶叶等具有经济效益的生态防护树种，使农户防火主动性和积极性提高并且摒弃了以往烧荒烧地堰的陋习。山体中部栽植的刺槐、臭椿、黄栌、五角枫等阔叶类树种与山体上部黑松等针叶林形成的混交林，既避免了纯林病虫害及森林火灾对森林的毁灭性打击，又能提高森林景观观赏效果。

项目自 2010 年实施以来，乳山市根据世行的造林设计要求，严格按照技术规程进行操作，认真完成各项造林任务。2010 年 12 月 18 日，以刘瑾女士为团长的世行检查团，对乳山市项目造林进行了检查，对乳山市的混交造林效果给予高度评价，认为具有较好的示范作用，并建议山东省在乳山市召开世行造林现场会。2011 年 8 月 3 日，山东省林业厅在乳山市召开了世界银行贷款山东生态造林项目现场观摩暨经验交流会。乳山市被表彰为"世界银行贷款山东造林项目先进单位"，并做了典型发言。

（山东省乳山市林业局杨龙飞）

山东省高密市世界银行贷款
"林业持续发展项目"案例

基本信息

项目名称：世界银行贷款"林业持续发展项目"高密市分项目。

省/自治区/直辖市：山东省潍坊市高密市。

项目目标：增加森林资源总量，进一步缓解我市木材供需矛盾；促进林业科技发展，使科技与生产紧密结合，提高林业科技水平；实施大工程带动大发展战略，推动其他林业生产活动的管理，为其他林业生产活动提供借鉴；增加林业投资渠道，促进林业对外开放；增加农村和农民增收，实现林业的生态、社会、经济效益的有效统一。

项目资金来源：世行银行贷款和地方配套资金。

实施日期：2002~2007 年。

案例研究提供者：张本强。

摘　要

通过实施"林业持续发展"项目，有效解决了林产品供应，改善了生态环境，增加了项目村、户的经济收入，促进了林业科技发展，提高了全市林业科技水平，带动了全市林业整体向前推进，为其他林业生产活动提供经验和管理模式，增加了全市的森林资源总量。

一、原先的发展挑战

高密市是一个平原农区，林木资源总量少，并且林种比例不合理，经济林所占比例过大，用材林数量太少。全市的木材加工业比较发达，特别是胶合板加工业需要大量的木材，所需木材大多数由外地运进，平均运距 100 千米左右，浪费了大量的资金。人民群众对木材的需求量随着物质生活水平的提高而增加，木材供需矛盾日益突出，年供应缺口在 10 万立方米以上。

高密市完成世界银行贷款"森林资源保护和发展项目"后，涌现出许多造林先进典型，广大群众造林积极性空前高涨，该市有丰富的土地资源，立地条件良好，河流荒滩等宜林地 4554 公顷，可用于发展丰产林，同时，广大群众积累了丰富的丰产林和经济林的栽培经验，全市建立健全了林业推广机构和雄厚了科技力量。

2000 年后，国家林业局出台了加快重点地区速生丰产林建设的决定，该市积极响应国家林业局的号召，在广泛调查的基础上，在广大群众的强烈要求下，在各部门的大力支持下，成功申请该项目。

二、项目设计

通过项目的实施，能够较快地增加森林资源总量，进一步缓解高密市木材供需矛盾；促进林业科技发展，使科技与生产紧密结合，提高林业科技水平；实施大工程带动大发展战略，推动其他林业生产活动的管理，为其他林业生产活动提供借鉴；增加林业投资渠道，促进林业对外开放；增加农村和农民增收，实现林业的生态、社会、经济效益的有效统一。

项目计划造林 1949 公顷（其中丰产林 1527 公顷，经济林 422 公顷），计划总投资额为 1194 万元（其中利用世行贷款 600 万元，省市县配套 297 万元，单位自筹及劳务折抵 297 万元）。

与原总体设计相比，意杨超额完成，原因是 2003 年社会需求发生了较大变化，木材供应成为社会对林业的急切需求，农户强烈要求改变计划。因此，高密市在项目中期调整时加大了意杨的造林面积，调减了经济林面积，在进度安排上优先安排了意杨，总投资比计划略有增加。

由于以上原因，在项目主体工程结束时，该市共营造项目林 4560 公顷，其中用材林 4360 公顷，经济林 200 公顷。

三、项目交付

（一）机构方面

为了项目顺利实施，市政府成立了项目领导小组，对各部门各造林单位进行组织协调，支持项目工作。林业部门成立了项目办公室，负责组织项目的实施。

（二）使用的创新手段

一是加强技术管理措施。我们按照计划、种苗、工程、财务、环保等方面的管理制度，以质量和效益为中心，对造林树种和品种进行合理搭配，引进优良无性系十余个，建立了示范林 1300 公顷，点上示范，面上推广新技术新成果十余项，对提高项目建设质量起到了关键作用。二是实行项目林工程统一供苗。通过统一供苗的方式，既保证了工程质量，又确保了贷款资金的专款专用。项目办建立了定向育苗基地，并根据下一年度的项目造林计划，及时调整育苗基地的规模。三是完善了债务偿还机制。"借债还钱，天经地义"，在借钱时就想到还钱。建立还贷准备金，筹备足，经营管理好。采取项目采伐约束机制，财政部门参与项目林采伐审批。对确实完不成还贷任务的单位，从同级财政资金扣付，以保证能够按时足额还贷，圆满地履行好项目贷款协议。

四、取得的成果

（一）造林质量有了新的突破

一是良种壮苗使用率的突破。项目实施前，许多造林单位造林苦于资金短缺，经常使用小苗、弱苗、劣种苗，导致造林失败的事情经常发生。项目实施后良种壮苗的使用率大大提高，良种利用率达到了 95% 以上。二是造林成活率、保存率的大突破。项目造林的成活率、保存率达到 95% 以上，比项目实施前有了较大提高。三是环境保护第一次被列入造林的标准之一。保护生态多样性，防止水土流失，农药、化肥造成的污染等都被确定为项目造林必须注意的环保内容。

（二）抚育管理水平有了很大提高

"只要树活了就不用再管了"这种思想过去广泛存在于广大农民群众当中，对树木粗放管理，导致低投入低产出，产出比例严重失调。而本身项目要求强调集约经营，精心管理，实现项目的高产优质高效，为此该市在项目林中推广了施肥技术，病虫防治技术、修枝技术、间作技术。雨季追施 N 肥，可比对照胸径平均增粗 1.5 厘米左右。

（三）造林的效益明显提高

一是经济效益突出。全市 4560 公顷的项目林，其中杨树用材林 4360 公顷，主伐时立木蓄积可达到 784800 立方米，可生产木材 627840 立方米，按 700 元/立方米计算，可获得经济收入 43948.8 万元；二是社会效益增强。增加该市劳动就业机会，有效缓解木材供需矛盾，建立了一批科技队伍，推广了一批科技成果；三是生态效益明显。森林资源总量得到明显增加，缓解"温室效应"，防止水土流失，改善生态环境，能够有效防止荒漠化、提高了防风固沙能力。

五、可持续性和可靠性

现在项目造林已经结束，但整个项目林的生长期还有十多年的时间，加强抚育管护，确保生长量指标的如期实现和按期还贷是一项长期而艰巨的任务。

下一步主要搞好项目的后续运营，主要面临以下几个问题：一是项目林的"三防"管理；二是项目林的后续运营资金的解决；三是还贷资金的准备；四是加强项目档案管理。

由于世界银行贷款项目从规划设计，组织实施、造林技术措施、检查验收等各个环节都有一套科学实用的技术标准，为高密市以后的生态造林项目、沿海防护林项目等提供了技术保障。

六、经验和教训

通过认真组织实施该项目，达到了预期的成效，取得了一些经验，但也存在着一些不足。

（一）取得的主要经验

一是加强组织领导，市政府成立了项目领导小组，对各部门各造林单位进行组织协调，支持项目工作。林业部门成立了项目办公室，负责组织项目的实施。在项目遇到问题时，得到了各级领导的强有力支持，在人、财、物各方面向项目倾斜，为项目顺利实施创造了良好条件。二是广大群众的积极参与是项目顺利实施的基础。在项目实施过程，得到了广大群众的支持，群众积极参与项目建设，群策群力。特别是在市场的调节下，按照群众意愿对项目计划进行了调整。实践证明调整是符合市场发展要求的，是正确的。三是完善的管理体系，严格的检查验收是项目顺利实施的保障。我们按照计划、种苗、工程、财务、环保等方面的管理制度，以质量和效益为中心，建立了九大支持保障体系，对从业人员进行培训，对生产过程进行指导，对施工质量进行检查验收，利用经济杠杆调控项目建设质量。四是坚持科技兴林，依靠科技进步是提高项目建设质量的关键。项目实施过程中制定了严格的技术标准，全面有效地贯彻技术标准。还引进优良无性系十余个，建立了示范林 1250 公顷，点上示范，面上推广新技术新成果十余项，对提高项目建设质量起到了关键作用。五是建立一支高素质的项目管理队伍是搞好项目建设的一个首要条件。世行贷款造林项建设期 7 年，还贷期长达 20 年，涉及内容多，工作连续性强。没有一支高素质的管理队伍是不行的。建立一支稳定性强，业务水平高，精干实效的管理队伍将为项目的组织实施、后期管护、采伐和还贷的落实起到重要保证。

（二）存在的问题和教训

一是投资单价相对较低，影响了项目的运行，各造林单位不得不再加大资金和劳务投入，加大了地方政府和农民的负担。二是世行贷款信贷资金到位时间滞后。按照"报账制"要求，报账提款手续一般在造林结束后半年内信贷资金才能到位，同时由于受国内银行贷款利率进一步下调的影响，世行贷款的利率优势不是很明显，影响了群众的造林积极性。三是部分项目林存在造林密度偏高，无性系比例搭配不合理的现象。

（山东省高密市林业局张本强）

河南省世界银行贷款"林业持续发展项目"案例

基本信息

项目名称：河南省世界银行贷款林业持续发展项目。

省/自治区/直辖市：河南省。

项目目标：在可持续发展和群众参与的基础上，通过营造集约经营人工林，以达到培育森林资源，缓解河南省木材供需矛盾，调整项目区种植结构、发展林业经济和改善生态环境，促进经济社会可持续发展。

项目资金来源：项目完成总投资 35454.96 万元，其中世界银行贷款 2210 万美元（合 17363.95 万元人民币），省内各级配套资金 18091.01 万元。

实施日期：2002~2009 年。

案例研究提供者：河南省林业厅项目办。

摘　要

河南省世界银行贷款林业持续发展项目共营造高标准集约经营人工林 63807.30 公顷，其中用材林 49726.41 公顷，经济林 14080.89 公顷。项目的实施，优化了项目区树种结构，增加了人工林资源，为河南速生丰产林基地建设提供了样板和示范，推动了河南林业建设快速健康发展，为河南省全面建设社会主义新农村目标的实现作出了积极的贡献。项目成果的取得，得益于科学严谨的项目运营模式。在项目准备阶段，借鉴国外先进的林业工程管理经验，在项目区开展了公开、透明的社区林业评估、典型农户调查，科学分析了项目产品的市场前景，减少了项目风险；实施阶段采用的造林模型，将造林各个环节进行数字化管理，便于参与人的操作；项目资金实行报账制，充分发挥了资金的杠杆作用，提高了财务管理水平；造林结束后的质量监测，促进了项目造林和管护并重，保证了造林成效。

一、建设背景

据项目实施前河南省第五次（1993~1998 年）森林资源清查结果，全省森林面积约 209.01 万公顷，森林覆盖率 12.52%，活立木蓄积量 1.31 亿立方米。全省人均森林面积 0.023 公顷，为全国平均水平（0.128 公顷）的 1/6，为世界平均水平（0.6 公顷）的 1/26；人均有林地蓄积量 0.573 立方米，为全国平均水平（9.048 立方米）的 1/16，为世界平均水平（83 立方米）的 1/145。全省林业用地面积、有林地面积、林分蓄积量、森林覆盖率等主要指标在全国排序中均位于 20 位以后，面临着森林资源总量不足以及用材林中成熟林资源下降、森林经营总体质量差等问题。林地利用率低，荒山荒地面积大，沙化治理进度慢，水土流失严重，自然灾害频繁，生态环境脆弱，成为制约全省经济社会发展的重要因素。

为进一步扩大森林资源，改善生态环境，促进当地群众脱贫致富，河南省林业厅相继实施了世界银行贷款国家造林项目、森林资源发展和保护项目，以及贫困地区林业发展项目，取得了良好效果，积累了经验，并在此基础上提出了实施世界银行贷款林业持续发展项目的申请。

二、项目设计

为了大力推动河南省速生丰产林和名特优新经济林的快速发展，促进林业管理水平的提高和林业的对外开放，巩固林业生态建设成果，缓解木材供需矛盾，促进林业产业快速发展和农民增收，项目选择适宜发展林业的 13 个省辖市 26 个县(市、区)新造用材林 49726.41 公顷，新造经济林 14080.89 公顷；新(扩)建中心苗圃 5 个；营建项目区内配套设施(管护棚、林道和防火带)；开展林业实用技术培训与咨询服务，推广应用造林新技术和新品种及新成果；加快开发优良种植材料，扩大无性系造林比例。

项目区具备以下实施项目的有利条件。一是自然条件优越，土壤条件良好，土层深厚肥沃；水利条件优越，整个项目造林地有效灌溉率达 95% 以上。二是适宜造林的宜林地面积大，且立地条件好；树种资源丰富，经过长期栽培实践，有十几个树种有良好的生长表现和预期市场效益，深受群众喜爱。三是项目区有长期林业经营的习惯和经验，群众积极性高。四是林业机构健全，管理能力和技术支撑有保障。项目区从省、市、县到乡(镇)的林业机构健全，行政管理有力，配备管理技术人员，明确工作职责，形成层层负责，上下呼应、高效运转的管理体系。此外，计划管理、科研、推广、种苗、森防等工作基础较好，技术力量雄厚。

三、主要做法

(1)完善机构建设，强化科学管理。在组织机构建设方面沿用了世行林业项目的管理机制并有所拓展。一是在省、市、县各级都成立了项目领导小组，负责项目的组织与协调；二是各级林业部门成立项目办，负责项目在本地区的具体实施和管理工作；三是项目资金的管理主要由省财政厅债务处(现为国际处)、市和县财政局、乡财政所的处、科、股、所及省市县三级林业项目办财务管理人员构成，具体负责项目资金转贷、提款报账和资金债务管理等。

(2)建立多部门合作机制，坚持通力协作。各级各部门领导高度重视，多个部门协调运转，为项目成功实施提供了必要的人力、财力和智力支持。项目伊始，省林业厅就积极向省发改委、财政和审计等有关部门通报项目进展情况，争取支持和优惠政策；项目开始后，邀请相关部门对项目进度和质量进行监督，帮助解决困难和问题。对于有关部门提出的管理意见和建议，项目实施单位均及时回复和落实。比如针对年度审计反映出来的问题，省林业厅提出整改意见，限期整改，并与审计部门一起监督整改落实情况。

(3)完善管理体系，规范项目管理。围绕项目建设内容，建立了组织管理、计划调节、资金财务、营林技术、科技推广、环境保护、种植材料开发和信息监测等 8 大主要支撑体系，制定了各自的技术规程和标准。为深化基层项目工作者对项目特点和要求的理解，规范操作标准和管理行为，制定了全省生产管理、资金管理、会计核算、提款报账等一系列管理办法，出台与之相配套的项目实施监督检查验收办法，共同构成项目管理网络。

（4）充分发挥资金调控作用。项目生产环节和财务管理工作紧密联系，为充分发挥财务管理的调控作用，项目确立了"五不"报账制度，即配套资金不到位不报账，造林苗木不合规定不报账，造林成活率不达标不报账，环保措施不完善不报账，债务不落实不报账。通过该制度来规范资金的使用和管理，用资金来约束项目行为，提高项目执行质量。

（5）创新林木管护的多元化经营机制。为提高建设成效，项目在林木经营管护机制上狠下工夫，采取了三种形式：一是对于以集体名义签订转贷协议营造的连片经济林基地，采取集体看管、林地分户经营的形式；二是由造林大户签订转贷协议的林地，经营管理有承包大户负责，乡村集体组织给予大力支持和帮助；三是对一些科技含量较高的商品林基地，在农民自愿的前提下有村委会或骨干农户牵头，筹建股份合作林场。多元化经营机制的推出，有效推进了项目进程。

（6）解决人工林经营周期长与项目宽限期短的矛盾。从项目造林实施完成情况看，种植一些生长经营周期较长的树种的农户要在项目5年宽限期偿还贷款，难度很大。为解决这个问题，在项目投资结束后，一方面继续开展对项目林后期管理的指导和监督，另一方面，积极为项目区引进资金和项目，大力支持和引导林农积极发展林下经济，实行以短养长，坚持长短结合，提高前期收入。指导林农利用木材的中间体增加收入，如火炬松割胶等；根据国家政策，为项目还贷提出建立还贷准备金制度，对项目单位还贷前的一些收入，如果品收入、间作收入等，按比例收回一部分，作为还贷准备金专户储存；同时，争取财政部门的支持，通过财政预算进行调控。综合上述工作思路和具体措施，林农增收渠道拓宽，收入增加，收益得到了保障，项目还贷压力减小。

四、项目取得成果

（1）经济效益丰硕。根据项目林生长态势和造林模型设计的间伐期、主伐年限，到主伐利用时可以达到预期经济效益目标。营造的用材林，林分总蓄积量达948.58万立方米，可产木材751.66万立方米、薪柴82.38万吨；营造的经济林可产果、叶、皮125.94万吨。以16年为一个经营周期，项目木材和果品产出总收入达62.46亿元。

（2）社会效益显著。项目在选择参与和受益对象上向贫困农户倾斜，坚持公平、公开、公正的参与式评估方法，对当地扶贫和经济发展发挥了积极作用。项目提供了800万个工日劳动力需求，项目直接受益农户达5.8万户，受益人口23.5万人，直接和间接经济收入37亿元。项目区林农通过项目接受了很多外界信息和技术知识，开阔了视野，增强了交流意识，一些林业实用技术在项目区得到了普及，广大农户的综合素质、市场经济意识和可持续发展能力得到提高。

（3）生态效益突出。一是项目按照环境保护规程营造的高质量人工林，成林后可使项目区森林覆盖率增加2.1个百分点；树种、林种结构和森林质量都将得到有效改善；项目地区木材供需矛盾可以逐步缓解，天然林资源得到有效保护。二是因严格执行环境保护规程，在项目实施期内大幅度减少当地的水土流失，同时提升立地的水源涵养功能。实现项目林病虫害的及时、安全和有效防治。积极推广生物防治措施，减少化学农药使用等措施，为保护和增加当地生物多样性作出了贡献。三是经测算，项目林在整个生长期内，年均可增加水源涵养量0.26万立方米，每年减少水土流失量96万吨，可以吸收和固碳0.35万吨。

（4）能力建设增强。项目通过建立完善的省、县和乡三级科技推广与培训组织体系，开展一系列科技推广与培训活动，保证了项目实施中所有技术标准和管理规程得到全面而正确的执行和应用，提高了项目工程建设的科技含量和综合效益。主要做法和成效包括：项目选聘省内30名资深林业专家、教授组成技术人员专家库，负责提供林业综合技术和项目管理等领域的咨询服务，累计开展专家技术咨询1763人次。成立各级技术推广和培训组织，累计举办项目实施管理和使用技术培训班4730期（次），培训项目管理人员、技术人员、项目造林实体和农户333805人次。项目实施期间，省、县共组织编制了项目管理读物和技术音像制品206种，累计印发178836册（张、盘）。建成优良新品种和先进林业技术示范园、林、圃共202个，面积达6152.5公顷，引进林木新品种16个，推广使用新技术30多项，培养和树立了96户爱科技、学科技、用科技的科技示范农户。与此同时，项目区各级林业部门项目技术和管理人员通过实施项目得到了宝贵的学习和锻炼机会，深化了专业知识，提高了综合素质，增强了服务意识，为项目建设管理提供了有力保障。

五、项目可持续性和可靠性

项目后续管理任务主要是巩固和提高项目造林成果，争取使90%的项目林能达到或超过造林模型设计的生长量标准，保证产出，确保林农长期增收和按期还贷。具体就是要做好项目幼林的抚育管护，落实防火、防治病虫害、防人为和牲畜破坏工作，为林农提供实现效益所需的技术和信息服务，落实债权债务，确保按时足额还贷。

六、项目实施取得的经验和教训

（1）借鉴以往林业外资项目管理经验，坚持发展和创新。项目管理组织机构上，由传统计划型向项目管理型转变，从上到下形成一个由组织、计划、财务、工程、科研、咨询、培训、质量、信息、物资和债务等为一体的项目管理体系；实施主体方面，由以国有和集体林场为主发展为以农户为主，特别是优先安排贫困农户；在受益群体选择上采取公开、透明的社区林业评估方法，在项目活动设计时充分考虑林农的意愿；在科技支撑方面注重实用技术与新成果的推广应用，把技术培训作为提高林农素质和项目林地生产力的重要手段。这些发展和创新是河南林业外资项目走向成熟和扩大影响力的重要标志。

（2）科技推广和培训是大型林业工程项目的重要组成部分，是确保项目高质量实施和高效益产出的基础。项目成功探索出了一套面向农户的科技培训与推广模式，以项目县为单元，以科技推广组织体系为基础，以建立科技示范林和树立科技示范户为核心，通过多种形式的技术培训和信息传播渠道，构成了适合贫困地区农村和农民知识文化水平的实用林业科技理论与技术推广模式。

（3）遵守市场经济规律，体现受益群体意愿。造林树种的选择和规模，都是在科学的比较投入产出和市场调研分析的基础上以及确保受益人主体和资金安全高效使用的前提下作出的。项目建立了资金专项使用制度和以报账制为基础的工程质量管理制度，层层签订合同、落实债务的还贷安排措施，科学合理的组织机构能力建设和监测体系，保证了项目的人力、财力发挥最佳效益。按照社区林业评估程序，根据市场需求和林农自身意愿选择项目活动内容，让林农切实参与项目的设计和实施的全过程，为项目目标的实现打下了坚实的基础。

［河南省林业厅项目办（速丰办）范增伟、李秋林］

湖北省石首市世界银行贷款 "贫困地区林业发展项目"案例

基本信息

项目名称：石首市世界银行贫困地区林业发展项目（以下简称"世行三期项目"）。

县/自治区/直辖市：湖北省石首市。

项目目标：通过项目建设，建成杨树短周期工业原料林基地 10 万亩，为全市林产工业提供 60 万立方米的木材资源储备，直接经济效益约 2.7 亿元。同时，绿化美化当地荒地荒滩，提升生态环境质量。

项目资金来源：项目总投资 5013 万元，其中：世行贷款 1314 万元，项目建设单位自筹 3699 万元。

实施日期：1999~2010 年。

案例研究提供者：石首市林业局。

摘　要

1999 年以来，全市严格依照上级有关文件精神和政策规定，组织实施了石首市"世行三期项目"，建成了 10 万亩杨树短周期工业原料林基地，共产出木材近 60 万立方米，直接经济效益 2.7 亿元左右，有力保障了湖北吉象、湖北万顺等重点林业产业化龙头企业的木材原料供给，促进了林板一体化迅速发展。

一、原先的发展挑战

自 20 世纪 80 年代开始，石首市利用丰富的江、河洲滩地资源，大力营造杨树速生丰产林，发展杨树板材加工产业。先后引进了湖北吉象、湖北万顺、伟林木业、荆州华林等重点林业产业化龙头企业，林业产业已成为全市国民经济的重要支柱。随着以中密度纤维板、复合板、胶合板等为主的林产工业的进一步发展壮大，木材原料供给矛盾日益突出，大力发展杨树短周期工业原料林已是势在必行。

为此，石首市相继出台了支持、鼓励发展短周期工业原料林的政策和措施。但由于林业生产周期长、投入大，回收慢，基地建设资金投入不足，工业原料林建设难以迈向更高的台阶。"世行三期"的实施是为解决这一发展瓶颈的有效途径。

二、项目设计

石首市"世行三期项目"采取"分步实施，逐步推进"的建设方式，项目实施分为规划设计、造林施工、检查验收、贷款支付、贷款回收五个环节。项目建设范围为全市长江、藕池河、调支河沿岸洲滩。经过筛选，全市共有 59 个农户、105 个基层集体经济组织、18 家企业参与项目建设。这些建设主体都拥有清晰的林地使用权和充足的配套资金。同时，全市各级、各部门相继出台具体措施，从行政审批、资金支付、技术支撑、产权确认、社会治安等方面大力支持项目建设。

三、项目交付

（一）机构方面

各项目业主是项目建设的第一责任人，具体负责营造林、管护、抚育直至林木采伐等方面的工作，林业部门在技术、政策方面给予有力支持。

（二）资金方面

每年项目造林验收合格后，林业部门按规定程序支付贷款。原料林基地的管护、抚育等方面还需要大量资金投入，每亩约为 450 元。为此，在充分利用各项目业主自有资金的基础上，全市各级财政积极筹措资金配套项目建设。

（三）激励措施

石首市从紧张的财力中挤出部分资金，按每亩 50 元对项目给予奖励。

（四）创新方法

（1）引导基层集体组织内部成员采用合作社、股份公司等形式参与项目建设，成立合作式林场，充分调动社会各方积极性。

（2）对项目建设中涌现出的先进典型、成功经验加以总结提炼，利用电视、报刊等媒体大力宣传；对表现突出、造林面积较大、示范效果明显的集体和个人，授予"造林大户""造林大王"等荣誉称号，并给予实质性奖励。

（五）问题

本地营造林实际成本大约在 500~600 元/亩左右，而"世行三期项目"贷款标准仅为 100 元/亩左右，差额较大。为解决发展资金不足的问题，石首市主要采用加大财政配套的方法解决资金短缺，但受地方财力限制，投入仍显不足。

四、取得的成效

"世行三期项目"的实施，为石首市增加了 10 万亩的森林资源和 60 万立方米的木材储备，直接经济效益约 2.7 亿元，有力保证了全市林产工业的原料供给，为全市林业成为"兴市富民"产业作出了积极的贡献。同时，大面积营造林，绿化美化了荒地荒滩，涵养了水源，减少了水土流失，改善了生态环境。项目建设吸收大量农民参与，增加了当地农民收入。据统计，项目惠及林农 1.78 万人，年人均增收在 1200 元以上。

五、可持续性和可靠性

目前，石首市"世行三期项目"培育的速生丰产林基地已基本完成采伐更新，项目显现出较大的辐射带动作用。

（1）通过项目建设，全市广大群众从实践中学习到育苗、造林和经营管理等方面的先进技术与经验，掌握了新兴营造林专业知识，有力促进了当地经营管理水平的提高和林业的可持续发展。

（2）项目建设为全市创造了一个"造林富民"的产业模式。项目20%左右的年投资回报率，林木采伐、运输、深加工等环节对群众增收的带动，使植树造林成为石首市群众致富的一个有效途径。

六、经验教训

（1）把好验收关。年度项目造林验收应在下半年进行，在确定造林合格后方可支付贷款，规避因造林失败导致贷款无法收回的风险。

（2）把好产权关。加强项目造林地的产权管理，规范产权流转程序，实行"管人"与"管地"的有机结合，规避因林地产权转移而导致债务无法落实的风险。

（湖北省石首市林业局）

湖南省世界银行贷款"贫困地区林业发展项目"案例

基本信息

项目名称：世界银行贷款湖南省"贫困地区林业发展项目"。

省/自治区/直辖市：湖南省。

项目目标：在中国中西部地区，通过人工造林、发展森林资源，达到减轻贫困、增强林业经济实力和改善生态环境的目的。

项目资金来源：世界银行贷款 12836.89 万元（IDA 信贷 643.22 万个 SDR 和 IBRD 贷款 715.94 万美元），省、市、县三级财政配套资金 5150.00 万元，项目实施单位自筹（含劳务折抵）5405.43 万元。

实施日期：1998 年 12 月 16 日~2005 年 12 月 31 日。

案例研究提供者：湖南省林业外资项目管理办公室。

摘　要

本项目聚焦湖南贫困地区经济、社会发展，着眼这些地区丰富的林地资源，通过开展高标准、高质量人工造林，发展林业经济，达到减轻贫困的目标。项目建设中，通过建设用材林、经济林、竹林，兼顾了项目受益人的长、中、短期利益需求。项目建成后，项目区森林覆盖率提高了 0.87%，改善了项目区生态环境。参与本项目受益人年人均收入增加 930 元，有效地减轻了项目区贫困农户的贫困状况。项目具有较强的可持续性和可复制性。

一、原先的发展挑战

挑战一：80 世纪 90 年代末，随着中国改革开放和经济、社会发展进程，湖南的贫困人口集中分布在一些"老、少、边、穷"山区，这些区域缺乏农作经济发展的条件，工业基础薄弱，被列入国家"八七"扶贫攻坚计划的重中之重。

挑战二：这些区域林地资源丰富，但由于地处偏僻，农户接受的先进森林经营理念、先进林业科技知识较少，林地生产力很低，单位面积森林蓄积不到 45 立方米/公顷。

挑战三：这些区域农户生产、生活对森林资源依赖程度高，森林被过度采伐，造成部分地区水土流失严重，森林涵养水源功能降低，生态环境持续恶化，进一步削弱了农作经济发展的条件。

二、项目设计

项目建设期 7 年，即 1998 年 12 月 16 日~2005 年 12 月 31 日。项目贷款期 21 年，其中宽限期 6 年。

湖南省项目实施区：在湘乡市、平江县、石门县、城步苗族自治县、新化县、江华瑶族自治县、双牌县、宜章县、沅陵县、鹤城区、保靖县、古丈县、龙山县、慈利县、桑植县等16 个县市区的 112 个乡镇，受益农户 47773 户，其中贫困农户 36186 户，占受益农户的 75.7%。

设计内容：营造林面积 43579.00 公顷，其中用材林 19238.00 公顷，经济林 7417.00 公顷，竹林 16294.00 公顷；改建或新建适度规模的以林副产品为原料的加工企业 4 个；机构支持和技术支撑。

设计总投资：24170.00 万元，其中：世行贷款 13280.00 万元（IDA 信贷 594.40 万个SDR，IBRD 贷款 800.00 万美元），占总投资的 55%；省内配套资金 10890.00 万元，占总投资的 45%，其中省、市、县三级财政分别占总投资的 10%、5%、10%，造林单位自筹占20%（含劳务折抵）。

实施单位：湖南省林业外资项目管理办公室，各县市区项目办公室。

设计单位：湖南省林业调查规划设计院。

监测单位：湖南省林业调查规划设计院、湖南省农调队。

咨询单位：中国林业科学研究院湖南省分院。

项目创新点：项目目标从以往项目的发展森林资源的单一目标转变为减轻贫困、增强林业经济实力和改善生态环境的多目标体系；采用"社区林业评估"这一自下而上、自下而上、上下结合的规划和实施方法，使得项目建设更加符合当地实际和农户意愿；考虑到项目的长、中、短期效益相结合，增加了经济林和毛竹林的培育；探索新的经营形式，引入了联营林场和股份林场两种新的经营模式。

三、项目交付

完善项目管理机制。确定了"政府负责、财政转贷、林业部门承办、法人还贷"的项目管理责任制，从项目启动就把债权债务关系落到实处，实行"谁贷款、谁受益、谁还贷"，增强了各部门、各单位的责任心和还贷意识，调动多方面积极性，减少项目建设风险，确保项目正常、有序、科学运行；建立、健全了项目管理机构。省、县均成立了项目实施领导小组，由主管的副省长、副县长任组长，林业、财政、扶贫等相关部门主要领导为成员。各级领导小组下设项目管理办公室，配备了专职的工程、财务、技术推广等管理人员，省一级设立了独立的技术支撑组和项目监测中心。

实行项目实施全面质量管理。在项目设计、种苗生产、造林施工、检查验收、采购管理、档案管理等项目实施的各个环节都进行了全面质量管理，确定专人负责，实行管理和技术人员分片包干，并建立风险抵押制度，严格考评和奖惩。一是作业设计审批制。各项目县的年度作业设计须报省项目办审查批准，施工必须严格按作业设计进行。二是适地适树适种源。将某一树种的适宜栽培区划分为几个区域，规定了各区域育苗用种来源，增强树种的适应性，提高了林分生长量。三是良种壮苗。项目所有育苗用种必须是种子园或优良母树林种子，造林苗木要求 100% 的一级苗，大力推广无性系苗和容器苗。四是即时质量控制与事后检查验收相结合。项目要求营造林各道施工程序，技术人员要到现场进行即时质量控制，并建立了"县项目办自检，省级春季全检、秋季抽查"的检查验收制度。五是报账制。外资项目资金拨付实行"报账制"，确保了项目资金如实用于项目实施，避免了弄虚作假。

严格合同管理，强化契约意识。一是按项目协议要求制定好一系列的办法、准则、合同和指标；二是老老实实地按办法、准则、合同的规定管理项目，按照各个指标核查项目。项目设计、施工前，业主要与县项目办签订施工合同，规范双方的责任、利益，联营林场和股份林场内部均要有规范的章程和股权协议。

加强培训和技术推广，变"输血式扶贫"为"造血式扶贫"。项目采用了科研、推广、生产同步进行，培训、示范、咨询、编发技术手册等多种形式的科技推广机制。组建了省、县、乡三级项目科技培训和推广网络，有科技推广人员8217人。项目营建科技示范林1135.3公顷，推广优良种源（新品种）、生根粉、容器育苗、林地施肥、水土保持、优化栽培等先进技术等30余项，面积287866公顷；组织各种管理和技术培训班6042次，30万余人日（90%以上为受益人）；编印技术资料22种，481050册（张），基本让项目受益人人均掌握一项新的林业生产技术。

采取多种办法，确保项目投入和配套资金筹措。该项目区多在贫困山区，受益人大多为贫困人口，县域经济困难，保证投入是项目实施过程中的一大挑战。我们一是整合国内扶贫资金、农业开发资金等确保县级配套资金筹措；二是鼓励当地能人、富裕农户、企业牵头组建联营林场和股份林场，走共同富裕之路。据统计，项目林多种经营形式中为个体农户经营面积占47.7%，联营林场占18.8%，股份林场占28.2%，集体林场占5.3%。

优化营造林模式，实现森林的多种功能。湖南省传统造林多为营造单一树种的针叶纯林，林层单一，林分抗逆性差。本项目中，我们积极探索、优化新的营造林模式，增加阔叶树和乡土树种造林面积，在生态脆弱地区推广低强度林地清理和整地，保留林地中有培养前途的阔叶树种，营造针阔混交林，增加生物多样性。据统计，项目营造林树种达27个，阔叶林和针阔混交林造林面积达40%以上。

严格遵守世界银行区评估和环境保护规定。认真开展社区林业评估和参与式磋商。项目设计过程中，组建了专门的社会评估队伍，按世行社会保障规定进行项目社区林业评估，充分了解各方受益人的诉求和对项目实施的建议，形成了《项目社区林业评估报告》和《少数民族发展报告》，并将这些内容充分地体现在项目设计中。项目实施过程中，各级项目管理机构都有专人负责社区工作，使项目受益人尤其是妇女和少数民族能在自愿的基础上获得平等、公平、公正地参与项目的机会。注重项目实施过程中的环境保护。项目营造林实施过程中，特别是新造林郁闭前的整地、抚育等活动，会干扰原有的地表植被，对环境造成一定的负面影响，如生物多样性减少、水土流失加剧、土壤养分流失等。为减少这些负面影响，项目制定了严格的环境保护规定，要求严格筛选造林地，环保措施与施工同步设计，同步实施；发生森林病虫害时，尽量采取生物防治措施，严禁使用高毒、高残留的农药等，减轻项目实施过程中对环境的影响。

四、取得的成果

任务完成情况。实际完成项目造林面积57209.84公顷，其中：用材林34415.72公顷，占60.2%；竹林17811.22公顷，占31.1%；经济林4982.90公顷，占8.7%。完成营造林面积比计划增加是因为外币的溢价和资金类别的调整。经湖南省项目监测中心验收，项目综合质量指标为：良种使用率100%，一级苗使用率95.6%，造林成活率95.3%，生长量达标率105.7%，环保合格率97.9%。

项目县和受益人的变动。中期调整时，增加望城县、攸县、桃源县、鼎城区、新宁县、涟源市、苏仙区、桂阳县、嘉禾县、中方县、吉首市等11个县市区，但实施项目县市区达26个（安化县退出了项目）。参加项目乡镇245个，参与农户92230户，其中贫困农户60852户，占65.98%；少数民族农户22656户，占24.56%；项目受益人372326人，其中贫困人口239757人，占64.39%。

经济效益。估算项目经营周期内总产值417913.36万元，总利润297824.44万元。税前财务内部收益率21.56%，税后财务内部收益率19.86%；税前经济内部收益率24.19%，税后经济内部收益率22.56%。

社会效益。增加5586万个就业工作日，提高了农民短期经济收入；项目的最终产出可使项目受益人年人均收入增加930元人民币，能有效减轻项目区贫困程度；采用社区林业评估方法，提高了社区群众意识，促进了农村社区组织的发展。

生态效益。增加森林面积，提高了项目区森林覆盖率0.87%，每年可增加蓄水1716.29万立方米，保土17.16万吨，保肥6007吨，减轻了对天然林采伐的压力，保护和增加了项目区生物多样性。

五、可持续性与可靠性

项目竣工验收后，我们组织编制了《世行贷款贫困地区林业发展项目（湖南）后续运营计划》，该计划对实现项目目标所面临的问题，进行了分析和安排。这些问题主要包括：项目林后期的抚育间伐、森林防火、有害生物防治、生长势较差林分的培育、贷款偿还等。提出采取：稳定项目管理和经营机构，加强日常经营管理；森林防火和有害生物防治纳入林业行业的常规管理体系；依托联营林场、股份林场、集体林场开展项目林的抚育间伐，林业部门提高技术支撑；对生长势较差的林分，利用国内其他项目资金采取重造、补植、施肥等技术措施；建立健全还贷约束机制等措施，确保项目目标的管理。

项目的实施为不仅我省贫困地区发展、林业发展带来了资金的支持，更重要的是带来了新的发展理念、先进的林业管理和技术。如项目社会评估、基于产出的支付方式（报账制）、生态营林、营造林工程的全面质量管理等，在其后的"世行贷款林业持续发展项目""中欧天然林管理项目""退耕还林工程""长江中下游防护林工程"等内、外资项目实施中得到了很好的运用，效果显著。

六、经验和教训

（1）社区评估是项目顺利实施、可持续的重要环节。本项目实施范围广、涉及农户多，项目受益人经济状况、拥有的发展条件不同，利益诉求各不相同。社区评估所就项目内容、条件做了较详细的宣传，深入了解了项目受益人的意愿，为项目实施创造了一个公开、公平、公正的环境，该项目受益人按自己的意愿实施项目内容，做自己喜欢的事才能有积极性、才能长久。

（2）全面、严格的质量控制体系是实现项目目标的重要措施。对项目实施的各个环节建立详细的质量标准、监控方法和激励机制，明确各责任人的责权利，确保了项目施工质量。

（3）自愿基础上的农户适度联合是项目可持续经营的有效经营机制。农民自愿基础上组建的合作社、联营体和股份制等经营组织，降低了生产经营成本，提高了抗市场风险的能力，使项目可持续经营能力得到加强。

（4）项目设计要充分考虑政策、市场等环境因素。因为受国家产业政策调整的影响，本项目所设计的小规模加工企业建设部分内容就未施工，这部分建设资金在项目中期调整时全部调整为营造林投入。

［湖南省林业外资项目办（速丰办）］

世界银行贷款"广西综合林业发展和保护项目"案例

基本信息

项目名称：世界银行贷款广西综合林业发展和保护项目（贷款号：4844—CHA，赠款号：TF057753—CHA）。

项目目标：该项目总体发展目标是提高广西项目区林业生产、流域管理和自然保护区林业管理和机构设置的效率。其全球发展目标是通过保护濒危物种和地方特有物种重要的森林栖息地，从而更好地保护广西的生物多样性。

项目资金来源：总金额16.551897亿元，其中：世行贷款80900万元（折合1亿美元），GEF赠款4247.25万元（折合525万美元），国内配套80371.72万元。

实施日期：2007年1月1日~2012年12月31日。

案例研究提供者：广西利用外资林业项目办公室。

摘要：世界银行贷款广西综合林业发展和保护项目，在有关部门的大力支持和协调下，经过6年的实施，项目按计划完成各项任务，实施了全球首例在联合国清洁发展机制理事会成功注册的碳汇造林项目，对广西洞穴生物多样性开展了一系列调查活动，新发现物种164个。广西成为了全球新发现洞穴物种的主要来源地，有可能成为世界上洞穴生物物种最丰富的地区之一。

一、发展挑战

为实施由以采伐天然林为主向以采伐人工林为主转变，国家林业局于2002年将中国的4个地区指定为主要木材生产基地，以推动人工林营造。广西具有生产大量木材的自然条件，为指定地区之一，世界银行以20年成功参与中国林业项目这一事实和采用最新研究成果及国际经验为基础，引进和拓展经改进的营林技术、多功能保护管理模式和环境治理准则。该项目通过支持对经济林、生态林和为保护生物多样性而留出的森林自然保护区的改进，结合广西森林可持续管理和生物多样性保护采取一体化综合方针，支持制定和实施广西林业部门发展和保护战略，支持重点政策研究课题和修订法规条例。广西是保护珠江流域和喀斯特生物多样性的一个重要地区，在保护生态林和生物多样性方面缺少足够的资源、技术和机构能力及有效模式，政府部门缺少可持续经营能力。

二、项目设计

（1）营造人工用材林——在46个项目县（市、区）、区直林场营造人工用材林20.0万公顷；对4个良种繁育基地进行改建，包括扩建组培厂、育苗大棚，增加组培厂设备、育苗设备和喷灌设施等。

（2）加强生态林培育——在广西珠江流域范围内的 25 个县营造多功能防护林 1.8 万公顷，其中包括在环江县和苍梧县营造 4000 公顷的碳汇造林试验林；同时，在石灰岩地区和珠江流域区，实施封山育林 10 万公顷。

（3）加强自然保护区的管理——为大明山、弄岗、木伦、猫儿山国家级自然保护区、龙山自治区级自然保护区等五个具有全球意义的重点保护区制定和实施管理计划，开展生物多样性调查和研究，增进对广西石灰岩地区生物多样性的了解，加强自然保护区与其周边社区的合作，同时，制定并实施简单易行的参与式监测和评估体系。

（4）加强机构能力建设——加强省一级可持续林业发展和保护战略规划的制定和实施，开展政策研究，制定工作指南和修订规章制度；积极开展相关技术的科研、推广和运用；同时，建立简单易行的项目监测和评价体系以及对项目的实施过程及其影响进行监测。

项目设计汲取和纳入的教训包括：①开发和采用新技术，诸如采用高性能树种，优质苗木和更有效的栽种方法以提高生产率；②营林研究机构和造林机构的联系是加速技术转让的关键；③通过磋商让利益相关者参与项目设计，确定项目范围；④造福于当地利益相关者，保护生态林，如生物碳先导试验；⑤当地社区的充分参与以确定保护区域的管理目标（包括开发有效机制以确保当地社区从保护中得益），这对森林可持续管理至关重要；⑥自治区林业厅的能力建设，以提高综合规划的制定能力，并可持续性地指导和组织项目的实施。

三、项目交付

（一）机构方面

实施世行贷款广西综合林业发展和保护项目，广西成立了以自治区分管副主席为组长，成员有发改、财政、审计、林业等部门领导组成的项目领导小组，领导小组审核项目实施计划，研究和解决重大问题，落实配套资金。区林业厅成立项目管理办公室和生物多样性办公室以及项目技术支持小组办公室，负责项目具体实施管理。各项目实施单位相应成立了项目领导小组和项目办公室。

（二）资金方面

各级政府部门高度重视、配套资金和贷款资金及时到位，保证项目顺利实施。项目共筹措配套资金 174695.86 万元，完成计划配套资金的 214.27%。其中：自治区级配套资金 18124.00 万元，占项目配套资金总额的 10.37%；县级财政配套 4427 万元，占 2.53%；造林单位自筹 152144.86 万元，占 87.10%。

（三）激励措施

（1）在区林业厅设立了项目协调小组。由厅长任组长，分管副厅长和相关处室负责人为成员。协调小组定期审查子项目间合作状况，推动项目活动一体化和相互促进。

（2）项目专门成立了科技支持小组，根据项目设计要求为项目实施提供了有效的技术支持，并组织开展了一系列技术研究、培训和推广活动。

（3）各项目县及自然保护区成立了项目办公室，配备了具有较高业务水平和管理能力的专业技术人员，较好地实施和管理了项目。

(四)创新手段

健全的组织机构、强有力的科技支撑为项目实施提供了有力保障。项目设计按照参与式设计方法进行，充分尊重项目参与者的意见，让贫困农户、少数民族和妇女有均等参加项目的机会，保证了各方利益。

(五)项目实施中遇到的问题及解决方法

(1)2008年年初的雨雪冰冻灾害，2009年下半年至2010年年初的旱灾对项目产生了一定的影响，使苗木与幼林遭受不同程度的损害。灾后，项目实施单位及时进行了补植或重建，项目林得到了较好的恢复，但增加了造林实体和农户的经营成本。因此，自然灾害加大了项目的风险，但项目总体产出并未受到明显影响。

(2)美元与人民币的汇率由项目评估时的1:8.09变化为竣工时的1:6.2369，汇率损失达22.91%，造成了项目贷(赠)款资金的缺口，增加了项目实施的难度。项目单位通过增加配套资金，未对项目实施产生实质性影响。

(3)由于部分林地承包经营权属不够明晰，存在纠纷问题，使得项目未能按原设计实施。但是，通过国有林场扩大造林面积，项目造林总规模没有受到影响。

四、取得的成果

通过推广新技术和引进国内外先进的森林管理的经验，该项目开展了对广西森林资源的综合管理，包括用材林的营造、小流域治理、生物多样性保护和森林碳汇试点项目，大大提高了用材林、生态林和生物多样性保护的有效性，示范了创新和有效的自然保护区管理模式和CDM造林和再造林经验。

(1)营造人工用材林。共完成人工造林214092.73公顷，为计划任务的107.05%。由于采取了良种、壮苗、容器育苗、轻基质育苗等新的造林技术，造林质量普遍较高。由于速生树种如桉树生长快、轮伐期短、经济效益好，在项目参与式设计过程中，为农户、公司和林场首选树种。同时，为保证桉树持续生产力，项目科技支撑组为各项目单位提供了配套的技术支撑。项目改扩建的4个中心苗圃，投资人民币2478.8万元，其中财政资金1785万元，项目单位自筹693.8万元。通过苗圃改扩建，4个苗圃育苗规模由年产2000万株提高到6500万株。参与项目的农户数量为110230户，其中贫困户39553户，占35.88%；少数民族55148户，占50.03%。

(2)生态林培育。完成小流域治理多功能生态林造林18067.47公顷，为设计目标的100.37%；完成封山育林109583公顷，为设计目标的109.58%。实施了全球首例在联合国清洁发展机制理事会成功注册的碳汇造林项目，引起国际高度关注。全区共有197个乡、925个村、100140户参加了生态林项目，其中：贫困户55887户，少数民族户77579户。

(3)自然保护区管理。通过加强自然保护区管理活动，自然保护区从业人员业务能力显著提高，改善了自然保护区附近村民的生活状况，提高了公众对天然资源的保护意识，对广西洞穴生物多样性开展了一系列的调查活动，新发现164个物种。随着这些发现的公开发表，广西成为了全球新发现洞穴物种的主要来源地，有可能成为世界上洞穴生物物种最丰富的地区之一。

(4)机构能力建设。在6年的项目实施期间，项目建立了完善的自治区级、项目区级和乡级科技推广与培训组织体系，开展管理与技术培训、编制和传播管理与技术信息、营建示范林、国内外考察和培训以及组织国内各级专家和技术人员进行现场咨询等一系列科技推广与培训活动，使许多现代世行项目管理理念、方法和技术标准在本项目实施过程中得以贯彻和应用，保证了项目实施的高标准和高质量；使一大批优良新品种和先进技术推广、应用到了项目造林和人工林经营管理中，增加了项目实施的科技含量和综合效益；使参与项目实施的各级管理和技术人员提高了管理技术和能力，成为当地林业建设和发展的骨干力量；使参加项目的广大农户学会并掌握了培育、经营人工林的知识与技能，拓宽了他们脱贫致富的门路。

项目期间，共举办了自治区级培训班 53 期（次），组织国外考察学习 10 次，国内考察学习 6 次；共组织举办了其他各类培训活动 876 期（次）。参加科技培训的管理和技术人员达16258 人次，平均每个项目区的参加人次达 360 人次以上。项目实施中，共有 181292 人次的林农骨干和代表参加了乡（镇、分场）级的技术培训，平均每个项目区 4000 人次以上。

项目营建的用材林，良种使用率在 90% 以上，桉树人工林良种使用率达到 100%。这些优良林木品种的推广和应用提高了项目造林质量、人工林的产量以及产品的质量，与非项目造林相比，其平均树高提高 23.93%，平均胸径提高 18.16%，单位面积蓄积增加 33.67%。

2010 年，根据广西财经学院完成的《广西综合林业发展和保护项目绩效评价》，该项目绩效综合排名第三。

由项目支持，有广西社会科学院、广西林业老年科协专家组成的专家组撰写的《广西林业可持续发展战略研究》（研究报告类），于 2012 年 12 月荣获广西壮族自治区人民政府颁发的广西壮族自治区第十二次社会科学优秀成果奖三等奖（桂社科奖字 201212185 号）。

五、可持续性和可靠性

（1）项目后续安排。项目竣工验收后，省级项目办公室（PMO）、生物多样性办公室（BO）、项目技术支持小组办公室（TSP）、项目单位项目办公室将继续负责项目抚育管护、森林防火、病虫害防治、还贷等后续管理工作，广西林科院、广西林业勘测设计院等技术支撑单位将继续为项目提供技术支持。

（2）人工用材林。根据国家林业局和广西林业厅安排，广西作为全国木材重点生产区域，将作为国家木材战略储备核心基地进行建设。该项目营造的人工用材林将在技术、资金、政策上继续得到政府扶持。

（3）生态林培育与管护。在 2012 年 3 月召开的全国两会上，"石漠化治理"被写入《政府工作报告》之中。广西作为全国石漠化治理重点省（自治区），一直受到各级政府的高度重视，在资金、技术上将会得到高度重视。另一方面，根据《中共中央国务院关于加快林业发展的决定》，我国森林实行分类经营，全国森林分为公益林和商品林两大类，分别采取不同的管理体制、经营机制和政策措施。公益林以政府投资为主，吸引社会力量共同参与建设。广西生态公益建设在政策、资金、技术上都得到了政府高度重视。项目碳汇林已纳入国家级重点生态林建设与管理，根据国家生态公益林管理相关规定，每年可享受国家给予的资金补贴，护林防火、森林病虫害防治也纳入当地林业主管部门管理范围。碳汇林监测，继续由广西林业勘测设计院进行，并接受广西林业厅的政策与资金支持。因此，碳汇林管理在政策、资金、技术、监测上都得到了政府高度重视。

（4）自然保护区管理。根据国务院办公厅《关于做好自然保护区管理有关工作的通知》（国办发〔2010〕63号），国家将加大资金投入，国家级保护区的管护基础设施建设投资由国家发展改革委在现有投资渠道中统筹安排，能力建设由财政部以专项资金形式给予补助，日常管理经费纳入省级财政预算；地方级自然保护区的建设和管理经费要参照国家级自然保护区予以保障。因此，本项目结束后，本项目所扶持的5个自然保护区将继续得到国家和地方政府的政策、资金、技术支持。

（5）机构和管理能力建设。本项目主要技术支撑单位广西林科院为省级公益型科研单位，负责全区林业科学研究、技术推广等林业技术工作，人员稳定。该院还承担了国家林业局、广西区科委、广西林业厅等单位下达的科学研究与技术推广项目，能保障本项目结束后的持续技术指导和原有监测项目的持续实施。

六、经验和教训

（1）本项目与中国林业发展战略及环保政策、中国林业综合利用与开发以及广西林业发展需求高度相关，确保了项目预期目标的实现和可持续性。

（2）设置合理高效的管理机构，借助成熟的技术支持小组，聘请有经验的国内外专家是本项目顺利实施的关键因素。

（3）基于本项目开发了全球第一个获得联合国清洁发展机制（CDM）理事会（EB）批准的造林再造林方法学，有效地推动了中国乃至全球林业碳汇项目的实施。

（4）对广西洞穴生物多样性开展的调查活动，发现117个新物种，使广西成为全球新发现洞穴物种的主要来源地和世界上洞穴生物物种最丰富的地区之一。

（5）本项目显著提高了自然保护区从业人员业务能力，改善了自然保护区附近村民的生活状况，提高了公众对天然资源的保护意识，

（6）本项目建立了一套"立体式"的培训机制，开发了一系列具有个性特征的监测指标，为同类项目的实施提供了借鉴。

（7）在项目实施过程中采用了参与式设计方法，有效提高了项目的实施效率和效果。

（8）本项目采取"公司＋农户"模式、保险公司承保等办法，为同类项目的实施提供借鉴。经营户灵活参与项目是本项目快速推进的原因之一。

（9）碳汇造林，必须慎重选择造林地，科学选择和配置造林树种。

（10）项目实施期间，美元与人民币汇率降低，造林人工和材料价格上升，而贷款额度不能追加，增加了借款人的筹资负担。

（广西利用外资林业项目办彭文胜，广西财政厅林欣，广西财政学院中国西南绩效评价研究中心梁素萍）

贵州实施世行贷款造林项目 促进县域生态林业大发展

——贵州省天柱县实施世行造林项目案例

天柱县位于贵州省东部，清水江下游（流经湖南沅江注入洞庭湖），属黔东南州，是贵州十个重点林区县之一。新中国建国初期，全县森林蓄积量达817万立方米，可伐量365万立方米。由于各种原因，加上人口逐年增多、毁林开荒种田、重采轻造等因素，县森林资源逐年锐减。1991年全县荒山面积56万亩，约占全县林业用地面积（225.3万亩）的24.8%，森林蓄积量下降到225.9万立方米，可采伐量急剧下降，有的林区乡镇（如：注溪乡）连群众烧柴都难以维持，林业给县财政和林农的经济支持力度严重下滑。为了调整林业产业结构，转变林业经济发展方式，改善生态环境，增加农民收入，天柱县寻找各种机遇，并把着眼点放在了20世纪90年代初贵州省实施的大型世行贷款林业项目——国家造林项目。

1991年、1995年，经省计委、省林业厅批准，天柱县先后实施"国家造林项目""森林资源发展和保护项目"两期世行项目。截至2001年，两期世行造林项目实施完毕，共完成杉木和马尾松速生丰产用材林造林面积13.49万亩，占任务的112.4%；总投资2371.9万元，其中世行贷款资金1338.23万元，占总投资的56.42%。

由于世行造林项目的实施和项目辐幅射带动作用，有力地带动了天柱县的社会造林，使天柱县项目初期的56万亩的宜林荒山得到绿化，全县森林覆盖率从1991年的38.8%提升到60.96%，增加22个百分点，林木蓄积量从1991年的255.9万立方米增加到701.5万立方米，净增445.6万立方米。世行造林项目的实施使县林工商公司（原县木林公司）、县国有林场得到转型发展和全县16个乡镇167个村835个村组、15306户、76500个农村人口受益，农户参加项目覆盖率为19.29%。项目的成功实施改善了天柱县的生态环境，增加了群众的收入，充分体现了生态林业和民生林业的建设成效。

世行项目的实施，对提高天柱县林业建设管理和科学技术水平具有重要的推动作用。由于世行项目面积大、责任重、要求高、标准严、投入大，天柱县党政领导重视、相关政府部门大力支持、林区干部群众齐心协力，认真抓好世行贷款造林项目的实施，具体做法是：

（1）将世行项目建设纳入干部实绩考核范围，并制定《天柱县世行造林项目实施意见》，《乡镇政府、县林业局和有关部门工作责任制》《世行资金使用管理报账制度》等制度。

（2）项目实施兼顾地方农民的利益，创建新体制机制，执行联合经营的造林模式：以县国有林场、县林工商公司（县木材公司）为承建单位（承贷承还）+村组农户（出土地），利益按7:3或6:4的比例进行效益分成；造林土地合同由公司、林业局与当地的村、组签订；村组与农户协商落实土地，实现利益均衡合理分配。世行项目虽然持续时间长、见效慢，投入大，但上述模式成功地实现了世行项目的顺利实施。

（3）创新苗木供应模式和项目资金管理，为了保证苗木质量，确保良种壮苗和一级苗木上山造林，改山地育苗为稻田育苗。同时加强世行资金的使用管理，成立世行专职财务人员，按合同立户建账，执行小班建账卡，确保项目资金专款专用。

（4）将世行造林项目交由县木材公司（后改为县林工商公司）承建，负责承贷承还与社会联合造林，利益按比例分成，执行公司＋农户（出土地）的新型造林模式。这一新模式不仅解决了企业的资源问题和转型可持续发展问题，还为解决企业（县木材公司）职工和当地群众的收入问题与就业问题打下了坚实基础。如2011年，县林工商公司（原县木材公司）在石洞镇黄桥村拍卖一片联营造林青山属世行造林项目，面积525亩，设计出材量3075立方米，总价139.5万元，每亩产值达2657元。按当年造林每亩投资169.5元计算，总投入8.87万元。扣除投入成本，该项林地交易的纯收入为130.63万元，按当初合同比例分成，该林工商公司受益78.375万元，而土地拥有方136户农户计680人受益51.89万元，户均收入3816元，人均收入763元。可见，天柱县世行贷款造林项目实现了企业增效和农民增收的双丰收。

（5）加大国家林业政策和世行项目政策的宣传力度，坚持"责利分明"，"谁造谁有，谁受益，可以继承。合造共有，效益按比例分成"的原则。对林业"三定"后仍未造林的宜林荒山由所在村委员收归集体所有，实行重新发包造林，并抓好各年度的造林抚育和病虫害防治工作。

世行项目虽然取得了一些成绩，但仍然存在一些问题和困难：

一是20世纪80年代，全县开展"稳定山林权、划定自留山、确定林业生产责任制"的"三定"工作后，多数村组都把山林的管理责任分到了各家各户，导致了世行项目要规模造林、连片集中造林的难度增大。

二是由于当时山区基础设施落后，交通不便，导致林木的间伐成本升高，以及农村劳力短缺，不能按原设计进行抚育间伐等原因，进而影响林木的生长和项目林分质量。

三是世行项目后期管理力度不够，个别地方偷砍盗伐现象十分严重；此外，森林防火工作做得不够扎实，亦给世行项目造成了一些损失。

四是部分项目造林地块边界不明确，存在一些造林土地合同签订不尽完善等情况。

总之，天柱县实施的世行贷款造林项目成效是显著的，达到了预期目标。通过项目实施，大力发展速生丰产用材林不仅缓解了市场日益短缺木材的矛盾，还有效地改善了天柱县的生态环境，增加了林区群众的收入，提高了天柱县林业建设管理和科学技术水平，进而为天柱县的生态林业和民生林业建设做出了突出贡献。今后，天柱县仍将加大力度抓好速生丰产林、工业原料林和木材储备基地建设，全力推进林业产业体系建设，促进农村经济发展，增加农民群众的经济收入，全面提升天柱县生态林业和民生林业的发展水平。

[贵州省林业厅世行办（速丰办）]

甘肃天水实施世行贷款项目
促进山区农村社会经济全面发展

"世行贷款林业持续发展项目甘肃省天水市人工林营造部分"是甘肃省首次利用世界银行贷款进行的林业建设项目，项目实施区域秦安、武山、清水县和麦积区均属国家级贫困县，项目总投资 3465.37 万元，其中利用世界银行贷款 182 万美元，使用国内省市县财政配套资金 657.38 万元，造林农户投入 1399.28 万元。营造以苹果、梨、桃、花椒等品种为主的经济林共计 3128.21 公顷，修建林道 94.3 千米，管护棚 716 座，建立果品简易储藏窖 190 个，参与项目的农户 13500 户。

一、项目建设取得的主要成效及重要意义

（一）提高林农增收能力，促进项目区的社会稳定

2002 年项目实施初期，四个项目县区农民人均纯收入为 585~1003 元，参与项目实施的贫困农户 5714 户，占参与总农户的 42.3%，通过实施世行林业贷款项目，户均建立了 3.5 亩的家庭绿色林果支柱产业。10 年来，经过实施标准化、规范化的栽培技术和精心管理，项目果园已经进入盛果期。据统计，截至目前，项目区经济林果品产量 19.54 万吨，累计收入达 45223.35 万元，项目区平均每个农户收入 41608 元，平均每年人均收入增加 866.8 元，不仅为贫困人口提供了稳定的增收来源，而且提高了贫困家庭自主发展的能力，有些贫困农户还依靠项目过上了富裕生活。

项目实施期间，政府引导果农建立果农协会、经济合作组织，结合项目投资的基础设施建设，各项目乡镇建立了果品交易专业市场，带动了物流运输、包装制造、餐饮旅游等相关产业的兴起，增加了劳动就业机会，完善了经济林产业的社会化服务与保障体系，改善了群众的生产生活条件，提高了农户可持续发展的能力。项目引进绿色果品生产技术，更新了贫困地区农民落后的思想观念，通过培训推广活动，提高了农户的生产技术和科学文化素质。

项目实施的社区林业评估活动，从尊重农户个人意愿出发，干部经常与农户沟通，集体大事由全体村民集体决定，明显增强了妇女的自信心，农户能够充分表达自己意见和主张，弱势群体得到应有的照顾，个人权利得到了保障，加强了社会各阶层间的理解与融合，推动了乡村民主法制进程，促进了乡村文明，推动了集体林权制度改革的顺利实施，为维护社会稳定做出了贡献。

（二）引进了国际先进的林业管理理念和机制，提高了项目科学管理水平

通过实施世行贷款项目，将完善的环境保护措施，优良的种植材料，以及社区林业评估结果等体现到造林设计中，指导项目各项生产活动；全面质量管理理念、社区参与发展理念以及"造林模型"的成本管理办法、"先垫付，验收合格后再支付"的报账支付办法等国际的

先进理念、管理制度的成功应用，能够严格控制造林经济成本，及时准确监测、评价造林质量及世行贷款林业持续发展项目框架下各项技术规程和造林措施的落实，对全面动态掌握项目进度及施工质量、资金管理、受益人等情况提供了依据，对项目科学化实施起到了积极作用。

（三）培训了一大批林业技术管理人才，促进了林业机构能力建设

通过项目准备、检查、专家咨询、培训考察等，锻炼和培养出一大批熟悉项目管理、精通专业技术，能按国际惯例办事的外向型林业项目管理人才队伍。各级项目管理单位普遍掌握了国际通用的财务支付、物资采购、环境保护、社区评估、科技推广等项目管理手段和方法。据统计，项目共举办管理类的培训班 32 期，培训项目管理人员 1500 多人次。

（四）提高了森林覆盖率，改善了生态环境

项目实施十年来，天水市的森林覆盖率净增 0.2 个百分点，生物多样性得到了明显改善。据分析测算，项目建立的经济林每天可吸收固定二氧化碳 2512.5 吨、放出氧气 2437.5 吨，每年减少土壤流失 43800 吨。项目采用沿等高线品字形穴状整地、栽植方法，在保存了原有地表植被的基础上，在果园间套种三叶草、黄豆等具有独特固氮作用的根瘤菌植物，增加了果园土壤肥力。

二、实施世行项目的成功经验

（一）充分尊重和体现农户意愿是项目成功的核心

按照社区林业评估程序，根据市场需求和农户愿意确定项目活动内容，让农户直接参与项目设计和实施全过程，既调动了农民群众参与项目的积极性，又确保了项目各项目标的实现。

（二）重视培育优良品种开发是项目成功的关键

根据国家林业局世行中心制定的项目"种植材料开发计划"，通过调查，编制了项目区经济林优良品种目录，依托果树研究所，利用国有苗圃的技术优势，按照就近育苗的原则，选择了基础条件好、技术力量强、管理经验丰富的苗圃，签订了育苗合同，监督、指导、落实苗木生产过程中的各项管理措施，培育红地球葡萄、大红袍花椒等优良苗木；执行苗木检验证、检疫证、合格证及苗木出圃标签"三证一签"制度，保证了项目建设。

（三）建立健全科学的项目管理体系和管理制度是项目成功的保障

世行贷款项目实施以来，形成了一整套完善的经营管理机制。一是资金管理报账制；二是项目造林合同制。合同制的应用，明确了项目管理机构和农民的责权利，激发了群众营造和管理果园的积极性，保证了项目建设的成效；三是建立了定期监测制度，每隔半年实施一次监测，评价造林质量及各项技术措施的落实；四是财务审计管理制度，建立了财务内部控制制度，按照项目建设内容、资金来源、支出类别，统一设置会计科目，对项目建设中发生的各项经济业务进行核算、登记，真实、完整、准确地将项目会计信息反映在财务报表中；五是严格执行项目实施细则、造林技术模型、施工设计方法、检查验收办法等技术标准和规定，有效地避免了实施项目时可能出现的主观随意性。

（甘肃省天水市林业局）

三、亚行、欧投行贷（赠）款项目案例

借力亚行项目　建设美丽孙沟

——河南省西峡县亚行贷款项目典型案例

田关乡孙沟村是西峡县实施亚行贷款河南省豫西农业综合开发（林果业）项目的一个缩影。孙沟村 2003~2005 年实施亚行贷款豫西农业综合开发（林果业）项目，截至目前，发展杏李和杏 6000 余亩，成为全省最大的杏李示范基地。该基地前期投资 920 万元，其中亚行贷款 260 万元，群众自筹 370 万元，政府及其他单位支持 290 万元。"昔日荒山岗，今日果满园"。2013 年，杏李和杏鲜果产量达到 500 万千克，产值 1060 万元，全村 701 人，人均收入 1.5 万元。项目的实施使孙沟村的荒山披上了绿装，生态环境极大改善，实现了生态建设和民生建设的双赢。

一、项目建设背景

西峡县位于豫西南边陲，伏牛山南麓，南阳市的西北部，田关乡孙沟村是西峡县东南部最偏远的山村。项目实施前，全村荒山面积占 69%，到处是乱石荒草，人均耕地少，山高路远，交通不便，文化教育落后，信息不灵，农民生活贫困，2001 年人均年收入 350 元，住的是土墙破瓦房，吃的是野菜和杂粮。村民如此描述："石子山石子地，老天爷看了也干生气"。

亚行贷款豫西农业综合开发（林果业）项目建设目标是合理利用开发现有的土地和林业资源，加快山区林业综合开发步伐，繁荣山区经济，维护和改善生态环境，尽快使山区农民脱贫致富。在西峡县争取到亚行贷款项目后，孙沟村强烈要求实施该项目。县林业局因此优先把孙沟村列入亚行项目区，并多次到实地考察，充分征求群众意见，完善规划设计。

二、项目规划设计

项目区域涉及孙沟村 6 个村民小组，5 条坡岭，23 个山冈，21 个山洼。规划 2003 年 1 月开始动工，利用 3 年的时间规划连片基地 6000 亩，需栽植杏李、杏等苗木 16.8 万株，修建林道 15000 米、蓄水池 58 个、引水管道 16000 米，建管护棚 6 座，需聘护林员 12 人，预计投资 920 万元。利用亚行贷款 260 万元，其他投资由群众自筹和争取政府及其他单位支持。

三、主要做法

西峡县林业局派 2 名技术人员分包孙沟基地，具体指导整地、栽植、抚育等技术措施。

田关乡政府给予大力支持，孙沟村成立了亚行项目实施领导小组。村干部和村民纷纷表示：孙沟的希望在山，出路在林，要保证栽一棵活一棵、栽一片成一片。孙沟村干部群众心往一处想，劲往一处使，克服了一个又一个困难。在项目实施过程中，遇到的最大问题是资金问题。例如：项目规划设计整地费用每亩300元，而实际山坡整地需挖坡、培土、施农家粪、整平等过程，平均每亩整地费用1100元，仅整地一项费用就超过600万元。他们全村动员，通过自筹、贷款、招商引资，向政府和有关单位拆借资金等办法解决资金问题。在3年时间里，投入人力11000个工以上，动用机械台班2000多个，修路16000多米，总投资超过920万元，成功发展杏李6000亩，确保项目顺利实施。

四、项目成效

孙沟村亚行项目的成功实施，产生了较高的生态效益、社会效益和经济效益，实现了民生林业和生态林业的双赢，已成为西峡县生态建设的亮点。杏李基地建成后，到2007年就实现年产量240万千克，年产值480万元。2013年，孙沟村农民因林果收入人均15000元，孙沟村群众因此脱贫致富奔小康。在亚行项目实施和促进下，孙沟村所有的荒山变成了果园，所有的道路和生产路两侧栽植了四季常青的树木，所有的农家小院种植了花草，在学校和村部周围建立了游园。今天的孙沟村，休闲娱乐设施样样俱全，人们可以赏花、品果、垂钓。亚行项目建设也为农业产业结构调整提供了良好机遇。过去，人们在瘠薄的山坡上开垦小片荒，种植红薯、花生、小豆等农作物，一家一户各自为战，技术含量低，土地利用率低，作物产量低，农民收入低。2001年，每个工日仅值6元钱，人们的生活非常贫苦。随着亚行项目的实施，农民逐步改变了传统的耕种习惯，优化了土地利用结构，促进了农业生产由粗放经营向集约经营转变，从整地、栽植、施肥、浇水、修剪、病虫害防治、果实采摘、销售等有了系统化技术指导。农民在高效果园里套种蔬菜、中药材、养殖鸡鸭，现在，一个工日平均100多元。

孙沟村昔日的荒凉景象没有了影踪，人们忙忙碌碌干事创业，到处是一片生机勃勃的景象，孙沟村成为远近闻名的富裕村庄、美丽山村。周围的群众纷纷邀请孙沟的技术员到实地做指导，传授技术，仅在孙沟周围就发展果园18000亩，直接从事果园生产的人数6000多人，大量农民被转移出来，进行多种经营和发展副业，拓宽了农民的增收渠道。杏李产业已经成为西峡县一项支柱产业，直接和间接受益者人数达到13000多人，并且极大地带动了旅游、运输、通讯、包装、加工、储藏等行业的发展。

五、经验及教训

项目的成功实施积累了丰富的成功经验，这些成功经验也是其他林业工程项目的宝贵财富。

一是选准了项目实施地点。孙沟村的自然条件符合亚行项目增加农民收入的建设目标要求，村民具有强烈的致富愿望，村干部和村民具有干事创业的吃苦精神。2001年，孙沟村人均年收入350元，村组经济一贫如洗，而项目初步规划就需480万元，村支书马景龙拿出全部积蓄，借遍亲朋好友，向12家银行贷款，向52个单位求助，千难万苦筹集180万元，全部用于集体事业，而自己全家节衣缩食，上顿饭不接下顿饭。孙沟村群众有强烈脱贫致富的意愿，发展经济林符合他们的意愿，他们生产积极性高，自觉和村组干部一起艰苦奋斗。正如中国林业科学研究院唐守正院士说："有了可以种树的地方，有了愿意种树的人，事情就好办了"。

二是选准了合适的树木品种。受土壤、立地类型、海拔高度等主要因素的影响，西峡县过去引种的苹果、梨、柑橘等品种因气候不太适宜，果实品质差，效益非常低。县林业局技术人员对经济林进行了深入调查研究，多次到中国林业科学研究院、郑州果树研究所、山东省林科院等科研单位进行学习，到山东泰安、浙江诸暨等大型林果基地实地考察，并邀请中国林业科学研究院专家到西峡的丹水镇、田关乡实地考察。通过考察对比，认为杏李外观美丽，香味浓郁，酸甜可口，是一种新兴的高档水果，全国栽培量小，经济价值高，有广阔的发展前景。得到专家肯定和支持后，孙沟村决定引种杏李。

三是狠抓基地管理，搞活经营机制。在亚行项目实施过程中，采取"治理一座山，营造一片林，盖上几间房，住下一批人，兴办一个场，造福一方人。"的办法，实行统一规划、统一整地、统一供苗、统一栽植、统一签订合同、统一管护、统一配套设施，一治一座山，一栽一条岭，连片经营；采取大户承包制，股份合作制，联户合作制等经营形式，通过租赁承包，拍卖，土地作价入股、农民分红等形式，加速土地流转，搞活经营机制，促进了基地集约经营和科学管理。

四是狠抓科技服务，提高管理水平。县林业局成立了苗木调剂供应组和质量监督检查组，把握亚行项目造林的设计、整地、苗木、栽植、抚育管理五个环节，提供全程服务。同时，对项目村组进行技术培训，确保每个项目村民小组都有一个"土专家"，每户都有一个林业技术明白人。县林业局还在孙沟村高标准建立了一个80亩的杏李示范园，让群众经常到园内参观学习，充分发挥示范园的实验、示范和技术培训作用。先后邀请中国林业科学研究院、郑州果树研究所、河南农大的专家20余次到西峡县开展技术指导工作，大量的新技术、新观点、新思路使林业局和项目区广大群众耳目一新，增添了见识和干劲。

五是项目投资和群众投资相结合。亚行项目资金以购买树苗的形式发到项目区，项目户投入整地、栽植、管护的费用。亚行项目对于孙沟村来说，属于新生事物，在实施过程中，尚属摸着石头过河，遇到了不少问题，但由于农民投入了大量人力、财力，是项目的主人，造林积极性高，每次都能克服困难，坚持把项目进行下去。

西峡县在项目实施中，也出现了一些错误和失败，得到的教训也给了我们启示：一是群众参与项目积极性不高不能安排项目。如个别地方要了项目但管理跟不上，前栽后毁，至今无经济效益。二是机制问题解决不了不能安排项目。特别是土地问题和承包机制问题是影响项目建设的关键，树栽了无人管，前栽后荒。三是项目不能安排到一家一户，要安排到集体组织或企业、承包大户，只有集中连片建设才能发挥经济效益。一家一户零星种植管护跟不上，效益发挥不好。孙沟村亚行贷款豫西农业综合开发（林果业）项目成功实施告诉我们，土地资源和群众意愿是基础，加快土地流转、搞活经营机制、拓宽投资渠道、狠抓项目管理、强化技术服务、完善配套设施是保障。

西峡县亚行贷款豫西农业综合开发（林果业）项目的成功实施，增强了农民兴林致富的决心和信心，改善了项目区生态环境，为西峡县生态建设和经济建设插上了腾飞的翅膀，取得了可喜的成绩，开创了西峡县林业项目工作新局面。

（河南省西峡县林业局李花菊、魏远新）

亚行贷款陕西林业生态发展项目
助推石泉蚕桑产业突破发展

石泉县位于陕西省安康市西部，总面积 1525 平方千米。地处秦巴山区，汉水之畔，土地肥沃，气候温和，雨量充沛，自古以来就是我国西北地区蚕桑丝绸的集中产区。据史料记载和出土文物考证，石泉兴桑养蚕始于商周，兴盛于汉唐，历史悠久，源远流长，到了建国以后，特别是 1978 年党的十一届三中全会以来，蚕桑生产突飞猛进地发展，目前，全县已基本形成育苗植桑，制种养蚕，收烘缫丝，丝绸产品综合开发，蚕桑副产品深加工的产业体系。蚕桑产业已成为石泉县农村发展，农民增收，支撑县域工业发展，富民强县的主导产业。2012 年全县蚕桑产业巩固，培育养蚕大户 3000 户，发放蚕种 81169 张，产鲜茧 3000 吨，蚕桑产业综合产值达 2.67 亿元，稳居西北之首。省级、市级现代蚕桑产业示范园区，亚行贷款项目建设区的建设卓有成效，各项工作圆满完成。

亚行贷款陕西林业生态发展项目在石泉县的实施始于 2010 年 6 月，该项目贷款金额为 759.5 万元，地方配套资金 523.18 万元。涉及迎丰镇、中池镇的 2 个镇，20 个村、21 个作业区、269 个造林小班、1746 户农户，项目内容是新建高标准桑园 8490 亩，新建小蚕共育室 1415 平方米、蚕台 889 平方米。截至 2012 年底已完成项目建设总量的 65%。亚行贷款陕西林业生态发展项目在陕西省石泉县历史上是首次实施，也是陕西省石泉县林业首次利用的外资项目，对促进当地经济林建设，提升蚕桑产业突破发展起到了极大的推动作用。

（1）高标准建设的优良品种（农桑 14、农桑 12、强桑一号）桑园发挥经济效益、社会效益显著。亚行贷款项目启动以来，在项目区新建设的优质品种桑园共 5518 亩已于 20 亿年投产，亩桑蚕桑综合收入（养蚕、套种、桑园养鸡）1.2 万元，且在涵养水源、保持水土流失、调节小气候、增加森林覆盖度上发挥着重要作用。

（2）利用亚行贷款项目建设的 4 个合作社标准化小蚕共育室，为本区域内的蚕农实行小蚕共育。常言说：养好小蚕一半收。凡是经过小蚕共育的蚁蚕，小蚕期整体发育整齐、健壮，蚕头遗失少，节省人力、物力，缩短养蚕饲养周期 10 天，到大蚕期发病率低，睡眠、起眠整齐，蚕子老熟、上蔟齐一，能实现多批次养蚕（5~7 批次），可增加全年饲养数量，缓解养蚕劳动力紧缺，提高蚕室蚕具利用率，最大限度地利用桑叶，特别是在夏、秋季有足够的时间间隔进行回山消毒和养蚕前消毒，同时降低养蚕成本，提高张产茧量，增加养蚕经济收入。尤其是，2013 年迎丰镇一改往年给蚕农发放蚕种的做法，全镇春季 2 批次蚕种全部依托红花坪、梧桐蚕桑专业合作社实行小蚕共育。蚕农 2013 年领到的是起二眠的小蚕，缩短蚕农养蚕时间 10 天，提高张产茧 10 斤；仅春季一季，小蚕共育为蚕农节省开支 82.94 万元，增加蚕农蚕茧收入 22 万元。自 2011 年开始，红花坪、梧桐蚕桑专业合作社和青泥涧、民主蚕桑专业合作社每年共育小蚕 4820 张，为广大蚕农节省开支 363.43 万元，增加蚕农蚕茧收入 71.34 万元，经济效益十分明显，深受广大蚕农的欢迎。

不仅如此，亚行贷款陕西林业生态发展项目在石泉实施以来，社会效益也日益显现，为进一步推动石泉蚕桑产业健康、有序、突破发展起到了不可替代的作用。

（陕西省石泉县林业局韩燕明、郑诗璜、张正毅）

江西欧投项目推动油茶产业成为
石城新的农业支柱产业

早在 2006 年石城县人民政府就制定了油茶产业发展规划，坚定了发展高产油茶的信心，并在 2008 年争取列入江西省首批中央财政现代农业油茶产业示范项目县。欧洲投资银行贷款江西生物质能源林示范项目（以下简称"欧投项目"）于 2009 年开始在石城县启动实施，石城油茶产业因此迎来了新的发展春天。石城县紧紧抓住这一契机，把油茶产业作为一项重要的富民产业来抓，并将油茶产业建设与实现"五新"石城战略目标结合起来、与全面推进造林绿化"一大四小"工程建设结合起来、与优化农村产业结构结合起来。几年来，石城县始终把提升质量和增加效益当做油茶产业发展过程的首要任务，油茶产业正逐步成为继烟叶、白莲之后又一农业支柱产业。

一、主要做法

（一）把好三个关口，夯实油茶科学发展的物质基础

（1）按照适地适树的原则，把好选地关，创造适合油茶生长发育和便于抚育管护的立地条件。油茶一年种植、百年受益，选择好的立地是关键。为此，石城县按照"五个不栽"的原则选择林地。即：土层厚度低于 60 厘米不栽，选择符合油茶生长发育基本要求的土壤条件；海拔高度超过 500 米不栽，创造有利于油茶正常开花、授粉的环境条件；坡度大于 25 度不栽，减少水土流失和经营活动的困难；阔叶树比例大于 20% 林地不栽，保护生物多样性；林木郁闭度大于 0.3 不栽，严禁毁林造林，要求充分利用荒山荒地、采伐迹地、火烧迹地、疏林地和低产低效林地，做到生态效益和经济效益并重。

（2）因地制宜，把好整地关，注重水土保持措施。由实施主体根据不同立地条件选择不同的整地方式，不一律要求采用机械整地方式。并且对机械整地的造林地，为了减少水土流失，减缓造林地水分蒸发，提高造林成活率，减少新造油茶林对农业生产的影响，提倡"戴帽子、系带子、穿靴子"的整地模式，条带内侧挖竹节沟，减少地表径流，并在部分种植带外侧裸露地段播种百喜草和宽叶雀稗以减少水土流失，在部分基地内还修建了沉沙池、蓄水池和导流沟渠。

（3）选用良种壮苗，把好种苗质量关，奠定油茶高产优质基础。全县造林所需苗木，全部由县林业局根据年度项目建设任务对种苗的需求情况，预先到省定点育苗单位苗圃地考察对比，然后选定育苗单位签订优良无性系嫁接苗的购销合同，由林业技术人员严格按照苗木出圃标准组织调运和分发，对非优良品种和不合格苗木一律禁止上山造林，实行"一条渠道进、一个口子出"，充分保证了造林用苗的质量。

（二）搞好三项服务，为企业和大户分忧解难

（1）建立林地流转绿色通道。在"自愿、合法、有偿"的前提下，对适宜种植油茶的荒山荒地、火烧迹地、采伐迹地、稀疏残次林地，鼓励林地依法流转，减免相关费用。

（2）制定木材采伐指标倾斜政策。对利用郁闭度低、无复壮希望的残次低产林种植油茶需要采伐少量林木的，木材采伐指标由县林业局优先调剂解决（不受县委、县政府规定三年商品材禁伐的限制）。

（3）积极为公司和大户林地流转提供服务。对有种植油茶意愿的公司和大户实行前置服务，由县、乡（镇）两级政府协助公司和大户做好林地流转政策解答、矛盾纠纷化解和合同签订等工作，有效地满足了公司和大户大规模营造高产油茶对林地的需求。

（三）采取三项措施，促进油茶产业做大做强做优

（1）引进企业，推动油茶产业做大做强。先后引进江西兴民再生能源开发有限公司、江西省普生绿色生态实业有限公司、江西爱绿信农林科技有限公司和江西红土地实业有限公司大规模营造高产油茶林，并走集约经营的道路，辐射带动更多的企业和大户发展高产油茶，推动油茶产业不断增速提质。据不完全统计，目前全县80%以上的油茶新造林由企业和大户营造，这也使得石城县高产油茶林面积能够迅速扩大。

（2）强化科技支撑水平，紧紧依靠科技的力量提升油茶产业经营管理水平。通过实施"走出去、请进来、专家传"的方式，使更多的人懂得油茶高产栽培技术和苗木生产技术。一是聘请江西省林科院经济林所为石城油茶产业建设科技支撑单位，负责提供科技培训和技术服务工作。有关专家经常不定期到石城县，为定点育苗单位、种植户和造林企业进行现场指导。二是加大培训力度。通过省林科院经济林所、省油茶办、省农函大、省林业科技培训中心、赣州市林科所等专家到石城县开展油茶芽苗砧嫁接苗生产技术、油茶高产栽培实用技术和低产油茶林改造技术培训，共免费培训人员3000多人次。

（3）免费提供补植用苗，提高项目林保存率。对造林后3年内确需补植的油茶林，由实施主体提出申请，当地林业工作站现场核实后，报县林业局按照实际需要数量免费提供种苗，有效地提高了造林保存率。

（四）抓住三个渠道，想方设法筹措配套资金

（1）积极争取上级油茶项目资金。从2008年列入现代农业油茶产业示范县后，由于石城县在多年的项目年度绩效考评中综合排名始终位居全省前列，因此连续五年实施了现代农业油茶产业示范项目，累计获得2400万元无偿资金扶持，其中中央财政资金2140万元，省级财政260万元，使实施欧投项目的配套资金有了着落。

（2）尽力安排专项资金。虽然石城县是典型的山区农业县，财政收入始终增速缓慢，但为了切实支持油茶产业示范项目建设，县级财政还是按每年不少于100万元的标准，共安排726万元油茶产业发展专项资金，用于新造林肥料补助、营林及基础设施建设补助支出。

（3）强化支农资金整合力度。在维持现有各类财政支农资金投向相对稳定的前提下，按照"渠道不乱、用途不变、统筹安排、集中投入、各负其责、各记其功、形成合力"的原则，整合有关支农资金1074.8万元集中支持油茶产业建设。

（五）创新三项机制，切实发挥项目资金使用效益

（1）降低欧投项目准入门槛，充分利用欧洲投资银行优惠贷款支持油茶产业发展。根据我县制定的欧投项目管理办法规定，单个实施主体当年种植面积达到50亩以上、经验收合格、且能满足相应的担保或抵押条件（其中新造林面积超过1000亩的个人、联合体或企业可以其营造的项目林作为抵押物），可申报欧投项目优惠贷款。截至止止目前，已申领欧投项目贷款2260万元，并且9000余亩新造油茶林核准贷款报账。有了这些资金的强力支持，有效缓解了企业和大户发展油茶产业资金不足的问题，切实提升了油茶林的营造质量。

（2）创新无偿配套资金发放方式，充分发挥财政资金的引导作用。在近几年的油茶产业建设过程中，石城县不断总结无偿补助资金的使用经验，采用分段验收分期兑付的方式，充分发挥了资金的使用效益。一是整地完成后，按整地合格面积作为免费提供种苗的依据；二是造林完成后，当年验收合格面积作为兑现第一次肥料补助的依据；三是第二年春季的死缺株补植和抚育管护情况，作为兑现第二次肥料补助的依据。通过此举，督促经营主体及时做好新造林的抚育管护工作，有效地提升了油茶产业建设质量。

（3）规范欧投项目贷款资金发放程序，确保资金专款专用。各实施主体营造的项目林经县项目办组织全查合格后，上报到省项目办，经省项目为核查并核准报账后，按核准面积和实施主体组织报账。报账时，作为担保取得贷款的，需提供县财政供养人员的担保承诺书；用企业或个人营造的项目林作为抵押的，需经有资质的资产评估机构出具评估报告，经县林业局和财政局研究报县政府批准后方可发放贷款资金。贷款资金发放后县林业局和财政局还经常对项目林的经营管护情况进行监督检查，促使实施主体把贷款资金用在项目林的建设上。

二、取得的成效

（1）现代林业经营理念深入人心。通过示范带动、技术培训与指导，项目实施过程中采用先进的林业生产技术，不断创新营造林模式，推广应用"赣无"系列、"长林"系列和"赣州油"系列油茶优良品种，直接推动林业生产力的提高，使林业科技成果进一步得到推广和应用。如今企业、大户和林农大都接受了依靠科技栽培管理油茶的理念，施肥、修剪、扩穴、垦复等技术措施贯穿于抚育管理全过程，彻底摒弃了"人种天养"的经营习惯。

（2）促进农民就业增收。一是带动农民实现就业。由于油茶产业是劳动密集型产业，整地、栽植和抚育管护都需要大量的劳动力，使部分农村剩余劳动力实现了新的就业；二是促进农民直接增收。一方面，农民在参与项目建设过程中，直接获得务工收入，而且劳务工资也从原来的35元/天涨到了现在的80多元/天，如今农民工成了"抢手货"；另一方面，农民自种高产油茶后，拓宽了新的增收渠道，只要做好抚育管护工作，油茶林稳定收益30~50年是不成问题的。

（3）带动更多的企业、大户和林农发展油茶生产。通过江西兴民再生能源开发有限公司首先种植高产油茶并如期开花结果，带动了6个企业在我县大规模种植高产油茶，其中种植面积超过1万亩的有3个。全县种植面积达到100亩以上的大户有20多个，每年新造高产油茶农户达到100多户。种植高产油茶已蔚然成风，高产油茶覆盖了全县所有的10个乡（镇）和大部分适宜种植油茶的自然村。

（4）催生相关产业的兴起。一是带动了苗木培育业的兴起。从2009年开始引进定点育苗单位在我县设立育苗点，每年都有300多个农民参与苗木培育，不仅使他们学到了新的就业本领，还可使每人平均增收 5000 多元，有部分嫁接工还到福建省福州市、宁化县和本省会昌县嫁接育苗。二是带动了农资市场的兴盛。随着高产油茶种植面积的不断扩大，企业、大户和林农经营管理理念的改变，肥料需求量猛增，农资市场带来了新的繁荣。

（5）奠定了油茶产业在农业中的地位，使油茶产业逐步成为当地农业支柱产业。2008 年至 2012 年度新增高产油茶林面积 8.7 万亩，其中申报欧投项目面积 4.4 万亩，占总造林面积的 50.4%。正是由于欧投项目的扶持，我县高产油茶才从无到有，从小到大，如今油茶产业化已初具雏形。按目前的规模，保守估算，进入盛产期年产值可达 2.1 亿元以上。石城县江西红土地实业有限公司在大规模新造高产油茶的同时，还按照良种繁育、丰产栽培、精深加工、产品研发和生态旅游"五位一体"的要求建设油茶产业科技园，通过茶油等系列产品的精深加工，延长产业链，增加附加值。油茶产业成为继烟叶、白莲之后又一农业支柱产业已经名副其实。

（江西省石城县林业局温馨）

四、速丰林与特殊林木项目案例

积极推进速丰林建设　提高森林资源质和量

——福建洋口林场速丰林基地建设案例

福建省洋口国有林场创建于 1956 年，50 多年来，经过创业、会战、改革和发展四个阶段，林场各项事业得到长足发展，建成了较大规模的杉木速生丰产用材林基地。近年来，在福建省林业厅的积极引导下，林场充分发挥林业基础条件好、林地林木资源丰富、杉木特色突出、技术力量强的优势，开展多种培育方式的示范试验，高标准、高质量建设杉木速丰林示范基地，着重在杉木大径材培育及杉木与楠木等珍稀树种混交林等方面做示范、出经验。现将林场杉木速丰林基地建设情况介绍如下：

一、建设基本情况

（1）速丰林面积稳步增加。从 1956 年建场到至今，在 6.5 万亩的经营总面积中，以杉木为优势树种的纯林和混交林约为 3.5 万亩，其中杉木速丰林为 3 万亩，占杉木林分总面积的 86%。据统计从 1956 年建场到 2000 年，杉木速丰林约有 1.5 万亩；到 2010 年，杉木速丰林增加到 2.7 万亩；到 2013 年，杉木速丰林扩大到 3 万亩。林场杉木速丰林基地建设已初具规模。

（2）速丰林经营水平稳步提高。多年来，林场十分重视科研成果的开发，并结合生产实践进行运用，通过不断选育新品种，运用新技术，实行集约经营和定向培育，缩短了杉木培育周期，提高了营造林质量，逐步实现了杉木的科学经营。林场营造的大部分杉木速丰林中龄林后每亩年生长量平均可以达到 1.0 立方米以上，部分立地条件较好的林分每亩年生长量甚至可以达到 1.5 立方米以上，真正发挥出了良种良法的重要作用。

（3）速丰林建设队伍日益壮大。林场建场到如今，从当初的兵团入驻到现在，杉木速丰林建设队伍各类专业技术人员达 32 人，其中高级职称 11 人，中级职称 12 人，直接从事森林资源培育、苗木培育生产和杉木良种繁育的人员达 50 多人，具有丰富的营造林管理经验，同时林场还定期派员到南京林业大学等科研院校进行专业进修或培训，提高技术业务水平，使得林场杉木速丰林基地建设机构配备齐全，技术力量强大。

二、杉木速丰林基地建设主要成效

（1）提高了林分质量。随着速丰林培育技术措施的不断完善，资金投入的加大，项目实施后，森林资源培育深度和广度得到拓展，营林措施在锄草、间伐等基础上拓展丰富了修枝整形、除草割灌、混交套种和化除施肥等，弥补和克服了洋口林场森林资源培育管理中的空当和薄弱点，促进林分通风透光，改善林分光照和营养空间，同时被砍倒的杂灌腐烂后又起到回肥的作用，促进林木健康生长，林分质量明显得到提高。

（2）增加了林农收入。实施速丰林基地建设项目带动了周边区域经济的发展，为周边村民提供了就业机会，增加了经济收入。项目实施以来，共安排当地12支营林施工队伍200多个农村剩余劳动力就业，每年平均支付劳务工资100多万元，人均增加收入近1万元，基地建设实施对于改善场村关系、提供农村剩余劳动力就业、增加农民收入发挥了重要作用。

（3）促进了良种推广。"林业发展、良种先行"。洋口林场扎实的杉木良种繁育基础为速丰林基地建设提供了良种苗木保障，同时全国木材战略储备基地项目实施也促进了良种壮苗的推广运用。2012年湖南、广东、江西、四川、广西、甘肃等省一些国有林场、造林大户向洋口林场订购杉木良种苗，签订合同达1000多万株，杉木良种优苗出现了供不应求现象。

（4）发挥了示范作用。洋口林场结合木材战略储备基地、森林抚育等项目建设，从杉木基因库、种子园、苗木基地到杉木新造林、幼龄林、中龄林，再到杉木混交林、大径材、乡土与珍贵树种林等，不同类型、不同年龄、不同措施等都建有示范样板林。如位于南山工区的1985年利用洋口林场杉木一代半良种苗营造的杉木大径材示范林，经过2次间伐（已收获间伐材积10立方米）后，现有林分平均树高22.3米、平均胸径26.8厘米，亩蓄积仍高达45.3立方米，大径材基地建设起到了很好的示范带动效果。

（5）增强了生态功能。杉木速丰林基地建设项目实施后，本地区生态环境得到有效治理，山区水土流失将得到有效控制，森林涵养水源及保持水土、保持水利设施长期发挥效用的能力将大幅度增强，为社会和经济的发展提供生态保障。通过林业生态建设，旱、涝灾害减少，空气得到净化，为人民生活和生产提供一个良好的空间，形成一个稳定的自然—社会复合系统。

（6）夯实了林场经济。据测算，3万亩的杉木速丰林基地，到林木成材时，杉木年平均生长量以0.8立方米/亩计，蓄积量达2.4万立方米，出材率以75%计，出材量为1.8万立方米，每年可产生直接收益2100万元，木材成材时（按主伐年龄26年计算）总价值可达5亿多元。详见表1。

表1　杉木大径材定向培育技术推广示范项目经济效益概算表

面积 （亩）	年均 生长量 （立方米/亩）	出材率 （%）	单价 （万元/立方米）	年均效益 （万元）	平均主伐 年龄（年）	成材 蓄积 （万立方米）	成材 材积 （万立方米）	总价值 （万元）
30000	0.8	75	0.12	2100	26	62	46	55000

与一般杉木人工林培育相比，经营杉木速丰林经济效益十分显著。尽管杉木速丰林林分的管理成本高于一般杉木人工林，但由于林分蓄积量的增加和木材售价的提高，其经营的总收入增加。与一般杉木人工林经营收入相比较，其净利润高达1.5倍。可见开展杉木速丰林基地建设可促进林地立地条件改善和杉木人工林持续高产、稳产，经济效益、社会效益、生

态效益比较显著。因此杉木速丰林基地建设具有广阔的发展前景，加大基地建设力度，对促进洋口林场人工林结构合理化、最优化具有重要的现实意义，也必将为南方杉木产区杉木人工林的科学经营起到示范性的推动作用，是件"功在当代，利于千秋"的事业。

三、杉木速丰林建设主要做法

（1）统一认识，强化科学经营理念。建设速生丰产林基地，是当代世界林业的发展趋势，也是未来林业发展的新特点，林场充分认识到这点并意识到其重要性，集中人力、物力和财力，选择立地条件较好的林地（Ⅰ、Ⅱ类地）积极营造杉木速丰林基地，同时强调实行分类经营，定向培育，以提高单位面积产量和质量，从而满足国家、社会建设的需要。尤其要避免把基地建设当做一般造林来看待，若采用一般造林的技术标准来管理基地，部分基地中的杉木将达不到生长量指标。因此杉木速生丰产林基地建设是一项投资大、工期长、技术性强的系统工程，只有保证投入，科学经营，精心培育，才可达到速生丰产。

（2）科学调整，完善速丰林树种结构。到2000年，洋口林场经过多年来营造培育，杉木速丰林已初具规模。但杉木人工纯林偏多，混交林偏少；中小材偏多，大径材偏少。从2001年开始，洋口林场加大杉木混交林营造规模，同时适当增加杉木大径材培育比例。通过规模和布局的逐步调整，完善了基地内部结构，达到较佳的树、材种组成模式，促进洋口林场森林资源质与量的双增长。

（3）严格管理，保证速丰林建设质量。速生丰产林最大特点是技术强，产量指标高，是一项社会效益、生态效益和经济效益相结合的系统工程，必须集约经营、强化管理。为了更好地做到管理程序化，工作制度化，洋口林场从总体规划设计、作业设计、采种、育苗、整地、造林、幼林抚育，直至林分郁闭，都始终严格按基地建设标准进行。作业设计时一一落实总体规划设计时调查设计的基地面积、立地类型、树种选择以及类型设计相关的技术措施。造林时严格按作业设计进行施工（造林地清理、整地、种苗、栽植、抚育等），施工后分阶段按工序认真进行检查验收，以保证基地建设质量，从而强化了杉木速丰林基地的整体建设。

（4）良种良法，高效营建速丰林基地。营造杉木速生丰产林的关键措施为良种加良法。杉木速生丰产林营建，首先要保证苗木良种化，具体抓好引、选、繁三个环节，洋口林场三代实生苗和组培苗都适合在我国南方地区营造杉木速丰林；其次良法，就是采用科学、高效的栽培技术和管理措施，包括造林质量、合理施肥、适地适树、树种比例等，同时结合生产实践，深入研究，多途径提高杉木的生长速度和木材质量，为高效营建杉木速丰林基地夯实根基。

（5）收集资料，建立档案，促进速丰林提质增效。在日常速丰林基地的建设和管理中，对设计、施工、栽培措施以及测定小班面积、成活率、保存率、生长量等情况进行详细的记录，形成完整的档案材料，为提高今后的造林和营林质量，培育杉木速生丰产林提供科学依据

四、杉木速丰林栽培管理技术措施

洋口林场通过50多年杉木速丰林基地的营建，总结了一套相对完善的杉木栽培管理技术体系。

（一）细致整地

全面炼山、清杂、挖尽茅草头、挖明穴、回表土，穴规格：50厘米×35厘米×30厘米，

密度：180～240株/亩。

(二)良种壮苗

良种壮苗(地径0.4厘米，苗高30厘米以上)。造林前应对苗木进行修根，保留根长10～15厘米；苗木上山前根部打黄泥浆(泥浆配比为100斤黄心土＋1斤过钙用水拌成泥浆状)。

(三)科学栽植

栽植时间：每年1～3月份，最好选择雨后(土壤湿润)进行。栽植基本要点：要栽深、栽直、打紧、不窝根，打紧后再覆土。栽植时苗木入土深度：

(1)实生苗造林：苗高在40厘米以下的，苗茎入土二分之一左右，苗高大于40厘米的以苗茎入土15～20厘米左右为宜。

(2)无性繁殖苗如组培苗、扦插苗造林：总体上要比实生苗造林入土深度多5厘米左右，目的是确保根际遮光，抑制芽的萌动。具体要求：苗高在40厘米以下的，苗茎入土二分之一左右，苗高大于40厘米的，苗茎入土20～25厘米左右为宜。

(四)加强抚育

杉木苗如果因栽植过浅、根际裸露、顶芽受伤或茎干偏斜，引起内部生理变化，破坏顶端优势，往往会萌发很多蘗条，造成一树多干，分散养分水分，严重影响杉木生长，应按照"锄早、锄小、锄了"的原则，在抚育锄草时认真做好除萌工作。

(1)扩穴培土：造林当年4～5月份进行一次，具体方法为：以杉木植株为中心，左右各60厘米，上方30～50厘米扩成"半月"形平台，以利保墒。

(2)抚育除草：每5～10月份进行全面除草去萌(包括挖尽茅草头)2～3次。一年2次抚育的时间安排为：第一次6～7月，第二次8～9月；一年3次抚育的时间安排为：第一次5～6月，第二次7～8月，第三次9～10月。

(3)施肥：造林第二年3～5月进行施肥(追肥)，施肥定量为复合肥0.2～0.3斤左右/株。方法为：沿杉木植株上方开"半月"形小沟(沟深5～8厘米)，放入肥料并搅拌后盖一层薄土。

(五)适时间伐

间伐是杉木速丰林培育过程中一项十分重要的抚育措施，在实施间伐作业时，必须注重以下几点：

(1)间伐原则：杉木大多是同龄纯林，应采用下层抚育，以抚为主，结合小径材利用，定期伐除枯死木、被压木、病虫害木、断梢木、弯曲木、双杈木以及部分生长正常的过密林木。抚育间伐杉木林，要去小留大、去劣留优、去密留疏、去杂留杉，Ⅰ、Ⅱ级木及部分Ⅲ级木是保留培育的对象，并注意保留木的均匀分布。

(2)间伐强度：①培育小径材的可在8～10年时间伐一次即可，间伐强度(株数)30%左右，最终保留密度为130～140株/亩左右。②培育中径材的一般间伐2次为宜，在9～11年时间伐第一次，间伐强度(株数)40%～50%，在14～16年时第二次间伐，间伐强度(株数)为第一次间伐时保留密度的20%～30%，最终保留密度为100～120株/亩左右。③培育大径材的一般间伐3次为宜，在9～11年时第一次间伐，间伐强度(株数)40%～50%左右；在14～16年时第二次间伐，间伐强度(株数)为第一次间伐时保留密度的20%～30%；在19～21年时第三次间伐，间伐强度(株数)为第二次间伐时保留密度的20%～30%，最终保留密度为60～70株/亩左右。

(福建省洋口国有林场)

平原农田的绿色防护带

——山东单县农林复合经营案例

杨树是鲁西平原区的乡土树种，在集约经营条件下，具有速生、丰产的优良特性，是目前山东省开发潜力最大，比较效益最高，轮伐期最短的用材林树种。因此，营造杨树速生丰产用材林就成为广大农民群众和各级党政领导调整农业产业结构的重中之重。造纸企业、板材加工企业与农民签订了包销合同，并承诺给农民最低保护价收购木材，农民群众的造林热情空前高涨。

杨树是单县造林的主栽树种，也是营造速生丰产林的首选树种，由于该区土壤瘠薄，农村经济基础薄弱，缺乏对林地投入，杨树用材林生长量低，经济效益差，严重影响广大人民群众营造杨树丰产林的积极性。因此，探讨黄泛沙地杨树丰产林栽培模式，提高林地经济效益，已成为该区速生丰产林建设工程中急待解决的问题。经过多年的探索，单县成功地将农林复合经营模式引入速丰林建设体系，解决了土地利用问题，使农民的长短效益得到有效结合，避免了土地退化，实现了农林牧的和谐发展。

一、单县农林复合经营概况

单县位于鲁豫皖苏四省结合部，总面积1650平方千米。地属北温带黄河冲积平原，四季分明，光照充足，平均气温13.9摄氏度，无霜期213天，降雨量737.1毫米。土壤成土母质为黄河冲积物，沙化情况严重，易受风蚀。地理及气候条件都适合杨树的生长，但土壤易受沙化侵蚀。为了减低沙化对农业的影响，单县大力构建以杨树速丰林25万亩，积极推广农林复合经营模式，形成了"上林下羊""上杨下粮"等多种模式，带动了当地林业、农业发展，为农民提供了一条增收致富的新路子。

二、农、林、牧持续经营模式的组建

2米×3米、3米×3米、3米×4米、2米×4米或1.5米×2米大密度小株行距配置是一种单一经营模式，这种经营模式只考虑了杨树生物产量，没有兼顾农民的长短效益和粮食生产。为了充分利用土地资源和有效地利用有限空间，必须对现有的或将要营造的杨树造林密度进行调整。其思路与方法：一是采用4米×(5+15)米大小行配置。将近1~2年在大田大密度造林改为4米×(5+15)米配置；对新造林则直接采用4米×(5+15)米大小行配置。二是实行农林牧复合经营。即第1年和第2年大、小行全部实行"上杨下粮"经营模式；第3年以后小行实行"上杨下畜"经营模式，大行第3年至第6年仍进行"上杨下粮"经营模式；到第7年和第8年大行进行"上杨下畜"经营模式；到第8年底杨树进行采伐(见经营运作模式图)。

　　这种经营运作模式既考虑到杨树生产、农民的长远收入，同时又兼顾了粮食生产、畜牧业生产及农民的近期收入。通过间作物的精耕细作和"上杨下畜"杨叶牧草饲用，粪肥得到了还田，确保了林地的肥料投入，维护了地力，使农、林、牧业有机地结合在一起，并得到了协调发展。

　　4 米×(5 + 15)米大小行配置，杨木、畜牧及农作物平均每年每公顷给农民带来的收入达到24628.3元(其中林木收入8836.3元/公顷，畜牧收入9000.0元/公顷，农作物收入6792.0元/公顷。)，远远高于种粮食收入。加之大小行配置，深坑间作，前5~6年林下作物生长受影响很小，而菜粮的精耕细作，反而起到了以耕代抚、代水、代肥的作用，极大地促进了树木的生长，同时林木后期生长基本不需再投入，从而使农民种植业结构长短效益实行了有机地结合，解决了农林争地和地力减退问题，实现了农、林、牧业的协调发展。

三、复合经营成效

(一)"上杨下粮"经营模式成效

　　单县大沙河林场，品种为中林46杨，株行距为4米×6米、5米×10米、4米×10米、6米×7米、6米×10米、4米×(5 + 15)米6种不同密度试验林，随机区组试验设计。在造林的当年和第2年采用小麦＋花生方式间作，第三年起只间种花生。凡郁闭的试验林，则停止间作。间作停止后，每年每公顷追施化肥450千克。经过6年的连续观测，试验结果见表1、表2和表3。

　　1. 对生长量的影响

　　由见表1和图1、图2可以看出，4米×6米的林分3年生后由于过早郁闭，停止间作，单位株数最多，但生长量最低，每公顷蓄积量也最低，该密度只宜培育中小径林，5米×10米，6米×10米密度林分，单株生长量虽然最大，但林分密度较小，单位面积蓄积量低，4米×10米，4米×(5 + 15)米密度林分，林木生长量较大，造林密度合理，单位面积蓄积量最大，分别为4米×6米林分的131.6%和126.4%，不同密度6年生中林46试验林单位面积蓄积量以4米×10米和4米×(5 + 15)米最高，其次为5米×10米、6米×7米、6米×10米、4米×6米。

表1　不同密度对杨树生长影响表

株行距(米)	密度(株/公顷)	平均胸径(厘米)	平均树高(米)	蓄积量(立方米/公顷)
4×6	417	19.4	17.0	98.6224
6×7	238	25.0	21.3	113.5715
4×10	250	25.5	25.1	128.2036
5×10	200	27.5	20.9	113.5794
6×10	167	29.3	21.3	109.4622
4×(5 + 15)	250	25.2	21.8	123.7083

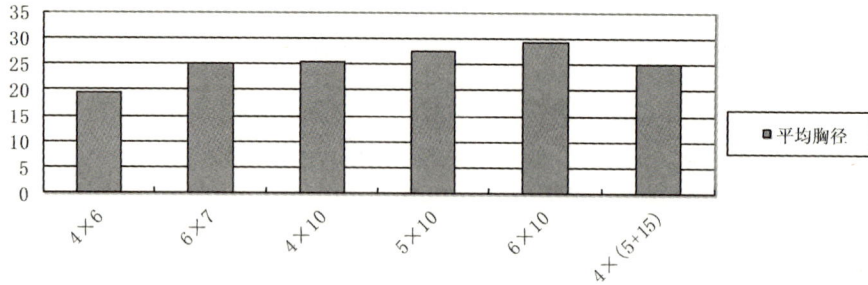

图1　不同栽植密度下杨树平均胸径(厘米)

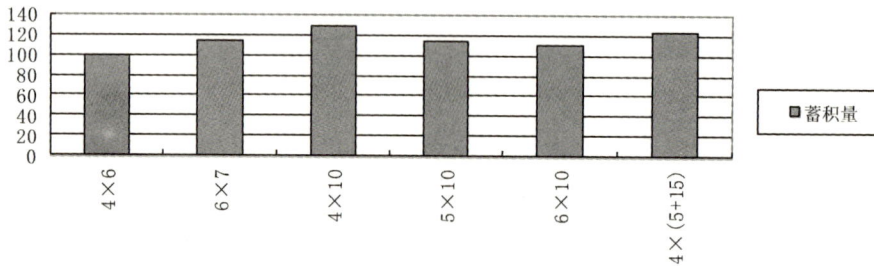

图2　不同栽植密度下杨树蓄积量(立方米)

2. 对间作物的影响

试验林采用以耕代抚模式，造林结束后，间种农作物。由表2和图3、图4可以看出：由于4米×6米的林分单位面积株树过多，过早郁闭只能间作3年；6米×7米的林分可间作4年；其余密度的林分间作5年；6米×10米、4米×(5+15)米也可间作6年。7年生中林46不同密度间作物的经济效益为，4米×6米的林分郁闭早，间作时间只有3年，间作收入最低，4米×10米、5米×10米、6米×10米、4米×(5+15)米的几种林分，间作5年，间作收入无明显差别。

表2　不同密度林分间作收入表　　　　　　　　　　　　　　　　单位：元/公顷

株行距(米)	间作收入						
	平均年收入	小计	第1年	第2年	第3年	第4年	第5年
4×6	4234	21170	11220	6750	3200		
6×7	5064	25320	11220	7600	3900	2600	
4×10	6668	33340	11240	9400	6250	3650	2800
5×10	6684	33420	11240	9450	6280	3650	2820
6×10	6720	33600	11280	9500	6300	3700	2820
4×(5+15)	6792	33960	11260	9500	6500	3800	2900

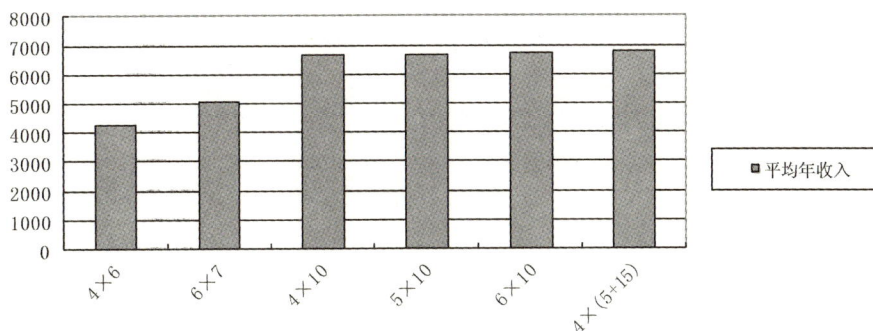

图3 间作物平均年收入(元)

表3 不同密度林分经济效益分析 单位:元/公顷

| 株行距(米) | 总收入 | 间作收入 | | | | | | | 林木收入 |
		小计	第1年	第2年	第3年	第4年	第5年	第6年	第7年
4×6	70481	21170	11220	6750	3200	0	0	0	49311
6×7	82106	25320	11220	7600	3900	2600		0	56786
4×10	97442	33340	11240	9400	6250	3650	2800	0	64102
5×10	90210	33420	11240	9450	6280	3650	2820	0	56790
6×10	88331	33600	11280	9500	6300	3700	2820	0	54731
4×(5+15)	95814	33960	11260	9500	6500	3800	2900	0	61854

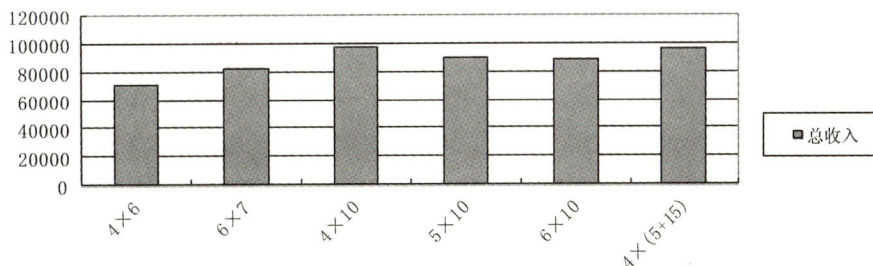

图4 不同密度总收入(元)

综合林木及间作总效益以4米×10米和4米×(5+15)米两种模式最高,每公顷总收入达到97442元和95814元,分别为4毫米×6米林分的138.3%和135.9%。从利于间作物生长和抚育管理方便的角度出发,应以4米×(5+15)米为最好,能同时兼顾林木和粮食的丰产和增收。

(二)"上杨下羊"模式

为了确定"上杨下羊"这种复合经营模式的效果,在单县大沙河林场试验基地点周围对农民经营"上杨下羊"模式的效果进行随机抽样调查。样地为6年生中林46杨速生丰产用材林,株行距为3米×5米、3米×6米、4米×(5+15)米三种密度,666.7平方米为一个样方,共抽查了3块有代表性的农户(样方),结果见表4。为了减少出栏天数,除在野外杨树速生丰产用材林内放养外，农民还适当给青山羊增加一些玉米、瓜干等精饲料。

表 4 "上杨下羊"模式每 666.7 平方米的投入产出表

样方号	品种	喂养只数	出栏天数	平均每只单价(元)	投入(元)			产出(元)
					小羊	人工费	增加饲料	
1	青山羊	6	270	220	150	60	400	710
2	青山羊	8	270	220	200	80	520	960
3	青山羊	10	270	220	250	95	800	1055
4	青山羊	12	270	210	300	100	1080	1040

从表 4 和调查资料可以看出 666.7 平方米三种密度杨树林分，饲养最适宜的只数为 8 只，低于 8 头则由于单位面积的杨叶、草量过多，浪费了资源，高于 8 只，则由于单位面积的杨叶和草量不足以使青山羊吃饱(如放养 12 头，平均每只单价为 210 元，比其他处理每只少 10 元)，过多增加精饲料量，从而增加了投入成本，减少了纯收入。因此，综合投入与产出两者效益，可以看出每 666.7 平方米最适宜、最经济的喂养头数为 8 只。

四、可持续性和可靠性

通过营建农林复合经营模式，可以有效地保持林地及农田水土，提升土壤肥力，降低风灾对农作物的影响，保护生物多样性。农林复合经营是以系统性、社会经济可行性、效益最高及长短利益结合为原则，根据复合经营模式目的不同，选择适宜的物种，进行合理的空间和时间搭配，实现一地多用和一年多收的目标，有效促进资源的高效利用。特别在造林初期，农作物可充分利用林地内空间、气候和土壤等条件生长，提高林地利用效率，促进农民增收；同时，通过对农作物进行抚育，实现以耕代抚，改良林地生长条件，提高树木成活率，降低抚育成本。

林农间作的成本投入低于单农种植，一般仅为单农种植的 72.50% ~ 74.50%；总产值高于单农种植，总利润和年均利润均高于单农种植。从投入产出比看，单纯杨树经营的投入产出比达 8.15，林农间作的投入产出比达到 8.21 ~ 8.48，而单农种植的投入产出比仅为 5.54 ~ 5.67。从资金利润率也可以看出，林农复合经营能达到 721 ~ 748 元，远高于单农种植(仅为 454 ~ 467 元)。林农复合经营在一个轮伐期之内其总收益现值均很高，其中杨树 - 花生竟高达 155408 元/公顷，净现值和年均利润现值分别达 105611 元/公顷和 17602 元·公顷/年，与单林相比处于上等水平。林农间作的总投资现值远远低于单农种植，其净现值率达 7.21 ~ 7.48，为单农种植的 1.56 ~ 1.64 倍；效益成本率达 821 ~ 848，每 100 元的投资现值的收益比单农种植高 260 ~ 293 元。

通过营建农林复合经营模式，不仅可以提供木材，不同的模式还可以提供粮食、畜禽、蔬菜、药材等，满足社会多层面的需求；其次，模式的建立还可以带动相应产品加工业的发展，为社会提供多个工作岗位，解决部分人的就业问题；再次，农林复合经营还培养了大批的农业和林业的科技人员，他们在长期的实践过程中熟练掌握了农林复合的经营技术，弥补了技术人员短缺的缺陷。另外，在农林复合经营模式的生产过程中，为国家增加了税源和一定的税值，同时也带动了区域经济发展。

因此，营建农林复合经营模式，不仅可以促进林业、农业的协调发展，同时可以促进相关产业的健康快速发展，生态、社会和经济效益显著，模式的可持续性和可靠性高。

上杨下鸡

林粮间作

林药间作

五、建议

（1）做好复合经营规划。合理的复合经营规划应包括物种选择、空间和时间的合理搭配，注意物种之间的适生性，充分了解当地社会经济状况、地理条件及农民意愿等，确保实施的复合经营模式产品质量高、销路好，提高农民开展复合经营的积极性。

（2）开展相应的科学研究。科技是第一生产力，通过开展相应的科学研究，从单项技术研究向组装配套技术研究转变，完善和制定复合经营规范规程和标准，探索经营的最优模式，解决农林复合经营工作中的问题，使复合经营具有科学的理论基础和技术依据。

（3）建立多部门合作机制。农林复合经营涉及部门众多，包括林业、农业、畜牧等，通过建立多部门合作机制，发挥各单位专业长处，共同做好项目规划和实施，实现林地利用率、林地产出率、林地保护率的最大化，共同促进林农复合经营模式的可持续发展。

（山东省林业外资与工程项目管理站慕宗昭，山东省林业科学研究院梁玉）

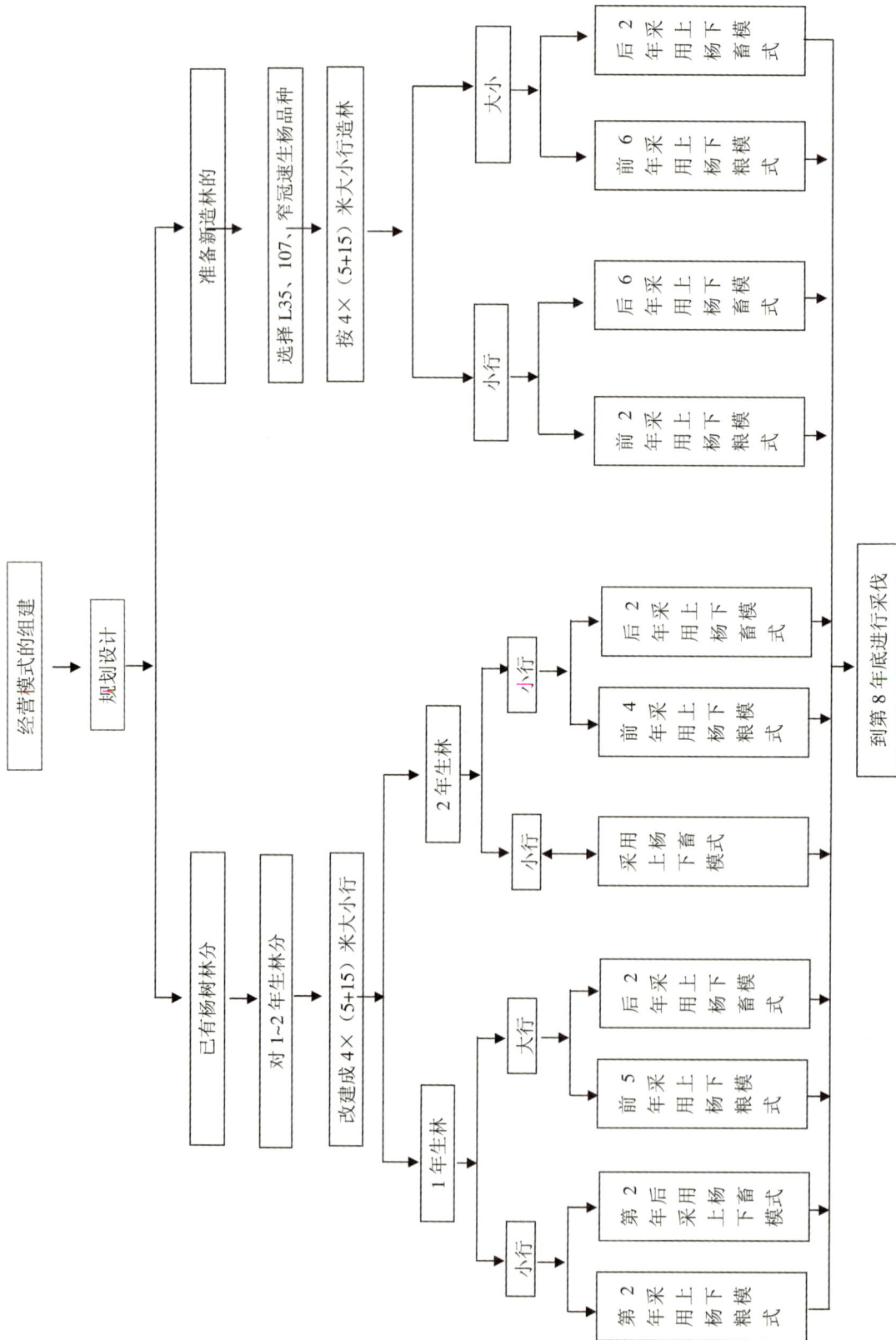

经营模式的组建 → 规划设计

规划设计 → 准备新造林的

准备新造林的 → 选择L35、107、窄冠速生杨品种 → 按4×（5+15）米大小行造林

按4×（5+15）米大小行造林 → 大小 / 小行

大小：
- 后2年采用上杨下畜模式
- 前6年采用上杨下粮模式

小行：
- 后6年采用上杨下畜模式
- 前2年采用上杨下粮模式

规划设计 → 已有杨树树林分

已有杨树树林分 → 对1~2年生林分 → 改建成4×（5+15）米大小行

改建成4×（5+15）米大小行 → 2年生林 / 1年生林

2年生林 → 小行 / 小行
- 小行：采用上杨下畜模式
- 小行：前4年采用上杨下粮模式 / 后2年采用上杨下畜模式

1年生林 → 大行 / 小行
- 大行：前5年采用上杨下粮模式 / 后2年采用上杨下畜模式
- 小行：第2年采用上杨下粮模式 / 第2年后采用上杨下畜模式

→ 到第8年底进行采伐

湖北潜江市杨树优良品种示范林案例

一、林地基本情况

培育主体名称：杨树落叶阔叶林。

林地所有权单位：潜江市林业科学研究所。

林地地点：潜江市林业科学研究所百里长渠佘口村八组。

林地立地指数：湖北、杨树 22 - 24。

树种组成：南方型杨树（丹红杨、中林 2025 杨、南林 895 杨、中潜 3 号杨）。

树种面积：80 亩。

混交模式：南方型杨树多无性系行间混交模式。

林分起源：人工林。

种植年份：2007 年 3 月。

保留密度：初植 33 株/亩，保留 31.4 株/亩。

平均胸径：21.4 厘米（其中丹红杨 24.8 厘米，中林 2025 杨 22.2 厘米，南林 895 杨 20.8 厘米，中潜 3 号杨 17.6 厘米）。

平均树高：21.2 米（其中丹红杨 23.2 米，中林 2025 杨 21.5 米，南林 895 杨 20.4 米，中潜 3 号杨 19.7 米）。

树种蓄积量：单位蓄积量 9.1 立方米/亩（其中丹红杨 13.4 立方米/亩，中林 2025 杨 9.9 立方米/亩，南林 895 杨 8.1 立方米/亩，中潜 3 号杨 5.9 立方米/亩），林分蓄积量 747.6 立方米。

平均年生长量：杨树平均树高 3.5 米，胸径 3.6 厘米。

二、示范林经营情况

培育模式：速生丰产林培育模式。

经营方式：集约经营。

主要措施：造林后连续两年行间套种小麦、棉花，第 3 年行间套种油菜，实行间作抚育，第 4 年至第 6 年每年两次耕作抚育，同时进行科学修枝（冠高比：第 3 年 3:5，第 5 年 1:2），每年防治桑天牛和云斑天牛。

培育目标：以培育大规格胶合板用材为主，通过杨树多无性系混交，建成生态稳定性强、经济价值高的用材林基地，探索杨树丰产、抗性新途径。

预期生长量：以 10 年为培育期限，单株年平均生长量达到：树高 2.5 米/年、胸径 2.8 厘米/年；每亩蓄积生长量 17 立方米。

间伐情况：只进行卫生伐，将林分内弱小下层木间伐。

三、示范林保障情况

优良种苗使用：潜江市林业科学研究所是湖北省首批重点杨树良种基地，项目造林所用的丹红杨、中林 2025、南林 895、中潜 3 号均为经过国家、省级林木品种审定的杨树良种，是江汉平原地区营建速生丰产林的杨树首选无性系，采用 I 级苗造林。

先进技术使用：采用良种、大壮苗、截根苗深栽造林、林—棉、林—油、林—麦、耕作抚育技术，合理修枝，两孔法防治蛀干害虫。

科研成果的应用：黑杨派南方型无性系的引种与推广（国家科委科技进步一等奖，1985 年）、湖北省杨树新品种选育及定向培育经营技术研究（湖北省政府科技进步三等奖，2006 年）、丹红杨等几个杨树新品种引种试验（湖北省科技厅重大科技成果，2008 年）、杨树胶合板用材林造林技术规程（湖北省地方标准，2010 年 4 月发布）、两孔法防治杨树桑天牛研究（湖北省政府科技进步二等奖，1987 年）。

示范总结推广：目前已总结南方型杨树经营模式及最佳受益年限、杨树定向培育技术、杨树留根育苗与截根苗深栽造林技术体系，这些成果已全面应用于项目造林，潜江市每年高标准项目造林面积达 3 万多亩，同时，杨树多无性系混交模式正在辐射周边地区推广应用。

项目预期效益测算：杨树多无性系混交模式比单一品种的人工纯林的生态稳定性提高了30% 以上，每亩蓄积生长量提高了 45%，同时也增加了南方型杨树大径级材的比例和质量，杨树培育周期缩短了 2~3 年，经济效益显著提高。

（湖北省潜江市林业局）

广西环江县华山林场桉树速丰林建设案例

广西国有华山林场位于广西西北部，九万大山南麓，环江毛南族自治县中部，始建于1957年，全场现有干部职工307人，其中在职146人，退休职工161人。林场现经营总面积16.8万亩，有林面积为16.5万亩，其中生态公益林面积5.77万亩，商品林10.73万亩，全场活立木总蓄积量为73万立方米，森林覆盖率、林木绿化率均为79.8%，林种结构以松、杉、桉、毛竹树种为主，以经济果木林和林副产品生产为辅，年产商品材3万~4万立方米，年培育各类优质苗木500万株以上，年经济总收入在3000万元左右。

林场经过近几年来的努力和拼搏，先后获得"广西第一批重点林木良种基地""油茶良种繁育基地""广西第一批油茶良种采穗圃""河池市先进国有林场"等荣誉称号。在经营管理方面，按照"以人为本、以林为业、优化结构、科学发展"的经营总方针，紧紧围绕"科技兴林、兴林富场"的奋斗目标，充分利用土地资源和地域条件优势，加快林种结构调整和优化，营建了40000多亩速生丰产林基地。通过加强管理、集约经营，林分质量明显提高，为华山林场科学经营管理和林种结构调整提供强有力的保障。

一、营建桉树速生丰产林的必要性

（一）桉树是木材生产和林业产业发展的主要人工造林树种

"十五"以来，广西速生丰产林基地建设驶入高速运营的快车道，每年以近13.33万公顷的速度推进，据统计，"十五"期间全区累计完成速生丰产林造林面积64.46万公顷占现有速生丰产林面积128.71万公顷的50.08%，为广西跻身于全国速生丰产林建设和商品木材生产大省区奠定了重要基础，也为广西发展林浆纸，林板一体产业，建设形成特色优势支柱产业夯实了基础。但从广西林产工业发展和商品用材生产情况看，商品材生产远不能满足林产工业发展需求。根据广西区林业局统计，2005年全区木竹浆产量为65.0万吨，人造板达339.0万立方米，两项消耗木材约为835.0万立方米；而商品材产量仅为500.0万立方米，缺口达300万立方米以上。根据广西林产工业发展规划，到2010年，木竹浆年生产能力达200.0万吨，人造板年生产能力达600.0万立方米，两项年需消耗木材将达到1860.0万立方米；到2020年，木竹浆年生产能力达450.0万吨，人造板年生产能力达1000.0万立方米，两项年需消耗木材将达到3625.0万立方米。而国家林业局核准的广西"十五"期间年商品材采伐限额指标仅为1313.6万立方米。以上数据表明，在今后相当长一段时间内，广西木材市场需求保持增长态势，供应更会趋紧，供需矛盾更加突出。因此，大力发展速生丰产林，迅速增加可利用森林资源，满足人民生活水平提高和社会发展对木材产品的巨大需求，显得非常重要和迫切。

（二）桉树是迅速增加华山林场森林资源总量，缩短木材生产周期，提高收入的主要树种

2004 年森林资源二类调查数据表明，全场人工林面积 59065.5 亩（其中：杉木 32416.5 亩、松 18276 亩、阔叶树 654 亩、桉 7497 亩、经济林木 222 亩），但中、幼龄林和低产林比重大，幼、中龄林占用材林 78%，桉树占人工林面积 12.7%，由于林分质量差、出材量少、产值低，松、杉林木生长周期长，以木材销售收入为主的华山林场在 1999～2003 年 5 年间，全场累计总收入 1657.4 万元，林场处于资金短缺和林木资源断节的极端困境。为谋生存，求发展，2004 年在场新一届领导班子上任后，认真学习国家林业政策，把握林业发展趋向，根据国家林业局"东扩、西治、南用、北休"的林业区域发展布局，我国华南地区成为商品林的重要基地，走林浆纸、林板、林化相结合的路子。桉树适应性强、生长快、效益高，成为我国华南地区重要的商品林树种之一，也成为林浆纸、林板一体化的主打树种。华山林场从实际情况出发，锐意创新、大胆改革，及时调整林种结构，实施股份制造林和承包管护林等林地经营制度改革，从短、平、快的速生丰产林经营入手，因此，大力发展桉树速生丰产林基地建设的必要性势在必行，也是使林场和职工尽早实现脱贫致富的目标。

二、环江县华山林场发展桉树速生丰产林做法

桉树是生长快、产量高、轮伐期短、适应性广、木材用途广的优良速生丰产树种，以及由于华山林场传统的松、杉造林树种轮伐周期相对较长，林分产量不高，全场活立木蓄积量下降，可采森林资源明显不足，经济收入减少等现状，经全场上下讨论决定，从增加种植桉树速生丰产商品林入手，通过迅速增加森林资源总量增加木材采伐量，以达到提高全场经济收入的目标。主要做法如下。

（一）科学规划，为发展桉树速丰林提供依据

华山林场地处桂西北，管辖林地范围广，立地条件多种多样，根据桉树生长要求，将适合种植桉树的林地进行规划，把海拔 600 米以下，土层深厚，坡度 <30°，林地质量为 I、II 类地规划为桉树速丰林地，总面积 40000 亩，为全场发展桉树速丰林提供重要基础数据。

（二）集体、职工个人两种方式发展桉树速丰林，桉树速丰林面积逐年递增

发展桉树速丰林是一项大工程，需要相当大的力量投入，除林场本身外，还要发动职工个人参与。为此，林场出台了促进全场桉树速丰林发展的措施，除了林场集体投资种植桉树速丰林为主体外，还采取让职工个人承包林地种植桉树速丰林的做法作为辅助。具体为：规划部分林地给职工，由职工筹资自主经营，职工除交纳一定的林地使用费及林木采伐设计费、木材检尺费、育林基金等相关费用外，其余利润全归职工个人所有。这种做法，一是缓解林场种植桉树速丰林带来的资金压力；二是可以发挥职工手头闲置资金作用并从中得到更大利益，即让利于职工；三是充分调动职工个人积极性，齐心协力搞好桉树速丰林建设。在林场政策的鼓励下，全场已有 173 名职工承包林场种植桉树速丰林。通过集体与职工个人两种方式发展桉树速丰林，促进了桉树速丰林面积逐年增加，到 2012 年全场桉树速丰林面积达到 40550.5 亩，其中集体 14957.5 亩，职工个人 25593.0 亩（见表 1）。桉树速丰林面积的增加，加快了全场森林资源增长速度，为全场林业经济发展打下了扎实基础。

表1 华山林场集体与职工个人历年桉树速丰林造林情况 单位：亩

年度	2004	2005	2006	2007	2008	2009	2010	2011	2012	合计
集体	9747.5	—	251.0	1020.0	885.0	—	160.5	2336.0	557.5	14957.5
职工	—	119.2	908.7	18118.0	3920.0	526.4	661.9	921.6	417.2	25593.0
年度合计	9747.5	119.2	1159.7	19138.0	4805.0	526.4	822.4	3257.6	974.7	40550.5

（三）争取当地金融部门支持，解决造林资金困难

发展桉树速丰林需要比较大的投入，林场的生产资金和承包林地职工的生产资金均明显不足。为此林场积极与环江县信用联社联系，并通过以抵押林场林木资产方式向信用联社贷款，2006年到2010年共获得林业贷款资金2000多万元，其中部分用于林场桉树生产造林，另一部分用于扶持承包林地的职工，职工预借资金累计达800多万元，此外林场还向职工预借林场培育的桉树苗木300万株，预借林场自产桉树专用肥4000吨，极大地调动了职工种植桉树速丰林高涨积极性。

（四）依靠科技，培育高产桉树人工林

发展桉树速丰林离不开科技支撑，为此林场寻求广西林科院技术支持，并与广西林科院建立了长期技术合作关系，林场成为广西林科院环江县林业科技试验示范的重点基地。在广西林科院指导下，建立了桉树优良无性系苗木繁育基地100亩，年培育优质桉树瓶苗（广林9号及32—29号）500万株以上；建立了桉树专用化肥厂，年产肥料1000吨以上；营建了桉树丰产栽培技术示范林2000多亩等，解决了林场桉树速丰林培育从无性系品种选择、苗木培育、肥料配方、丰产栽培、病虫害防治等一系列技术问题，林场所培育的桉树商品林均超过了丰产林产量指标，示范林年蓄积生长量达3.6立方米/亩·年。

三、环江县华山林场发展桉树速丰林成效

环江县华山林场通过全场上下的共同努力，发展桉树速丰林取得了显著成效，主要表现如下：

（一）林场树种结构趋于合理，后备林木资源大幅度增加，发展后劲增强

林场于2005年开始种植桉树商品林，据2009年森林资源二类调查数据表明，全场活立木蓄积量73万立方米，森林覆盖率为80.1%、人工林总面积59065.5亩，其中杉木人工林面积最大，占全部人工林面积的一半多，其次是松树，占三分之一强，由于桉树初次种植不久，仅占12.69%（见表2）。人工用材林中，大部分属幼、中龄林和低产林，占用材林78%；由于林分质量差、活立木蓄积量也少，因而可采伐的林木资源也少。

据调查统计，到2012年，全场活立木蓄积量已达102.2万立方米，增加了28.6%；森林覆盖率为85%，增加了4.9%；人工林总面积97798亩，增加了164%；人工林面积最大的树种为桉树40550.5亩，占全部人工林面积的41.5%，为2004年3.3倍。由于桉树人工林面积的增加，活立木蓄积量显著增加，可采伐后备林木资源更加丰富。

（二）桉树进入主伐后，林场连年收获桉树木材，每年给全场带来可观的经济收入

据林场林木生产数据统计表明：2004 年全场完成木材生产 11510.2908 立方米，木材销售 8270.1458 立方米，销售总收入 486.5 万元；2012 年年全场完成木材生产 37621.3674 立方米，木材销售 38747.84 立方米，销售总收入 2471.6 万元（见表 3），林场的木材收入有所提高，特别是桉树人工商品林占的比例相当大，桉树速丰林成效得到显著。

表 2　规模发展桉树速丰林前后人工林树种结构变化情况对比

年度		2009 年	2012 年
森林覆盖率(%)		80.1	85%
活立木蓄积量(万立方米)		73	102.2
杉木	面积(亩)	32416.5	20637
	所占比例(%)	54.88	21.1
松树	面积(亩)	18276.0	16417.5
	所占比例(%)	30.94	16.7
桉树	面积(亩)	7497.0	40550.5
	所占比例(%)	12.69	41.5
其他阔叶树	面积(亩)	654.0	18076.5
	所占比例(%)	1.11	18.5
经济林木	面积(亩)	222.0	2116.5
	所占比例(%)	0.38	2.2
合计	面积(亩)	59065.5	97798
	所占比例(%)	100.0	100.0

表 3　华山林场人工商品林林木采伐和销售统计表

年度	2004		2012		
	松	杉	松	杉	桉
出材量(立方米)	7169.8254	5412.4654	2108.2462	8464.9937	30879.4077
销售量(立方米)	3058.1458	5212	1877.729	8164.0	28705.1173
木材收入(万元)	147.8	338.8	112.7	693.9	1664.9

林场种植的桉树速丰林采伐期为 5 年，2009 年主伐第 1 批桉树速丰林，当年桉树木材出材量达 48728.0 立方米，木材收入达 2924.3 万元；此后至 2012 年每年均收获桉树木材，且逐年增加，到 2012 年累计桉树木材出材量 92314.3 立方米，其中集体 55650.8 立方米，职工 3663.5 立方米；累计收入 5538.9 万元，其中集体收入 3339.1 万元，职工收入 2199.8 万元（见表 4）；在职工收入这部分中，共有 80 户职工种植桉树，照此计算，平均每户收入 27 万元，最高收入户突破 50 万元。仅桉树单一树种就为全场产生显著的经济效益，这在此前是不可想象的事情。

表4　华山林场集体与职工个人历年桉树采伐量及收入表

年度	2009		2010		2011		2012		累计	
所有者	集体	职工	集体	职工	集体	职工	集体	职工	集体	职工
面积（亩）	9747.5	0	84.0	312.1	363.7	814.0	416.1	3443.0	10611.3	4569.1
出材量（立方米）	48738.0	0	673.3	2597.2	2910.0	6516.4	3329.5	27549.9	55650.8	36663.5
木材收入/万元	2924.3	0	40.4	155.8	174.6	391.0	199.8	1653.0	3339.1	2199.8

（三）桉树速丰林的发展，促进了桉树相关产业的发展，进一步增强了林场经济活力，增加了全场收入

在林场种植桉树产生示范影响后，不但促进了场内桉树速丰林发展，而且也推动了林场周边乡村桉树速丰林发展，从而形成了对桉树苗木、桉树专用肥较大的需求市场，林场抓住这个机遇，建立了桉树优良无性系苗木繁育基地和桉树专用肥料加工厂，每年可提供桉树优质苗木500万株，产值300万元；生产销售桉树专用肥5000吨，产值1250万元。此外，由于林场及林场周边桉树木材产量的增加，极大地丰富了当地木材原料，为木材加工业的发展奠定了厚实物质基础。林场为了提高木材附加值，增加收入，于2013年建立了木材加工厂，以桉树木材为主要原料，生产建筑模板后再投放市场。该加工厂由林场及职工共同集资兴建，采取股份制经营管理。年产量约为8万立方米，估算年总收入为2亿元为，每年税收约1000万元以上，每年盈利约1000万元以上，上述三方面产业产值之和约为2.16亿元。可见显著增强了林场的经济活动，增加了全场经济收入。

（四）发展桉树速丰林增加收入后，林场面貌焕然一新，职工家庭生活条件有了极大改善

林场发展桉树速丰林增加收入后，为改善办公条件和职工休闲娱乐场所，于2007年新建办公大楼一座，建筑面积1500平方米，并且按新标准进行装修，增设大小型会议室，职工技术培训室等；新建灯光球场2个，新建舞场1个，新建凉亭3座，新建停车场3个。职工家庭方面，新建职工别墅2栋，共500平方米；新建职工宿舍楼3栋，共7200平方米；每户职工住房一套或一栋，户均住房面积120平方米；此外，还有部分家庭添加了高档家用电器，购置了家用轿车，甚至部分职工还到县城购买了房子。这些都是发展桉树速丰林带来的实实在变化。

（五）发展桉树速丰林不但经济效益显著，而且生态及社会效益明显

桉树速丰林发展后，很大程度上起到了保护石山区森林植被的作用，保护了本地区生态环境。环江县属喀斯特岩溶区，生态环境相对脆弱，如石山区的植被很容易受破坏，一旦被砍伐或火烧后，要很长时间才能恢复起来。过去，林木资源少，石山上的树木被偷砍严重，给保护带来很大困难。近几年来，由于种植桉树速丰林增加了林木资源，偷砍石山上的树木现象明显减少，从而起到了保护石山区植被的作用。同时，由于桉树生长快，产量高，因此桉树具有很强的固碳能力。据测算，森林平均每生长1立方米木材大约吸收1.83吨CO_2，目前全场营造桉树速丰林40550.5亩，以5年轮伐期计，每亩出材量8立方米，总计出材量32.4万立方米，可固定大气中的CO_2约59.3万吨。

　　社会效益方面，为周边地区群众提供就业机会，增加群众收入。群众参与整地造林、铲草抚育、追肥、营林管护等营造林和林木采伐、木材运输等采伐生产获得劳务收入。据估算，整地造林、铲草抚育、追肥、营林管护等投工劳务费为 40550.5 亩 × 600 元/亩 = 2433.0 万元；林木采伐、运输等投工劳务费为 92314.3 米 × 130 元米 = 1200.0 万元，有效地解决了当地就业条件和农民的家庭收入，社会环境将更加和谐。

四、发展桉树速生丰产林存在的问题及思考

（一）桉树速丰林地规划准确性欠佳，桉树林木冰雪危害难杜绝

　　近年来，环江县常出现有冬季桉树林木遭受冰雪危害的现象出现，给桉树种植者带来了较大心理压力。环江县华山林场地处云贵高原边缘，林地海拔高，地形多样，气候多变，其中有冬季气温很低、并伴有冰雪发生的区域，由于对自然条件把握不透，导致桉树林地规划出现偏差，在冬季寒冷区域种植桉树将会有冰雪危害的危险，冰雪发生后，绝大多数桉树林木将被冰雪压断或严重压弯，甚至受冰致死，给造林业主造成严重经济损失。因此，桉树林地规划必须科学，规划结果更加准确，否则将出现冰雪灾害等问题出现。

（二）桉树营林技术不够成熟，影响林分质量

　　华山林场林地立地条件复杂，增加了种植桉树速丰林难度，目前尚未做到根据不同立地条件采取最适合的造林措施，如在造林密度、施肥、抚育、除草、病虫害等技术上还有不少疑问，尤其是桉树二代林经营管理经验更少，由于系列技术水平不够成熟，林分质量受到了影响，有待加强技术培训，提高种植水平。

五、下一步工作思路和目标

（一）合理规划，适度发展

　　搞好森林资源和林地资源的调查和规划。以森林资源二类调查和"十二五"森林采伐编限规划为契，对全场的林木、林地进行全面调查、统计和区划，实行分类经营，科学发展，加快林种结构调整，坚持适地适树、因地制宜的原则，大力发展速生丰产林，特别是建立桉树速生丰产林基地。

（二）科学经营，持续发展

　　坚持科学发展观，科学合理发展经营桉树速丰林，坚持良种良法，保护生物多样性，使桉树人工林与原生植被和谐共生；科学整地，防止水土流失；合理施肥，维持地力，实现桉树产业可持续发展。

（三）政策引导，营林与林产加工相结合

　　坚持营林与林产加工业相结合，实行林板一体化经营，是解决营林与木材加工利用相结合，实现林木增值的有效途径。为充分利用资源和条件优势，培育和发展林业产业链，努力打造木材深加工业（林板一体化）。2013 年 3 月华山林场通过融资 1600 万元购买环江宏祥木业有限公司，林场以宏祥木业为平台，充分利用林场林木资源和场地资源优势扩大林产品精深加工，培育林产加工龙头企业，拉动产业链，做强第二产业。计划年木材加工规模要达 10 万立方米，木材产值达 2 个亿元以上，增加财政税收 1000 万元以上，解决地方就业 1000 多人。通过林产加工业的发展，解决地方劳动就业，促进地方经济发展。

附件：环江县华山林场职工桉树速丰林发展案例

华山林场某职工 2006 年领取一份股份制林地，面积 98 亩，经过 5 年时间的精心集约管护，2010 年 11 月进行林木采伐，平均每亩出材量为 10.9417 立方米，总出材量为 1072.2963 立方米，按当年木材价格 550 元/立方米计算，木材总产值为 58.9 万元，扣去造林投资、管理、两金等成本 1500 元/亩，总成本为 14.7 万元，纯利润为 44.2 万元（成本分析见附表）。

附表 每亩桉树人工林造林投资成本分析表

时间	序号	项目	金额(元)	备注
第一年	1	林地租金	5	
	2	林地清理	50	
	3	整地	60	
	4	苗木费	50	
	5	基肥	10	
	6	定植、补植人工费	40	
	7	抚育人工费	60	
	8	追肥(肥料费)	107	
	9	追肥人工费	30	
	10	病虫害防治费	10	
	11	基础设施建设费	20	
	12	调查设计费	10	
	13	管理费	10	
	14	其他费用	10	
	小计		570	
第二年	1	抚育人工费	60	
	2	追肥(肥料费)	108	
	3	追肥人工费	30	
	4	病虫害防治费	10	
	5	管理费	10	
	小计		218	
第三年	1	抚育人工费	60	
	2	追肥(肥料费)	108	
	3	追肥人工费	30	
	4	病虫害防治费	10	
	5	管理费	10	
	小计		218	

（续）

时间	序号	项目	金额（元）	备注
第四年	1	抚育人工费	60	
	2	追肥（肥料费）	108	
	3	追肥人工费	30	
	4	病虫害防治费	10	
	5	管理费	10	
	小计		218	
第五年	1	砍伐费	120	
	2	运输费	50	
	3	林区道路	40	
	4	两金	35	
	5	检尺费	10	
	6	调查设计费	10	
	7	管理费	10	
	小计		275	
合计			1499	

（广西壮族自治区环江县华山林场韦理电、蒙春江）

广西国有三门江林场桉树造林案例

一、引言

20世纪30年代开始广西国有三门江林场(前称广西六合垦殖公司)从国外引入大叶桉，至今已有80年的历史。1974年从云南植物研究所引入直干蓝桉、柠檬桉；1988年从东门林场引入28个澳大利亚邓恩桉优良家系作对比试验，初显桉树良种造林的良好效果；1994年从东门林场引进了第一批尾叶桉实生苗良种造林11.5公顷，造林之后桉树速生丰产特性与传统的栽培树种比更加显示出桉树良种的优势。近20年来随着中澳技术合作东门桉树项目取得突破性进展，特别是桉树杂交无性系选育和造林推广示范的成果应用，对广西林业发展具有十分重要的意义。

随着桉树无性系 DH32 - 29、DH32 - 28、DH32 - 27、DH32 - 26、广林9号等在生产中的推广应用，取得显著的经济效益，广西大型国有林场逐步把桉树作为林场的主要造林树种。因此，1996年之后三门江林场速丰桉无性系苗造林面积逐年增加，1997年总蓄积量是70.4万立方米，大力发展速丰桉造林之后，2012年总蓄积量为111.0万立方米，总蓄积量增加40.6万立方米。2003年至2012年10年间，三门江林场速丰桉累计造林面积20697.2公顷，占三门江林场累计造林面积23460公顷的88.22%，10年间累计采伐量为50.8万立方米，累计产值达30480万元(按每立方米600元计)，上缴国家税利3048万元(按10%计)。

经过10多年的探索和实践，三门江林场桉树速丰林经营栽培模式逐步趋于成熟，2010年三门江林场参加广西桉树速丰林高产竞赛活动中荣获二等奖。

二、三门江林场自然概况及速丰桉引种栽培

(一)三门江林场自然概况

三门江林场位于广西中部的柳州市城中区，地处东经109°28′~109°48′，北纬24°10′~24°27′之间，地跨柳州市城中区及鹿寨、象州两县，东西长27千米，南北宽31千米。气候属中亚热带气候区，年平均气温20度，年活动有效积温6720度；年降雨量1300至1700毫米，年蒸发量1471至1750毫米；土壤为酸性红壤性，土壤肥力中等。根据三门江林场2012年统计：三门江林场经营的有林地面积(含对外辐射造林面积)15858.4公顷，其中桉树林面积14106.5公顷，占经营面积88.95%。

(二)速丰桉引种栽培情况

1. 速丰桉引种试验情况

为了寻找适合三门江林场栽培的桉树无性系，三门江林场对桉树引种栽培作了系列研究工作：2003年三门江林场与广西林科院合作开展速丰桉研究，在江口分场洛子林站建立了柳

窿桉无性系示范林；在马步分场龙母林站建立尾赤桉无性系示范林和尾巨桉无性示范林。2006 年在江口分场石山林站进行大面积尾巨桉组培苗（DH32 – 26 无性系）造林示范；2008 年参加广西桉树速丰林高产赛，在三门江分场水冲林站营造了 DH32 – 29 无性系示范林；2008 年三门江分场水冲林站与广西林科院合作开展林科院自选的 11 个桉树无性系造林对比试验；2009 年在马步分场马步进行桉大径材培育试验；2012 年在江口分场油坊站进行桉树造林密度对比试验；2013 年与东门林场合作在江口分场石山林站进行东门林场选育的 8 个优良无性系区域试验中试；2013 年与林科院合作在江口分场石山林站进行国家桉树中心和林科院选育的 17 个无性系造林对比试验。前期试验结果表明：尾巨桉 DH32 – 29 无性系比较适合三门江林场栽培，因此近年来三门江林场桉树造林主要采用尾巨桉 DH32 – 29 无性系，但从初步试验结果看其他优良无性系的经济性状与 DH32 – 29 比差异不显著。

2. 桉树育苗和造林情况

2000 年之前三门江林场桉树造林以实生苗为主，2000 年 1 月三门江林场从东门林场和林科院引进桉树组培苗作母株，建立采穗圃后进行扦插育苗，当时育苗品种主要是广林 9 号、尾巨桉 DH32 – 29、尾巨桉 DH32 – 26、尾圆桉 DH201 – 2 等，每年育苗量 200 万～500 万株。2008 年 1 月 12 日～2 月 15 日因受强冷空气影响，广西出现了长时间的低温雨雪冰冻灾害天气。三门江林场桉树重度受损面积是 7302 亩，主要分布在荔浦、武宣、金秀等地，特别是海拔在 500 米以上、位置偏北的区域，冰冻结冰时间约一周左右，桉树全部被冻死或折断。在本次雪灾中，不同桉树品种对抗冰冻灾害能力有不同的表现。比如在同一地块种植的尾圆桉 2 号树木冻死、冻伤严重，而广林 9 号桉和尾巨桉 GH32 – 29 等品种受灾轻微，所以把尾圆桉 2 号认定为不耐寒品种。2008 年 8 月三门江林场在桉树人工林中发现有枝瘿姬小蜂，而且危害程度非常严重，经调查其主要危害对象是巨园桉 DH201 – 2。经历冰冻灾害和枝瘿姬小蜂危害之后，三门江林场淘汰了尾园桉 DH201 – 2，并对桉树适生范围重新区划。2010 年在生产中全面采用组培苗造林，2011 年 3 月三门江林场组培厂建成并开始育苗，目前三门江林场对速丰桉从组培诱导、育苗到新品种收集、栽培配套技术应用逐步趋于成熟。2013 年三门江林场根据对试验林的测定结果，增加对其他优良无性系的诱导培育，设法解决造林品系单一带来风险。近年来三门江林场每年培育桉树苗量 300 万株，每年增加桉树造林面积 1000～2000 公顷。

3. 桉树大径材培育是桉树栽培的新途径

2009 年三门江林场马步分场实施了 86 公顷桉树大径材培育项目，培育目标是平均胸径达 34 厘米以上，主要培育措施是逐步间伐，延长培育周期（培育时间为 12 年以上）。目前项目还在试验过程中，从现阶段看培育大径对生态环境影响较小，经济效益取决于大径材今后的市场价格。

4. 充分利用林地资源，发展桉树林下经济

三门江林场从 2011 年开始探索发展桉树林下经济，当年初见成效，2012 年年产值为 920 万元，其中一年花生 1000 亩 100 万元、林下养鸭 10 万只 350 万元、林下养鸡 1 万只 70 万元、林下养猪 0.2 万头 300 万元、林区养鱼 100 万元。

三、桉树造林的综合价值分析

(一)经济价值分析

根据对三门江林场 2008 年营造桉树示范林，2011 年 11 月(第 4 年)测定结果：平均高 20.0 米，平均胸径是 12.7 厘米，蓄积量 125.8 立方米/公顷，出材量 103.2 立方米/公顷。该片林木营林成本为 15540 元/公顷，(其中苗木肥料 7290 元/公顷、人工费 8250 元/公顷)，按采运成本(人工费)1500 元/公顷计，销售成本按 10% 计算税利计，销售单价 600 元/立方米计。4 年时每公顷产值为 61920 元/公顷，上缴税利 6192 元/公顷，每公顷利润 40188 元。

2005 年《京都议定书》签订之后，世界各国逐步成立自愿减排交易市场，2009 年 8 月 5 日北京环境交易所成功拍卖中国第一笔自愿碳交易的单价 136 元/吨计。按照林木每生长立方米蓄积吸收 1.83 吨二氧化碳，那么每公顷的吸收二氧化碳 230.2 吨，碳交易的价值为 31307.2 元。按 2010 年大量成交单价每吨 13.6 欧元(折合人民币 110 元)计算，每公顷碳交易的价值为 25322 元。

(二)生态价值分析

1993 年联合国粮农组织在曼谷召开的桉树问题专家评议会上发表了专门综述，结论是桉树的生态并不严重，主要是经营管理不当引起的一般生态问题。国家林业局于 2004 年和 2006 年分别组织中国科学院、中国林业科学研究院、国家林业局桉树中心、有关省(自治区)生态专家、桉树专家讨论桉树生态问题，结论是桉树无毒无害，生长快、效益高，可在我国南方地区大力发展。

1. 桉树人工林可改善区域气候及水源涵养

根据广西东门林场、广东雷州半岛气象记录表明：桉树大规模造林后年均降雨量增加、年均蒸发量减少，林内年平均气温降低、空气湿度增加，台风风力减弱。在我国华南地区桉树与松树、相思树相比，桉树利用水资源的效率相对较高，树冠截流量小，蒸腾耗水少，有一定的水源涵养功能。

2. 桉树对土壤肥力的消耗不比其他作物高

桉树具有很强的土壤养分利用能力，可消耗较少的养分而产生较大的生物量，与很多农作物和树木比，其养分消耗只有 1/10~1/2 。

3. 桉树人工林的生物多样性问题

桉树人工林是高效的商品林，经营商品林以获得最大的经济效益为目的，如同经营水稻、玉米、甘蔗一样，不允许杂草与目的作物发生激烈水肥竞争。桉树生物多样性的确不如热带雨林和南亚热带季雨林，但却优于马尾松林、灌丛、草地和农业用地。

(三)社会价值分析

(1)发展桉树造林可为社会缓解就业压力。根据三门江林场桉树造林实际用工情况，在集约经营的条件下每公顷桉树从造林到采伐，人工费开支为 9750 元，折为 122 工日，两公顷可以安排一个就业岗位，三门江林场种植每年桉树面积 2000 公顷，可安排 1000 人就业。

(2)2012 年广西森林覆盖率为 61.4%，跃居全国第三，2012 年广西木材产量 2100 万立方米，独占全国 1/4，取代东北成为全国最大木材生产基地。

我国的森林资源严重匮乏而木材消耗量越来越大，如果按照常规经营乡土树种，砍尽所有的树木也用不了几年。我们的唯一选择是利用少量适宜的土地发展速生丰产林，让其成 5 倍、成 10 倍地生产出木材原材料，以永续地满足我国大部分的木材需求，并将大部分的森林资源从沉重的生产压力下解放出来，使其发挥生态效益成为可能。

（3）三门江林场桉树速丰林近年已进入采伐阶段，林场对外造林年采伐量达 10 万立方米，办证费用按 80 元/立方米计，每年给地方财政带来专项收入是 800 万元。三门江林场场外租地造林，均在边远地区，造林以桉树为主，造林后新建林道路 500 千米，为边远地区脱贫致富提供了交通便利。

四、发展桉树使林场职工的社会地位有了显著提高

"拥有桉树是拥有财富的象征，个人拥有几百亩桉树就是社会成功人士"。这是近年来广西柳州一带对林场人印象，与林场种桉树前，经常不能按时发工资的形成鲜明的对照。2012 年林场职工可支配收入是 3.55 万元，显著高于柳州市 2012 年城镇居民可支配收入 2.19 万元的水平。林场良好的生态环境是柳州市（内）人向往的休闲养生场所和理想生活环境。林场人的形象和地位显著提高。

五、桉树造林存在问题及改进措施

三门江林场桉树造林经营的前期是以追求经济效益为主，对生态环境的保护考虑较少，所以桉树造林引起社会的各种异议，少数村寨甚至限制桉树造林。今年三门江林场申请森林经营（FSC）认证，能更好地促进森林良好经营，使桉树林效益多样性得到充分发挥。

（1）桉树人工林耗水量由气候条件、立地状况和树木生长特性共同决定。通过与固氮树种混交或轮作、适当延长轮伐期、整地时尽量避免破坏植被、缩短林地裸露时间、保护林下枯落物、保留采伐剩余物等营林措施，可以提高桉树人工林在减少水土流失和涵养水源方面的作用。

（2）桉树人工林导致土壤肥力下降的主要原因是不合理的经营管理措施，机耕全垦导致土壤和养分流失十分严重；全树（含凋落物）利用导致养分循环不畅；不合理施肥导致元素之间的供给不平衡。目前三门江林场正在实施的森林经营认证工作，主要规范森林经营行为，纠正不科学的经营方式保障森林可持续经营。

（3）培育桉树大径材延长采伐周期，降低造林密度，促进桉树林分生物多样性的形成。

（4）三门江林场对外造林分布较分散，从经营的角度分析，基础设施、协调成本、管理成本等费用开支较大，同时容易造成区直场之间的不良竞争。按照便于管理的原则，由中介评估之后对分散的、不便管理的对外造林进行拍卖。

六、今后三门江林场桉树的发展方向

（1）在桉树适生区选择立地条件好、交通方便、土地平缓的地方，利用桉树的速生丰产特性进行集约经营，提高单位面积产量，相对减少桉树种植面积，是桉树造林的经营方向。

（2）对集中连片的桉树丰产林基地建设作出生态林建设规划，如保留沟谷、溪边的天然植被，建设一定面积水土保持林等，以提高丰产林基地内部的生态环境质量，也保护人工林的天敌。

（3）改变整地方式，推广不炼山造林，减少水土流失，重视补充土壤肥力，采伐时推广枝丫、树叶和树皮留地，促进林地养分循环。

（4）采用间伐措施，培育桉树大径材，减少对林地耕作的频率，有利于保护生物多样性，是桉树今后发展的新途径。

总之，桉树作为一个外来树种，经育种改良和栽培推广后，已成为广西用材林造林的主要树种，也是近阶段三门江林场造林的主要树种。在发展桉树人工林的过程中，必须注重对生态环境的保护，树立可持续经营的理念，实现林业又快又好地发展。

（广西壮族自治区三门江林场韦长江、蒋新革、肖继谋）

山西省特殊林木后备资源辽东栎培育项目案例

基本信息

项目名称：2012 年度特殊林木后备资源辽东栎培育项目案例。

省/自治区/直辖市：山西省。

项目目标：采取科学的经营措施，培育珍稀树种辽东栎 3333 亩，努力实现保护生态环境和生物物种多样性的目标，满足社会发展对工业及珍贵用材的多种需求。

项目资金来源：项目总投资 165 万元，其中中央资金 100 万元，地方配套 65 万元。

实施日期：2012 年 4 月~2013 年 12 月。

案例研究提供者：五台林局豆村林场。

摘　要

项目培育珍稀树种辽东栎 3333 亩，带动当地农民参加项目建设可获得 100 多万元的经济收入，项目成材后，每年可为国家生产珍稀木材 3000 多立方米，可改善当地生态环境，保水养肥，丰富的林下资源也给当地老百姓带来可观的经济收入。

一、建设背景

项目区位于山西省五台县东雷乡琵琶庄村，东经 113°14′45″，北纬 33°51′09″，年平均气温 6.9℃，夏季平均气温 18~20℃（最高 28~33℃，最低 8~10℃），年降水量 500~550 毫米，无霜期 130~140 天，年光照数 2710 小时，年平均风速 2 米/秒，大风日数 29 天左右，海拔 1300~1800 米，土壤以山地褐土为主，土层厚度一般在 60 厘米以上。森林植被主要为森林灌丛带和灌丛草本带。植物种类有华北落叶松、油松、山杨、辽东栎、绣线菊、沙棘、照山白、蒿草类。

项目区辽东栎种群天然形成，分布范围广，树干通直，树形优美，利用前景广，但是靠天然改造很慢，需采取补植补造、抚育松土等人工培育措施，促其健康生长。

项目实施单位为五台山国有林管理局豆村林场。该场始建于 1972 年，是山西省五台山国有林管理局国有林场之一，隶属于山西省林业厅。场部坐落在忻台、五繁、豆东三条公路汇集之处的豆村镇，位于五台县城东北部 22 千米处，东与五台山毗邻，西与东雷乡接壤，南与茹村乡相接，北与繁、代两县交界，位居五台山旅游西线的窗口，地理坐标位于东经 113°07′55″~113°31′34″，北纬 38°48′34″~39°02′19″。林场现有职工 25 人，离退休职工 28 人。现有职工中，管理人员 6 人，护林员 19 人。林场现有经营面积 17818.8 公顷，其中有林地 8025.8 公顷，森林覆盖率 45%，林木绿化率 58.1%，森林蓄积量 581125.2 立方米。经营区分布于五台县豆村、蒋坊、柳院、灵境、东雷、陈家庄 6 个乡镇，143 个行政村，2828 个小班。下设李家寨、柳院、灵境、刘定寺、蒋坊、陈家庄、东雷 7 个营林区，林场境内山峦绵亘，沟壑纵横，属于火山岩、沉积岩地层，气候呈暖温带大陆性气候，四季分明，季节性变化明显，年平均气温 6.9℃，无霜期 130 天左右，年均降雨量 556 毫米。植被中乔木树种以落叶松和油松为主，分布较均匀，有少量白桦、杨树、山杨、辽东栎；灌木主要有沙棘、照山白、虎榛子、绣线菊、胡枝子、山桃、山杏等；草类有羊胡子草、白草等。

林场以"五局同创"战略为指导，坚持"保护与发展"的经营理念，在保护好现有森林资源的同时，结合自身资源条件，发展种苗业、服务业，承揽绿化工程等，努力培植后续产业，促进林场全面协调可持续发展。

二、主要做法

（一）高度重视，组织到位

林场成立了项目领导组织机构，服务于本项目实施全过程。组长：姜庆荣，副组长：刘利军，组员：梁志新、郑翠燕、邢海燕。组长负责项目全部工作，副组长具体负责项目实施过程，梁志新负责施工作业，郑翠艳负责财务，邢海燕负责资料收集、归档。项目领导组成员分工明确，各司其职，确保项目顺利实施。制定了《豆村林场 2012 年度特殊林木后备资源培育项目实施方案》，建立了辽东栎监测标准地。

（二）科学设计，合理规划

按照了《关于做好特殊林木后备资源培育项目有关工作的通知》《山西省林业厅关于下达 2011 年中央预算内林业基本建设投资计划的通知》和《山西省特殊林木后备资源培育项目实施技术方案》等文件要求，对项目地块进行考察，合理布置，完成了作业设计。

（三）投资明确，节约成本

项目总投资 165 万元，其中中央投资 100 万元，地方配套 65 万元。项目全部资金已使用到位。采取措施降低培育成本：一是巧避农忙用工荒。清明左右农忙开始，劳力紧张，工价高，提前开工避免用工竞争；二是午栽阴坡早栽阳。春季气候变化不定，早晨阴坡还有冻土，施工难度大，成本高，午后就全部解冻，所以早晨在阳坡施工，午后在阴坡施工提高工作效率。

（四）科学管理

促进稳定群落的形成。项目区因自然因素，天然辽东栎种群呈小块状均匀分布在小班的中上部或阳坡，伴生树种落叶松、油松、山杨等分布在各小班的下部或阴坡。为了使辽东栎种群能大范围均匀分布，采取补植补造、施肥、修枝、松土等措施，促进辽东栎生长，形成稳定的生态群落。

（五）跟班施工抓质量

项目领导组成员，责任明确，施工负责人跟班作业，吃住在山上，责任在肩上。

（六）加强后期管护

建设了标志碑一座，落实了管护人员，进行围网封禁，严禁放牧。

（山西省五台林局豆村林场魏长生、刘子忠）

黑龙江省宾县万人欢林场近自然培育多树种大径级材案例

优质大径级用材林培育技术，是以世界目前先进的"近自然育林"经营理论为指导，以森林的可持续经营为目标，以培育优质大径级木材为重点，全面提高森林质量，持续优化森林"三大效益"，具有区域特点的创新性技术体系。该技术体系在宾县万人欢林场森林经营中实施七年来，收到了提高森林质量、加速林木生长、优化森林生态功能的良好效果。现将该技术的主要特点和实施效果报告如下：

一、多树种优质大径级用材林培育技术

（一）调整现有林分

1. 密度调整

对林龄与密度结构不合理的林分，分起源、树种、林龄不同，通过采伐调整密度。阴性树种所需空间相对较小，弱阳性树种所需空间相对较大，阳性树种所需空间更大。

以下是落叶松人工林理想密度控制图。

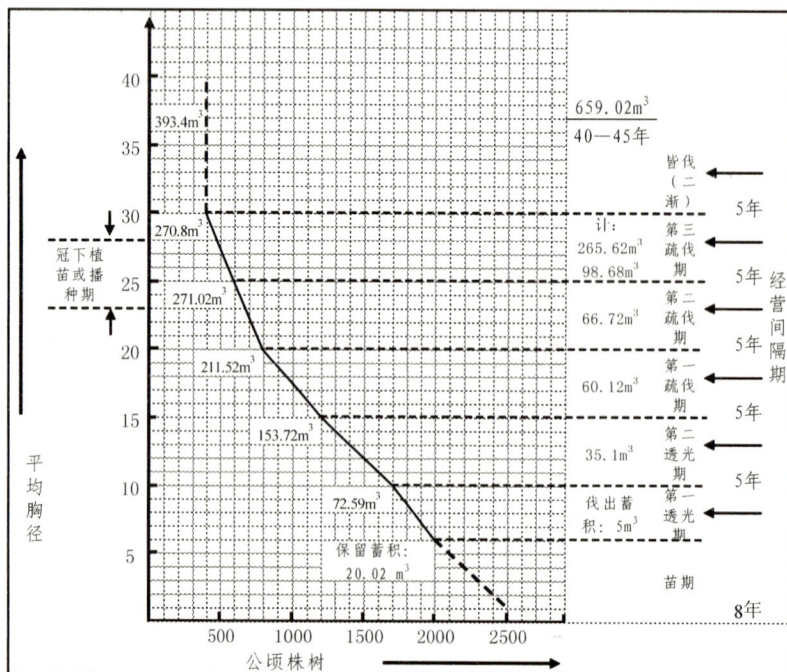

图 1　落叶松人工林理想密度控制图

2. 质量调整

公益林以生态效益为主兼顾经济效益，商品林以经济效益为主兼顾生态效益。适度伐除贬值的林木资源，培育增值林木资源，使优质大径级用材林采伐后增值资源和贬值资源的株数比，在不损坏森林环境和更新的前提下，保持在9∶1。

3. 树种调整

在天然混交林中，在保护生物多样性的前提下通过保留优质、珍贵树种，伐除劣质、低效树种，提高优质树种的比例，提高林木生长量和林地生产力水平。

4. 人工林改造

在人工林进入中龄后，在其冠下栽植或播种适合生长的优质乡土树种，抚育、保护优质目的树种，促使其逐渐向多树种优质大径级用材林演替。

5. 树种替代

如果当前建群树种整体退化，或处在以先锋树种为主的矮林阶段，就要用优质乡土树种替换，重新建群，达到能够实现优质大径级用材林经营目标的林分结构。

（二）大径级用材林目标树经营

1. 目标树选择

树种：目标树是指长期保留、重点抚育、完成天然更新并达到目标直径后才采伐利用的树木。一般选择优质的乡土树种，如红松、云杉、冷杉、落叶松、樟子松、水曲柳、胡桃楸、黄波罗、紫椴、柞树等。

树龄：一般为中龄林，树高13~15米、胸径15~20厘米。

外观：树干通直、冠形丰满、生长状态良好且无损伤。

2. 目标树管理

标记：目标树选定后，用颜色鲜明的铅油在胸径处做环形标记，并将目标树的树种、树高、胸径、立地坐标、生长性状记入档案。

单株生长空间：

针叶树株间距 $L = \Phi \times 20$，阔叶树株间距 $L = \Phi \times 25$。

目标树与干扰树株间距：针叶树 $L = (\Phi_1 + \Phi_2 N) \times 20$，阔叶树 $L = (\Phi_1 + \Phi_2 N) \times 25$

式中：L——林木在森林中同层林或上层林的主干间距；

　　　　Φ——胸径；

　　　　Φ_2——年胸径增加量；

　　　　N——两次经营间隔年数。

在两株目标树之间可选择一株次级目标树培育。目标树选定后要对影响目标树生长的同冠层（包括上冠层）干扰树进行疏伐，为目标树的生长留足空间。

修枝：修枝不能中切、不能平切、不能撕破树皮。针叶树修枝后枝下高和树冠高的比例是1∶1，阔叶树是2∶1。一般修枝2~3次，最终枝下高和树冠高的比例维持1∶2。

3. 目标树采伐

采伐径级为：红松、云山、落叶松、樟子松、水曲柳、核桃楸为60~80厘米，冷杉、紫椴、蒙古栗、黄波罗为50~60厘米。

4. 目标树更新

天然更新为主，人工补植为辅。

以目标树为主，选择那些树冠较大，枝冠比高，枝的末端较细，结实率高的树木作为母树，以保证种源优良。

要根据树种的更新所需的光照率来确定疏伐强度，阴性树种更新光照度一般为 20%～30%。也可以通过林隙来实现更新，林隙的面积控制在当前立地的优势木树高 1～1.5 倍的直径面积，最大不超过 0.6 公顷。

更新后的幼苗一般需要 30%～40%的光照率才能健康生长，光照不足会逐步死亡，更新失败，只有当更新幼苗长到开始测胸径时，才可视为更新成功，在更新成功之前必须加强透光抚育管理。

二、技术优势

多树种大径级用材林培育技术，使森林中保持一定数量的优质树木长期存在，能够保证森林生态系统的长期稳定；培育的目标树，即可满足市场对大径优质材的需要，又可通过适时疏伐干扰树，使经营者得到连续不断的收益，实现森林可持续经营；目标树培育与正常的森林经营同时进行，只增加了修枝工序，经营投入并没有增加多少，而目标树采伐所提供的大径优质木材的价格是普通木材价格的 2～3 倍，在提高森林生态服务功能的同时大大提高了森林的经济功能。

三、技术效果

经过 7 年的经营实践，采用多树种大径级用材林培育技术使林分质量得到大幅度提高，林分中增值资源和贬值资源的株数比，由培育前的 6:4 增加到 9:1，蓄积比由 5:5 增加到 8:2，中、幼林平均净生长率由培育前的 6.6%提高到 12.9%，是培育前的 1.9 倍。林分培育前后生长变化情况详见表 1。

林木培育前后解析木变化见图 2。

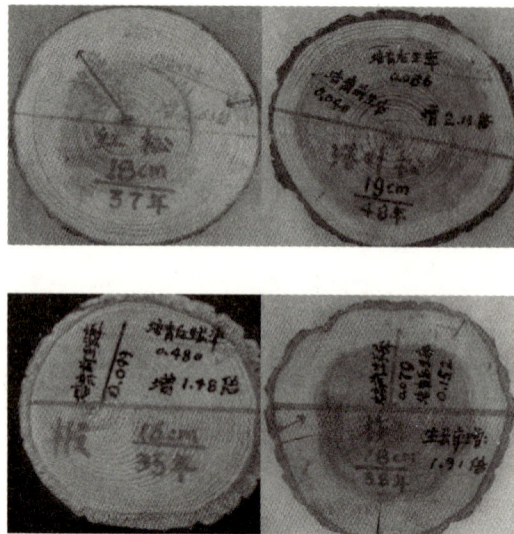

图 2　林木培育前后解析木变化

表1 林分培育前后生长情况对照表

树种	林分本底数据			林分培育			林分培育后			材积增长率		
	林龄	胸径	材积	林龄	胸径	材积	林龄	胸径	材积	培育前	培育后	增长倍数
落叶松	8	9	0.0293	43	16	0.1174	48	19	0.1777	0.040	0.086	2.1
红松	19	11	0.0359	31	14	0.0644	37	19	0.1351	0.049	0.131	2.6
柞木	9	6	0.0123	34	14	0.0835	38	18	0.1475	0.079	0.152	1.9
椴木	13	6	0.0113	30	12	0.0567	35	16	0.1131	0.099	0.148	1.4
平均										0.066	0.1292	1.9

采用该项技术只培育高标准森林10万亩，新增优质森林蓄积18万立方米，价值1.8亿元。林中目的树种天然更新能力增强，由培育前每公顷不足1000株，增加到现在每公顷50000多株。同时，带动了林果业和种苗业的发展，7年来，共收获以红松籽为主的林果350吨，价值400万元，生产绿化苗木8800株，价值200万元。森林景观也得到较大改善，"四不像"伐区完全杜绝，残破林分得到整治，森林生态功能明显修复，森林顶级群落演进趋势明显。

（黑龙江省宾县万人欢林场）

浙江省开化县杉木大径材示范林案例

一、林地基本情况

培育主体名称：杉木纯林。

林地所有权单位：开化县池淮镇黄庄村二组。

林地地点：池淮镇黄庄村。

立地指数：18

树种组成：杉木。

树种面积：106 亩。

林分起源：人工林。

种植年份：1997 年。

保留密度：120 株/亩。

平均胸径：13.5 厘米。

平均树高：11 米。

蓄积量：10.5 立方米/亩。

平均年生长量：树高0.7 米，胸径0.8 厘米。

二、示范林经营情况

培育模式：杉木纯林。

经营方式：集约经营。

主要措施：造林后连续抚育4 年，前3 年每年2 次，第4 年1 次，以全面铲抚和松土为主，郁闭成林后第8 年进行第一次间伐抚育（透光抚育），第12 年进行第二次间伐抚育。

杉木大径材培育技术措施包括立地控制、密度控制、遗传控制和人工促进4 个方面。

（一）立地控制

立地控制是杉木大径材培育的基础。培育杉木大径材的林分立地指数应≥16。

（二）密度控制

密度控制是培育大径材的有效措施，大径材基地应适时适度抚育间伐，控制林分密度。

首次间伐时间为林分充分郁闭后2~3 年，林木分化明显，被压木占林分总株数1/3，自然整枝高度占树高的1/3~1/2，郁闭度达0.8 以上，胸径年生长量明显下降，林下阳性杂草大量死亡，应进行首次间伐。一般为8~15 年。

间伐强度：第一次间伐强度不超过总株数的35%，第二次不超过25%，间伐后郁闭度不低于0.6。

间伐木的选择：大径材基地间伐采取下层间伐法。间伐木选择应严格遵循"三砍三留"原则，即砍小留大，砍密留稀，砍劣留优，严禁"拔大毛"。双叉木、虫害木应在间伐时伐除。

（三）遗传控制

造林采取良种壮苗造林。林分初植密度 200 株/亩。

（四）人工促进

人工促进技术措施主要是深挖施肥。深挖施肥在间伐后进行，间伐结束当年的冬季深挖一次，每亩施尿素钙镁磷肥 100 千克，沿等高线沟施。

培育目标：通过人工促进，在终伐时每亩杉木材积 16 立方米以上。

预期生长量：高生长 0.7 米/年，胸径生长 0.8 厘米/年。

抚育情况：造林后连续抚育 4 年共 7 次，其中第一年到第三年每年抚育 2 次，第四年抚育 1 次。

间伐情况：第一次透光间伐抚育在第 8 年，保留株数 140 株/亩，第二次抚育间伐在第十二年，保留株数 120 株/亩，第三次间伐在第十六年，保留株数 90 株/亩。

三、示范林保障情况

优良种苗使用：杉木造林使用 1.5 代种子园种子培育的一级苗。

先进技术应用：杉木人工林配套的经营技术，满足了杉木速生丰产林集约经营的要求；杉木林成林密度管理技术、轮伐期的确定技术；杉木林的优化经营技术。

科研成果的应用：开化县杉木林资源经营技术的研究（1992 年省政府科技进步三等奖）、开化县世行贷款造林配套技术及经营管理体系研究（2000 年省政府科技进步三等奖）。

示范总结推广：2010 年开展了杉木优质大径材培育技术集成示范推广，分改培和新造两种模式，其中改造模式重点推广：①立地和林分密度调控技术；②土壤管理及配方施肥技术；③干形培育等关键技术；新造林模式重点推广：①杉木优良无性系、家系和高世代良种应用；②优质苗木培育；③立地条件选择和控制；④土壤管理及幼林配方施肥技术；⑤根据立地质量差异性的密度调控和干形培育等技术的集成应用。

2011 年建设杉木优质大径材培育示范基地 6144 亩，其中改培 5031 亩，新造 1113 亩。

项目预期效益测算：杉木大径材（胸径 22 厘米以上）比例达到 90%，蓄积达到 16 立方米/亩，效益比对照提高 40%。按开化县 2012 年采伐的杉木平均亩产 12 立方米（平均胸径 12 厘米）的杉木材计算，杉木亩均产值 10800 元（12 厘米的杉木材按市场价 900 元/立方米测算），增加 40% 的效益即每亩增加 4320 元。示范基地 106 亩，共增加经济效益 45.8 万元。

［浙江省林业厅世行办（速丰办）］

安徽省泾县国外松培育案例

一、泾县国外松发展历史和现状

湿地松、火炬松，松科、松属，常绿大乔木，原产美国东南部，由于适应性强、生长快，干型圆满通直，材质好，松脂产量高，抗松毛虫能力强，被世界亚热带和部分热带地区广为引种。由于二者均属松类，且形态相似，又都是从国外引进的，长势优于本地马尾松等，故群众称之为"大王松"，林业生产上习惯将这两种树统称为"国外松"。

二战结束后，联合国善后救济总署分配给中国政府一批原产美国南方的优良树种湿地松、火炬松种子，1948 年由我国著名水土保持专家付红光留学美国毕业回国时带回国内，当时得到这批种子的除有关林业科研单位外，泾县国有马头林场也有幸得到了这批种子。1949 年春开始播种育苗，1950 年春造林，当年发展湿地松 334 亩、火炬松 45 亩。从此国外松便在泾县安家落户，经过几十年的奋斗，全县现已建成湿地松、火炬松集约经营用材林 6000 亩和一般用材林 14000 亩，并发展成国家重点林木良种基地。

1968 年马头林场建有国外松嫁接母树林 138 亩。

1974 年对五十年代初营造保存下来的 3881 株国外松采用 5 株优势树对比法精选出优良单株 76 株，再从这 76 株树冠中上部采取穗条，按照"维列辛法"排列，建立起无性系嫁接种子园 276 亩。

1975 年又利用这 76 株优树种子营造了国外松实生种子园 132 亩，同年南方 12 省国外松科技协作会议在马头林场召开。

1976 年国外松嫁接种子园和实生种子园发展 1000 余亩、母树林发展 800 余亩，同时在上述种子园和母树林中区划出表现性状优良的嫁接种子园 750 亩、火炬松母树林 611 亩，并经营至今。

1977 年起进行了 76 个不同家系国外松育苗试验。

1981~1982 年使用美国爱达荷大学寄来的美国火炬松 21 个种源的进行育苗和造林试验。

1982 年使用南京林学院集中全国早期引种的湿地松 8 个种源、火炬松 9 个种源、美国 16 个种源和国内 3 个对照种源的进行育苗造林试验。

1992 年参加了安徽省林业厅主办的国家"八五"攻关项目"湿地松间伐中试林"试验。

马头林场在国外松的引种与用材林基地建设发展方面所取得成绩和贡献赢得了国家、省、市领导和国内外专家的一致好评。林业部长雍文涛、高德占、国家农委副主任张化平、安徽省副省长兼林业厅厅长马长炎等领导先后亲临马头林场视察国外松引种、良种基地和发展情况。1981 美国南方松总工程师杜尔曼先生来场考察时称赞马头林场的引种和发展成果。可见马头林场在国外松良种基地建设和用材林基地建设上走在了全省的前列。

马头林场自 80 年代末开始营建湿地松、火炬松用材林以来，已累计建成 7500 亩，其中：湿地松 6500 亩，火炬松 1000 亩，其间分别对 4500 亩和 1500 亩实施了间伐和主伐，累计生产主伐材商品材 9700 立方米、间伐材 2000 立方米和薪材 1000 吨。创总产值 573.9 万元，实现利税 479 万元，取得良好的经济效益。现有 6000 亩国外松木材储备生产基地亦相继进入轮伐期，其带来的经济效益将是可观的。

二、培育情况

(一)地理位置气候条件

国有泾县马头林场位于安徽省泾县东北部，地貌特征为丘陵岗地，山势平坦，土壤深厚呈微酸性。气候带属北亚热带湿润性季风气候区，四季分明，气候温和，雨量充沛，无霜期限长，年日照时数 2000 小时。气候和土壤条件非常适宜湿地松和火炬松的生长。

(二)中央投资大径级材培育试点项目

马头林场承建了 2007 年中央投资大径级材培育试点项目，项目总投资 60 万元，其中利用中央预算内投资 40 万元、地方配套投入 20 万元。项目主要建设内容是营建大径级材培育试点面积 1483 亩，其中湿地松新造 1018 亩，枫香新造 105 亩，马褂木新造 60 亩，湿地松培育间伐 300 亩，上述建设内容均已全面完成。

(三)国外松集约经营主要技术措施

1. 选地

根据湿地松、火炬松生态特性及马头林场自然条件，用材林基地建设选择了交通方便、地势平缓、土层深厚、阳光充足、土壤呈微酸性的黄红壤山场。

2. 育苗

采用马头林场早期引种的湿地松、火炬松精选优良单株上的种子育苗。育苗方法采用芽苗截根法育苗。用砂床催芽，芽苗截根后移栽，每亩育苗 3 - 4 万株。此法与大田直播相比具有节省种子、苗木规格整齐、成苗率高。通过芽苗截根移植技术，可促进苗木根系发育，提高造林成活率。

3. 整地

在造林前一年冬季整地，整地前应进行全面清山、除杂炼山。对坡度 15° 以下缓坡实施全面整地，对坡度 15° 以上采用带状或块状整地，整地深度 30 厘米。

4. 栽植

采用明穴栽植，规格为 70 厘米 × 70 厘米 × 50 厘米。选择在春季造林，栽植穴要大于根幅，苗木选用顶芽饱满、地径粗壮、根系发达的特一级健壮苗上山造林。栽植时根要舒展，深度以根茎平齐，先回填表土层，再回填心土层，层层压实。

5. 抚育

为改善人工幼林的水分、养分、光照条件，促进幼林生长，提早成林成材，从造林当年开始连续三年每年进行二次除草、扩穴、松土、培土，并视苗木生长状况施以每穴 0.3Kg 复合肥。

6. 间伐

通过间伐可缩短培育期，改善林分空间，为林木生长创造良好环境，保证优质高产和充分利用木材。间伐方式采用下层间伐，即留优去劣，逐渐伐掉下层低劣林木，促进保留木的生长。在轮伐期内间伐二次，第一次在林分达 8~10 龄时开始间伐，强度为初植密度的 25%；第二次在林分为 12~14 龄时进行间伐，其强度为保留木的 30%。

7. 保护

加强病虫害的防治，重点防治叶、梢病害，及时清除林内病源株，保持林内环境卫生，同时还要加强护林防火及人兽破坏。

三、建设效益

(一)经济效益

项目建成后，预计可产木材 2.06 万立方米，创产值 1930 万元，项目效益明显。

(二)生态效益

国外松木材储备生产基地建设为扩大后备森林资源，提高森林资源质量和产量奠定了良好的物质基础，实施集约经营能促进林分郁闭，有效改善生态环境，具有良好和生态效益。一是增加森林覆盖率，对进一步改善试点项目区生态环境，保持水土、涵养水源、改善气候，促进农牧业的发展将起到重要作用；二是提高森林表土抗蚀功能。通过森林植被、林冠减缓降水对地表的冲力，植物根系又能紧紧地固持土体，从而提高土壤的抗蚀功能力；三是有利于天然林的保护，通过扩大森林资源，有利于保护天然林和生物多样性，改善生态环境；四是通过森林调节气候，以及对土壤养分、蓄水保土、保肥等作用发挥，改善小气候，减少自然灾害，可促进粮食生产。

(三)社会效益

马头林场国外松木材储备生产基地的建设，一是提供项目区内社会就业机会，从事造林、抚育、森林保护、修建林道、间、主伐木材等活动；二是增加项目区农民收入，使农民生活水平有所提高，随着项目的建设，项目内农民将从中获得收入，生活水平将有所提高，对促进社会稳定将发挥一定作用；三是通过项目的实施，培养出一批技术业务精通，经营管理能力强的骨干力量；四是通过项目科技技术的应用与推广，强化了国有林场及山区农民科学营林技术和管理新经验，有利于加快我县国外松木材储备生产基地建设的进程，提高我县国外松造林质量和森林生产率，通过实施集约经营全面提升我县的森林质量，推动林业"三大体系"和我省"千万亩森林增长工程"建设。同时也带动了周边区县大面积栽培国外松，并取得了良好的经济效益，切实增强了全县乃至全省木材自给能力，为构建我省木材安全保障体系做出了较大的贡献。

（安徽省泾县林业局）

山东省淄博市国有鲁山林场
特殊林木后备资源培育项目案例

一、林场基本概况

（一）自然地理状况

淄博市鲁山林场地处鲁中南低山丘陵区，年均气温为 11.3℃，属暖温带大陆性湿润季风气候，年降水量 720 毫米；鲁山在地质构造上属古老的泰山群，地貌类型属侵蚀低山。鲁山呈东北—西南走向属泰沂山脉；鲁山林场土壤母质由花岗岩、变质岩风化壳提供，经成土过程形成了棕色森林土和山地褐土。棕色森林土主要发育于鲁山中上部森林分布区，多为砂壤质；山地褐土类多发育鲁山中下部，大部为轻壤质；鲁山土层厚度多在 30 厘米以下，中下部坡积层较厚；鲁山是汶河、淄河、弥河（石河）、沂河（螳螂河）等四大河流发源地，鲁山林场把这些泉溪用筑坝形式拦蓄起来，建成了 16 处小型水库或塘坝；鲁山海拔适中，降水丰富，小气候较佳，加之多年林场营林和抚育，森林及草本植物生长茂密，种属较多。木本植物 60 科、275 种，草本植物 800 余种，食用菌 11 种。

（二）林业建设现状

林场生态公益林面积为 62000 亩。通过几十年的经营管理、保护和调整，已形成具有一定规模的公益林保护基础和较完备的生态体系。首先：树木生长旺盛，森林资源总量逐年增加；其次：林相整齐，森林资源保护得到加强；再次：坚持生态优先，林业生态建设稳步推进。

（三）存在问题

1. 树种结构单一，油松林比重过大

林场油松林面积 37625.85 亩，占林地总面积的 59.4%，且大面积连片分布。造林树种相对单一及分布过于集中已成为林场森林火灾和病虫害防治的主要矛盾。

2. 改培抚育不及时，密度大

自人工造林以来，由于抚育间伐不及时，造成林分普遍存在林分密度过大、侧枝发生部位低、林内枯枝落叶多，造成防火防病防虫极为困难，树势生长弱，抗逆性差，年林木蓄积量生长少。为有效改良林分结构，促进林木良性生长，增加林木蓄积，需尽快全面进行改培抚育等森林经营工作。

3. 资金缺乏，林场工作开展难度大

林场属差额预算管理单位，属生态公益型林场，地处偏远山区，交通不便，主要收入来源是财政补贴、少量旅游收入和多种经营收入。由于财政对林业的投入不足，林场在生产经营非常困难的情况下，每年还要拿出大量资金用于生态公益林的培育和管护，直接影响到对发展其他多种经营的投入，使林场陷入恶性循环中，无法进行有规模、有秩序的生产经营活动，阻碍了林场的发展。

二、项目建设投资及规模

林场特殊林木后备资源培育项目计划总投资 250 万元。其中：中央投资 100 万元，地方配套 150 万元；主要进行定向培育（改培）油松、赤松面积 3333 亩，以及与其相关的抚育管护和病虫害防治等；建设期 2 年（即 2011~2012 年）。具体建设内容及面积如表 1 所示。

表 1　鲁山林场项目建设内容及面积

营林区. 林班号. 小班号	建设内容	建设面积（亩）
第五营林区. 三林班.1、2、3、4、5	油松改培	1079
第五营林区. 六林班.3	油松改培	308
第五营林区. 七林班.2	赤松改培	256
第五营林区. 七林班.3、4	油松改培	400
第四营林区. 六林班.1、2、5、6、8、10	油松改培	1289

三、定向培育（改培）技术

（一）现有林改培技术

1. 改培技术目标

通过该项目的实施，去除密林内的衰弱树、过密树、枯枝树，根据林分状况和立地条件，株数间伐强度不超过总株数的 20%，蓄积间伐强度控制在 15% 以下，抚育采伐后的郁闭度降低不大于 0.2。

2. 改培方式和关键技术

（1）打号。原则：伐劣留优、去弱留强、去稠留匀。

（2）伐树、打枝。对选择的采伐木进行采伐，要求伐桩高度不超过 5 厘米，越低越好。

（3）修枝。修枝在早春或晚秋进行，强度不宜过大，对林分内侧枝自然死亡较多的树木，修枝高度不超过树高的 1/2；自然整枝较强、侧枝自然死亡较少的树木，修枝高度不超过树高的 1/3，修枝应紧贴树干，不留桩。

（4）林地清理。在林分抚育过程中，对林地内抚育后所砍、所伐的林木要及时清理，确保林地卫生。

（5）抚育强度。根据林分状况和立地条件，株数间伐强度不超过总株数的 20%，蓄积间伐强度控制在 15% 以下，抚育采伐后的郁闭度降低不大于 0.2，伐后郁闭度保持在 0.7 以上。

四、改培效果分析

调查油松和赤松改培林和未改培林结果对比分析如表 2 所示。

表 2　鲁山林场改培林效果分析

树种	样地号	林区/小班号	林分描述	指标	树高（米）	胸径（厘米）	冠幅（米）	枝下高（米）	材积（立方米/株）	蓄积（立方米/亩）
油松	未改培林分1	5-7-2	油松纯林	平均数	8.07	14.87	4.10	2.18	0.09	7.35
				变异系数（%）	20	30	35	17	63	—
油松	改培林分2	5-7-2	油松纯林	平均数	7.53	14.58	3.98	3.59	0.08	5.34
				变异系数（%）	17	23	28	17	58	—
赤松	未改培林分3	5-7-3	赤松、油松混交	平均数	8.56	15.87	4.71	3.60	0.11	6.24
				变异系数（%）	19	30	36	34	72	—
赤松	改培林分4	5-7-3	赤松、油松混交	平均数	11.33	18.42	3.64	5.47	0.17	5.10
				变异系数（%）	15	22	22	16	45	—
油松	未改培林分5	5-3-3	油松纯林	平均数	6.52	12.49	2.97	1.88	0.05	4.92
				变异系数（%）	28	36	40	23	82	—
油松	改培林分6	5-3-3	油松纯林	平均数	9.57	16.79	2.87	4.56	0.12	5.60
				变异系数（%）	11	22	29	14	44	—
				变异系数（%）	21	21	19	25	49	—

通过表 2 对比分析发现，油松改培林 2 比未改培林 1 树高降低 0.54 米，降低 6.69%；胸径降低 0.29 厘米，降低 1.95%；冠幅降低 0.12 米，降低 2.93%；枝下高提高 1.41 米，提高 64.7%；单株材积降低 0.01 立方米，降低 11.11%；每亩蓄积量降低 2.01 立方米，降低 27.35%。赤松改培林 4 比未改培林 3 树高提高 2.77 米，提高 32.36%；胸径提高 2.55 米，提高 16.07%；冠幅降低 1.07 米，降低 22.72%；枝下高提高 1.87 米，提高 51.94%；单株材积提高 0.06 立方米，提高 54.55%；每亩蓄积量降低 1.14 立方米，降低 18.27%。油松改培林 6 比未改培林 5 树高提高 3.05 米，提高 46.78%；胸径提高 4.30 厘米，提高 34.43%；冠幅降低 0.10 米，降低 3.37%；枝下高提高 2.68 米，提高 143.55%；单株材积提高 0.07 立方米，提高 140.00%；每亩蓄积量提高 0.68 立方米，提高 13.82%。通过变异系数比较发现，改培林比未改培林的树高、胸径、冠幅、枝下高、材积变异系数小，说明改培林的变异程度小。

林场改培林和未改培林的林下灌木和草本的生物多样性指数数据对比发现（表 3），油松改培林分 2 比未改培林分 1 草本 Shannon 指数提高 0.5431，提高 66.97%；Simpson 指数提高 0.1643，提高 31.40%。油松、赤松混交林改培林分 4 比未改培林分 3 灌木 Shannon 指数提高

1. 2045，提高 615. 48%；Simpson 指数提高 0. 6295，提高 811. 21%；草本 Shannon 指数提高 0. 5423，提高 55. 58%；Simpson 指数提高 0. 2544，提高 60. 72%。油松改培林 6 比未改培林 5 草本 Shannon 指数降低 0. 4556，降低 36. 27%；Simpson 指数降低 0. 2068；降低 32. 64%。由于改培林分 2 和未改培林分 5 中灌木种类单一，指数为 0，故未作比较。

表3　鲁山林场改培林灌木、草本生长效果分析

样地号	树种		生物多样性指数		灌木/草本种类
			Shannon 指数	Simpson 指数	
未改培林分 1	油松	灌木	1. 3137	0. 7005	三裂绣线菊、鼠李、扁担木、荆条、绣线菊
		草本	0. 8110	0. 5232	羊胡子草、茜草、大丁草、苔藓、山菊花、洋葱、
改培林分 2	油松	灌木	0	0	荆条
		草本	1. 3541	0. 6875	山苦荬、中华小苦荬、野菊、蒿、狭叶珍珠菜
未改培林分 3	油松、赤松混交	灌木	0. 1957	0. 0776	荆条、南蛇藤、君迁子
		草本	0. 9757	0. 4190	羊胡子草、茜草、萝藦、狭叶珍珠菜、苔藓、败酱草、地黄
改培林分 4	油松、赤松混交	灌木	1. 4002	0. 7071	荆条、蛇葡萄
		草本	1. 5180	0. 6734	羊胡子草、蒿、掐不齐、艾蒿、堇菜、山苦荬、翻白草
未改培林分 5	油松	灌木	0	0	黄荆条
		草本	1. 2560	0. 6336	山苦荬、北京隐子草、茜草、狭叶珍珠菜、野菊
改培林分 6	油松	灌木	0. 9574	0. 5505	荆条、吉时木兰、扁担杆、三裂绣线菊
		草本	0. 8004	0. 4268	北京隐子草、羊胡子草、狭叶珍珠菜、白英

（山东农业大学林学院邢世岩）

河南省尉氏国有林场杨树宽窄行造林改培示范林

一、林地基本情况

培育主体名称：杨树、乡土树种。

林地所有权单位：国有尉氏林场。

林地地点：尉氏林场韦坞林班 2 小班。

林地立地指数：

树种组成：杨树、椿树、楝树。

树种面积：100 亩。

混交模式：林带宽窄行混交。

林分起源：人工林。

种植年份：2004 年种植杨树，2012 年套种乡土树种。

保留密度：杨树 19 株/亩，乡土树种 28 株/亩。

平均胸径：杨树 20.7 厘米，乡土树种 3.8 厘米。

平均树高：杨树 22.1 米，乡土树种 4.2 米。

树种蓄积量：杨树 6.1 立方米/亩。

平均年生长量：杨树：树高 2.5 米，胸径 2.3 厘米；乡土树种：树高 1.2 米，胸径 1.14 厘米（2012 年 4 月至 2013 年 5 月）。

二、示范林经营情况

培育模式：杨树宽窄行高效人工混交林。

经营方式：生产性经营。

主要措施：造林后连续抚育 3 年共 9 次，第 5 年进行第一次抚育（修枝抚育），第 7 年进行第二次修枝抚育，以后每隔 2 年进行一次修枝抚育，为充分利用林地资源，2012 年进行了宽窄行造林。

培育目标：通过在杨树林带中栽植乡土树种，既可以达到树种之间的互补利用，又可以减少病虫害的危害；按人工林经营的理论技术进行改造，建成经济价值高（大径材）、生态稳定性强、森林多功能效果突出的宽窄行混交用材林。

预期生长量：杨树树高 2.5 米/年，胸径 2.4 厘米/年；乡土树种树高 1.5 米/年，胸径 2.0 厘米/年。

抚育情况：造林后连续抚育 3 年共 9 次，其中，第一年 4 次、第二年 3 次、第三年 2 次。5 年以后每隔 2 年进行一次修枝抚育。

间伐情况：乡土树种第 7 年进行第一次透光抚育，保留株数 25 株/亩，株数强度为 11%。

三、示范林保障情况

优良种苗使用：杨树采用 1979 年中科院无性繁殖技术育苗，乡土树种采用国家林业局948 项目无性系速生型树种。

先进技术使用：施抗旱保湿剂等保湿、防虫新技术，采用最新林业科技成果组装配套的集约经营措施。

科研成果的应用：我国人工林森林资源现代化经营管理技术。

示范总结推广：目前已形成宽窄行异龄复层混交林经营技术体系，该模式尉氏林场自2008 年开始已成功营建 1500 公顷，正在辐射周边地区推广应用。

项目预期效益测算：此模式大大增加杨树高价值大径级材的比例和质量，缩短了培育周期，经济效益显著提高。经过人工化经营实行宽窄行造林后，森林病虫害大幅度减少，群落物种丰富度明显增加，林分环境明显改善，实现了森林多目标可持续经营。

宽窄行造林改培示范林（杨树、椿树、楝树）

宽窄行造林改培示范林（杨树、椿树、楝树、榆树、刺槐）

（河南省国有尉氏林场）

陕西省凤县栓皮栎培育案例

栓皮栎(*Quercus variabilis* Bl.)，为壳斗科栎属，落叶乔木，高达30米，胸径达100厘米；树皮暗褐色，深纵裂，具厚木栓层。栓皮栎木材致密、坚实、强度大、纹理通直，是我国重要的用材树种。树皮为木栓可制软木，具有比重小、浮力大、弹性好、不透水不透气、耐酸、耐碱及对热、声、电绝缘等特性，是良好的绝缘材料。栎炭火力强而耐久，是良好的薪炭材，皮不易燃烧，是防火林带的优良树种。栓皮为软木工业原料；种子含淀粉，可酿酒或作饲料；壳斗含鞣质，可作染料或提取栲胶；木材纹理平直，结构较粗，供建筑、车辆等用。栓皮栎木质坚硬、树皮厚，能给食用菌提供持续的营养，也是当地群众生产木耳、香菇等食用菌不可多得的优质原料。

一、基本情况

(一)地理位置及自然概况

凤县国有留凤关林场位于秦岭西段南坡，森林资源分布于南星镇、三岔镇和温江寺乡，林区属山地类型，山大沟深，峰峦叠嶂，山体陡峻，沟谷狭窄。地势东高西低，海拔一般1400~2400米，最高峰紫柏山为2535米。境内河流较多，水力资源丰富。林区地处长江流域，场内屋梁山、紫柏山之南坡河流属汉江水系，北坡河流属嘉陵江水系。属暖温带山地气候，垂直气候差异明显，光热资源不足，降水集中，时空分布不均。年平均气温7.9~11.3℃，极端最高气温37.3℃，极端最低气温-16.5℃。年平均降水量为570~960毫米。土壤主要为黄棕壤(1600米以下)，棕壤(1600~2300米)、山地草甸土(2300米以上)。土层一般较薄，约为20~60厘米，多呈中性至微酸性。

植被属温带落叶阔叶林带和针阔混交林带，主要树种有冷杉、油松、华山松、栎类、杨类、卜氏杨、硬阔、软阔、漆树等，均为次生林。主要灌木有杜鹃、山梅花、山柳、蔷薇、马桑、黄栌、卫矛、胡枝子、忍冬、松花竹、实竹等。地被物主要有苔藓、禾草、蕨类、蒿类、羊胡子草等。国家一级重点保护野生动物有林麝、大熊猫、羚牛、云豹、豹、金雕等6种，二级重点保护动物29种。

林场经营面积266860.5亩，其中林业用地263416.5亩，非林业用地2767.5亩。全场森林覆盖率92.1%，活立木蓄积185.8万立方米。林分类型以栎类、硬阔树种为主的天然次生林。林分质量不高，单位面积木材产量低，平均每公顷年生长量为1.9立方米，林分平均蓄积量为每公顷82.6立方米，优质适生的针叶林少。

(二)栓皮栎特性及场内栓皮栎林现状

栓皮栎对气候适应性广，分布区域内年平均气温12~16℃，能耐绝对低温-18℃，年降水量500~1600毫米之间，年降水量2000毫米左右(黄山)亦生长良好。对土壤要求不严，酸性土、中性土、钙质土，pH 值在 4~8 之间均能生长。以向阳山麓缓坡和山凹，深厚、肥沃，排水良好的壤土和沙壤土生长最好，所产栓皮厚而软，容易采剥；超过 30℃ 以上的陡坡，所产栓皮多气层，难采剥；在干燥瘠薄和低洼的土壤上生长较差。

栓皮栎喜光，但幼苗能耐庇荫，根系发达，主根明显，细根少，萌芽力强；具有抗旱、抗火、抗风的特性。栓皮栎林能较好的净化环境，吸收和转化空气中的重金属元素，对大气中 CO_2 浓度增加的趋势有反馈调节作用，发达的根系可有效减少降雨对地面的侵蚀，拦截泥沙流失，缓冲径流，稳定表土，在水土保持中发挥着重要的作用。

栓皮栎生长因立地条件不同有很大差别。一般 1~3 年，地上部分生长缓慢，每年高生长仅 20 厘米左右，瘠薄、干旱地区生长更慢；4~5 年后生长加快 2~3 倍，每年高生长 0.5~1 米，胸径生长 0.5~1.0 厘米，最快分别可长 1.5 厘米和 2.5 厘米以上；10~25 年进入高生长速生期，25~50 年为胸径生长盛期，30~60 年为材积生长高峰期。

根据陕西省森林资源二类调查结果，场内栎类面积达 6559.9 公顷，蓄积达 56164 立方米。栓皮栎面积约 3000 公顷，主要以中幼龄林为主，林分生长健壮，龄级两极分化，中龄林中小老树、霸王树较多。林下杂灌丛生，幼龄林生长受到不同程度限制，林木密度均在 300 株/每公顷以上，林分整体质量不高，分布区土质条件肥厚，湿热条件好。

二、培育目标

通过人工造林、现有林定向培育和中幼林抚育等方式，增加栓皮栎资源储备，达到缓解木材供需矛盾、优化人工林树种结构、增加物种多样性、提高碳汇贮备。

在现有栓皮栎中幼龄林中，选择立地条件好、相对集中连片，树种组成中有较多珍贵树种，尤其含有地带性建群树种的天然次生林，通过抚育改造、人工促进更新等措施，调节树种组成，促进目的树种生长，改造为特殊林木基地。

三、营造林主要技术

（一）造林

1. 采种与育苗

（1）良种采集。选择 30~100 年生，干形通直、生长健壮、无病虫害的母树进行采种。一般 8 月下旬~10 月上旬种子成熟。优质种子，色棕褐或灰褐，有光泽，饱满个大，粒重，种仁乳白色或黄白色。

栓皮栎种子含水率很高，气干含水率 40%~60%，无休眠期，易发芽霉烂，且多虫害。采集后，应立即放在通风处摊开阴干，每天翻动二三次，至种皮变淡黄色，种内水分消耗达 15%~20%，便可贮藏。贮藏前用 0.5% 六六六粉以 1:100 的重量拌种堆起，再用沙撒盖在上面，撒盖厚度以不见种子为度。经 24 小时堆积后，即可杀死象鼻虫和虫卵，也可用 CS_3 等密闭熏蒸 24 小时，然后贮藏。

（2）种子贮藏。室内沙藏：选通风干燥的室内或棚内，先铺一层沙，接着铺一层种子，厚度 8~10 厘米，如此一层沙，一层种子堆上去，堆的高度不超过 0.7 米。也可将沙和种子拌在一块堆藏。无论哪种方式，沙藏堆中都必须间隔竖立草把，以利通气，防止种子发热霉烂。

室外窖藏：露天选干燥的地方挖地窖，宽与深各 1 米，长短根据种子多少确定，同上法一样一层沙一层种子，堆至距窖口 20~30 厘米的地方为止，上面再用干沙盖满。堆的同时，在窖中间同样并列竖立许多草把，然后用土堆在上面，成馒头形的土丘，丘上再盖草或席子等，四周挖沟排水。

流水贮藏法：用竹篓、柳筐盛种子，放在流速不大的河边、溪流中，用木桩固定贮藏。

上述三种贮藏方法，都须定期检查，发现有霉烂或鼠害等要及时处理。

（3）育苗。种子无休眠期。长江流域各省宜冬播（11~12 月），黄河流域各省种子成熟期早（8 月下旬~9 月中旬），宜秋播。冬播效果较好，可免除种子贮藏和损耗，且成苗率高，苗木粗壮。据试验，冬播比春播苗高平均高 22.7%，地径平均大 26%，合格苗率达 93%。

一般采取筑床冬播，株行距 10×20 厘米或 15×15 厘米，即每隔 15~20 厘米开一条播种沟，深 6~7 厘米，沟内每隔 10 厘米~15 厘米平放一粒种子，种子发芽率 90% 以上，每亩播种量 175~200 千克，每亩可培育壮苗（平均高 40~50 厘米，平均地径 0.6~0.8 厘米）15000 株左右。

幼苗出土前，须保持苗床潮湿，注意灌溉和松土除草，每次大雨后，须在苗床上加盖一层细肥土。在施足基肥的基础上，因地因苗适时追肥，第一次追肥在 6 月上、中旬生长旺盛时期，第二次在 7 月下旬，在第一次新梢生长基本停止时追施，以提供二次新梢的养分。

2. 人工造林

选择阳坡或半阳坡、土层深厚、肥沃地造林。根据地形、植被等情况，采用水平带状、块状和鱼鳞坑等方式整地。栓皮栎初期生长慢，自然整枝差，为培育通直良材，提高栓皮质量，造林初植密度宜大，郁闭后通过间伐提供小径材和薪炭材，调整立木密度。在较好的立地条件下，株行距 1.67 米×1.67 米或 1.33 米×1.16 米，每公顷 3600~4500 株；在中等立地条件下，株行距 1.33 米×1.5 米或 1 米×2 米，每公顷 4995 株；在较差立地条件下，株行距 1 米×2 米或 1 米×1.67 米，每公顷 4995~6000 株。造林时选根系发达粗壮的苗木，深栽埋实。宜阴天或小雨天造林，苗木做到随起随栽。

（二）现有林改造培育

1. 对象

改培的对象是：①栓皮栎株数比例不少于 10% 的天然幼龄林；②栓皮栎株数比例不少于 30% 或每公顷不少于 300 株的天然中龄林；③适宜培育栓皮栎的低质（效）林；④适宜采用林冠下造林方式培育栓皮栎的林分；⑤适宜培育栓皮栎的疏林地和灌木林地。

2. 技术指标

分不同林龄、不同培育方向，进行定向培育：①确定为培育对象的天然幼龄林，在保护好现有栓皮栎树苗的前提下，合理补植，使栓皮栎株数比例至少达到 35% 以上；②确定为培育对象的天然中龄林，采用定向定株抚育方法，调整林分结构，合理补植，改善栓皮栎的生长环境，根据林分条件，确定抚育次数和强度，抚育后使栓皮栎株数和生长量有较大幅度增长；③采用林冠下造林方式培育栓皮栎的林分，林下植苗株数应达到相应树种新造林规定初植密度的 40% 以上；④适宜培育栓皮栎的人工低质（效）林，采用疏伐改造方式，使林下植苗株数达到相应树种新造林规定初植密度的 40% 以上；采用全面或带状改造方式的，执行新造林的技术要求。

3. 改培方式与关键技术

根据现有林的林分状况及改培目标，分以下几种改培方式：

（1）补植改造技术。在疏林地或低产林分中营造栓皮栎林，采取"先造后抚"的方法，即根据林中空地的大小与分布特点，采用不同的补植方式。均匀补植方式适用于林中空地面积较小，分布相对均匀的林分；局部补植方式适用于林中空地面积较大、形状不规则，分布不均匀的林分。

（2）林冠下造林技术。在林木分布均匀的条件下，采取林冠下造林，形成复合混交群落。

（3）单株定向培育技术。对天然林中呈混交和散生状分布的栓皮栎，进行幼林定植和疏伐定株。

（4）全面改造技术。对无培育前途的残次林和低产林进行全面改造，在改造过程中保留栓皮栎或伴生树种的幼树和萌芽植株，全面改造单块面积不能大于 5 公顷。

（5）综合改造技术。对林相老化、自然灾害损失的低效林，带状或块状伐除老化和受害木，栽植与气候、土壤条件相适应的栓皮栎。迹地清理后进行穴状整地，整地规格和密度随林种不同而异，一次改造强度控制在蓄积 20% 以内。

（三）中幼林抚育

1. 对象

栓皮栎林成林抚育时间为 10 年，抚育对象为新造和改培的林地，一般在栓皮栎成林后（郁闭度达到 0.2）对其进行抚育伐、生态疏伐、管护等。

2. 抚育方式和技术

幼龄期抚育包括幼苗期抚育和林分幼龄期抚育。幼苗期抚育主要是除草、施肥、灌水、修枝、平茬，目的是保证存活率，促进幼苗生长。林分幼龄期抚育主要是透光间伐，目的是促进林分生长和林地保水功能提高。

（1）幼苗期抚育。带状和块状整地造林，第 1 年在 7~8 月间松土除草一次，第 2 年和第 3 年，每年松土除草两次，第一次在 5~6 月间，第二次在 8~9 月间。

间苗：造林 2~3 年后，苗木出现分化，穴内出现争光、争肥等现象，须及时间除去部分弱苗。一般立地条件好，幼树生长快，间苗时间早，强度大，次数少；立地条件差，幼树生长慢，间苗开始时间晚。

平茬：为培育主干通直良才，在造林初期，对主干不明显或萌蘖成伞状的丛生植株，需平茬，平茬后抽出的萌条一年便可达到或超过原有高度。

修枝：栓皮栎主枝扩展性强，须修枝。修枝宜小、宜早、宜平。修枝以冬末春初开始为好，一般 10~15 年生树木，保留树冠约占全树高 3/5~2/3 即可，修去树冠下部的枯死枝、下垂枝、遮阴枝。

（2）幼龄期抚育。补植：对造林成活率没有达到合格标准的造林地，在造林季节及时进行补植、补播。补播后要及时间苗定株，补植要用同龄苗。

割灌：根据栓皮栎生长需要，及时砍伐上层木、灌木和影响幼树及时生长的非目的树种的枝条，以促进幼树生长发育。

透光抚育：在幼龄林阶段，林冠尚未完全郁闭或已经郁闭，林分密度大，林木受光不足，需进行透光伐，减缓栓皮栎与非目的树种、草本植物之间的空间竞争。

定株抚育：在幼龄林出现空间竞争前进行，伐除栓皮栎周围竞争的非目的树种，使林分结构合理。

生态疏伐：伐除生长过密和生长不良的单株，调整立木密度，保留合理的营养空间，促进树木干形生长，培育优等良木。

卫生伐：伐除病腐木、枯立木等。

四、栓皮采剥

采剥年龄和轮剥期：一般 15~20 年生，胸径 13~15 厘米，栓皮厚达 1.5~2 厘米，即可第 1 次采剥（初生皮），约隔 10 年左右再生皮增殖到 1.5~2 厘米厚时，进行第 2 次采剥，以后每隔 10 年左右采剥一次，直到树龄 100 年以上。

采剥方法：从根部 5~10 厘米起，按 1 厘米分段，环树干周围横切锯口，切口深度较栓皮纵裂痕底面深一些，然后选皮的纵裂成一直线的沟，用刀割开，再用刀尖撬开，即可取下环筒状栓皮。树干要剥的光滑、干净，以免影响再生皮的生长和降低质量。如剥皮不慎，误伤内皮，应立即在伤口上抹沥青，以防虫菌危害。

采剥季节：每年 5~9 月都可剥皮，其中以 6、7、8 三个月为最好。此期间气温 20~26℃，树木生长旺盛，水分充足，树液流动快，栓皮易剥离。具体采剥时间，长江以北，秦岭以南，6~8 月，秦岭以北采剥时间更晚更短；低山区（800 米）采剥时间早些，高山区（1400 米）采剥时间晚些；立地条件好，采剥时间早，立地条件差，采剥时间晚；幼树比老树要早些。

采剥高度：分段分节筒状采剥，1 节 1 厘米长，胸径 15 厘米的剥 1 节，30 厘米的剥 2 节。在阳坡初次采剥，要一次剥到枝下高 3~6 米处。

五、病虫害防治

云斑天牛（*Batocera horsfieldi*）主要危害栓皮栎树干，成虫肯食新枝嫩皮，使新枝枯死，幼虫蛀蚀韧皮部，环绕成一周，树木死亡，后打洞钻入木质部，吃空树干，树遇风折断。

防治方法：①人工捕捉成虫。②木槌敲击产卵刻槽，杀死卵及小幼虫。用铁丝从排泄孔刺杀幼虫。③用 200 倍液敌敌畏注入新鲜排泄孔杀死幼虫。施药前须清除排泄孔中的虫粪、木屑，施药后用泥团封洞口。

（陕西省凤县留凤关林场）

湖北省林业血防工程案例

湖北素有"千湖之省"之称，水网密布，滩涂面积大，血吸虫病疫区涉及全省 10 个市 58 个县（市、区），是我国血吸虫病防控工作重点省份之一，林业血防任务十分繁重。1993 年开始，全省系统开展了"抑螺防病林"的研究、试验和推广。取得经验后，从 2006 年开始，按照规划，有序推进，全省共营造"抑螺防病林"125.87 万亩，完成中央投资 2.96 亿元。在营造"抑螺防病林"过程中，大力推广"林水结合"模式，取得了较好的效果。国家林业局赵树丛局长和湖北省领导高度肯定这一做法，也赢得疫区群众的好评。

一、基本做法

"林水结合"就是以对河渠沟汊的疏挖、维护置换两岸的林地经营权，通过清沟洗淤、平整河坡，营造抑螺防病林。

湖北省平原湖区沟渠众多，大部分由村集体修建、所有。这些沟渠一般很难被水利部门纳入河道整治范围，村集体又无财力进行定期维护。年久失修，逐步淤塞，失去了水利设施的功能，且由于杂草丛生，成了血吸虫"窝子"。为解决这一难题，湖北省平原湖区在集体林权制度改革中，尝试对滩地和沟渠的经营权进行拍卖，由竞拍成功者投资疏浚沟渠换取滩地、沟渠两岸一定年限的经营权。这一做法因效果明显，很快在全省得到推广。据统计，截至目前，全省共有 26 家公司、127 个涉林专业合作社、600 多个造林大户通过这种林水结合模式，共营建抑螺防病林 86 万多亩，占全省抑螺防病林总面积的 68.7%。

具体做法是：

——拍卖沟渠林地使用权

拍卖滩地和沟渠两岸的经营权，一般先由村提出申请，由乡镇行政服务中心或县（市、区）林权交易中心组织公开拍卖。参加拍卖会的业主一般是涉林公司、林业合作社和造林大户。拍卖时，明确沟渠滩涂地点、长度或面积、承包经营期限、农水治理规格、造林技术要求、收益分配方式等。业主根据自身特点和实力参加竞标。

——疏浚沟渠，营建"抑螺防病林"

业主取得沟渠两岸的经营权后，按照水利和林业血防项目的技术要求，疏浚沟渠，平整堤岸，植树造林。在造林时，业主一般实行专业队造林，多以栽植意杨等速丰林为主，经营期限一般为速丰林的 1~2 个轮伐期（即 10~20 年）。在实践中，各地将国土整治、农田水利、林业血防和农田林网建设有机结合起来，整合资金，对沟、渠、路、滩实行综合整治。

——专班管护，保证质量

在经营过程中，业主一般雇请专业人员按照拍卖合同对沟渠进行疏浚，对"抑螺防病林"进行专班管护。为实施好林业血防工程，对业主营建的"抑螺防病林"，省政府按 100 元/

亩的标准进行配套扶持，部分县市也按照 50~100 元/亩的标准进行补助。各级林业和血防部门从技术上加强指导和服务。由林业、血防部门和村组共同选择项目区造林地，林业部门提供造林作业设计、种苗信息、技术指导、林业小额贷款等服务，血防部门提供抑螺指导和防治技术。这些服务为业主提供了技术、信息和部分建设资金，激发了他们的积极性，巩固了林业血防成果。

二、主要成效

"林水结合"模式依靠中央政策吸引了地方和社会资金进入林业血防，既解决了小型农田水利建设资金不足的难题，又改变了钉螺孳生环境，同时也增加了林地面积，加快了速丰林建设，实现了国家得绿、企业得利、群众防病的多方共赢效果。

(一)改变了项目区钉螺孳生环境，促进血防工作顺利进行

通过疏挖沟渠、营造抑螺防病林，建立起林农复合生态系统，改变了滩地、河渠的生态环境，减少或抑制钉螺孳生，降低了感染性钉螺密度和人畜感染钉螺的几率，有效控制了血吸虫病的流行与传播。如仙桃市通过整体推进兴林抑螺，疫区居民血吸虫病感染率降到 1% 以下，钉螺密度降低 60% 以上，阳性钉螺密度降低 55% 以上，易感地带有螺面积明显下降，有效预防了血吸虫病急性感染。

(二)促进林业发展，提高森林覆盖率

平原湖区林业发展空间有限，森林覆盖率较低。通过林水结合，有效拓展了林业发展空间，而且沟渠清淤之后两岸土壤肥沃，十分适应速丰林生长，大大提高了造林成活率和保存率。如洪湖市的一次性造林成活率和保存率从过去的 60% 左右提高到现在的 90% 以上，补栽补造大为减少，实现了造林规模和质量的显著增长。仅 3 年时间洪湖市的森林覆盖率从 10.4% 提高到 14.3%。仙桃市近年森林覆盖率也年均提高 0.8 个百分点。

(三)缓解了地方政府对水利、林业投入的压力，社会影响好

由于乡镇、村组资金紧缺，农村干部群众迫切希望疏洗年久失修、钉螺孳生、功能渐失的沟渠河道，而以出资疏浚河道沟渠为条件，换取河岸植树造林权益，通过互利互惠，达到"双赢"，这是"林水结合"模式的核心。据不完全统计，上述 26 家公司、127 个涉林专业合作社、600 多个造林大户共投入血防资金 12.95 亿元，是中央投资的 4.3 倍，其中，用于疏浚沟渠的约占 63%，用于栽植树木的约占 37%。"林水结合"模式有效缓解了地方政府对水利、林业的投入压力，完善了水利配套设施，疏通了水利"死角"，也促进了林业发展。

(四)实现多方互利共赢，促进了平原水网地区新农村建设

"林水结合"模式不仅实现了企业赢利、政府增绿、农民获益，还为新农村建设注入了活力。一是企业、合作社和大户的进入为金融机构投资新农村建设提供了融资平台。如洪湖的昌兴公司通过林权抵押，一次性获得洪湖农村发展银行 3000 万元贷款投入林业产业建设。二是企业、合作社和大户实施的造林、护林、间种等活动，为农村剩余劳动力提供了就业机会，拓宽了农民增收的渠道。三是推进了农田林网建设，美化了农村环境，净化了农村水源，为农民生产生活提供了便利，加快了项目区新农村建设步伐。

"林水结合"促进了湖北省"抑螺防病林"的建设，但林业血防工程建设和成效的巩固是

一项长期的任务。下一步，将重点抓好两个方面的工作。一是结合林权制度改革将林业小额贷款、森林保险等政策引入林业血防工程，激励更多有实力的业主从事林业血防工程建设，把林业血防工程建成有"品牌"影响的民生工程。二是将林业血防工程建设与平原绿化、木材战略储备和新农村建设结合起来，统筹规划，大力发展乡土树种、适生珍贵树种、窄冠型平原绿化树种、"抑螺"效果更好的树种，改变"杨树独大"的格局，提高林业血防工程的"档次"和综合效益，进一步强化措施，创新机制，把湖北省林业血防工作提高到一个新水平！

（湖北省林业厅刘新池）

湖南省华容县林业血防工程案例

华容县地处湘北，倚长江、滨洞庭，江、河、湖、洲、滩均有钉螺繁衍，是全国血吸虫病重点疫区。近些年来，县委、县政府认真贯彻落实《湖南省血吸虫病防治条例》，把兴林抑螺作为促进地方经济发展和造福人民的重要举措来抓，以林业血防工程建设为基础，坚持综合治理、协调发展，取得明显成效。先后开展了隔离围栏、挖沟筑垄、开沟排水、宽行窄株等造林模式和林路渠、林芦、林渔、林油、林菜、林药等多种发展模式的创新和探索，收到较好效果，特别是林路渠结合模式很受欢迎。

一、"林路渠结合"模式的内涵

"林路渠结合"模式，就是结合渠道疏洗，渠旁道路修整，通过招商发包形式，将路旁沟坡的经营权承包给企业用于造林。既实现了渠道清淤和道路修整，又引导企业、大户营造路渠抑螺防病林，达到灭螺、调节水系、修路、植树的建设目标，实现国家增绿、企业增利、群众防病的效果。华容县沟港交错，不少路渠常年失修，淤泥堵塞，草灌丛生，既影响灌渠排水和道路通畅，又适宜钉螺孳生，严重影响群众的生产和健康。通过招商发包，将路渠两边沟坡的经营权流转给承包方，由承包方出资清沟洗淤、修整道路，在沟坡上造林，所得归承包方所有。通过清沟洗淤，平整沟坡，做到"路路相连、沟沟相通、林地平整、雨停地干"。一方面消除林地积水，改变了钉螺的孳生环境；另一方面，由于路路相连，减少了人畜接触疫水的机会，降低了人畜感染率，既实现了抑螺防病和造林增绿，又营造了农田防护林网，不仅达到了预防血吸虫病的目的，而且促进了农业的高产稳产。

二、"林路渠结合"模式的推动作用

（1）探索了"公司 + 基地"的营林管理模式。在"林路渠结合"模式推广中，引进了不少公司参与造林，探索出"公司 + 基地"的营林管理模式。疫区乡镇将路渠集中承包给造林公司，建立营林基地，实行基地化经营、基地化管理，造林质量和效益显著提高。如源森木业公司出资承包疫区的沟港路渠，由乡村利用租赁资金挖沟清淤，疏洗沟渠，平整沟渠坡路，公司在路渠旁植树造林，并对路渠旁的树木享有经营权和使用权，3 年共改造修整路渠 40 千米，造林 1800 亩，成效显著，成为全县典型与样板。近些年来，全县引进企业投资 1400 万元，改造修整路渠 280 千米，造林 1.27 万亩。

（2）促进了林地流转。在"林路渠结合"模式带动下，借助集体林权制度改革春风，全县对沟港路渠的造林绿化，主要采取竞拍招标方式进行，承包期限为 10~30 年。2006 年以来，通过竞拍招标方式，共流转路渠旁林地 400 多千米，造林 2.6 万亩。此外，有的村镇结合乡村绿化美化，将沟渠坡地划分给农户或由集体统一造林，改造路渠 86 千米，造林 4300

多亩。

（3）推广了林下种植方式。在"林路渠结合"模式中，由于"路路相连、沟沟相通"，非常适宜开展林下间作套种、以种代抚，不仅提高林分质量，也提高了林地经济效益。夏季间种作物大多是南瓜、冬瓜等，冬季间种作物大多是芥菜、榨菜等。据调查，间种南瓜、冬瓜每年每亩地可产3000~4000千克，每亩获利700~1100元；芥菜每年每亩地可产4000~5000千克，每亩获利700~1000元；榨菜每年每亩地可产3000~3500千克，每亩获利700~900元。通过林下间作，改善了林地的卫生状况，提高了林地土壤肥力，拓宽了林农增收渠道，促进了项目区种植结构调整，发挥了林业血防项目的综合效益。

三、"林路渠结合"模式的成效

华容县采取"林路渠结合"模式，既解决了困扰已久的沟渠疏浚问题，又开创了血防工作新局面。

（1）改变了疫区钉螺孳生环境，促进血防工作顺利进行。通过疏挖沟渠、营造抑螺防病林，结合翻耕套种农作物，建立了林农复合生态系统，改变了沟港路渠的生态环境，抑制了钉螺孳生，降低了感染性钉螺密度，有效控制了血吸虫病的传播。

（2）促进林业发展，提高了造林质量。公司化营林实现了规模化生产、集约化经营、规范化管理，大大提高了造林成活率和林木保存率。同时也调节了局部气候，促进了农作物的稳步高产。

（3）实现互利共赢，加快了农村经济的发展。一是美化了农村环境，提高了森林覆盖率；二是民间资本投入林业，结合种植、养殖等综合开发，经济效益明显，带动了农业结构调整；三是为农村部分剩余劳动力提供了就业机会，提供了农民增收的空间；四是将失修路渠，修建成为环境优美的林间道路，为农民生产生活提供了便利。

（湖南华容县林业局熊建华、熊贻红、徐斌）